융복합교육의 이론과 실제

차윤경 · 김선아 · 김시정 · 문종은 · 송륜진 · 박영석 · 박주호
안성호 · 이삼형 · 이선경 · 이은연 · 주미경 · 함승환 · 황세영 공저

학지사

이 저서는 2011년도 정부재원(교육과학기술부 사회과학연구지원사업비)으로 한국연구재단의 지원을 받아 연구되었음(NRF-2011-330-B00159).

머리말

　외부인의 시각으로 볼 때 지난 반세기에 걸친 한국의 발전은 경이로움 그 자체다. 36년 간의 일제 강점기는 자생적인 정치, 경제, 사회문화적 근대화 기반을 심각하게 훼손하고 왜곡시켜 놓았다. 이후 3년에 걸친 내전은 전 국토를 폐허로 만들었고, 국민의 대다수는 일상화된 빈곤 속에서 배고픔을 면하기 위해 하루하루를 전전긍긍하며 살아야 했다. 부정부패는 사회 구석구석에 만연했고, 군부 독재에 의해 정치적 자유는 박탈당했다. 이러한 악조건 속에서도 한국은 저개발국 중 단 한 세대 동안 산업화와 민주화를 동시에 이룩한 지구상의 유일한 나라가 되었다. 1959년 당시 고작 79달러에 불과했던 1인당 국민소득(GDP)은 반세기가 채 되기 전인 2005년에 2만 달러를 넘어섰다. 국민의 대다수가 헐벗고 굶주리던 가난한 피원조국에서 원조제공 국가로 변신한 유일한 나라, 변변한 산업설비나 공장 하나 없던 후진국에서 반도체, 가전, 제철, 자동차, 조선 분야의 세계적 주도국으로 성장한 나라, 도시화와 산업화, 산림녹화를 동시에 이룩한 나라, 그리고 한류 문화의 중심지이자 IT 강국으로 우뚝 선 나라가 바로 한국이다. 또한 한국은 쓰레기장에서 장미꽃을 피우는 것보다 힘들 것이라는 비관적인 전망을 비웃기라도 하듯 인류 역사에 유래가 없는 짧은 기간 안에 군부 독재와 정치적 혼란의 사슬을 끊고 역동적인 민주주의를 정착시킨 유일한 나라다.

이와 같은 한국의 눈부신 발전을 가능하게 한 원동력 중 하나가 국민의 뜨거운 교육열이라는 가설은 거의 상식으로 자리 잡고 있다. 분명 이는 나름 충분한 근거가 있는 가설이다. 1945년 광복 당시 변변한 교육 인프라조차 제대로 갖추지 못한 나라였지만 현재의 한국은 누구도 의심하지 않는 세계 최고 수준의 '교육선진국'이다. 초·중등 교육 취학률은 거의 100퍼센트에 가깝고, 고등교육 취학률도 단연 세계 최고 수준이다. 질적인 성취 역시 양적인 팽창 못지않게 눈부시다. 대규모 국제비교 학업성취도 평가인 TIMSS나 PISA 결과를 보면 한국의 학생들은 매년 세계 최상위 수준의 성취를 자랑한다.

그러나 이와 같은 화려한 외양적 성취에도 불구하고 한국사회의 미래와 교육에 대한 어두운 전망은 날로 확산되고 있다. 빈부 격차는 날이 갈수록 심화되고, 계층 이동은 점점 더 어려워지고 있다. 정치 집단, 노사, 계층 및 세대 간의 갈등과 이데올로기 대립은 위험 수위를 넘어서고 있다. 사회구성원 간의 신뢰는 사라지고, 모두가 출세와 성공에 눈이 멀어 사리사욕만을 앞세우는 사회 분위기 속에서 공공의 선에 대한 헌신과 의무는 헌신짝처럼 간주되기 일쑤다.

학교현장의 분위기는 더욱 암울하다. 학생들은 단순 지식의 암기, 반복적인 문제 풀이, 성적 경쟁에 지치고 찌들어 간다. 상위 5퍼센트 내외의 성적 우수 학생에게 초점을 맞춘 입시준비수업에서 소외된 나머지 95퍼센트의 학생들은 무의미하게 시간을 낭비하는 들러리가 되고, 배움과 성장에 대한 열망은 시들어 간다. 교사의 교육적 영향력은 날로 쇠퇴하는 반면 학생들의 일탈과 문제행동은 가파르게 증가한다. 거의 통제 불능 상태에 빠진 '붕괴된' 학교에서 지구화, 정보화, 다원화로 대변되는 미래 사회의 인재로서 갖추어야 할 기초적인 도구적 지식과 기술, 이질적 집단에서의 상호작용 역량, 다문화적 감수성, 협동심, 자기주도 학습 역량, 민주시민정신 등을 함양한다는 것은 요원한 꿈일 뿐이다. 매년 수만 명의 학생들이 학교에서 중도 탈락하여 거리를 배회하고, 청소년 자살률도 가파르게 증가하고 있다. 많은 외국 사람이 부러워하는 한국사회의 교육열은 안타깝게도 대다수의 학생을 삶의 실패자로 만드는 교육투기 열풍에 지나지 않는다.

이 책은 위기에 처한 한국사회와 학교를 근본적으로 바꾸는 데 일조해 보자며 팔을 걷어붙인 일련의 연구자들의 열정과 헌신의 소산이다. 각자의 전공과 활동 영역은 달랐지만 저자들 모두가 장차 지구촌의 소중한 인적 자산으로 성장해야 할 수많은 학생이 교육현장에서 그들의 아까운 시간과 삶을 낭비하는 것을 더 이상 지켜보고만 있을 수는 없다는 데 공감하였다. 냉소적 비판이나 방관자적 체념으로 외면하기에는 우리 모두와 미래 세대의 운명이 달린 너무도 심각한 문제였다. 숱한 시행착오와 좌절에도 불구하고 저자들은 지난 3년 동안 21세기 사회의 변화 추세와 상황에 보다 적합한 대안적인 교육 모델을 모색하는 데 진력을 다하였다.

방대한 선행 연구들을 개관하고 열띤 토의와 논쟁을 거듭하는 가운데 저자들의 생각은 '융복합교육'이라는 하나의 생성적인 개념으로 구체화되기 시작하였다. 융복합교육은 모든 학생이 각자의 소질과 능력에 적합한 유의미하고도 진정성 있는 학습경험을 할 권리가 있으며, 지식의 단순한 소비자가 아니라 능동적 생산자라는 전제에서 출발한다. 또한 지식의 구성과정은 근본적으로 맥락 의존적이며 총체적인 성격을 띤다는 사실에 주목한다. 따라서 학습상황에서 학습자의 개인적 및 사회문화적 맥락과 인지·정서적 수준과 필요를 최대한 반영하는 방식으로 교육내용과 학습환경을 재조직한다면 학습자의 자기주도성과 흥미를 극대화할 수 있을 것이라는 가설이 성립된다. 이 책은 이와 같은 융복합교육의 개념에서 출발하여 이것을 다양한 교과 영역에 각각 어떻게 적용할 수 있을지를 탐색하고, 융복합적 교육방법, 평가, 행·재정적 시스템, 그리고 이와 관련된 실행연구 등이 어떻게 이루어질 수 있는지를 모색하였다.

 이 책은 총 12개의 장으로 구성되었다. 제1부에서는 융복합교육의 이론에 관한 내용을 다루었다. 제1장(차윤경, 함승환)에서는 융복합교육의 개념 및 필요성을 기술하였고, 제2장(안성호)에서는 융복합교육의 구성 틀에 대한 내용을 담았다. 제3장(김선아)에서는 융복합교육의 교수·학습 방법을 어떻게 설계하고 적용할 수 있는지에 관한 내용을 담았다. 제4장(박영석, 황세영)에서는 융복합교육의 다양한 평가 방식을 제시하고 그것이 실제 학습상황에서 어떻게 적용가능한지를 사례 중심으로 설명하고 있다. 제2부에서는 각 교과별 융복합교육의 실제에 관한 내용을 다루었다. 제5장(이삼형, 김시정)에서는 융복합적 국어교육을, 제6장(안성호, 이은연)에서는 융복합적 영어교육을, 제7장(주미경, 문종은, 송륜진)에서는 융복합적 수학교육을, 제8장(박영석)에서는 융복합적 사회교육을, 제9장(이선경, 황세영)에서는 융복합적 과학교육을, 제10장(김선아)에서는 융복합적 미술교육을 중심으로 기술하였다. 제3부에서는 융복합교육 실행기반 조성에 관한 내용을 다루었다. 제11장(주미경, 이선경)에서는 융복합교육과 실행연구에 대한 내용을 담았고, 제12장(함승환, 박주호)에서는 융복합교육 실천에 요구되는 환경과 여건, 특히 협력적 학교공동체 형성에 대해서 기술하였다.

이 책이 학생 한 사람 한 사람 안에 잠재되어 있는 꿈과 재능을 이끌어 내기 위해 애쓰는 이 땅의 수많은 참스승과 보다 나은 교육적 대안을 찾기 위해 노력하고 있는 연구자들에게 유용한 참고 자료가 되기를 희망한다. 이 책이 나오기까지 많은 사람의 숨은 노고가 있었다. 집필 일정 관리, 원고 독촉, 원고 수정 등 별로 유쾌하지 않은 일을 묵묵히 수행해 준 대학원 과정의 구하라, 김선진, 박모라, 신혜원, 양예슬, 유병규, 임가영, 홍지영 선생님에게 고마운 마음을 전한다. 또한 한국연구재단의 연구비 지원(NRF-2011-330-B00159)이 없었다면 이 책의 기획은 애초부터 어려웠을 것이다. 끝으로 이 책의 출판을 허락해 주신 학지사의 김진환 사장님, 원고 정리와 편집에 노고를 아끼지 않으신 고은경 님께 저자를 대표하여 진심으로 감사의 마음을 전한다.

2014년 6월 행당동산에서
저자들을 대표하여 차윤경 씀

제1부
융복합교육의 이론

제1장

융복합교육의 개념 및 필요성

우리나라는 국가 단위의 학업성취도 측면에서 세계 최고 수준의 수월성을 보인다. 초등학교 4학년과 중학교 2학년 학생을 대상으로 4년마다 시행되는 국제 수학·과학 성취도 추이 연구(Trends in International Mathematics and Science Study: TIMSS) 결과에 따르면, 우리나라는 2011년도의 수학 및 과학 성취도에서 초등학교 4학년의 경우 각각 2위와 1위를, 중학교 2학년의 경우 각각 1위와 3위를 기록했다. 고등학교 1학년 학생을 대상으로 3년마다 유사한 형태로 시행되는 국제 학업성취도 평가 프로그램(Programme for International Student Assessment: PISA)에서도 우리나라 학생의 성취도는 세계 최상위 수준이다. 2012년 PISA에서 우리나라는 경제협력개발기구(Organization for Economic Co-operation and Development: OECD) 회원국 가운데 수학 1위, 읽기 1~2위, 과학 2~4위를 기록했다. 대표적인 선진국 가운데 하나인 미국의 경우, 세 영역 모두에서 학업성취도가 OECD 평균 수준에 머물거나 그보다 통계적으로 유의미하게 낮은 수준을 보이고 있다는 점을 고려하면 우리나라의 이러한 높은 학업성취도에 대해서는 자부심을 느낄 만하다.

하지만 그 이면에는 여러 부작용과 문제점이 존재하는 것도 사실이다. 특히 학생을 극심한 경쟁으로 내몰고 소수의 승리자를 다수의 패자로부터 구분하는 방식의 교육현실은, 그 누구도 쉽게 해결할 수 없으며 동시에 그 누구도 부정하기 어려운 복잡한 문제다. 흔히 '교육열'로 불리는 교육에 대한 지대한 관심을 그 자체로 나쁘다고 보기는 어렵다. 교육열이 건강한 형태로 발현되어 학생 개인의 성장을 촉진하고 학교가 활기찬 학습공동체로 기능하도록 돕는다면, 이러한 교육열은 우리 모두가 바라는 바다. 하지만 오늘날 우리나라의 대체적인 실상은 이와 상당한 거리가 있어 보인다. 교육열은 학생의 성장보다는 경쟁에 초점을 두는 형태로 발현되고, 학교는 사교육 시장에 그 주요 기능을 상당 부분 넘겨주는 처지가 된 지 오래다.

이러한 상황에서 많은 학생들이 학교의 유의미한 학습으로부터 소외를 경험한다. 지식은 삶과 유기적으로 융화되지 못하고 단지 대학입시의 도구가 될 뿐이다. 이와 관련된 단적인 예로, 2011년 TIMSS 자료에 따르면 수학 및 과학에 대해 우리나라 학생들이 느끼는 평균적 흥미 정도는 국제 평균을 훨씬 밑도는 것으로 나타났다. 우리나라는 다른 나라에 비해 학업성취도는 매우 높은 반면 흥미는 매우 낮다. 우리나라와 유사하게 최상위권 학업성취도를 보이는 싱가포르와 홍콩의 경우 우리나라에 비해 흥미 수준이 높게 나타난다. 또한 PISA 자료를 분석한 최근의 한 연구에 따르면 우리나라는 학업성취도는 높지만 교과에 대한 학생들의 자신감은 낮은 전형적인 국가 가운데 하나로 분류되는 반면, 핀란드, 독일, 스위스, 캐나다, 호주, 오스트리아, 아이슬란드 등은 학업성취도와 자신감이 모두 높은 국가군으로 분류된다(송경오, 정지선, 2011). 이는 높은 학업성취도가 반드시 학생의 흥미나 자신감의 희생을 대가로 얻어지는 것이 아님을 시사한다.

학교교육을 사회적 제도로 이해할 때, 두 가지 상호 모순적인 내용이 공존한다. 하나는 학교교육이 사회적 '제도'이기 때문에 한 번 자리 잡은 모델은 사회적 정당성을 갖춘 '당연한' 실체로 객관화되어 상당히 안정적으로 지속된다는 점이고, 다른 하나는 학교는 '사회적' 제도이기 때문에 그 실체가 영구불변하는 고정적인 것이 아니라 사회의 변화에 따라 지속적으로 변화 · 진화한다는 점이다. 이것이 학교교육이 변화하기 어려우면서도 동시에 꾸준히 변화의 요청을 받는 이유다.

오늘날 사회의 다양한 영역에서 목격되는 변화는 학교교육의 새로운 모델을 진지하게 탐색해 보도록 만든다. 이러한 진지한 탐색을 위한 하나의 가능성으로서의 융복합교육은 학생들이 진정성 있는 학습경험을 하는 데 도움을 주는 하나의 종합적인 사회체제적 접근으로 이해할 수 있다. 교수 · 학습 활동 및 이를 둘러싼 학교환경과 정책환경 등 다양한 맥락적 층위에 걸쳐 모든 학생이 진정성 있는 학습경험으로부터 소외되지 않고 교육적으로 보다 건강하고 풍부한 방식으로 지적 · 정의적 성장을 이루어 낼 수 있는 방법에 대한 진지한 고민이 바로 융복합교육의 출발점이다.

1. 융복합교육의 이해에 다가서기

최근 다양한 형태의 지식 융복합 현상에 대한 관심과 더불어 융복합적 교육 모델에 대한 사회적 관심 또한 높아지고 있다. 융복합교육을 어떠한 각도에서 어떻게 개념화할 것인지에 대해서는 다양한 논의가 진행 중이지만, 학교교육을 융복합적 관점에서 재구성할 때는 일반적으로 교사와 학생 모두가 지식의 수동적 소비자로서뿐만 아니라 능동적 생산자로서의 역할을 담당하면서 익숙하지 않은 것이나 이질적인 타자에 대한 유연하고 개방적인 태도를 바탕으로 지식의 변환과 혁신을 도모하는 것이 핵심이 된다. 보다 구체적으로 융복합교육은 교과 내·외적 주제나 개념을 중심으로 하여 관련성이 있는 다양한 학습내용 요소를 학생에게 의미 있는 사회적 맥락 속에서 유기적으로 연결 지어, 전인적 존재로서의 학생의 개별성을 존중하면서 학생 스스로가 능동적으로 탐구하고 표현하는 진정성 있는 학습경험을 촉진하는 일련의 교수 활동 및 이를 위한 행정지원 체계로 볼 수 있다(박영석 외, 2013; 이선경 외, 2013; 함승환 외, 2013; Cha, 2013).

현대 사회에서 새로운 지식의 끊임없는 생산과 이에 따른 정보와 지식의 급격한 양적 팽창은 한정된 교과내용에서 무엇을 선택하고 가르쳐야 하는지에 대한 질문을 더욱 어렵게 만들고 있다. 이러한 상황에서 학습의 개념을 제한되고 분절화된 지식의 수동적 소비로 보기보다는, 학습자를 둘러싼 다양한 삶의 맥락에서 학습자 스스로가 능동적 학습주체이자 지식의 창의적 생산자로서 지속적으로 성장하는 과정으로 확장할 필요성이 부각된다. 우리는 많은 양의 정보와 지식을 가지고 있다는 이유로 그를 반드시 '교육받은' 사람이라고 부르지는 않는다. 그는 단순히 '훈련받은' 사람일지도 모른다(Peters, 1980). 지식이란 단편적으로 파편화된 상태에서 온전한 가치를 지니는 것이 아니라 그것이 전체적인 관계망 속에서 구체적인 삶에 토대를 두고 질서를 이루는 가운데 비로소 학습자의 삶과 유기적으로 맞닿을 수 있다. 융복합교육적 관점은 학습자가 어떠한 지식을 자신의 삶 및 자신을 둘러싼 다양한 층위의 사회적 환경과 유기적으로 연결지을 때 진정으로 지식을 의미 있는 방식으로 습득하고 이를 바탕으로 새로운 지식을 능동적으로 생산해 낼 수 있다는 점을 강조한다.

또한 여러 학문분야의 개념이 유기적인 관계로 통합되는 과정에서 새로운 통찰이 촉진될 뿐만 아니라 세계에 대한 보다 포괄적이고 종합적인 관점을 가질 수 있다는 점도 학교교육에 대한 융복합적 관점과 관련하여 중요한 시사점을 제공한다. 사실 "진리의 행보는 우리가 애써 만들어 놓은 학문의 경계를 존중해 주지 않는다. 학문의 구획은 ……진리의 궤적을 추적하기 위해 우리 인간이 그때그때 편의대로 만든 것일 뿐이다. 진리는 때로 직선으로 또 때로 완만한 곡선을 그리며 학문의 경계를 관통하거나 넘나드는데, 우리는 스스로 [이미] 만들어 놓은 학문의 울타리 안에 앉아"(Wilson, 2005: 7) 학생들이 새로운 지식의 국면을 능동적으로 탐구하고 발견할 수 있는 잠재력의 발현가능성을 과소평가하는 것에 익숙해져 있는 것은 아닌지 고민해 볼 필요가 있다.

보다 근본적으로는 다양한 탐구 영역으로부터 생성된 지식을 종합적으로 검토하고 통합하려는 노력은 사실 특별한 활동이라기보다는 지식 추구의 과정에서 나타나는 일반적 특징이다. 어떠한 교육적 노력도 궁극적으로는 다양성 속에서의 인식론적 통일성을 발견하려는 의도를 동반하게 된다. 결국 "경계를 넘나드는 것만이 실제 세계에 대한 명확한 관점을 제공할 것이다. ……균형 잡힌 관점은 분과들을 쪼개서 하나하나 공부한다고 얻을 수 있는 것이 아니다. 오직 분과들 간의 통섭을 추구할 때 가능하다"(Wilson, 2005: 47). 따라서 융복합적 관점은 교육에 대한 특별한 관점이라기보다는 학습자의 학습경험이 보다 풍부하고 유의미해지도록 하는 하나의 중요한 전제조건으로 볼 수 있다. 이러한 접근은 학생의 학습경험 및 학습성과를 사회체제로서의 학교를 구성하고 있는 다양한 사람들 간의 협력적 노력의 산물이자 학습공동체로서의 학교 차원의 집단적 책임으로 보는 교육적 관점과도 그 맥락을 같이한다고 볼 수 있다(Hargreaves & Fullan, 2012; Hoy & Miskel, 2013; Sergiovanni & Starratt, 2006).

'융복합'이라는 용어가 '융합'과 '복합'을 합성한 것이라는 점에서도 드러나듯이, 융복합교육은 학습자의 개별성과 다양성 및 지식의 통합성을 아우르는 교육의 필요성을 강조한다. 모든 학생이 각자 자신의 학습과정에서 다양한 방식으로 의미 있는 지식탐구 과정을 경험하고 이를 바탕으로 진정성 있는 학습성과에 도달할 수 있도록 촉진하는 것이 중요하다. 교육적 실천에서 지식탐구 과정과 학습성과의 다양성을 인정하고 이에 주목한다면 그 상태는 복합의 상태를 의미한다. 이에 비하여 융합은 각 개인의 개별성과 다양성이 하나의 통합된 전체를 이룬 상태를 의미하는 것으로 이해될 수 있다. 융복합교육적 접근은 양자를 모두 포괄하는 방식으로 교육을 기획 · 전개할 수 있는 다양한 조건을 탐색한다(함승환 외, 2013).

이러한 맥락에서 교육에 대한 융복합적 관점은 학습자가 획득하

는 학습의 성과가 표준화된 평가체계로 온전하게 수렴될 수 있는가
에 대해서도 중요한 의문을 제기하도록 한다. 학습성과에 대해 창의
적인 사고력과 문제해결력 등의 측면에서 종합적인 질적 평가를 체
계적으로 병행하기 위한 다각도의 노력이 필요하며, 이는 궁극적으
로 학습자의 다양성에 대한 충분한 이해를 전제로 한다. 이러한 관점
은 지구적 차원의 소통과 협력이 요구되는 현대 사회에서 교육과정
을 고정된 지식의 패키지로 보는 것이 아니라 개인의 다양한 역량을
능동적이고 자율적으로 계발하고 발현할 수 있도록 도움을 주는 교
육적 맥락으로 이해하는 최근의 관점들과도 맞닿아 있다(McEneaney
& Meyer, 2000; Rennie, Venville, & Wallace, 2011; Zhao, 2012).

이처럼 교육에 대한 융복합적 접근은 몇 가지 두드러진 특징을 지
니는데, 특히 교육활동 참여자 간의 문화적·인식론적 다양성에 대
한 상호 이해와 존중('다양성') 및 협력적·대화적 관계 형성('협력
성')을 바탕으로 다양한 지식 영역과 앎의 방식 사이의 연결성에 대
한 통합적 재발견('통합성')을 통해, 학습자의 삶의 맥락 및 의미체계
와 유기적으로 맞닿은 방식('맥락성')으로 학습자의 능동적 학습 참
여('능동성')를 촉진하고, 궁극적으로는 학습자의 전인적 성장 및 사
회의 건강한 발전을 지향('합목적성')하는 것 등이 융복합교육의 핵
심적 원리로 논의되고 있다(박영석 외, 2013; 이선경 외, 2013; 함승환
외, 2013). 이는 다시 자율성(autonomy), 연계성(bridgeability), 맥락
성(contextuality), 다양성(diversity) 등을 포함하는 'ABCD 모델'로
요약·설명되기도 한다(Cha, 2013). '자율성'은 학습자의 자율성, 교
사의 전문적 자율성, 학교의 자율성과 구조적 탄력성 등을 의미하고,
'연계성'은 교과내용의 학제 간 연계, 학생과 교사 간 대화적 관계 구

축, 협력적 학습공동체 지향 학교문화 형성 등의 중요성을 강조한다. '맥락성'은 학습자에게 의미 있는 사회적 학습맥락, 탐구중심 학습, 참 학습 등의 개념과 관련되며, '다양성'은 학습자의 다양성, 문화적 · 인식론적 다양성, 다양성과 평등성의 이슈 등을 포괄한다.

융복합교육은 고정된 실체라기보다는 지속적으로 진화하는 유연한 교육적 개념이자 실천양식으로 볼 수 있다. 이러한 새로운 형태의 교육 모델의 정교화는 과거가 아닌 미래의 시민들이 스스로의 역량과 가능성을 최대한 계발하고 발현하여 능동적인 시민으로 성장할 수 있도록 돕기 위한 것이어야 한다. 다양한 지적 · 물적 도구를 통합적으로 활용하고, 이질적인 집단에서 효과적으로 상호작용하며, 자율적이고 능동적인 개인으로서 사회에 건강한 방식으로 참여할 수 있는 역량은 특정 엘리트 집단만이 아니라 이제는 세계사회 구성원 모두가 갖추어야 할 핵심 역량이다(OECD, 2005). 융복합교육은 모든 학생이 자신의 사회경제적 · 문화적 배경과 상관없이 이러한 역량을 충분히 갖출 수 있도록 촉진하기 위한 다양한 형태의 노력으로 이해될 수 있다. 이는 융복합교육이 궁극적으로는 현대 세계시민 사회의 존재론적 토대가 되는 핵심적 가치와 문화원리를 바탕으로 하는 다양한 삶의 역량 계발을 지향하고 있음을 시사하는 것으로도 해석할 수 있다.

2. 융복합교육에 대한 오해

융복합교육이 교육의 실천양식으로서 어떠한 형태로 구현될 수 있는지에 대해서는 이 책 전반에 다양한 접근과 예시가 소개되어 있다. 현실적으로 융복합교육을 학교현장에서 구현하는 효과적인 방법에 대한 질문은 매우 중요한데, 이는 융복합교육의 구현에서 다양한 현실적 난관이 존재할 것이라는 점 때문이다. 지금까지 있어 왔던 수많은 교육개혁과 교육적 실험이 사실은 새로운 양상의 또 다른 교육문제를 만들어 내는 원인이기도 했다는 역설은, 교육이라는 사회적 프로젝트가 얼마나 복잡하고 예측하기 어려운지를 환기시켜 준다. 이러한 복잡성과 예측의 난이성은 융복합교육에도 마찬가지로 적용되며, 이는 융복합교육에 대한 여러 가지 오해로 이어질 수도 있다. 이 절에서는 융복합교육에 대해 가지기 쉬운 오해 몇 가지를 점검해 봄으로써 교육적 실천양식으로서의 융복합교육의 개략적 외관에 대해 그려 보기로 한다.

융복합교육에 대한 가장 흔한 오해는, 이것이 복수의 교과 간 통합을 전제로 한다는 점이다. 물론 교과통합은 융복합교육을 실현하기 위한 유용한 방식이 될 수 있다. 하지만 교과통합이 반드시 복수의 교과 간 통합을 의미하는 것은 아니다. 교과통합의 일반적 형태로서의 다학문적 · 간학문적 · 초학문적 교과통합은 공통적으로 복수의 교과 간 통합 유형인 반면, 단일 교과 내에서도 통합적 접근이 가능하다. 학습자가 교과 내 다양한 주제나 개념 혹은 맥락 등에 대해 지속적으로 유기적인 연결성을 확인하고 발견하도록 돕는 교육적 과정은 교과 내에서 학습의 깊이를 유의미한 방식으로 심화시킴으로써 향후 타 교과와의 연결성에 대한 인식론적 폭의 확장 역시 촉진할 가능성을 높여 준다. 이러한 관점에서 볼 때 교과통합은 단순히 교과 간의 기계적 결합을 전제로 하는 것이라기보다는 교과 간 혹은 교과 내에 존재하는 다양한 주제, 개념, 맥락 등으로부터 학습자의 학습경험의 유의미성을 높이기 위한 교육과정 구성의 유연성 제고 노력의 일환으로 이해될 필요가 있다.

이와 관련된 또 하나의 오해는, 융복합교육은 기존의 교과중심 교육과정 체계를 허무는 전혀 새로운 형태의 교육적 실천을 지향한다는 점이다. 융복합교육은 기존의 교과중심 교육과정 체계를 허무는 것이 아니라 오히려 기존의 교육과정 체계를 기반으로 한다. 융복합교육적 실천은 학생들이 각 과목에 대해 흥미를 가지고 진지하게 탐구하는 데 도움을 주려는 교육적 모색이지, 기존의 교과지식 체계를 부정하려는 입장이 아니다. 융복합교육적 실천은 학생의 경험과 관심의 다양성을 바탕으로 그 학생의 흥미와 관점의 범위를 확대하는 데 관심을 둔다. 예컨대, 수학의 정치함에 대한 미학적 경험이 복잡한 사회현상의 체계적 설명가능성에 대한 관심으로 확장되고, 예술에 대한 관심이 예술작품과 그 시대상에 대한 역사적 관심으로 전이될 수 있도록 돕는 것 등이 이에 해당한다.

이러한 맥락에서 융복합교육은 교과 간의 경계를 '허무는' 것을 지향하는 것이 아니라, 학생들로 하여금 교과 간의 경계를 자유로이 '넘나들' 수 있도록 촉진하는 것을 지향한다. 교과 간의 경계를 허물어야 할 필요가 있을 경우, 이는 학생들이 교과 간의 경계를 자유로이 넘나들 수 있도록 돕기 위한 하나의 전략으로서 기능할 때만 충분히 정당화되며, 교과 간의 경계를 허무는 것 자체가 융복합교육적 실천을 의미하는 것은 아니다. 교과 간의 경계를 허무는 다양한 형태의 교수전략이 일견 진보적이며 혁신적으로 보일 수 있으나, 학생들이 잡다한 관심이나 분망함을 갖도록 하는 것을 넘어서 여러 지식 영역에 걸쳐 자유로이 유동할 수 있는 '흥미의 다면성'(Herbart, 2006)을 효과적으로 계발하도록 하는 것인지에 대해서는 교수자의 세심한 전문적 판단이 매 순간 필요하다.

융복합교육에 대한 또 하나의 오해는, 이것이 학업우수 학생들에게나 가능한 특별한 형태의 교육적 실천이라는 점이다. 이러한 오해는 우리나라의 교육문화에서 융복합교육이 새로운 형태의 추가적인 선행학습이 필요하다는 선입견에 기인한다. 융복합교육은 미래사회에서 요구되는 역량을 갖춘 인재 양성을 촉진하기 위한 교육 모델을 통하여 교육의 수월성과 평등성을 동시에 제고하고자 하는 교육적 실천이다. 학생들의 다양성을 바탕으로 모든 학생이 학교에서 생활하는 동안 의미 있는 교육적 경험으로부터 소외되지 않도록 하는 것이 융복합교육이 가지는 기본적인 교육적 지향점이다. 융복합교육은 여러 교과목에 낮은 흥미를 가지고 있는 학생에 대해서도 자신의 흥미를 다면적으로 의미 있게 확장시켜 학습에 깊이 참여할 수 있는 교육적 기회를 제공하는 데 효과적인 교육적 실천을 모색한다.

3. 더 나은 교육을 꿈꾸며

우리나라는 독립 이후 세계적으로 그 유례를 찾아보기 힘들 정도의 비약적인 경제성장을 이룩하였으며, 교육은 이러한 눈부신 성장을 가능하게 한 중요한 동력 가운데 하나로 평가받아 왔다. 한 국가의 학업성취도 수준은 그 나라의 생산성과 발전가능성을 가늠하는 핵심적인 지표 가운데 하나이며, 이는 곧 그 나라의 국가경쟁력을 설명하는 데 매우 중요한 변인이라는 여러 학자의 주장은 그리 놀라운 일이 아니다(Hanushek & Kimko, 2000; Psacharopoulos & Patrinos, 2004). 또한 국가의 교육 수준을 높이기 위한 경제적 투자는 단순히 그 사회를 경제적으로 더욱 풍요롭게 하는 것을 넘어, 범죄, 질병, 가난 등에 따르는 사회적 비용을 줄이는 효과로 확장되어 결과적으로 투자비용을 초과하는 사회적 이득으로 이어진다는 연구도 있다(Levin, 2009).

교육이 가져오는 이러한 다양한 사회경제적 효과에도 불구하고, 표준화된 교과내용을 바탕으로 한 주입식 교육, 교과내용 지식의 의미로부터 학습자가 소외되는 현실, 그리고 이로 인한 다양한 형태의 부적응 및 일탈행동 등은 우리나라 교육이 직면하고 있는 매우 심각한 문제임이 분명하다. 창의적인 사고력과 문제해결력을 신장시키고, 학습자의 전인적 성장을 도모하며, 삶의 문제를 능동적으로 해결하기 위한 역량을 계발하는 등 교육이 추구해야 하는 여러 가지 목표를 오늘날의 교육이 얼마나 적극적으로 추구하고 또한 성공적으로 성취하고 있는지에 대해 자신 있게 답하기 쉽지 않은 것이 오늘날의 현실이다. 물론 여러 국제비교 학업성취도 평가에서 우리나라가 높은 수준의 교육적 수월성을 보이고 있다는 점에서는 매우 고무적이지만, 이러한 높은 수준의 수월성이 학습자의 능동적인 탐구와 진정성 있는 학습경험을 상당한 정도로 희생한 대가는 아닌지 진지하게 자문해 볼 필요가 있다.

역설적이게도 이러한 문제들이 꽤 일상화되어 있다는 사실이 오히려 그 심각성에 대한 교육참여자들의 인식을 둔감하게 만드는 측면이 있는 것은 아닌지 고민해 보아야 한다. 우리는 누구나 정도의

차이만 있을 뿐 우리의 교육현실에 상당히 익숙해져 있다. 익숙함은
편안함과 안정감을 가져다주지만 그 대가로 새로운 것에 대한 창조
적 상상력을 어느새 둔감하게 만드는 경향이 있다. 학교교육에 대해
가지고 있는 우리의 생각과 태도 역시 그러한 듯 보인다. 다양한 형
태의 융복합교육적 기획과 실천은 학교교육에 대해 우리가 이미 가
지고 있는 익숙함을 익숙하지 않은 시각에서 바라보려는 새로운 노
력에서 시작되어야 한다. 이러한 노력의 누적이 우리나라의 교육현
실에 대한 개선뿐만 아니라 세계 교육 모델의 새로운 구상에 기여하
기 위한 '글로컬'한 수준의 교육개혁 움직임의 촉매제로서 점차 확
장될 수 있기를 기대해 본다.

생각해 볼 문제

1. 융복합교육적 관점에서 학습자의 성공적 학습성과란 무엇인지 생각해 봅
   시다.
2. 이 장에서 논의된 것 이외에 융복합교육에 대한 또 다른 오해에는 어떤 것
   이 있는지 생각해 봅시다.
3. 중·고등학교 시절 자신의 삶의 모습의 한 측면을 구체적으로 떠올려 보
   고 융복합교육적 관점에서 재해석해 봅시다.

참고문헌

박영석, 구하라, 문종은, 안성호, 유병규, 이경윤, 이삼형, 이선경, 주미경, 차윤경, 함승환, 황세영(2013). STEAM 교사 연구회 개발 자료 분석: 융복합교육적 접근. 교육과정연구, 31(1), 159-189.

송경오, 정지선(2011). 공교육 개혁방향의 국제비교분석. 교육행정학연구, 29(4), 513-537.

이선경, 구하라, 김선아, 김시정, 문종은, 박영석, 신혜원, 안성호, 유병규, 이삼형, 이승희, 이은연, 주미경, 차윤경, 함승환, 황세영(2013). 융복합교육 프로그램 구성을 위한 기초 연구: 현장 사례 분석을 통한 구성틀 적용 가능성 탐색. 학습자중심교과교육연구, 13(3), 483-513.

함승환, 구하라, 김선아, 김시정, 문종은, 박영석, 박주호, 안성호, 유병규, 이삼형, 이선경, 주미경, 차윤경, 황세영(2013). 융복합교육의 개념화: 융(복)합적 교육 관련 담론과 현장 교사 포커스 그룹 면담을 중심으로. 교육과정평가연구, 16(1), 107-136.

Cha, Y.-K. (2013). *Empowering education for all: A Korean experiment for an impossible dream.* Paper presented at the 2013 annual international conference of the National Association for Multicultural Education. Oakland, CA.

Hanushek, E. A., & Kimko, D. D. (2000). Schooling, labor-force quality, and the growth of nations. *American Economic Review, 90*(5), 1184-1208.

Hargreaves, A., & Fullan, M. (2012). *Professional capital: Transforming teaching in every school.* London, UK: Routledge.

Herbart, J. H. (2006). 헤르바르트의 일반교육학(김영래 역). 서울: 학지사. (원저는 1806년 출간)

Hoy, W. K., & Miskel, C. G. (2013). *Educational administration: Theory, research, and practice.* New York, NY: McGraw-Hill.

Levin, H. M. (2009). The economic payoff to investing in educational justice. *Educational Researcher, 38*(1), 5-20.

McEneaney, E. H., & Meyer, J. W. (2000). The content of the curriculum:

An institutionalist perspective. In M. T. Hallinan (Ed.), *Handbook of the sociology of education* (pp. 189-211). New York, NY: Kluwer Academic.

OECD (2005). *The definition and selection of key competencies: Executive summary.* Paris, France: OECD.

Peters, R. S. (1980). 윤리학과 교육(이홍우 역). 서울: 교육과학사. (원저는 1968년 출간)

Psacharopoulos, G., & Patrinos, H. A. (2004). Returns to investment in education: A further update. *Education Economics, 12*(2), 111-134.

Ramirez, F. O., & Meyer, J. W. (2012). Toward post-national societies and global citizenship. *Multicultural Education Review, 4*(1), 1-28.

Rennie, L. J., Venville, G., & Wallace, J. (2011). *Knowledge that counts in a global community: Exploring the contribution of integrated curriculum.* New York, NY: Routledge.

Sergiovanni, T., & Starratt, R. (2006). *Supervision: A redefinition* (8th ed.). New York, NY: McGraw-Hill.

Wilson, E. O. (2005). 통섭: 지식의 대통합(최재천, 장대익 공역). 서울: 사이언스북스. (원저는 1998년 출간)

Zhao, Y. (2012). *World class learners: Educating creative and entrepreneurial students.* Thousand Oaks, CA: Corwin.

제2장

융복합교육의 구성 틀

제1장에서 제시된 바와 같이, 융복합교육은 전인적 존재로서 학생이 가지고 있는 개별성을 존중하며 교수·학습 과정에 참여하는 모든 구성원이 민주적 상호작용을 통해 함께 성장하도록 지원하는, '능동성' '다양성' '협력성' '통합성' '맥락성' '합목적성'을 기본 원리로 하는 교육적 실천이다. 이와 같은 융복합교육의 개념과 원리의 관점에서 융복합교육 프로그램이나 수업을 계획하는 데 반드시 고려해야 하는 문제에 대해서 본 장에서는 융복합교육의 목표, 방식 그리고 맥락의 세 차원에서 논의하고자 한다.

1. 융복합 목표 차원

융복합교육이 지향하는 목표에 관한 논의는 공통적으로 현대 사회가 요구하는 핵심적 역량을 중심으로 제기되어 왔다. 예를 들면,

다양한 분야의 지식을 기반으로 하는 종합적이고 창의적인 문제해결력과 공생·공존하는 역량을 소위 '융합적 소양'이라 하며 목표화하기도 하였고(백윤수 외, 2011), 학습자의 능동적 성향을 하나의 역량으로 제안하기도 하였다(함승환 외, 2013). 이는 창의적 사고력과 문제해결력 등의 고차원적 인지능력, 세계에 대한 호기심, 탐구 의지, 협동심(인성) 등을 함양하는 데 있어 교육의 장을 학교뿐 아니라 전체적인 삶의 맥락으로 확장시켰을 때, 전인적 존재이자 삶의 문제를 능동적으로 해결하는 주체로서 지녀야 할 역량인 것이다. 또한 '큰 생각(big ideas)'을 중심으로 다양한 교과 지식을 통합하는 능력, 협력적으로 문제를 해결하는 능력, 그리고 현실을 비판적으로 재구성할 수 있는 행동 역량이 융복합교육의 목표로 제안되었다(Rennie, Venville, & Wallace, 2012). 이와 같이 융복합교육이 기존의 분과적 틀을 벗어나 새로운 교육 실천을 지향한다고 할 때, 이는 분과적 지식의 효율적·효과적 성취와 아울러 교실을 넘어 21세기 세계시민 사회의 삶의 맥락에서 요구되는 핵심 역량의 계발을 지향하는 경향을 보이는 것이다.

　본래 역량이라는 용어의 개념은 직업교육 분야에서 중점적으로 다루어졌으나, 21세기에 들어오면서 현대 사회에서 요구되는 핵심 역량이 규명되면서 세계적으로 핵심 역량에 기반을 둔 교육과정 개혁운동이 일어났다(OECD, 2005, 2009). 여기에서는 이선경 등(2013)에 기대어 OECD의 기본 틀인 '도구의 상호작용적 활용 역량' '이질적인 집단에서의 상호작용 역량' '자율적인 행동 역량'의 세 범주를 논의의 틀로 채택하여 앞서 제시한 융복합교육의 이론적 담론에 등장하는 교육목표의 주요한 측면을 대부분 포함시켜 제시해 보고자 한다.

1) 도구의 상호작용적 활용

이 역량의 진술에서, '도구'는 매우 광범위한 의미를 지니고 있다. 언어, 상징, 텍스트, 테크놀로지뿐 아니라 지식 및 정보도 포괄한다. 그리고 '상호작용적'이라 함은 그 도구와 사용자 간의 상호작용을 의미한다. 여기에는 도구 자체에 대한 창의적 개선이 포함되어 있다. 따라서 창의성 신장 등은 이 범주와 관련된다고 할 수 있다. 도구의 상호작용적 활용 역량은 다시 '언어, 상징 및 텍스트 활용 역량' '핵심 개념 · 원리 · 소양의 습득 및 활용 역량' '테크놀로지 활용 역량'으로 구분된다. 먼저 언어, 상징 및 텍스트 활용 역량은 학생이 자신의 의견을 발표하거나 설명하고 교사가 제시한 자료를 보며 생각을 기록하거나, 보고서를 기록하는 활동과 관련된다. 다음으로 핵심 개념 · 원리 · 소양의 습득 및 활용 역량은 학습을 통해 학생이 새로운 지식이나 개념, 정보를 알게 되고 이를 활용하여 새로운 지식과 정보를 창출하는 것이며, 주어진 문제나 프로젝트를 해결하는 경우와 관련된다. 이는 OECD 원래의 '지식 및 정보 활용 역량'의 습득 측면을 강조한 것이다. 마지막으로 테크놀로지 활용 역량은 실세계 문제 상황에 대한 학습자 자신의 관점을 표현하고 창의적 결과물을 완성하기 위해 디지털카메라, 비디오, 스마트폰, 컴퓨터 프로그램뿐 아니라 실험도구, 악기 등 물리적 테크놀로지를 활용할 수 있는 것이다.

2) 이질적인 집단에서의 상호작용

이 역량은 문화적으로 다원화되어 가는 세계사회 속에서 이질적인 배경과 관점을 가진 구성원과의 관계 형성과 협력, 그리고 다양한 관점이 등장하는 상황에서 유연하게 협의하며 소통과 공존의 관계를 유지하는 데 필요한 역량을 의미한다. 이는 '타인과의 관계 형성 및 유지 역량' '협력적 작업 역량' '갈등 관리 및 해소 역량'으로 구분된다. 먼저 관계 형성 및 유지 역량은 친지나 동료 등과 개인적 관계를 맺고, 유지하며, 관리할 줄 아는 것이다. 감정이입과 자기감정 조절이 필요하다. 다음으로 협력적 작업 역량은 집단 구성원 사이에 공감대를 형성하여 협업(예를 들면, 악기합주나 역할극 연습, 공동실험 등)을 할 수 있는 것이다. 아이디어를 제안하고 경청하며 자신의 모둠 구성원들끼리 토의과정을 거쳐 공동의 프로젝트를 완성해 가는 데 요구되는 역량을 포함한다. 마지막으로 갈등 관리 및 해소 역량은 협력작업 과정에서의 상충되는 의견을 조정하고 해결방안을 협의하여 우선순위를 결정하고 문제를 재구조화함으로써 건설적인 대안을 탐색하는 것이다.

3) 자율적인 행동

이 역량은 학습자가 속한 실세계를 이해하고 능동적으로 참여하는 과정에서 자신의 전인적 성장을 지향하는 장기적 계획을 설정하고 실행하며 자아실현과 권한 강화를 주도할 수 있는 역량을 의미한다. 이는 '정체성 · 자존감 확립 및 자율적 인생계획 역량' '개인의 행동 변화 역량' '지역 · 세계 사회의 바람직한 변화 야기 역량'으로 구분된다. 먼저 정체성 · 자존감 확립 및 자율적 인생계획 역량은 학생 개인이 실세계 전반에 대한 구조적 이해를 통해 개인적 · 사회적 정체성과 자존감을 형성하고 그 강화를 위해 자율적인 인생계획을 설계할 수 있는 것을 의미한다. 이는 OECD에서 강조하는 자신의 권리와 필요를 옹호·주장할 수 있는 역량으로 자연스럽게 이어질 수 있다.

다음으로 개인의 행동 변화 역량은 실세계적 이해에 기초하여 개인적 수준에서 계획을 실천하거나 실행과정에서 조정·재조정하는 것 등을 의미한다. 관련 지식과 윤리적 태도를 습득함과 아울러 그에 알맞게 자신의 행동이나 생활습관을 고쳐 나갈 수 있는 역량도 포함하며, 이는 실세계에서 가족·교우 관계의 개선이나 환경 보호를 위한 분리수거 실천 등을 통해 함양될 수 있다.

마지막으로 지역·세계 사회의 바람직한 변화 야기 역량은 OECD의 '큰 그림 안에서 행동하기'와 같이 사회적으로 쟁점이 되고 있는 문제상황을 지역사회 또는 세계사회의 역사와 문화 등 거대한 맥락과 연관 지어 이해하고 그에 따른 문제해결 계획을 구안하고 실행하는 것을 의미한다. 즉, 세계시민 사회의 구성원에게 요구되는 역량 계발을 지향하여 사회적 공익을 실현하는 데에 기여할 수 있음도 포함한다. 학교 주변의 환경 개선이나 국제적인 캠페인에 참여하기 등이 이에 속한다. 이를 정리하면 〈표 2-1〉과 같다.

표 2-1 융복합교육목표의 세 가지 범주

역량 범주	하위 역량	예
도구의 상호작용적 활용 역량	언어, 상징 및 텍스트 활용 역량	• 자신의 의견을 발표하거나 설명하는 역량 • 제시된 자료를 보며 생각을 기록하는 역량 • 현상에 대한 분석 결과나 자신의 생각을 보고서로 기록하는 역량

	핵심 개념 · 원리 · 소양 습득 및 활용 역량	• 각 교과의 핵심적인 개념 · 원리 등을 심도 있게 이해하는 역량 • 각 교과 관련 지식을 창출할 수 있는 소양을 익히는 역량 • 지식과 사고능력을 활용하여 주어진 문제나 프로젝트를 해결하는 역량
	테크놀로지 활용 역량	• 디지털 카메라, 비디오, 스마트폰, 컴퓨터 프로그램 등의 활용 역량 • 실험도구, 악기 등 물리적 테크놀로지 활용 역량
이질적인 집단에서의 상호작용 역량	타인과의 관계 형성 및 유지 역량	• 집단 구성원 사이에 적절한 관계를 맺는 역량 • 공감대를 형성하는 역량 • 형성된 관계를 잘 유지하는 역량
	협력적 작업 역량	• 악기합주, 역할극 연습, 실험 등 협동작업을 하는 역량 • 아이디어 제안 · 경정 등을 통해 토의를 하는 역량
	갈등 관리 및 해소 역량	• 상충되는 의견을 조정하고 해결방안을 협의하는 역량 • 우선순위를 정하고 문제를 재구조화하여 건설적인 대안을 탐색하는 역량
자율적인 행동 역량	정체성 · 자존감 확립 및 자율적 인생계획 역량	• 실세계 전반에 대한 구조적 이해를 통해 개인의 정체성과 자존감을 형성하는 역량 • 문제상황 인식과 해결계획을 수립 · 실행하며, 그 과정과 결과에 대해 반성하는 역량
	개인의 행동 변화 역량	• 직능 계발, 사회 · 환경 · 도덕적 측면에서 개인적 행동 변화의 필요성을 인식하고 계획하는 역량 • 필요한 (재)조정을 하면서 계획을 실행하는 역량
	지역 · 세계 사회의 바람직한 변화 야기 역량	• 사회 · 세계에 필요한 변화를 인지할 수 있는 문제 인식 역량 • 문제해결을 사회적 · 집단적으로 추구하고 조정 · 실행하여 변화를 야기하는 역량

2. 융복합 방식 차원

융복합교육은 통합성을 강조하는 경향이 있다. 융합인재교육을
지향하는 STEAM은 그 구성요소로 창의적 설계, 감성적 체험, 내용
의 융·통합을 제시하면서 2개 이상의 교과내용의 유기적인 통합을
강조한다(박현주 외, 2012). 이에 따라 창의적 설계과정인 지식 산출,
제품 산출, 작품 산출이 상보적이고 융합적인 관계 속에서 발전하며,
설계 활동의 협력적 본성이 학생들 사이의 협동을 촉진한다. 이 점
에서 융합인재교육은 교과를 비롯한 학생 사이의 통합성을 강조한
다고 볼 수 있다. STEAM의 핵심 역량으로 강조되는 '소통'과 '배려'
또한 학습의 장에 참여하는 다양한 참여자들의 지식을 포함한 존재
론적 지평의 융합으로서 융복합교육의 통합적 측면인 것이다(백윤수
외, 2011; 이상오, 2010). 이런 맥락에서 융복합교육의 '통합성'의 원리
는 교육현장에 참여하는 다양한 주체, 즉 교과, 교사, 학생 사이의 대
화적 통합관계의 필요성으로 구체화된다(함승환 외, 2013). 다시 말해,
① 교과 내·외적 주제, 개념 등을 중심으로 상호 관련된 여러 학습
내용 요소를 상호 통합하고, ② 그러한 학습경험으로 학생이 지식과
대화적 관계를 형성하여 전인적 측면에서 변화하며, ③ 궁극적으로
그 지식을 자신의 삶과 존재의 일부가 되게 함으로써 학생과 삶 자체
가 연결·통합됨을 의미한다.

교과목 간의 통합은 단학문적(monodisciplinary), 다학문적(multi-
disciplinary), 간학문적(interdisciplinary), 초학문적(transdiscipli-
nary) 접근의 형태로 유형화되기도 하고(Drake & Burns, 2006), 좀

더 자세한 통합 모형이 제시되기도 한다(Fogarty, 2009). 본 논의에서는 전자의 큰 틀 안에서 Fogarty(2009)에 기초하여 후자를 좀 더 구체적으로 살펴보고자 한다.

1) 단학문적 접근

한 교과를 배우면서 학생들은 그 교과 내에서 종종 '분절적으로' 교수·학습되는[1] 개념, 원리, 사고방법 등의 관련 요소를 상호 통합하여야 한다. 교과 내 (단학문적) 통합은 그러한 결합을 좀 더 쉽게 이룰 수 있도록 학생들을 이끌어 주는 것으로, 여기서는 '연결 모형'과 '둥지 모형'을 고찰하였다.

(1) 연결 모형

연결 모형(Connected Model)은 개별 교과 분야 내에서 의도적으로 상호 관련된 학습내용 요소들 간의 연결성을 부각시키려고 노력하는 교수·학습 모형이다. 한 주제가 다음 주제에, 한 개념이 또 다른 개념에, 한 기량이 또 다른 기량에, 오늘 수행한 학습이 다음 날 수행할 학습에 어떻게 연결되는지를 명시적으로 드러낸다. 기본적으로 교사는 "내가 [＿＿＿] 다음에 [＿＿＿] 을 가르치려는 이유는 [＿＿＿] 이기 때문이다."라는 논리로 교육과정을 구상한다. 예를 들어 보자.

---

1) 이와 같은 교수·학습 모형을 Fogarty(2009)는 '세포 모형'이라 부른다. 이 경우에 적용될 수 있는 가장 기본적인 통합방식은 수업의 대상이 되는 내용 요소 사이의 상대적인 중요도, 즉 우선순위를 결정하는 것이다. 즉, 학습 요소들을 '상대적인 중요성'으로 상호 연결하는 것인데, 이는 수준별 교수·학습 모형의 하반 수업에서 내용을 줄일 때 요긴하며 다른 모형을 추구하는 데 기초로 작용한다.

> 분수 다음에 백분율을 가르치려 한다. 왜냐하면 둘 다 추정과 관련되기 때문이다.

이와 같이 여러 개념을 상위 개념, 혹은 관련 주제로 상호 연결하는 것인데, 그 핵심은 학생들이 인지적으로 해야 하는 통합 작업을 좀 더 손쉽게 할 수 있도록 도와주는 것이다. 기획을 할 때 다음과 같은 양식을 작성할 수 있다.

표 2-2 연결 모형

교과: 수학		
선 학습 요소 (주제, 단원, 개념 등)	연결 요소 (개념, 기량, 태도)	후 학습 요소 (주제, 단원, 개념 등)
퍼센트	확률	분수

이 모형의 장점은 학생들이 ① 교과의 한 측면에 집중하면서 동시에 전체 그림을 이해할 수 있고, ② 과학적 탐구, 관찰, 추론 등과 같은 핵심 기량과 개념을 좀 더 깊이 내면화할 수 있으며, ③ 아이디어를 복습하고, 재개념화하고, 고치면서 점차 더 잘 이해하여 심층 학습(deep learning)에 이른다는 것이다.

여전히 개별 교과가 학생들에게는 서로 무관한 듯 보일 수 있지만, 이 모형은 적어도 다음 측면에서 유용하다. ① 교사가 자신의 교과 내에서 관련 요소를 찾아내는 데 숙달되어 타 교과 간의 관련 요소 파악을 더 잘할 수 있다. ② 교사가 교수내용 요소와 성취 수준을 관리·이해하는 데 도움이 된다. ③ 동일 교과 교사들 간에 협력적으로 진행하면 교육 개선에 많은 도움이 된다.

(2) 둥지 모형 ◎

둥지 모형(Nested Model)은 ① 지식의 내용/성취기준과 함께 ② 논리력, 창의력, 문제해결력, 사회적 능력 등 다차원적인 생애 기량(life skills)을 종합적으로 학습할 수 있도록 '복합적인' 교수·학습 목표를 구성함으로써 학생들의 학습경험을 보다 풍부하게 하는 모형이다. 예를 들어 보자.

> 초등학교 자연시간에 순환기 계통에 대해 배울 때 순환기 계통이 무엇인지에 대한 내용과 더불어 인과관계 분석하기(사고 기량), 협력하기(사회성 기량), 순서도 만들기(조직 기량) 등 여러 기량을 동시에 학습할 수 있게 한다.

즉, 기본적으로 "☐☐☐☐ 라는 수업목표 개념에 잘 맞는 ☐☐☐☐, ☐☐☐☐, ☐☐☐☐ 와 같은 중요한 생애 기량을 포함시킨다."라는 방식으로 교과과정을 구성한다. 기획을 할 때 다음과 같은 양식을 작성할 수 있다.

표 2-3 둥지 모형

교과: 영어		
내용 성취 수준 (Content Standard)	외곽 1 (절차 성취 수준, 생애 기량)	외곽 2 (절차 성취 수준, 생애 기량)
품사	분류	공통점 파악

　이 모형의 장점은 하나의 교과 내에서 풍부한 학습경험을 제공할수 있고, 한 교사가 혼자서 광범위한 교육과정을 통합할 수 있다는것이다. 반대로 여러 가지 목표가 학생들에게 혼란을 야기할 수 있다는 단점이 있다. 따라서 여러 '외곽' 기량이 자연스럽게 조합되도록치밀하게 준비해야 한다. '외곽' 기량이 되는 생애 기량에는 사고 기량, 사회성 기량, 다중지능, 정신적 습관, 테크놀로지 도구, 읽기·쓰기·말하기·듣기의 소통 기량 등이 있다. 이 중 사고·사회성 기량을 예시하면 〈표 2-4〉, 〈표 2-5〉와 같다.

표 2-4 사고 기량

탐구	예측·기대하기, 계획·탐구하기, 문제 제시·정의하기, 질문하기, 결론 검증하기, 아이디어 개선하기
정보 처리	알아내고 수집하기, 분류하기, 범주화하기, 비교·대조하기, 배열하기, 부분·전체 관계 분석하기
추론	정확한 언어 사용, 추론하기, 의견·행동에 대한 이유 발견하기, 생각 설명하기, 이유·근거에 따라 판단·결정하기
평가	기준 개발하기, 가치 판단하기, 정보 평가하기, 판단을 확신하기
창의성	개혁적 산출물 추구하기, 아이디어 생성·확장하기, 가설 제시하기, 상상력 동원하기

표 2-5 **사회성 기량**

기본적 상호작용	친근하게 앉기, 조용하게 모둠 형성하기, 눈길 마주치기, 부여된 역할 수행하기, 이름 부르기, 물건 나누어 쓰기
소통	적절한 목소리로 말하기, 차례 지키기, 경청하기, 모두의 발언기회 존중하기, 상대방의 말이 끝날 때까지 기다리기
팀 형성	사람이 아닌 생각에 반대하기, 모둠을 활기차게 하기, 서로 격려하기, 도움 주기, 이해 여부 확인하기
갈등 해소	타협하기, 협상하기, 관점 탐색하기, 혼자 힘으로 생각하기, 상대방 의견 존중하기, 합의에 도달하기

2) 다학문/간학문적 접근

다학문적 교과통합은 복수의 교과가 동일 주제나 이슈를 중심으로 조직화되는 것을 의미한다. 이는 학습자가 여러 교과의 관점에서 특정 주제에 대하여 다양한 각도에서 이해하고 탐구하도록 하며, 궁극적으로는 각 교과의 관련 내용에 대한 학습참여를 촉진하기 위하여 계획되고 실행된다.

반면에 간학문적 교과통합은 복수의 교과를 관통하여 학습자에게 기대되는 공통 개념·원리·기량 등 공통 소양의 함양을 주 목표로 수행되는 것을 의미한다. 예컨대 창의적인 문제해결력이나 효과적인 의사소통 기술 등을 중심으로 각 교과가 이와 가장 관련성이 높은 교과내용을 선택하는 방식으로 교육과정을 (재)조직화하는 것이다. 간학문적 교과통합에서는 교과 간 경계가 상대적으로 흐려진다.

그러나 위의 두 접근법을 구분하는 것이 개별 교과내용과 공통적 내용 중 어느 쪽에 더 초점을 두느냐의 문제일 수 있으므로, 여기서는 함께 다루고자 한다.

(1) 순차 모형 [○○]

여러 교과에 유사한 학습 요소가 나타난다면, 그것들을 어떻게 정렬하여 교육과정을 연관시킬 수 있을까? 순차 모형(Sequenced Model)은 수학 · 과학, 국어 · 역사 등 비교적 관련성이 큰 2개의 교과목에서 다루는 내용 · 주제가 같거나 유사할 경우 교수 · 학습 순서를 재배열하여 가능한 한 두 교과의 내용을 병렬적으로 혹은 순차적으로 비슷한 시기에 가르치는 것이다. 그 상호 연결성을 강조하고 아울러 양 교과의 수업 활동이 상대 교과의 이해에 도움이 되도록 하여 각 교과의 수업내용에 대한 심층학습을 강화한다. 이러한 동기화(synchronization)를 통한 시너지 효과를 내기 위해서는 타 교과 교사 간의 협력과 교육 · 수업 내용에 대한 실제적인 대화가 있어야 한다.

이 모형은 교육과정 · 수업내용의 상호 연결, 즉 교육과정의 사상(curriculum mapping)으로부터 시작된다. 예를 들어 보자.

> 역사 과목의 주제 '경제 대공황'을 수학 과목의 '주식시장' 주제와 병렬적으로 가르칠 수 있다.

때에 따라서는 타 교과의 전개와 맞추기 위해 수업 순서를 바꾸어 더 논리적이 되게 할 수도 있다. 기획을 할 때 다음과 같은 양식을 작성할 수 있다.

표 2-6 순차 모형

	번호	교과 1: 국사	교과 2: 과학
동기화 될 수 있는 요소	1	조선 초기	해시계, 물시계
	2	조선 후기	기중기의 원리
	3		
	4		

이 모형은 타 교과 교사와의 협력을 위해 자기 교과 내에서의 자율성이 다소 제한될 수 있지만 상대방 교과내용을 좀 더 잘 알게 되고, 교사들 간의 지속적인 협력과 충분한 융통성 발휘가 가능해진다는 큰 장점이 있다.

기획방법은 간단하다. ① 두 교사가 양 교과에서 가르칠 주제 · 단원의 목록을 월 · 주별로 작성한다. ② 각각 상대 교사에게 자신의 수업 순서에 대하여 설명한다. ③ 1~2개의 상호 관련될 법한 '평행적인' 단원을 찾아서 적어 본다. 이때 순서의 변경이 필요할 경우도 있다. ④ 현장실습 등을 공동으로 실행할 수 있다.

(2) 공유 모형 ⟨∞⟩

전체 교과를 ① 과학 분야(수학, 과학 등), ② 인문사회 분야(언어, 사회, 역사 등), ③ 예체능 분야(미술, 음악, 체육 등), ④ 실용기술 분야(컴퓨터, 기술 등)와 같이 몇 개의 '광역 분야'로 나눌 때, 각 광역 분야 안에서 인접 과목의 학습목표 사이에 공통적인 개념, 기량, 태도 등이 있을 수 있다. 공유 모형(Shared Model)은 그것을 '귀납적으로' 추출하(고 강조하)여 가르치는 것이다. 이를 위해서는 우선 각 교과

목표 요소의 우선순위를 정하고, 두 교사가 함께 논의하면서 공통적인 개념, 기량, 태도 등에 초점을 두어 (교육과정을 풍부하고 생동감 있게 통합하는 방향으로) 심도 있는 교수 · 학습 계획을 수립한다. 이 경우에는 주어진 제시 순서를 바꿀 필요가 없다. 예를 들어 보자.

> 국어에서 다룰 일련의 문학작품들에 초점을 둘 때, 역사 교과에서는 그 작품들이 해당되는 시대에 초점을 두며 그 둘을 하나의 통합적 테마 (theme, organizing umbrella)로 묶을 수 있다.

이 모형은 사용하기가 쉽고, 중복으로 인해 전이할 핵심 개념들의 심층 학습이 촉진된다. 또 양 교시를 연결하여 영화를 보여 준다든지 현장실습을 시행하는 등의 공동 교수 · 학습 경험을 제공할 수도 있다.

융통성과 타협, 그리고 신뢰와 팀워크가 반드시 필요하며, 겹치는 교육과정 개념을 찾아내려는 심도 있는 대화가 필요하다.

이를 잘 기획하기 위해서는, 다른 교과의 두 교사가 논리적으로 혹은 상식적으로 서로 맞아 들어가는 단원을 하나씩 선정한다. 그런 다음 돌아가면서 자신이 가르칠 단원의 주요 학습목표(개념, 기량, 태도 등)를 쓰면서 상대 교사에게 설명하고, 두 단원에서 겹치는 개념 · 기량 · 태도 등을 찾아낸다. 핵심 개념이나 기량을 중심으로 두 단원에서 다룰 의미 있는 주제를 만들어 낸다. 기획을 할 때 다음과 같은 양식을 작성할 수 있다.

표2-7 공유 모형

교과 1: 과학	공유 요소 (개념, 기량, 태도, 성취 수준)	교과 2: 국어
광합성 생태계—물질의 순환 플로차트 환경 보존	[개념] 순환 [기량] 배열하기 [태도] 존중	**인터뷰** 일대기(생애 주기) 생애 줄거리 따라가기 관점의 존중

출처: Fogarty(2009, 그림 5-1).

(3) 거미집 모형 [그림]

교육과정 통합의 거미집 모형(Webbed Model)은 보통 하나의 테마와 함께 시작이 되므로, 일명 테마 모형(Thematic Model)이라고도 한다. 중요한 책, 시대, 위인, 핵심 개념 등을 (공유 모형에서와 달리) '연역적으로' 주제로 선정하여 정해진 기간에(예를 들면, 3주 정도) 여러 교과에서 다루는 방법이다. 예를 들어 보자.

> '발명'이라는 테마를 선정하였다면, 과학에서는 단순한 기계를, 국어나 영어에서는 발명가에 대한 글을, 미술 등에서는 모형의 디자인이나 제작을, 수학에서는 루브 골드버그(Rube Goldberg) 기계를, 그리고 컴퓨터·기술에서는 플로차트 제작을 다룰 수 있을 것이다.

이와 같이 상이한 교과의 (혹은 다중지능의) 독특한 내용 측면이나 관점에서 동일한 테마에 접근함으로써 학습자는 그 테마를 상세하게 다루며 그것의 다양한 측면을 전체적으로 통합할 수 있게 된다.

이 모형의 성공 여부는 다양한 교과와 관련될 수 있는 '비옥한' 테마를 선정하는 데 있다. 테마와 관련하여 얼마나 다양한, 심도 있는 질문을 만들어 내는가를 보면 그 비옥함을 알아차릴 수 있다. 예를 들어 보자.

> 발명의 역할은 무엇인가? 유명한 발명가로는 누가 있는가? 발명의 영향은 어느 정도 광범위한가? 어떻게 발명을 할 수 있는가? 우리의 목표를 달성하는 데 발명이 도움이 되는가? 어떻게 발명을 가르칠 수 있는가? 학생들이 이 개념을 이해했음을 어떻게 측정할 수 있는가? 발명이 해악을 끼칠 수도 있는가? 발명이 인간관계에 영향을 미치기도 하는가? ……

테마는 위와 같은 개념적 테마뿐 아니라 '이승훈' 같은 주제식 테마도 있을 수 있는데, 아무튼 좋은 테마는 다양한 교과의 저변에 흐르는 흐름·패턴을 드러내고, 교과 간의 유사점들과 차이점들을 보여 준다. 주제의 매력도가 높을수록, 학생에게 동기부여가 더 잘될 것이다. 기획을 할 때 다음과 같은 양식을 작성할 수 있다.

표 2-8 **거미집 모형**

학년도:	기간:	대상 학생:
중심 테마 (개념, 이슈 등)	다양성	
교과	내용	
국어	다양성을 주제로 하는 문학 읽기, 글쓰기	
수학	등식, 분수·나누기(합하면 전체가 됨)	

사회	문화적 관습 · 전통의 다양성
과학	생물의 다양성

현재 이 모형은 STEAM 등의 프로젝트 수업에서 전형적으로 채용되고 있는데, 사회적 이슈 중심으로 다루는 것도 가능하다. 이를 통하여 융복합교육을 전 교과의 다양한 조합으로 확장함으로써 좀 더 균형적인 교육과정을 실천할 수 있을 것이다.

이 모형에서는 교육과정의 기획도 비교적 용이한 편이다. 주로 다학문적이어서 다양한 교과목표를 성취하면서 전반적인 초점과 패턴을 유지할 수 있다. 이런 교육과정의 통합은 방학 등을 통하여 기획할 수 있고, 좀 더 광범위하게 진행하기 전에 2~4주간 시범적으로 시도해 볼 수도 있다.

(4) 꼬치 모형 [∘º°°]

꼬치 모형(Threaded Model)은 (예상하기, 분류하기 등의) 인지적 기량이나, (토론, 결과 알아내기 등의) 협조 전략, 그리고 (컴퓨터 능력, 인터넷 검색능력 등의) 테크놀로지 기량 등의 생애 기량을 조직적으로 교수 · 학습하게 하는 소위 '상위 교육과정(metacurriculum)'을 수립하고 그것을 모든 교과에 걸쳐서 실생활과 연관하여 가르치는 방법이다. 예를 들어 보자.

> **생애 기량: 비교와 대비**
>
> [국어] 여러 유형의 시를 비교한다 — [수학] 여러 도형의 특징을 비교

한다 — [과학] 여러 동물의 특징을 비교한다 — [사회] 여러 지역의 생활
상을 비교한다 — [음악] 여러 악기의 음색을 비교한다 — [미술] 수채화,
유화 등의 그림 재질에 따른 느낌을 비교한다.

한 생애 기량이 선정되면, 정해진 기간에 각 과목에서 그 기량에
초점을 맞춤으로써 교수 효과를 극대화할 수 있다. 그리고 일정한
계획하에 월별로 다른 기량을 선정하는 방식으로 연간 교과과정을
운영해 나갈 수도 있다. 기획을 할 때 다음과 같은 양식을 작성할 수
있다.

표 2-9　**꼬치 모형**

학년도:	기간:	대상 학생:
'꼬치' 범주	'꼬치' 요소	선택 여부
사고 기량	비교와 대조	○
협동 기량		
학습 기량		
조직 기량		
다중지능		
성취 수준		
교과	**내용**	**단원**
국어	여러 글의 유형 비교	
과학	여러 암석의 종류 비교	
수학	분수의 크기 비교	

가장 큰 장점은 개별 교과내용을 벗어나는 사고 · 학습의 기량 · 전략 등 생애 기량을 의식하고 통제할 수 있다는 것이다. 교사는 상위 인지적 행동을 강조하여 학생이 학습하는 방법을 배우도록 한다. 이를 통해 장차 학습 결과의 전이를 좀 더 용이하게 할 수 있다. 각 교과의 내용은 순수하게 유지되고, 학생들은 생애 기량으로 전이될 수 있는 사고 기량 등을 얻는다. 즉, 교과 간의 내용적인 상호 관련은 다루지 않는다.

지역사회 및 국가가 그러한 생애 기량의 배양에 관심을 두고 있을 때 교육과정을 통합하기에 좋은 모형이다. 또 교과의 중요성과 우선순위를 희생하지 않고도 실행가능하므로 중등과정에 적합하다.

기획방법은 우선 여러 교과의 교사가 팀으로 여러 교과에 걸쳐 사용할 생애 기량(사고 · 사회 · 테크놀로지 · 조직 · 심적 태도 · 전략)의 목록을 작성한 후, 일정 기간(주, 월, 학기, ……) 동안 집중할 하나 또는 그 이상의 기량을 선별하여 배열한다. 이후 정기적으로 모여 여러 교과에서 선정한 기량 교수 · 학습의 효과를 논의하며 교육과정 실천을 조절한다.

(5) 다중공유 모형

다중공유 모형(Multiply Shared Model)[2]은 공유 모형을 광역 교과 분야의 경계 너머로 확장하여 셋 이상의 많은 교과에서 '귀납적으로' 공통 요소를 찾아내고, 그것을 교수 · 학습의 초점으로 공유함으로써 집중 효과를 얻는 방법이다. 자연스럽게 인지적 · 사회적 · 간

---

2) Fogarty(2009)가 '통합 모형(Integrated Model)'이라 명명한 것인데 혼동을 피하기 위하여 이름을 바꾸어 사용한다.

문화적 능력이나 '구조' 또는 '순환' 등 상당히 일반적인 개념이 공유 요소로 나타난다. 예를 들어 보자.

공유 개념: 창의성, 관계, 문제해결, 순환, 보존, ······

성공적으로 이루어질 경우에는, 별도로 설정된 '통합의 날(integrated day)' 등을 위해서도 이상적인 학습환경을 제공한다. 여러 수업에 걸쳐서 학생들과 아이디어가 탄력을 얻으면서 내적인 학습동기를 부여할 수 있게 된다. 실행이 어렵기 때문에 각 교과 분야의 내용, 성취 기준, 기량, 태도 등을 잘 알고 있는 고도의 전문성을 지닌 교사가 필요하다. 그리고 간교과적 교사 팀(interdepartmental team)은 기획·수업 시간에 공통적인 영역을 정해 두는 것이 가장 좋다. 3~4주간의 시험적 운영으로 시작하는데, 잘될 경우에는 학생들에게 '잊지 못할' 학습경험을 제공할 수 있다.

기획방법은 ① 3~4명의 교사가 자기 교과의 단원·주제에 대하여 써 보고 팀원들에게 설명한다. ② 해당 학기의 한 단원을 선정하여 관련된 모든 세부사항을 공유하면서, 핵심어를 찾아낸다. ③ 논의를 진행해 나가며, 귀납적으로 교과 간 겹치는 공통 요소를 찾아낸다. ④ 주제가 될 생애 기량이나 '큰 생각'을 찾은 후, 그 주제로 각 교과에서 진행시킬 근본적 질문을 만든다. 기획을 할 때 다음과 같은 양식을 작성할 수 있다.

[그림 2-1] 다중공유 모형

3) 초학문적 접근

초학문적 교과통합은 실세계 맥락중심의 통합방식으로, 학생들
이 실세계를 심도 있게 이해하고 탐구할 수 있도록 하는 데 그 목적
이 있다. 이 접근에서 학생들은 주로 다양한 형태의 프로젝트 수행을
통한 학습경험을 하며, 교과서는 학생들이 활용할 수 있는 다양한 자
료 중 하나일 뿐 전통적인 교실상황에서처럼 절대적인 지위를 지니

지 않는다. 이는 교과 간 경계가 가장 흐려지는 형태의 통합 유형이
며, 교수·학습 과정에 관여하는 다양한 주체 사이의 결합을 가리키
는 것으로 개념화할 수 있다.

(1) 몰입 모형 ⑧⑧

몰입 모형(Immersed Model)은 학습자중심 학습에 가장 적합한
모형이다. 학습자가 매우 흥미 있어 하는 사진, 춤 등 통합적 '꼬치
(threads)'를 중심으로 몰입하여 자신의 과거 경험이나 기존 지식을
새 정보나 경험에 연결시키는 모형이다. 이에 따라 자신의 관심 영역
에 집중하여 관련 지식이나 능력을 심화해 나간다. 예를 들어 보자.

① 학생들이 동아리를 형성하고 스스로 탐구 활동 주제를 정하여 실시
한다.
② 통합의 날 혹은 창체 시간에 모둠이 주제를 정하고 계속 개별적 탐
구를 하게 한다.

학습자가 채워질 수 없는 지식에 대한 갈망으로 학습을 해 나가므
로 해당 분야, 관련 분야에서 깊이 있는 탐구가 이루어지고 새로운 경
로를 계속 개척하며, 궁극적으로 높은 전문성을 지니게 된다. 교육의
초기에는 여러 분야에 걸친 교양적 배경을 확립할 필요가 있는데, 이
는 학습자의 경험을 풍부하게 만드는 기름진 토양이 된다.

(2) 네트워크 모형

네트워크 모형(Networked Model)은 학습자가 인적 네트워크를 통하여 관심 영역의 전문가와 연대를 형성해 감으로써 전문성을 신장시키는 방법이다. 지역사회와 학교가 협력하여 학생의 지적 통합을 돕는 것이다. 예를 들어 보자.

> ① 동아리 활동으로 과학 · ······ · 미술 관련 탐구의 주제를 정하고 필요한 전문적인 지식을 외부 인사로부터 습득한다.
> ② 중학생들이 탐구내용을 영어로 번역하고자 할 때 대학의 전문가에게 도움을 받는다.

이 모형의 장점은 학습자가 주도권을 쥐고 적극적으로 탐구를 하며 새로운 학습경로를 탐색해 나가도록 허용함으로써 관련된 정보, 기량, 혹은 개념을 습득하는 과정에 더 자극을 받는다는 것이다. 잘못되면 학습자가 삼천포로 빠질 수 있고, 경우에 따라서는 요구되는 전문성이 너무 높아서 학생이 도달할 수 없는 경로로 잘못 들어서거나, 너무 광범위한 분야에 걸치게 되어 학습 · 연구에서 집중이 되지 않을 수 있으므로 주의와 지도가 필요하다.

3. 융복합 맥락 차원

융복합교육은 학생에게 의미충실한 맥락을 기반으로 실행되어야 한다. 그 중요성은 여러 가지 측면에서 강조되고 있다. Rennie 등 (2012)은 융복합교육에서 학생과 교실, 실세계 사이의 연결성 회복을 강조하였다. STEAM의 경우에는 창의적 설계과정이 학습자로 하여금 자기 삶에서의 필요와 문제를 발견하게 하므로 맥락성을 지닌다(박현주 외, 2012). 좀 더 일반화된 융복합교육의 경우에도 학습 활동이 학생에게 의미 있고 충실한 실세계 맥락을 바탕으로 제공되어 학생이 스스로의 관점에서 탐구하고 표현할 수 있도록 해야 한다(함승환 외, 2013).

이는 앞서 '통합성'에 관한 논의에서 언급한 바 있는 학생과 삶 사이의 연결성에 대한 강조와 일맥상통하는 부분이다. 지식을 탈맥락적인 추상적 대상으로 전달하지 않고 학생들의 삶의 맥락과 관련시켜 학생들이 탐구와 표현 과정을 통해 창의적 지식 산출에 도달할 수 있도록 지도해야 함을 의미한다.

합리주의와 이성주의에 기초한 전통적 학교교육은 학문의 개념과 원리에 대한 추상적이고 일반화된, 즉 탈맥락적인 차원에서의 교수·학습을 규범적인 교육 모델로 간주하였다. 그러나 그와 관련한 많은 문제를 지적하는 현대 교수·학습 이론에서는 교과 지식이 실세계에 맥락화되어 지도될 때 학습의 전이와 더불어 보다 활성화된 수준의 인지 역량 계발에 기여할 수 있다고 생각한다. 이와 같은 관점의 변화를 이끌어 내는 데는 상황인지이론이 중요한 이론적 기반이 되었다. 이는 앎에 대한 전통적인 이성주의적 개념화를 비판적으로 검토하면서, 학습과정을 기본적으로 실제적이고 의미 있는 실세계 과제에 참여하는 과정으로 보고 있다. 이러한 관점에서 지식이란 학습자가 실세계 문제해결에 참여하면서 다른 구성원들과의 교섭과정을 통해 산출한, 즉 지식 생산 과정에 참여한 다양한 관점과 배경을 가진 개인들 사이에서 이루어지는 의미 협상의 결과물로 개념화된다.

교육에서 지식의 맥락성을 인정하는 것은 학습자 개인의 고유한 앎의 방식과 그러한 개별성에서 비롯되는 다양성을 존중해야 함을 시사한다. 이는 각 개인이 이질적인 관점과 역량을 지니고 대등한 관계에서 상호작용에 참여한다는 뜻이며, 이 속에서 이루어진 융합의 결과물로 지식이 생성된다는 새로운 인식론을 지님을 의미한다 (Hutchins, 1995). 즉, 지식은 인간이 자신을 둘러싼 실세계를 이해하고 설명하고자 노력한 결과의 산출물이며, 따라서 지식과 세계는 인간의 생산 활동을 중심으로 서로의 형성에 깊이 관여한다(Chaiklin & Lave, 1993; Lave, 1988; Lave & Wenger, 1991). 이러한 관점에서 학습자의 지식은 그가 실세계를 탐구한 결과이며 동시에 실세계를 이해하기 위한 해석의 틀로 작용한다. 이와 같이 지식이 의미충실한 해석의 틀로 작용하기 위해서는 학습과정이 그러한 해석의 틀이 형성되는 전 과정을 조망할 수 있어야 하며, 이는 학습이 맥락에서 출발해야 함을 의미한다.

이에 따라 맥락은 융복합교육의 핵심적 요소에 해당하며 단순히 교수 · 학습 활동을 위한 소재나 제재를 제공하는 수준에 국한되는 것이 아니라 교수 · 학습의 전 과정을 통해 지속적으로 융복합과정을 이끌어 가는 역할을 해야 한다. 여기서 소개하는 융복합교육 프로그램 구성 틀은 융복합 맥락 차원을 포함하며, 실세계와 관련하여 제기되는 쟁점의 수준에 따라 '개인적 맥락' '지역사회 맥락' '세계사회 맥락'으로 하위 범주를 구성하였다.

1) 개인적 맥락

개인적 맥락은 자기 자신, 가족, 동료 집단 등을 중심으로 형성되는 맥락을 포함하며, 예를 들면 다음과 같다.

① 영어교육에서 학습자의 흥미와 필요에 적합한 내용과 방식을 선정하여 교육한다.
② 학생 자신의 미래 직업에 도움이 될 사업계획 수립 혹은 모의 주주총회에 참여한다.

이와 같이 개인적 맥락에서 영어 소양을 함양하도록 할 때 학생의 능동성이 향상된다.

2) 지역사회 맥락

맥락으로서의 지역사회는 학교공동체, 지역사회, 국가, 민족 등을 포괄하는데, 예를 들면 다음과 같다.

① 지역의 중요한 자연 및 인문 환경이 되는 하천을 하나 선정하여 여러 교과에서 융복합적으로 접근한다.
② 산을 선정하여 생태지질 지도를 만들게 한다.
③ 학교급식에 사용되는 식재료에 대한 생산, 유통, 소비의 전 과정을 추적하게 한다.

이와 같이 융복합교육은 학습자의 삶과 직접 관계된 맥락에서 실시한다.

3) 세계사회 맥락

세계사회 맥락은 세계시민 사회, 또는 국제적 수준에서의 삶과 관련되는 맥락을 포함하는데, 예를 들면 다음과 같다.

① 지역의 특산품을 제작하여 판매하고 그 수익금을 세계적 맥락에서 유용한 사용처를 검토·결정하여 해당 활동에 기부하게 한다.
② 영어교육의 일환으로 외국 자매학교와 화상으로 논의를 해 나가게 한다.

매스컴을 통하여 외국의 실상에 대하여 전해 듣는 것보다 그곳에 사는 사람들과 상호작용하는 것이 국제문화적 감수성을 기르는 데도 도움이 된다.

지금까지의 논의를 종합하면, 융복합교육은 학습자의 능동성과 다양성을 바탕으로 다원화된 미래 세계시민 사회의 구성원으로서의 역량을 계발하기 위한 교육적 실천이며, 이를 학교현장에서 실행하고자 할 때 수업에 활용할 교육 프로그램 구성 틀은 [그림 2-2]와 같이 '융복합 목표' '융복합 방식' '융복합 맥락'의 세 차원을 중심으로 구성할 수 있다. '융복합 목표' 차원에는 '도구의 상호작용적 활용

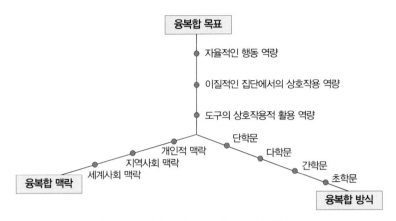

자율적인 행동 역량

이질적인 집단에서의 상호작용 역량

도구의 상호작용적 활용 역량

융복합 목표

개인적 맥락
지역사회 맥락
세계사회 맥락

융복합 맥락

단학문
다학문
간학문
초학문

융복합 방식

[그림 2-2] 융복합교육 프로그램 구성 틀

역량' '이질적인 집단에서의 상호작용 역량' '자율적인 행동 역량'을
포함하고, '융복합 방식' 차원에는 '단학문' '다학문' '간학문' '초학
문'을 포함하며, 그리고 '융복합 맥락' 차원에는 '개인적 맥락' '지역
사회 맥락' '세계사회 맥락'을 포함하였다.

이들 세 차원 외에 다른 요소를 포함시키는 논의도 있다. 예를 들
면, 김진수(2012)의 큐빅 모형은 융복합교육의 수업내용 및 절차에
대응하는 통합 요소를 포함하고 있다. 그러나 이 가운데 원리, 개념,
기능 등은 지식, 언어, 테크놀로지 등 도구의 상호작용적 습득, 사용
그리고 창조적 확장에 포함되는 것으로 볼 수 있다. 경험중심, 흥미
중심, 탐구중심, 문제중심, 주제중심, 활동중심 등은 교수·학습 유형
과 밀접하게 관련된 요소로 범주화될 수 있다. 또 김성원, 정영란, 우
애자, 이현주(2012)가 제시한 Ehwa-STEAM 모형에 포함되어 있는
융합 단위에 해당하는 개념, 탐구 과정, 문제와 현상, 체험 활동 역시
교수·학습 활동 유형으로 분류할 수 있다. 이와 같은 교수·학습 유
형과 관련된 요소는 융복합교육 프로그램 구성 틀에 포함된 세 차원

의 조합 결과를 실제적인 교수 · 학습 활동으로 구체화하는 방안과 관련된다. 물론 이러한 방법적 측면이 융복합교육의 개별적 실천에서 중요한 국면에 해당된다는 것을 부인하지는 않는다. 그러나 사실상 융복합교육 프로그램 구성에 관여한다기보다는 실제 프로그램의 활동 차원에서 하나 또는 여러 가지 방법으로 구체화될 수 있는 것이며, 개념상 그 범위가 모든 교수 · 학습 활동으로 확장될 가능성이 있다. 즉, 구성 틀이 구현될 방법 가운데 하나로 볼 수 있으므로 본 연구에서 제시하고자 하는 구성 틀의 독립된 차원에 포함하기에는 적합하지 않다.

4. 맺음말

지금까지 우리는 [그림 2-2]에서 본 바와 같이, 융복합교육의 틀을 융복합 목표, 융복합 방식 그리고 융복합 맥락의 세 차원에서 논의하였다. 이는 합목적성 · 능동성 · 다양성 · 통합성 · 협력성 · 맥락성의 원리를 충족하는 융복합교육 프로그램을 계획하는 데 기본 바탕이 된다.

요약하면, 첫째, 목표 차원에서 융복합교육은 도구의 상호작용적 활용 역량, 이질적인 집단에서의 상호작용 역량 그리고 자율적인 행동 역량의 융복합적 함양을 지향한다. 이는 언어, 상징, 텍스트, 개념, 원리, 소양, 테크놀로지 등의 '도구'와 관련된 인지적 · 창의적 역량 뿐 아니라 다문화적 · 세계시민적 공동체나 사회에서 관계의 형성, 유지, 재조정 등에 필요한 사회적 역량, 그리고 자율적으로 자신의

정체성과 자긍심을 형성하며 개인적·사회적 개선을 가져올 수 있
는 실천적·비판적 역량을 함양시키기 위함이다.

둘째, 융복합 방식 차원에서는 교과 내 혹은 교과 간에 다양한 교
육과정 통합방법을 차용한다. 연결·둥지·순차·공유·거미집·꼬
치·다중공유·몰입·네트워크 모형 등이 그 예다.

셋째, 융복합교육은 학습자 개인과 삶의 현장―지역·국가·세계
사회―의 맥락과 관련하여 이루어져야 한다.

융복합교육을 통하여 학습자가 지식과 정보 및 테크놀로지의 교
류와 융복합에 활발히 참여하면서 다문화적인 열린사회에서 서로의
개성과 다양성을 인정·존중하고, 의미에 충실한 개인 인생과 사회
를 설계하고 추구하며 개혁해 나갈 수 있는 21세기에 적합한 인재로
양성될 것을 기대한다.

생각해 볼 문제

1. 융복합교육목표의 세 범주에 대하여 논의해 봅시다.
2. http://steam.kofac.re.kr/에서 출판되고 있는 융합인재교육 계획안 중
   하나를 선택하여 그 계획안이 얼마나 융복합적인지 분석해 봅시다.
3. 융복합교육이 기존의 교육과정 통합이나 STEAM과 어떻게 관련되는지 약
   술해 봅시다.
4. 본인의 수업 중 한 단원을 골라 그것을 융복합교육적으로 개선할 방안을
   강구해 봅시다.

참고문헌

김성원, 정영란, 우애자, 이현주(2012). 융합인재교육(STEAM)을 위한 이론적 모형의 제안. 한국과학교육학회지, 32(2), 388-401.

김진수(2012). STEAM 교육론. 파주: 양서원.

박현주, 김영민, 노석구, 이주연, 정진수, 최유현, 한혜숙, 백윤수(2012). STEAM 교육의 구성 요소와 수업 설계를 위한 준거틀의 개발. 학습자중심교과교육연구, 12(4), 533-557.

백윤수, 박현주, 김영민, 노석구, 박종윤, 이주연, 정진수, 최유현, 한혜숙(2011). 우리나라 STEAM 교육의 방향. 학습자중심교과교육연구, 11(4), 149-171.

이상오(2010). '학생'에 대한 Gadamer의 존재론적 이해 –인식론적 접근의 한계를 넘어서 –. 교육의 이론과 실천, 15(1), 45-67.

이선경, 구하라, 김선아, 김시정, 문종은, 박영석, 신혜원, 안성호, 유병규, 이삼형, 이승희, 이은연, 주미경, 차윤경, 함승환, 황세영(2013). 융복합교육 프로그램 구성을 위한 기초 연구: 현장 사례 분석을 통한 구성틀 적용 가능성 탐색. 학습자중심교과교육연구, 13(3), 483-513.

함승환, 구하라, 김선아, 김시정, 문종은, 박영석, 박주호, 안성호, 유병규, 이삼형, 이선경, 주미경, 차윤경, 황세영(2013). '융복합교육' 개념화: 융(복)합적 교육 관련 담론과 현장 교사 포커스 그룹 면담을 중심으로. 교육과정평가연구, 16(1), 107-136.

함승환, 안성호, 주미경, 차윤경(2012). 글로컬 수준의 융복합교육 개념화—현장 교사 대상 focus group interview 분석. 21세기 국가 교육 경쟁력 제고를 위한 글로컬 교육 모델 포럼 자료. 한국다문화교육학회/SSK 프로젝트팀 심포지엄. 한양대학교.

Chaiklin, S., & Lave, J. (1993). *Understanding practice: Perspectives on activity and context.* Cambridge, UK: Cambridge University Press.

Drake, S. M., & Burns, R. C. (2006). 통합 교육과정(박영무, 강현석, 김인숙, 허영식 공역). 서울: 원미사. (원저는 2004년 출간)

Fogarty, R. (2009). *How to integrate the curricula* (3rd ed.). Thousand Oaks, CA: Corwin Press.

Hutchins, E. (1995). *Cognition in the wild.* Cambridge, MA: MIT Press.

Lave, J. (1988). *Cognition in practice: Mind, mathematics and culture in everyday life.* Cambridge, UK: Cambridge University Press.

Lave, J., & Wenger, E. (1991). *Situated learning: Legitimate peripheral participation.* Cambridge: Cambridge University Press.

OECD (2005). *The definition and selection of key competencies: Executive summary.* Paris, France: OECD.

OECD (2009). *PISA 2009 Assessment framework: Key competencies in reading, mathematics and science.* Paris, France: OECD.

Rennie, L., Venville, G., & Wallace, J. (2012). *Knowledge that counts in a global community.* New York, NY: Routledge.

제3장
융복합교육의 교수·학습 방법

사회 전반에서 '융합'이 키워드로 떠오르면서, 초·중등학교에서 다양한 교과 간의 연결을 통해 창의적 사고를 기르는 융복합교육에 대한 관심 또한 증가하고 있다. 이에 융합인재교육(STEAM) 등 융복합적 사고를 개발하기 위한 실제적인 프로그램들이 투입되면서, 학교현장에서도 융복합교육의 필요성에 대하여 대체로 공감하는 분위기다. 하지만 아무리 좋은 개념이라도 수업으로 실현될 수 있는 방법에 대한 답을 찾지 못한다면 그럴듯한 교육적 이상에 머무르고 말 것이다. 이제 융복합교육은 이를 학교 교육과정 안에서 녹여 낼 수 있는 방법을 모색하여야 할 시점이다.

융복합교육을 실현하기 위한 교수·학습 방법은 단지 정해진 내용을 효율적으로 가르치기 위한 도구적인 기능을 넘어서 학습경험의 성격과 질을 결정하는 핵심적인 요소라 할 수 있다. 융복합교육은 교사가 선정하고 정리한 지식을 처방전에 따라 약을 투입하듯 학습자에게 전달하는 방식으로는 가능하지 않기 때문이다. 학습자 수준에서 다양한 지식이 융합되어 새로운 개념과 아이디어가 창조되기 위해서는 내용의 선정과 조직, 학습 활동과 평가 등 수업의 전 과정에서 교사와 학습자가 유기적인 관계 속에서 상호 연결되어 함께 지식을 만들어 가야 한다. 이러한 융복합교육의 맥락성과 복잡성을 고려할 때, 특정한 교수 · 학습 모형을 기계적으로 적용하는 방식으로는 기대하는 교육적 목적을 달성할 수 없음을 쉽게 알 수 있다. 따라서 이 장에서는 교사들의 견해를 중심으로 융복합교육을 위한 교수 · 학습 방법의 성격과 방향에 대하여 되돌아보기, 탐색하기, 설계하기, 함께하기의 네 가지 주제를 통하여 살펴보고자 한다.

이 장에서 다루는 내용은 융복합교육에 경험이 있거나 관심이 있는 교사들을 중심으로 이루어진 집단 심층 면접(Focus Group Interview: FGI)을 토대로 하였다. 집단 심층 면접은 설문 조사와는 달리 소수의 응답자가 모여 공동의 주제에 관하여 집중적으로 대화하는 방식으로 이루어진다(Morgan, 1996). 개인적인 경험, 신념, 태도, 느낌 등을 다양한 관점에서 이야기하고 토론하는 가운데 연구 주제에 관한 상호적인 이해와 의미를 도출하는 방법이다.

이 장에서 제시되는 초 · 중등 교사 FGI는 2012년 1~2월에 총 14회로 진행되었다. 국어, 영어, 수학, 과학, 사회, 미술교과 교사 각 1인으로 구성된 통합 집단 면접이 2회 이루어졌으며, 4명의 동일 교과 교사가 모인 교과별 집단 면접이 6개 교과에서 각 2회씩 이루어졌다. 매회 FGI는 약 2시간 정도 진행되었다. 교과의 경계를 넘어서 현장 교사들의 눈에 비친 융복합교육의 방향과 이와 관련된 다양한 실천 사례를 알아보기 위하여 여러 교과 교사의 대화내용을 녹취하여 종합적으로 분석하였다. 분석방법은 약 350쪽 분량의 녹취록 가

운데에서 융복합교육을 수업에 구체화하기 위한 방안과 교수 · 학습
방법에 관한 내용을 중심으로 코드화하고 분류한 다음 주제 도출 방
식으로 진행되었다. 이를 토대로 여기에서는 융복합교육에 대한 교
사들의 대화를 재구성하여, 현장에서 실행가능한 융복합교육의 방
향과 방법을 탐색해 보고자 한다.

1. 되돌아보기

　융복합교육은 어떻게 해야 할까? 이 질문에 대한 답은 자연스럽
게 "이제까지 나는 어떻게 가르쳐 왔는가?"에 대한 교사들의 반성
적 대화로 시작되었다. FGI에 참여한 김 교사(수학)는 "지금까지 우
리가 아이들에게 무엇을 가르칠까를 고민했지, 아이들이 어떻게 배
워 가게 할까, 평생 연구하게 할까, 그리고 배우는 즐거움을 알게 해
줄까?"에 대한 노력은 부족하였음을 지적하였다. 또한 학생들의 관
점에서 "도전과제가 없는데, 자극이 없는데 무슨 희망을 가지고" 수
업에 임하겠느냐고 반문하였다. 결국 융복합교육의 교수 · 학습 방
법은 잘 짜인 매뉴얼에서 찾을 수 있는 것이기보다는 "선생님이라면
어떻게 아이들이 배움의 즐거움을 찾도록 하겠습니까?"라는 질문에
대한 답을 찾는 데에서 출발하여야 한다. 융복합교육을 이야기하면
서 '지적 자극' '창의적 발문' '호기심' '개방적 대화'와 같은 단어들
이 교사들의 대화 속에서 자주 등장하는 것도 같은 맥락에서 볼 수
있다. 즉, 배움에 대한 호기심과 즐거움을 회복하는 것이 융복합교육
을 위한 교수 · 학습 방법의 전제라 할 수 있다.

많은 교사들이 즐거운 수업을 만들기 위해 끊임없이 노력을 하고 있다. 하지만 융복합교육에서 추구하는 것은 단순한 수업의 재미를 넘어서 '알아 가는 즐거움'을 발견하도록 하는 것이다. 이는 다양한 교과의 개념과 방법을 활용하여 문제를 해결해 나가는 과정에서 학습자 스스로 탐구하고 배우는 깊이 있는 경험을 가질 때에 가능하다. 이때 교사의 역할은 전달자가 아닌 '기획자'로 전환되어야 한다. 반복적으로 가르쳐서 이미 너무나 잘 알고 있는 지식 혹은 '교과'라는 안전한 울타리를 벗어나서, 새로운 의미의 재구성이 가능한, '만들어 가는 교육과정(curriculum-in-making)'을 조직하는 설계자가 되어야 하는 것이다.

융복합적 사고를 할 수 있는 수업을 설계하기에 앞서 교사들 또한 교과에 대하여 새롭게 알아 가는 과정이 필요하다. 이러한 교사의 재인식에 관하여 FGI에서 다루어진 내용은 크게 두 가지 차원으로 정리된다. 첫 번째 차원은 자신의 교과 이외의 다른 교과 영역에서 다루는 문제에 관심을 갖는 것이다. 서 교사(국어)가 언급한 바와 같이, '교과 지식을 떠나서 생각해 보는 일을 하는 교사상'을 떠올리기는 쉽지 않다. 이제까지 교사의 전문성은 교과의 내용 지식을 교육학적으로 변환하여 효과적으로 가르치는 데에 국한되어 있기 때문에, 특히 중등 교사의 경우 다른 교과에 대해 알아야 할 이유는 전혀 없었다고 할 수 있다. 하지만 학습자가 삶의 실제적인 문제를 다룰 수 있도록 융복합적 교육과정을 설계하고자 한다면, 개별 교과 영역에 국한되지 않은 다양하고 복합적인 개념을 다루지 않을 수 없다. 학습자 주도적인 탐구 활동을 위해서도 학습자의 다양한 적성과 장점이 활용되어야 하는데, 이 또한 특정한 방식의 사고양식에 기초한 어느 한 교과의 틀 안에서는 제약이 있을 수밖에 없다. 따라서 융복합교육의 방법은 타 교과에서는 어떤 주제를 어떤 방식으로 가르치는지를 경계를 넘어 들여다보지 않을 수 없다.

교사가 새롭게 알아야 할 두 번째 차원은 자신의 교과에 대한 재인식이다. 교과 간의 균형 잡힌 연계를 위해서는, 타 교과와 구별되는 교과만의 특성 혹은 강점을 명료하게 인식하고 있어야 한다. 지식의 협력적 네트워크 안에서 각 교과가 기여할 수 있는 방식, 즉 해당 교과를 통해 보다 적절하고 수월하게 수행할 수 있는 사고능력이나 기능이 무엇인지를 분명하게 파악하여야 하는 것이다. 이에 관하여 FGI에 참여한 양 교사(국어)는 융복합적 접근이 오히려 교과의 '독자성과 실천력을 회복'하는 계기가 될 수 있다는 기대감을 나타내었다. 융복합교육이 교과를 약화시키는 것이 아니라 본질적 가치 혹은 교과를 통해 계발할 수 있는 핵심적 역량을 드러내 보이는 방안이 될 수 있다는 것이다.

이와 같이 융복합교육은 모든 학생이 배움의 즐거움을 찾고, 교사는 자신이 가르치는 교과의 가치를 새롭게 발견하는 과정을 수반한다고 할 수 있다. 이러한 전제는 어떻게 융복합교육을 할 것인가의 문제에 앞서 왜 융복합교육을 하여야 하는가, 또 더 나아가 왜 기꺼이 변화하여야 하는가라는 의문에 대한 부분적인 답이 될 수 있다. 쉽게 적용할 수 있는 융복합교육의 매뉴얼도 필요하겠지만, 이에 앞서 융복합교육을 실천하는 주체들 안에서 그 필요성에 대한 합의와 공감이 형성되어야 한다. 여러 교사가 언급한 바와 같이 융복합교육은 하향식으로 전달되는 교육정책보다는 교사의 자발성에 의해 침투해 가는 방식으로 확산되어야 한다. 또한 FGI에 참여한 박 교사(미술)는 융복합교육의 과정을 "교사 간의 활발한 교류를 통해서 프로젝트를 기획하고 진행해 가는 가운데 서로 소통하면서 완성되어 가는 과정을 끝까지 계속 공유하는 것"으로 서술하였다. 이처럼 여러 교과 교사들이 함께 만들어 가는 융복합교육을 위해서는 학문적인 경계뿐만 아니라 교사들 자신의 경계도 허물 수 있는 의지와 용기가 필요하다고 할 수 있다.

2. 탐색하기

융복합교육은 최근 가속화되는 기술, 경제, 과학 등 사회 전 분야의 융합현상을 배경으로 하고 있다. 1장에서 다룬 바와 같이 급속히 변화하는 현대 사회에서 지식의 융합과 정보의 팽창은 자율성, 연계성, 맥락성, 다양성에 기초한 새로운 교육적 방법을 필요로 한다. 이러한 시대적 요구에 따른 융복합교육은 다른 교과 영역의 개념을 연결하여 다양한 경험과 이해를 제공한다는 측면에서 기존의 통합 교육의 많은 개념과 방법을 차용할 수 있을 것이다. 즉, 이전의 교육적 전통을 재해석하여 미래 사회를 준비하는 교육적 개념으로 확장하고자 하는 것이다. 이러한 연계성은 학교현장에서 친숙하게 융복합교육의 개념을 이해하고 시도하도록 하는 데에 도움을 준다. FGI에 참여한 교사들 또한 그동안 "여러 가지 형태의 통합을 계속해 왔기 때문에 사실 낯설지는 않다."라고 말한다. 그렇다면 기존의 통합 교육을 토대로 융복합적 사고를 할 수 있도록 하는 교수 · 학습 방법을 마련하기 위해 무엇을 고려해야 할까? 다음에서는 융복합교육을 시도할 때 떠오를 수 있는 두 가지의 질문을 교사들의 대화를 바탕으로 살펴보고자 한다.

1) 얼마나 융복합적이어야 할까

FGI에 참여한 박 교사(수학)는 융복합교육의 개념을 융합과 복합, 통합과 연계 등을 모두 다 포함하는 수업으로 설명하면서, 그렇다면 많은 교과가 포함될수록 '더 융복합스러운가?'의 질문을 제기하였다. 이 대화에서 흥미로운 점은 융복합교육인 것과 아닌 것을 구분하기보다는 '융복합스럽다'는 표현을 교사가 사용하였다는 데에 있다. 즉, 융복합교육을 몇 가지 명확한 요소로 정의하기보다는 점진적인 단계를 거쳐 일정한 수준으로 나아가는 과정으로 보고 있는 것이다.

융복합교육에 다양한 수준이 있다는 교사의 견해는 통합 교육이론에서 '통합의 정도'를 논의하는 것과 일맥상통한다. 통합 교육과정에서는 병렬학문 → 다학문 → 간학문 → 초학문으로 구분하여 최소 통합부터 최대 통합까지의 정도를 설명한다(김진수, 2012). 융합의 측면에서도 이러한 과정은 신융합 학문이 형성되는 단계와 유사성을 지닌다. 기존의 학제에 기반을 둔 다학제적 연구는 여러 가지 방법론을 혼용하면서 집합적으로 연구하는 학제 간 학문으로 발전한다. 다양한 관점이 경쟁하는 간학문적 통합을 거치고 난 후에는, 몇 가지 핵심적인 주제 혹은 선호되는 방법론을 중심으로 수렴되면서 기존의 학제를 넘어서는 신융합 학제가 생겨난다(박상욱, 2012). 이와 같이 여러 교과를 연계하는 방식이 다양한 양상으로 나타날 수 있다는 점은 교사가 학교와 수업의 여건에 따라 적정한 수준에서 융복합교육을 시도해 볼 수 있음을 보여 준다.

　다양한 수준의 융복합교육이 가능하다는 것은 그만큼 교육의 스
펙트럼이 확장될 수 있다는 의미다. FGI에 참여한 교사들은 다양한
방식과 수준의 융복합교육을 개념화하면서, 이를 '조금씩 나누어 갖
는, 그래서 풍성해지는 교육을 지향'하는 것으로 서술하였다. 즉, 기
존의 통합적 교육방식에 좀 더 융복합적 성격을 부여하는 것에서부
터 학생들이 교과의 경계를 넘나들며 새로운 지식과 경험을 창조하
도록 하는 것까지 수업의 폭을 넓힐 수 있다는 것이다. 이는 현재의
교육과정이나 교수 · 학습 방법을 완전히 개편하지 않고도 경직된
교육과정을 유연하게 하고, 학습자들이 스스로 탐구할 수 있는 다양
한 방법을 활용하는 것으로 융복합교육이 시작될 수 있음을 의미한
다. 다시 말해, 단순한 통합에서 융합에 이르는 다단계적인 수준을
고려하여 다양한 형태의 교수 · 학습 방법이 개발될 수 있다.

2) 융복합의 중심에 누가 있어야 할까

　융복합교육에서 중점을 두어야 할 것은 학습자 주도적인 활동
을 통한 창의적인 사고의 개발이라고 할 수 있다. 교사의 잘 짜인 교
수 · 학습 시나리오에 맞추어 교사가 정해 놓은 목표에 도달하는 것
이 아니라, 교사가 제공한 융복합적 환경 속에서 다양한 적성과 능력
을 가진 학생들이 자신의 관심에 따라 스스로 탐구해 나가는 방식을
추구하는 것이다. 이것이 융복합교육이 가지는 가능성이자 어려움
이라 할 수 있다. 이에 관해 양 교사(국어)는 다음과 같이 말하였다.

　　융합은 말 그대로 A+B가 C가 되는 형태인데, 현실적으로 보았을 때에는 우리들 눈에 보이지 않을 가능성이 높다는 거예요. 융복합교육은 가시적으로 보이지 않고, 그것이 학생들에게 내재될 수 있도록 도와주는 것이라고 할 수 있을 듯해요.

　이에 관해 박 교사(미술)는 "수업에서 표현되는 것이 교사가 이끄는 대로 가는 것이 아니라, 분명히 교사가 의도한 방향으로 가긴 하지만 교사가 이끄는 방향과 아이들이 나아가는 방향이 일치되어서 같이 가는 것"이라고 서술하였다. 같은 맥락에서 신 교사(영어)는 학생들이 "스스로 탐색해서 갈 수 있는 여지를 주는 것"이라고 말하였다. 이러한 교사들의 대화 속에서 교사와 학생이 공통의 주제를 중심에 놓고 관계의 그물망 속에서 함께 새로운 지식을 촉진하는 융복합교육을 그려 볼 수 있다.
　교사가 설계한 수업환경에서 학생들이 함께 학습주제를 탐구해 가는 모습은 Palmer(2005)가 제시한 진리의 커뮤니티로 시각화해 볼 수 있다. 그는 전문가가 객관적 지식을 '아래쪽으로 흘러가게 하는' 전통적인 교육 모델에서 벗어나 시간과 공간 속에 펼쳐진 다양한 주제를 향해 전문가와 인식자가 함께 움직이는 '진리의 커뮤니티'로 전환하여야 함을 역설하였다. [그림 3-1]에서 보면, 진리의 커뮤니티는 앞서 교사가 언급한 바와 같이 교사가 학습자 앞에 서기보다는 '같이 나아가는 것'이라고 할 수 있다. 이에 관해 양 교사(국어)는 "융복합의 안으로 들어가는 것은 (교과에 대한 마인드를) 살짝 내려놓는 것인데, 이는 결국 학습자에게로 가는 것"이라고 서술하였다. 또한 "융복합이 나오게 된 가장 실질적인 이유는 아이가 죽은 지식

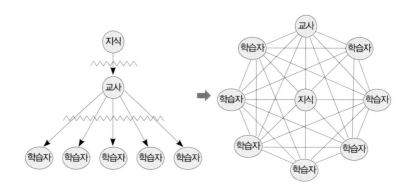

[그림 3-1] 진리의 커뮤니티

출처: Palmer(2005: 171-174)에서 재구성.

을 배운다고 생각하기 때문이다."라는 점을 지적하였다. 즉, 학습자
의 관점에서 교과 지식의 의미를 새롭게 바라보는 것이 융복합교육
의 방향이라고 할 수 있다.

  교사 혹은 학습자가 아닌 학습주제를 중심에 놓고 협력적으로 탐
구해 가는 융복합교육을 통하여 학습자의 다양성을 존중할 수 있으
며, 배움의 역동성을 회복할 수 있을 것으로 기대한다. 학생들이 "스
스로 탐색해서 갈 수 있는 여지를 주는 것"(신 교사 – 영어) 그리고
"각자 퍼즐을 가지고 그 퍼즐을 맞추는 역할을 맡도록 하는 것"(이
교사 – 과학)이 융복합교육에서 지향하는 바라고 할 수 있다. 이를 위
해 교사는 다양한 교수 · 학습 방법을 상황에 맞게 전개해 나가는 능
력을 갖추어야 한다.

3. 설계하기

 융복합교육에 기초한 수업은 어떻게 진행되었는가 혹은 자신의
경험 가운데 융복합교육의 사례라 할 수 있는 수업은 어떤 방식이었
는가라는 질문에 대하여, 교과의 구별 없이 많은 교사가 언급한 것은
문제기반학습과 프로젝트학습이었다. 앞에서 논의한 바와 같이 융
복합교육은 유연한 교육과정 안에서 학습자의 다양한 지식, 경험, 기
술을 활용할 수 있는 여지를 열어 놓는 교수 · 학습 방법이 필요하다.
이러한 측면에서 교사에게 친숙하면서도 체계화된 문제기반학습과
프로젝트학습에 기반을 둔 교수 설계는 융복합교육의 목표를 실제
적으로 담아 내는 구체적인 방안이 될 수 있을 것이다. 이 절에서는
교사들이 이야기하는 융복합교육을 위한 문제기반학습과 프로젝트
학습의 성격 및 특징을 중심으로, 그 실제적인 활용가능성에 대하여
살펴보고자 한다.

1) 문제기반학습

 융복합교육의 방법에 관한 논의에서 문제기반학습(problem-
based learning)은 "죽은 지식을 실제 상황에 적용시켜 사례 안에서
볼 수 있는 내용으로 가르치는"(이 교사-국어) 방법의 하나로 제시
되었다. 현 교사(영어)는 구체적으로, "문제를 제시하고 이를 협동적
으로 해결해 가는 가운데 배우는 방법"이 융복합교육과 어울리는 접
근이 될 것이라고 이야기하였다. 특히 문제의 해결 못지않게 문제 자

체를 정의하면서 주요 개념을 파악하고, 맥락과 관점을 찾아 추론하는 가운데 해결방법을 모색해 가는 사고의 '과정'이 강조된다면, 그 안에서 여러 교과의 지식과 활동이 포함될 수 있음을 지적하였다.

문제기반학습에서는 제시된 문제상황을 해결하기 위한 사고 기술과 전략을 활용해 보는 기회를 가짐으로써, 추리력, 논리력, 비판력과 같은 고등 사고능력을 계발할 수 있다(백영균, 2005). 이는 구성주의 철학이 반영된 것으로, 단순한 지식이나 개념의 획득보다는 경험을 통한 사고의 형성을 강조하는 교수 · 학습 방법으로 볼 수 있다. 같은 맥락에서 박 교사(과학)는 구성주의적 접근을 강조하면서, "교사는 자기가 기획한 학습환경에서 조력자 역할"을 해야 하며 이때 학습자들이 스스로 탐구해 가는 문제기반학습 형태가 바람직할 것으로 보았다. 그 예로 발명교육 프로그램 혹은 탐구 활동 보고서와 같은 기존의 수업 형태를 언급하였다.

융복합교육에서 문제기반학습이 가지는 강점은 자기주도적인 학습과정에서 창의적 사고와 비판적 사고를 모두 활용할 수 있다는 점이다. 이를 위해 문제기반학습을 설계하면서 해결의 과정 못지않게 신중하게 고려해야 할 것은 문제의 성격이다. 융복합적 교수 · 학습을 위한 문제는 다음 두 가지 특징을 가지고 있어야 한다. 첫째, 도전적이고 흥미진진하며, 독창적이고 다양한 해결방안을 도출할 수 있는 개방적인 문제여야 한다. Torrance(2005)는 창의적 문제해결 모형에 관하여 설명하면서 '모호하고 복잡한 문제(the fuzzy problem)'라는 용어를 사용하였다. 즉, 이미 정해져 있는 답을 찾아 나가는 것이 아니라, 다양한 자료를 활용하여 기존의 지식과 개념을 적용하고 비판적으로 검토하면서 자신만의 새로운 접근방식을 발견하도록 하는 것이다. 이에 관해 국어교사는 "거대한 텍스트가 아니고 특정 상황에서 아이들이 자신의 사소한 지식을 결합해서 만들어 내는 …… 텍스트 창출"을 위한 학습의 중요성에 대하여 이야기하였다. 과학교사 또한 융복합교육에서는 기존의 문제기반학습 모형에서 더 나아가 '무형의 가치'까지 산출할 수 있을 것으로 기대하였다. 학습자들이 자신의 지식을 새로운 방식으로 '결합'해 가면서 또 다른 텍스트와 가치를 창출할 수 있도록 문제상황이 제시되어야 한다.

둘째, 문제기반학습을 통한 융복합교육은 학습자의 삶과 관련된 '통합적' 문제를 중심으로 설계되어야 한다. FGI에 참여한 사회교사는 요리에 관심이 있는 학생을 예로 들면서, 요리 안에는 수학적인 원리, 과학적 지식, 언어적 특성 등 여러 교과에서 다루는 다양한 개념과 원리가 담겨 있음을 지적하였다. 즉, 학생의 시각에서 보면, 요리는 특정한 교과 지식에 국한되지 않은 '완전한 통합'의 형태를 가진다는 것이다. 이처럼 융복합교육을 위해서는 개별 교과에 한정되어 다루어 온 여러 지식을 삶의 통합적 문제로 되돌리고, 그 안에서 다양한 학문적 접근을 시도할 수 있도록 문제상황을 구성하여야 한다.

모호하고 복합적인 문제를 중심으로 한 융복합교육을 통해 집단 문제해결 기술의 개발을 기대해 볼 수 있다. 문제를 해결하는 각 단계에서 다른 사람을 도울 뿐만 아니라 자신이 맡은 역할을 완수하기 위해 어떤 도움과 자원이 필요한지 파악하고 요청하는 것은 창의적 문제해결에서 필수적인 태도라 할 수 있다. 이는 현대 사회의 문제가 갈수록 복잡해지며, 의사 결정을 위해 활용할 수 있는 정보가 과다하다는 점에서도 더욱 중요하다. 따라서 융복합교육에서 창의적인 문제해결은 협력적 활동을 통하여 다양한 관점에서 문제를 인식하고 자료를 비판적으로 분석 · 활용함으로써, 여러 사람에게 공감과 지지를 얻을 수 있는 해결방안을 모색하는 학습과정을 추구한다.

문제기반학습(problem-based learning) 더 알고 가기

문제기반학습은 캐나다의 의과대학에서 처음 시도되었으나, 최근에는 교육, 경영, 법학, 공학 등 다양한 분야에서 활용되고 있다. 문제기반학습에 대한 다양한 정의는 주로 '비구조화된 문제' '실제적인 문제' '문제해결' '자기주도적 학습' '협동학습'을 키워드로 하여 설명하고 있다(김태우, 이상봉, 2010). 이처럼 문제기반학습은 실제상황을 바탕으로 깊이 있는 사고를 요구하는 문제에서 시작하여 이를 풀어 가는 가운데 다양한 지식과 기능을 활용하도록 하며, 이때 다루어지는 활동은 협동학습과 자기주도학습의 형태를 보인다(강인애, 2003). 따라서 학습의 중심에 학습자가 놓이며, 교사는 조력자, 안내자, 설계자의 역할을

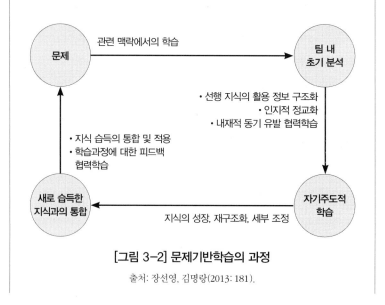

[그림 3-2] 문제기반학습의 과정

출처: 장선영, 김명랑(2013: 181).

담당한다.

　문제기반학습의 절차는 ① 문제 만나기, ② 문제 정의하기, ③ 사실 수집하기, ④ 가설 설정하기, ⑤ 조사하기, ⑥ 문제 바꾸어 표현하기, ⑦ 대안 만들기, ⑧ 해결책 지지하기의 단계로 진행된다. 즉, 교사가 제시한 정돈된 문제에 대한 해답을 찾아가는 선형적인 과정이 아닌, 열린 문제를 다양한 맥락 속에서 정의, 분석, 종합하여 대안을 마련해 가는 나선형의 구조를 갖는다고 할 수 있다. 이와 같은 문제기반학습의 과정을 [그림 3-2]와 같은 순환적 구조로 나타낼 수 있다.

　위의 특징들은 실제적인 문제를 다양한 교과 개념을 활용하여 학습자가 자기주도적으로 탐구하고, 협력적 관계 속에서 해결해 나가는 과정을 통하여 융합적 사고능력을 기르고자 하는 융복합교육의 기본 방향과 문제기반학습이 깊은 연관성이 있음을 보여 준다. 특히 학습의 핵심이 되는 '문제'는 학습자의 삶과 관련성을 가지면서 추상적이고 단편적이기보다는 구체적이고 복합적인 성격을 띤다. 따라서 자연스럽게 탐구과정에서 다양한 교과의 지식과 사고 기능을 통합적으로 활용하게 된다(손승정, 2010). 문제기반학습을 통한 융복합교육으로 학습자는 종합적 사고능력과 협력적 탐구능력을 계발할 수 있다.

2) 프로젝트학습

　융복합교육의 방법에 대한 교사들의 대화에서 자주 등장하였던 단어 가운데 하나가 '탐구'다. 이 교사(수학)는 "하나의 사실에 대해서도 다양한 시각을 가질 수 있는 수업"을 융복합교육으로 보고, 이를 실천해야 하는 이유를 '탐구심의 고취'에서 찾았다. 이러한 교사의 지적은 현재 학생들의 모습에서 무엇인가를 스스로 찾고 이해하고자 하는 생각이나 태도를 찾아보기 어렵다는 점과도 관련성을 가진다. 체험적이고 발견적인 학습을 위해 FGI에 참여한 교사들이 공통적으로 제안한 방법은 프로젝트학습(project-based learning)이다. 교과에서 기존에 다루었던 프로젝트학습의 형태와 범위는 다를 수 있으나, 여러 교과의 교사들은 공통적으로 주제중심의 프로젝트를 통해 학생이 직접 연구를 수행하는 방식이 융복합교육을 위한 교수 · 학습 방법에 적절하다고 보았다.

FGI에 참여한 교사는 융복합교육의 방식에 대하여 이야기하면서 어떻게 하면 보다 '실제적인 지식'을 가르칠 수 있는가에 대한 고민을 나타내었다. 교과 지식이 암기하고 재생산하여야 할 조각난 개념에 머무르는 것이 아니라 실제 삶 속에서 사용되는 살아 있는 지식임을 깨닫게 해 주는 데에 어려움을 느끼고 있는 것이다. 이러한 측면에서 정해진 과제를 장기간에 걸쳐 다각도로 탐색하고 해결해 가는 프로젝트학습은 자연스럽게 여러 교과 지식을 적용하고 활용하는 경험을 제공할 수 있다. 예를 들면, 사회과 교사는 프로젝트 수업중에 사회과에서 학습하는 다양한 조사방법을 직접 활용할 수 있을 것이라고 설명하였다. 또한 과학교사는 '자율탐구 프로젝트'를 통하여 자신이 활동한 내용을 글, 그림 등 다양한 방법으로 정리 · 보존하고 기록으로 남김으로써 자신의 과학 노트를 만들어 가는 경험을 할 수 있다고 하였다.

융복합교육에서 프로젝트학습을 통해 기대할 수 있는 또 다른 측면은 교실을 넘어선 연계학습의 가능성이다. 다음은 이에 관한 조 교사(미술)의 설명이다.

개별 교과에서 융복합이 가능한 것을 교사가 구성할 수 있다면 좋겠습니다. 그러니까 단원을 구성해서 교사 단위에서 하는 거죠. 이렇게 교과끼리 연계가 시작되고, 학년 단계의 연계가 시작되면, 학교 차원의 연계가 시작되는 그런 차원의 방법들이 가능해질 겁니다. 그다음에 학교와 학교 바깥의 지역사회와 연계가 가능한 융복합의 내용과 방법이 있다고 생각합니다. 아이들의 삶이 하루를 살더라도 교과로 잘라지는 게 아니라 총체적인 삶을 사는 것이기 때문에, 아이들의 삶에서 흥미 있고 자기가 주도해 나갈 수 있는 배움의 과정이 학교를 넘어서 지역과 연계된다면 훨씬 더 풍부하게 체험할 수 있다고 생각합니다.

보다 실제적인 프로젝트학습을 위해 과학교사도 강사 지원 등 지역 문화 자원을 활용할 것을 제안하였다. 여러 종류의 과학 강의나 지역 연구소와 연계한다면 실제 살아 있는 과학기술이 사회에서 어떻게 활용되는지 학생들이 직접 보고 경험할 수 있을 것이다. 이처럼 프로젝트학습은 '활동과 협력'으로 이루어지는 수업으로 요약될 수 있다. 앞서 언급한 바와 같이 이는 학습에 역동성을 회복하고 학습자의 자율성을 확장시키고자 하는 융복합교육의 전제와 부합하는 것이다.

프로젝트학습은 교사의 역할에도 변화를 가져온다. 교사가 관리자나 지식 전달자가 아닌 조력자로서 혹은 "하나의 팀원으로 아이디어를 제공"(이 교사-수학)하면서 학생 스스로 생각할 수 있도록 밑받침이 되어 주는 자리에 위치하게 된다. FGI에 참여한 미술교사는 매일매일 가르치는 삶 속에서 교사들도 즐거움을 찾을 수 있어야 한다고 이야기하였다. 평생 고정된 지식을 전수해야 한다면 그 과정에서 교사 자신도 '소외'될 수 있기 때문이다. 따라서 다양한 교과 지식이 통합된, 그리고 학교 안과 밖의 자원들이 연계된 프로젝트학습은 학생뿐만 아니라 교사에게도 가르침의 기쁨을 회복하는 하나의 방안이 될 수 있다.

프로젝트학습(project-based learning) 더 알고 가기

창의인성교육이나 스마트교육 등 최근 화두가 되고 있는 다양한 교육적 시도 안에서 프로젝트학습이 활발하게 적용되고 있다. 그만큼 프로젝트학습이 전통교육의 한계를 극복하기 위한 새로운 교육에 적합하기 때문일 것이다(정민수, 장성민, 2013). 프로젝트학습은 체험을 중심으로 하는, 즉 수행을 통해서 배우는(learning by doing) 교수 · 학습 방법이라 할 수 있다. 프로젝트학습에서 체험 혹은 수행의 의미는 학습자가 현재 살아가고 있는 실제(reality)와 '직접적인 접촉'이 가능하다는 데에 있으며, 따라서 실천적 지식을 구성하고 사회 참여를 경험하는 데 효과적이라 할 수 있다(고흔석, 2013). 이처럼 프로젝트학습은 학습에서 실제적 활동을 강조하는 교육 원리에 기초하고 있다.

의미 있는 프로젝트학습을 위해서 가장 중요한 것 가운데 하나가 프로젝트의 설계다. 좋은 프로젝트의 구성 요소는 다음과 같이 정리할 수 있다(서윤경, 고명희, 2013).

- 학습자가 지적 호기심을 가질 수 있도록 한다.
- 좋은 주제문 혹은 발문을 통해 동기를 유발한다.
- 최종 산물이 무엇인지에 대한 목표가 분명하게 정의되어야 한다.

- 학생 스스로 목소리를 내고 선택할 수 있는 사항을 포함한다.
- 학습자의 노력으로 해결할 수 있는 범위 내에서 폭넓은 사고를 요구하는 문제로 구성한다.
- 미래 세대에 필요한 사고능력과 기술을 습득할 수 있어야 한다.
- 실제적인 탐구를 수행하면서 학습자가 몰입할 수 있어야 한다.
- 지속적인 피드백과 수정작업이 이루어져야 한다.
- 일상생활과 유사하거나 자연적인 상황으로 이해될 수 있도록 구성한다.

　앞의 구성 요소를 고려하여 프로젝트를 설계하기 위해서는 학교 밖 지역사회와의 연계가 요구되기도 한다. 왜냐하면 학생들이 자신의 삶의 영역에서 보고, 경험하는 실제적인 자원을 활용할 수 있기 때문이다. 또한 프로젝트의 수행과정은 대부분 집단의 협력적인 관계 속에서 이루어진다. 실제적인 탐구를 수행하는 데에 특정한 분야의 지식만으로는 한계가 있으며, 학습자 개인이 가지고 있는 정보와 기술로 모든 부분을 충족하기는 어렵기 때문이다. 따라서 프로젝트학습에서는 의사소통 기술이 중요하게 사용된다. 다른 사람의 의견을 경청하고 비판적으로 수용하여 종합하는 사회적 기술이 필요한 것이다. 결과적으로 프로젝트학습은 맥락적 지식을 습득하고 실천적인 역량을 계발하기 위한 융복합교육의 성격에 잘 부합한다고 할 수 있다.
　융복합교육은 파편화된 지식의 실제적 의미를 회복하는 데에 의의가 있다. 한편 프로젝트학습은 실생활과 관련되고 가치 있는 문제를 탐구하는 과정에서 상황 맥락적인 지식을 구성하도록 한다. 이러한 측면에서 이론과 실제, 학습과 삶의 현장이 연결되는 프로젝트학습은 학습자 개인이 가진 다양한 능력을 존중함과 동시에 유연한 사고와 의사소통 기술을 기를 수 있다는 점에서 융복합교육을 위한 교수·학습 방법으로서 폭넓은 가능성을 가지고 있다.

4. 함께하기

문제기반학습과 프로젝트학습은 아직은 낯선 융복합교육의 교수 · 학습 방법을 익숙한 용어로 설명할 수 있는 하나의 틀을 제공한다. 하지만 교사들이 그려 내는 융복합교육을 현장에서 구현하고 교과의 경계를 넘나드는 교육내용을 담아내기 위해서는 일정한 교수 · 학습 모형을 적용하는 것 이상이 필요하다. 특히 FGI에 참여한 교사들은 현장의 다양한 상황을 고려하지 않은 채 일방적으로 어떤 모델이나 학습방법을 이식하는 방식으로는 융복합교육이 확산되기 어렵다고 이야기하였다. 이는 학교 단위, 교사 단위에서의 융복합교육을 위한 다양한 시도가 이루어져야 하며, 교사들의 경험이 공유되고 이론화되는 방식으로 융복합교육의 교수 · 학습 방법이 개발되어야 함을 의미한다.

교사중심의 융복합교육을 실천하는 데에 공통적으로 언급되는 것은 팀티칭 등의 교사 간 협력이다. 전통적인 학교문화와는 달리 융복합교육에서는 교과의 경계를 넘어선 교사 간의 소통과 '교실 문을 여는 것', 즉 수업 공유의 측면이라는 도전과제가 있다. 융복합교육이 실천되는 모습을 그려 보면서 양 교사(수학)는 다음과 같이 이야기하였다.

혼자 수업 준비를 할 수 있는 게 아니라, 하나의 수업을 준비할 때 적어도 내가 전혀 모르는 지식을 가지고 있는 사람들끼리 모여서 어느 정도 회의를 해야 만들 수 있는 그런 수업이 될 것 같아요. ……우리가 가르치는 일을 하고 있다는 것은 분명히 같은 맥락이지만, 수업 준비방법에서는 완전히 달라지는, 개혁적이고 획기적인 수업방법이 될 것이라는 생각이 개인적으로 있어요.

국어교사 또한 수업에서 학생들이 교사의 사고 패턴을 따라가게 되는 것을 언급하면서, 교사가 먼저 다른 영역에 관심을 가지고 자신의 교과 지식을 생활과 연계하는 노력을 기울여야 한다고 이야기하였다. 즉, 교사들의 연구하는 풍토, 다른 교과 교사들과 적극적으로 의사소통하고 협력하는 마인드 등 학교문화가 융복합교육이 지향하는 모습으로 함께 변화하여야 한다는 것이다.

이제까지 살펴본 바와 같이 융복합교육은 실제적인 삶의 문제를 탐구할 수 있는 다각적인 교수 · 학습 방법을 마련함으로써, 학습의 전 과정에서 학습자의 다양성과 창의적인 사고를 활용하도록 하는 것으로 요약될 수 있다. 특히 교수 · 학습 방법에서 학습자가 가진 잠재력을 극대화하고 자기주도적인 학습을 할 수 있도록 학습자의 자율성과 선택권이 확대되어야 할 것이다. 따라서 융복합교육의 방법을 모색하는 데에는, 학습목표에 도달하기 위해 선택가능한 다양한 방법을 학생들에게 제시하고, 그 수행을 위한 환경적 조건의 구축에 중점을 두어야 한다.

생각해 볼 문제

1. 자신의 수업이나 동료의 수업 가운데 융복합교육의 성격에 부합된다고 생각하는 사례를 떠올려 봅시다. 이 수업의 특징은 무엇이며 어떤 교수 · 학습 방법이 사용되었는지 분석해 봅시다.

2. 본문에 제시된 문제기반학습과 프로젝트학습 이외에 융복합교육에 적절하다고 생각하는 교수 · 학습 방법에는 어떤 것이 있을지 생각해 보고, 그 이유를 설명해 봅시다.

3. 우리 학교에서 융복합적 교수 · 학습 방법을 시도하는 데에 예상되는 어려움을 세 가지만 적고, 이를 해결하기 위한 창의적인 대안을 찾아봅시다.

참고문헌

강인애(2003). PBL의 이론과 실제. 서울: 문음사.

고훈석(2013). 사회참여능력 신장을 위한 체험중심 프로젝트학습 실천 방안. 사회과교육, 52(2), 149-171.

김태우, 이상봉(2010). 기술 · 가정과 '기술과 발명' 단원에서 문제기반학습이 기술적 문제해결능력 함양에 미치는 효과. 한국기술교육학회지, 10(2), 58-77.

김진수(2012). STEAM 교육론. 파주: 양서원.

박상욱(2012). 융합은 얼마나: 이론상의 가능성과 실천상의 장벽에 관하여. 홍성욱 편. 융합이란 무엇인가 (pp. 21-40). 서울: 사이언스북스.

백영균(2005). 에듀테인먼트의 이해와 활용. 서울: 도서출판 정일.

서윤경, 고명희(2013). 프로젝트중심학습을 적용한 실천 중심의 인성교육 프로그램 개발 및 운영 사례. 학습과학연구, 7(1), 49-77.

손승정(2010). 문제기반학습(PBL)을 기반으로 한 미술과와 타 교과의 통합 교육 방안 연구. 미술교육논총, 24(1), 445-468.

장선영, 김명랑(2013). 문제기반학습 기반 다문화 수업 설계 방안에 대한 기초

연구. 교육연구, 57, 175-197.

정민수, 장성민(2013). 프로젝트학습이 영재의 창의성 향상에 미치는 효과. 영재와 영재교육, 12(2), 69-91.

Morgan, D. L. (1996). Focus groups. *Annual Review of Sociology, 22*, 129-152.

Palmer, P. (2005). 가르칠 수 있는 용기(이종인 역). 서울: 한문화. (원저는 1998년 출간)

Torrance, E. P. (2005). 토랜스의 창의성과 교육(이종연 역). 서울: 학지사. (원저는 1995년 출간)

제4장

융복합교육의 평가

1. 융복합교육의 등장과 평가

융복합적 접근은 21세기 다원화 사회로의 변화에 부응하며 학생들에게 불확실하고 복잡한 상황에서 문제해결 능력을 길러 준다. 융복합 학습은 고정적으로 제시되는 학습주제보다는 특정 상황 맥락에서 제기되는 문제해결에 더 초점을 둔다. 문제해결 상황에서 문제나 이슈를 다양한 관점과 맥락에서 접근하거나, 문제와 관련되는 다양한 요소를 결합하여 해결하는 교육적 노력이 융복합교육의 핵심적 요소라 할 수 있다. 따라서 융복합교육 내용은 학생들이 당면하는 현실의 과제나 이슈를 중심으로 재구성되거나 교과내용들이 결합된 형태로 나타나는 경우가 많다. 융복합교육은 구성 혹은 재구성의 방법에 따라 학습내용이 달라진다는 점에서 기존의 학습보다 고정적이지 않다. 구성(construction)이란 기존에 존재하는 정형화된 틀이나 정답을 그대로 옮겨 오는 것이 아니라, 사고나 학습의 과정에서 새롭게 인식을 형성해 가는 것이다. 나날이 복잡해지고 새로운 변화가 나타나는 21세기 사회에서는 기존의 고정된 지식의 토대나 인식의 틀로는 성공적인 문제해결이 어렵다. 따라서 창의적이고 유연하며 적응가능한 지식을 구성하거나 생성하는 학습이 중요하다.

구성과정이 융복합교육의 핵심적 요소인 것처럼 융복합교육 평가에서도 구성과정에 대한 평가가 중요하다. 최근 들어 융복합교육에 대한 사회적 관심이 확대되고 교육 당국의 정책적 지원에 힘입어 학교현장에서 융복합교육의 실천도 늘어나고 있다. 그러나 융복합의 정의나 방식이 다양하고 융복합 실행경험이 충분히 축적되어 있지 않으므로 융복합 평가의 방법 및 기존 평가와의 차이점 등에 대한 진전된 논의가 필요하다.

우선 표준화된 교육과정이나 표준화된 평가에 대한 대응 문제는 융복합교육에서 평가를 설계할 때 고려해야 하는 중요한 요소 중 하나다. 오늘날 학교교육의 책무성을 담보하기 위한 강력한 도구로 작용하는 표준된 평가는 표준화된 교육과정을 바탕으로 하고 있다. 이러한 경향은 미국 ETS의 학업성취도 평가뿐만 아니라, 한국의 학업성취도 평가에서도 동일하게 나타나고 있다. 실제로 교사들은 융복합교육의 평가상황에 직면하였을 때 부담을 갖는다. 융복합교육과 상당 부분 유사한 특징을 갖고 있는 통합 교육과정의 실행과정에서도 표준화된 학업성취도 평가 문제는 중요하게 고려되었다. 이러한 맥락에서 간학문적인 프로젝트 중심의 통합 교육과정을 적용해 교육을 한 결과, 표준화된 평가에서 더 높은 점수를 받았다는 결과들이 제시되었다(Smith, 2002; Vars, 2000; Fiske, 1999; Drake & Burns, 2006). 이것은 통합 교육과정이 표준화된 교육과정과 상치되지 않는다는 점을 보여 주는 연구다. 이러한 연구는 간학문적인 통합 교육과정이 엄밀하지 못하고 피상적인 부분이 많아서 1930년대의 진보주의 운동 시기의 간학문적 학습 활동처럼 탄탄한 지식의 구조 형성에 실패할 수 있다는 우려에 대한 반대 근거를 제시하려는 것이다(Wineburg & Grossman, 2000). 그러나 표준화된 교육과정을 토대로 한 표준화된 평가는 학습자의 능력 중에서 인지적 혹은 지식적 측면에 치우쳐 있다. 이 때문에 표준화된 교육과정(standards)을 개발하는 노력은 학문중심적 교육과정으로의 회귀라는 비판이 제기되었다(Kendal & Marzano, 1997; 김경자, 1999).

21세기를 살아가는 유능한 시민에게 요구되는 핵심 역량은 단순히 지식적인 측면을 넘어서는 보다 확장된 능력이다. 인지적인 측면만이 아닌 정의적 측면의 역량을 요구할 뿐만 아니라 다른 사회구성원들과의 관계 형성과 협력 능력이 특히 강조되고 있다. 최근 '21세기 기량(21st Century Skills)' 운동으로 알려진 교육개혁정책에서도 이러한 점이 나타나고 있다. 이 접근은 인지적인 탁월성뿐만 아니라 협력(collaboration), 유연성(flexibility), 적응성(adaptability), 자기주도학습(self-directed learning), 사회적 기능(social skills), 기술 활용 기능(technology skills) 등을 함께 강조하고 있다(McCoach, Gable, & Madura, 2013: 3-4). 타인과의 관계 형성 및 협력 능력, 자신에 대한 긍정적 효능감 등은 기존의 표준화된 교육과정으로 규정하기가 쉽지 않은 영역이고, 따라서 표준화된 교육과정을 기준으로 하는 평가를 통해 파악하기 어렵다. 표준화된 교육과정의 영향을 크게 받고 있는 학교현장에서 융복합교육을 실행하고 이를 평가할 때 표준화된 교육과정을 고려하지 않을 수 없을 것이다. 그러나 표준화된 교육과정과 평가에 지나치게 집착하다 보면 기존 교육과정을 넘어서 얻을 수 있는 융복합교육의 장점이 사라질 수 있음을 유념해야 한다.

　다음으로 기존의 평가 방식 중에서 융복합교육의 의도를 잘 반영할 수 있는 평가방법은 수행평가라 할 수 있다. 융복합교육이 학습내용에 대한 구성적 접근을 강조한다는 점에서 융복합 평가에서도 수행평가와 유사한 평가방법을 활용할 수 있다. 수행평가는 구성주의를 토대로 기존 지필중심 평가의 문제점을 해결할 수 있는 중요한 전략을 제시하였다. 구성주의는 학습을 반성적이고 구조적이며 자기 조절적인 것으로 바라본다. 학습은 지식을 수동적으로 받아들이는 것이 아니라, 그것을 해석하여 자신의 기존 지식과 조합하는 능동적 창조의 과정이라는 것이다. 따라서 구성적 학습에서는 학생들이 문제해결의 맥락에서 지식을 어떻게 사용하고, 구성하며, 조직하는가에 주의를 기울인다(Herman, Aschbacher, & Winters, 1992; 김경자, 1999). 교실 밖에서 부딪칠 수 있는 다중적 상황을 고려한 맥락적 과제에 초점을 두는 것이다. 수행평가에서는 기존의 평가와 달리 상호 관련 있는 내용을 사용하고, 서로 복잡하게 얽힌 과제에 반응하도록 요구한다(김경자, 1999: 165; Wiley & Haertel, 1996; Wiggins & McTighe, 1998). 융복합교육도 다양한 학문 분야 학습내용의 구성적 접근을 토대로 하고 불확실한 문제를 해결하는 구성적 과정을 강조하고 있기 때문에, 이러한 점에서 수행평가는 융복합 평가 방향 모색에 시사점을 준다. 그러나 제도의 취지와 실제 실행은 불일치하는 경우가 적지 않다.

　실제 학교현장에서 시행되는 수행평가의 실시 동향을 보고하는 연구들은 진정한 취지를 반영한 수행평가가 실시되고 있지 않다고 지적하였다. 신명선(2008)은 수행평가를 실제로 실시하기 어려운 여건에서 학교현장에 수행평가를 접목시키기 위해 수행평가 개념에 융통성을 부여한 것이 오히려 수행평가를 일종의 평가기법 차원으로 전락시켰음을 지적하였다. 또한 수행평가의 기존 전제인 구성주의 지식관 및 교수 · 학습관과 실제 수행평가 실행이 상관관계가 없다는 결과가 나타나기도 하였다(정창우, 손경원, 2013; 노태희, 윤지현, 강석진, 2009). 수행평가는 구성주의적 근거를 살리지 못하고 제 기능을 발휘하지 못한 채 단순히 평가의 방법적 · 도구적 측면에서만 수용되고 있다. 그리고 실제 이루어지는 수행평가방법도 서술형 지필평가 위주에 보고서법이 보완되는 형태로 이루어지는 경우가 많다(이종연, 2002). 융복합 평가에서는 이를 반성적으로 접근하는 차원에서 평가의 근본적 문제를 보다 명확히 할 필요가 있다.

2. 융복합교육 평가의 중점: 평가 내용과 평가 기준

평가에서의 핵심은 무엇을 평가할 것인가와 어떻게 평가할 것인가다. 융복합 평가에서는 학습자의 성취에 대해 어떠한 자료와 정보를 수집해야 하고, 어떤 기준으로 판단을 하여야 하는가? 이 절에서는 융복합교육의 평가 내용이 갖추어야 할 특징과 평가 기준을 중심으로 융복합 평가의 중점을 살펴보고자 한다.

1) 융복합교육의 평가 내용

융복합 평가가 제대로 이루어지기 위해서는 기존의 교육과 달리 융복합교육에서 강조하고 있는 점이 평가과정에서 충분히 반영될 필요가 있다. 수행평가도 구성주의적 관점을 바탕으로 하고 있음에도 학교현장의 실행과정에서는 하나의 평가기법 차원으로 오해되는 문제점이 나타났다. 다른 평가와 구별되는 융복합교육의 평가 내용[1]이 갖추어야 할 특징을 '관련 내용 분야의 결합' '과정의 강조' '학습의 맥락' '집단적 상호작용' '역량의 다양성'을 중심으로 살펴보았다.

첫째, 융복합교육은 다양한 분야의 학문적 원리와 내용을 토대로 하고 있다. 교과내용들이 상호 관련지어 어떻게 적용되고 있는지를 확인해야 한다(김경자, 1999). 예를 들면, 비율에 관한 학습내용에서 수학의 기하 관련 내용, 과학에서 화합물의 결합 비율, 지리의 축척 관련 내용을 결합하여 교육과정을 설계할 수 있다. 이러한 경우, 각 학문 분야의 소재와 원리가 제시된 문제상황에서 어떻게 결합되어 작용하고 있는지를 파악하는 것이 평가 단계에서도 다루어져야 한다.

둘째, 융복합 평가에서는 과정이 강조된다. 전통적 평가가 대부분 학생들의 학습과정과 분리되어 결과중심의 평가에 치우치는 문제점에 주목하는 것이다. 융복합교육을 통해 학습된 역량은 문제의 해결 과정에서 획득되고 표출된다. 따라서 전통적 지필평가에서와 같이 학습의 과정과 분리해 실제 학습 활동이 끝난 후 혹은 교육 프로그램을 정지한 후 별도의 평가 장면을 설정해 진행하는 결과중심의 평가는 융복합교육 평가의 취지에 부합하지 않는다.

셋째, 평가 내용이 맥락적 성격을 가지고 있다. 융복합교육이 지향하는 문제해결 능력도 복잡하고 변화가 심한 현실세계에 성공적

---

[1] 평가 내용은 평가 대상이 되는 프로그램이 가지고 있는 속성을 말한다.

으로 대응해 나갈 수 있는 시민으로서 요구되는 능력이다. Drake와 Burns(2006)는 교육과정의 적절성을 높이기 위한 전략들 중의 하나가 학습을 지역의 맥락에 맞추는 것이라고 하였다. 융복합교육 과정은 지역환경의 실제적 맥락뿐만 아니라 직업세계에서 요구되는 실천적 능력을 함양하는 맥락적 접근에 부응하는 학습 활동이다. 따라서 융복합교육의 평가 내용이 되는 교육 활동의 특징은 맥락성을 갖추어야 하며, 평가에서도 융복합교육 활동이 맥락성을 갖고 있다는 점이 강조될 필요가 있다.

넷째, 협동적 학습 활동이 평가 내용이 된다. 21세기 사회는 문화적으로 다원화가 심화되어 이질적인 배경과 관점을 가진 구성원과의 관계 형성과 협력이 중요하며, 다양한 관점이 등장하는 상황에서 유연하게 협의하고 소통과 공존의 관계를 유지하는 역량이 필요하다. 융복합교육 프로그램은 이러한 요구에 부응하여 이질적인 집단에서의 상호작용 역량을 촉진하도록 설계된다. 따라서 융복합교육 평가에서는 상호 협력적 속성이 고려되어야 한다.

다섯째, 융복합 프로그램은 다양한 역량을 함양하는 프로그램이라는 특징이 있다. 오늘날 사회 변화는 시민으로서 지식적 측면뿐만 아니라 기능과 태도의 측면에서 다양한 역량을 갖출 것을 요구한다. 융복합교육은 기존의 교육에서 선언적으로는 강조되었으나 실제적으로는 충분히 준비되지 못한 실천적·감성적 역량이 구현될 수 있는 과정을 포함하고 있다. 앞서 살펴보았듯이 21세기 기량운동에서도 인지적인 탁월성뿐만 아니라 협력, 유연성, 적응성, 자기주도학습, 사회적 기능, 기술 활용기능 등의 중요성을 제시하고 있다(McCoach et al., 2013). 또한 Drake와 Burns(2006)는 학생들이 알아야 할 가장 중요한 지식, 할 수 있어야 하는 중요한 기능, 갖추어야 할 인성을 간 학문적 교육과정 설계에서 고려해야 한다고 보았다. 따라서 융복합 교육에서 추구되는 다양한 역량이 평가과정에서도 충분히 반영되어 야 할 것이다.

2) 융복합교육의 평가 기준

융복합교육의 평가는 융복합교육 활동의 과정에서 수집한 정보를 바탕으로 일정한 기준에 비추어 판단을 하는 활동이다. 평가 기준 설정은 판단의 준거로서 중요한데, 판단의 기초가 될 기준과 기준을 설명하는 준거가 없다면 포트폴리오는 단순한 항목들의 수집에 불과하기 때문이다(Wolfinger & Stockard, 2006). 그러나 융복합교육의 평가가 기존의 평가보다 더 다양한 영역을 포함하고 있고 기존의 평가에서 주목되지 않았던 교육 활동의 특성을 강조하고 있기 때문에 평가 기준을 새롭게 정립해야 하는 어려움이 있다. 평가 기준은 교육 활동의 목표 및 원리와 일관성을 가져야 한다. 따라서 이 책의 앞 장들에서 제시된 융복합교육의 기본 원리인 능동성, 다양성, 협력성, 맥락성, 통합성을 고려하여 평가 기준을 설정하였다.

(1) 능동적 참여

융복합교육에서 학생은 능동적으로 학습에 참여하고, 자신의 지적 자원과 역량을 발휘하며, 나아가 세계의 능동적 주체로서 참여하는 데 요구되는 고등 인지능력과 체화된 역량을 계발할 필요가 있다. 학습에 능동적으로 참여하기 위해서는 동기 부여가 중요하다. 학

표 4-1 융복합교육의 평가 기준과 평가 항목

평가 기준	세부 평가 항목
능동적 참여	• 문제해결을 위한 자신의 성취 목표를 설정하고 있는가? • 문제해결에 대한 자신의 기대가 높은가? • 자신의 이해관계를 확인하고 권리를 주장하는가?
다양성 이해	• 학습과정에서 다양성에 대해 얼마나 열려 있는가? • 다양한 견해와 입장을 어느 정도 이해하는가? • 다양성을 인정하고 타인과의 공존을 추구하는가?
협력적 수행	• 구성원과 공감대를 형성하고 원만한 관계를 유지하는가? • 협력적 작업을 성공적으로 수행하는가? • 과제 수행과정에서 갈등을 조정하고 대안을 제시하는가?
맥락성 활용	• 학습의 맥락을 구분하고 근거를 밝히는가? • 실제 맥락을 얼마나 체험하고 표현하는가? • 문제해결을 위해 맥락적 이해와 체험을 어떻게 활용하는가?
통합적 추구	• 다양한 관점과 원리를 활용하여 문제를 해결하는가? • 내용을 넘어 감성적 통합을 추구하는가? • 다양한 참여자 사이의 대화적 통합이 이루어지는가?

생들은 교육과정이 자신에게 의미 있고, 자신들의 세계에 대해 새로운 의미를 구성할 때 동기가 부여된다(Erlandson & McVittie, 2001; Drake & Burns, 2006). 능동적인 융복합 학습은 학생들의 자율적인 행동 역량을 높인다. 따라서 융복합 학습을 통해 평가 기준으로서 능동적 참여가 어떻게 성취되었는가를 살펴보는 것은 중요하다. 능동적 참여를 평가하기 위해서는 이를 확인할 수 있는 세부적인 평가 항목을 설정할 필요가 있다. 수행평가에서도 평가 목표가 설정되면 이를 확인할 수 있는 세부적인 평가의 루브릭을 구성한다. 융복합교육 평가에서 능동적 참여 평가 기준의 세부적인 평가 항목으로 '자기 목표(구상)의 설정' '자기효능감 발견(의미 구성)' '자신의 권리와 필요

에 대한 옹호와 주장'을 고려할 수 있다. 이는 OECD(2005)의 핵심 역량 중에서 자율적인 행동 역량 부분의 요소를 재구성한 것이다.

자율적인 행동 역량은 학습자가 속한 실세계에 대한 이해를 바탕으로 능동적으로 참여하는 과정에서 자신의 전인적 성장을 지향하는 장기적 계획을 설정하고 실행하며, 자아실현과 권한 강화를 주도할 수 있는 역량을 의미한다. 이는 '큰 그림 안에서의 행동 역량' '인생 계획과 프로젝트 구상 및 실행 역량' '자신의 권리와 필요에 대한 옹호 및 주장 역량'으로 구분된다(이선경 외, 2013).

첫째, 자기 목표(구상)의 설정은 학습의 능동적 참여 혹은 자기주도적 학습의 핵심 요소 중 하나다. 학생들은 자신의 의문에 답변하는 과정 속에서 참여도 및 성취도 수준이 높아진다(Drake & Burns, 2006). 학생들이 스스로 자신이 해결할 문제와 관련해 성취 목표와 수준, 문제해결을 위한 계획을 구안하고 실행하는 정도가 구체적인 평가 항목으로 설정될 수 있다. 둘째, 자기효능감 발견(의미 구성)도 능동적 참여의 구성 요소라 할 수 있다. 자기효능감은 자신에게 주어진 과제를 자신의 능력으로 성공적인 해결을 할 수 있다는 자신에 대한 신념이나 기대를 말한다. 자기효능감이 높은 학생은 학습과제에 능동적으로 참여한다. 융복합교육 활동과제에 대한 자기효능감이나 스스로의 의미 부여는 능동적 참여를 확인할 수 있는 평가 항목이라 할 수 있다. 셋째, 자신의 권리와 필요에 대한 옹호와 주장도 능동성 발현을 확인할 수 있는 항목이다. 융복합 학습과제는 자신의 구체적 상황이 매개된 다양한 맥락 속에서 제시된다. 활동의 과정에서 자신의 이해관계를 확인하고 자신과 관련된 권리와 필요를 주장하는 것이 중요하다. 이 과정에 적극 참여하여 자신의 주장을 제시하고 다양한 주장 속에서 이를 조정하고 대안을 모색하는 활동은 학습에 대한 능동적 참여를 보여 주는 구체적인 지표가 될 수 있다.

(2) 다양성 이해

다양성은 교사의 전문성과 학생의 배경, 취향, 수준, 흥미, 그리고 그들이 생산·형성하는 지식 체계에서의 다양성을 수용하고, 사회-문화적, 인종적 차이에 대하여 이해함으로써 공존을 지향하는 것을 말한다. 융복합 학습주제와 같이 실세계 맥락이 반영된 불확실하고 다양한 접근이 요구되는 과제 해결에서 학습자의 다양성은 중요한 의미를 갖는다. 학습자들은 인지발달 수준이나 배경지식의 다양한 수준 차를 보여 줄 뿐 아니라 성장 배경과 처해 있는 환경 여건의 차이에 따라 상이한 지식과 기능을 갖고 있을 수 있다. 그리고 이러한 다양성은 문제해결을 위한 다양한 시각과 정보의 원천을 제공하여 성공적 문제해결의 가능성을 높인다. 다양성 평가 기준의 세부적인 평가 항목으로는 '다양성의 수용 정도' '다양성에 대한 이해' '다양성을 전제로 한 공존 지향성'을 고려할 수 있다.

첫째, 다양성의 수용 정도는 융복합 학습과정에서 나타나는 다양성에 대한 개방의 정도를 말한다. 융복합교육의 맥락적 특징은 학습주제가 포괄하는 문화적 다양성과 관련이 있다. 문제의 파악과 해결 방안의 제시과정에서 해석과 이해가 문화적 다양성과 연결될 수 있음에 주의를 기울이는 능력은 융복합교육을 통해 함양하려는 역량에 해당한다. 둘째, 다양성에 대한 이해도 융복합 평가에서 고려해야 할 요소다. 융복합교육 활동에 참여하는 교사와 학생은 그들의 경험과 주어진 환경 여건이 다르기 때문에 동일한 문제에 대해 접근하는 방식이나 이해의 양상이 다를 수 있다. 또한 다중지능에서 강조하는 바와 같이 서로 다른 영역에서 상대적인 강점을 가질 수 있다. 그 결과로 나타나는 다양한 견해와 입장에 대한 이해는 다양성 역량의 한 요소가 된다. 셋째, 다양성의 인정은 타자와의 공존을 지향하는 역량과도 관련된다. 다양성을 수용하고 다양한 관점과 견해에 대해 이해한다면 융복합 문제해결 과정에서 자신과는 다른 견해를 마주하더라도 이를 인정하고 공존을 추구할 수 있다. 학습과정에서 나타나는 공존을 인정하고 추구하는 태도를 평가의 항목으로 설정할 수 있다.

(3) 협력적 수행

협력적 수행은 다양한 교과의 교사, 그리고 학생들 사이의 협력적이고 수용적 관계 속에서 교육 활동에 참여하는 모두의 성장에 기여하는 상생의 관계 추구를 말한다. 21세기 변화하는 사회에서는 이질적인 집단에서의 협력적 상호작용이 강조되고 있다. 융복합 프로그램의 기본 원리 중 하나인 협력성은 이러한 맥락에서 제시된 것이다. 협력적 수행평가 기준과 관련하여 Knowlton과 Sharp은 모둠 활동에서의 책임감, 참여도, 긍정적 태도, 참여의 심도(수준), 참여의 정도를 제시한 바 있다(Knowlton & Sharp, 2003; 권덕원, 2013). 그러나 이 기준은 협력적 상호작용 속에서의 역동적인 관계를 표현하기보다는 참여도를 파악하는 일반적인 기준에 가깝다는 한계가 있다. 이 연구는 이질적 집단 속에서의 상호작용 역량을 강조한 OECD(2005)의 핵심 역량 기준을 기초로 평가 항목을 구성하였다. 협력적 수행평가 기준의 세부적인 평가 항목으로는 '타인과 관계 형성 및 유지' '협력적 작업' '갈등 관리 및 해소'를 설정할 수 있다.

첫째, 타인과 관계 형성 및 유지는 집단 구성원 사이에 공감대를 형성하며 협업을 할 수 있는 관계를 형성하고 유지하는 것이다. 오늘날은 사회 활동뿐만 아니라 과학적 분야의 연구, 연주 활동 등도 여러 사람들과의 협동적 관계 속에서 이루어지고 있다. 따라서 타인과의 관계를 원만하게 형성하고 유지하는 역량은 집단 활동을 성공적으로 하기 위한 전제로서 협력성을 평가하는 하나의 척도라 할 수 있다. 둘째, 협력적 작업은 공동의 협력적 작업을 성공적으로 수행하는 것이다. 융복합 과제의 수행과정에서 아이디어를 제안하고 경청하며 모둠 구성원들끼리 토의과정을 거쳐 공동의 프로젝트를 완성해 가는 과정이 평가 항목이 될 수 있다. 셋째, 협력적 과제 수행과정에서는 당연히 갈등이 발생할 수 있다. 갈등 관리 및 해소는 협력을 통해 작업을 해 나가는 과정에서 상충되는 의견 혹은 해결방안을 조정, 협의하여 우선순위를 결정하고 문제를 재구조화함으로써 건설적인 대안을 탐색하는 정도를 평가하는 것이다.

(4) 맥락성 활용

맥락성 활용은 추상적인 지식을 전달하는 방식이 아니라 학생들의 구체적인 삶의 맥락에서의 활동과 체험에 기초한 탐구와 표현을 실천하는 것을 말한다. 교육과정의 적절성을 높이기 위한 전략 중 하나는 학습을 맥락에 맞추는 것이다. 지식이 의미가 있으려면 맥락을 가지고 있어야 한다. 교육과정을 실생활 맥락에 통합시킨다면 학교에서 배우는 지식이 더 유용하게 이용된다는 사실을 깨달을 수 있다. 교사들은 단순히 사실과 기능을 전달하기 위하여 가르치는 것이 아니라, 학생이 생산적인 시민으로서의 생활을 영위할 수 있도록 가르친다. 이와 같은 차원에서 볼 때 융복합 학습은 현실적인 맥락에서 문제해결을 위한 고등 사고능력, 문제해결에 지식의 적용, 창의력 발휘와 같은 측면에서 긍정적 성과를 나타낸다(Hargreaves & Moore, 2000). 맥락성 활용 평가 기준의 세부적인 평가 항목으로는 '맥락의 이해(구분, 유형화, 범주화)' '맥락의 체험 및 표현' '맥락의 활용'을 검토해 볼 수 있다.

첫째, 맥락의 이해는 학습의 맥락을 구분하여 파악하는 능력을 평가하는 것이다. 맥락은 다양한 수준과 범주에서 형성되거나 접근할 수 있는데, 사회적 환경, 문화적 환경, 정치적 환경, 경제적 환경 혹은 자연환경의 어느 것도 될 수 있다(Drake, 2009). 또한 인식 공간적 범주를 기준으로 개인적, 지역사회적, 세계적 맥락에서 접근할 수도 있다. 융복합 학습주제가 어떠한 맥락과 관련되어 있는지를 구분하고 파악하며 그 근거를 밝히는 능력을 맥락성 차원에서 평가할 수 있다. 둘째, 맥락의 체험 및 표현도 평가의 요소가 될 수 있다. 예를 들면, Smith가 제안한 '현장기반 교육(place-based education)'은 학생들이 살고 있는 지역의 흥미와 관심을 반영하고 있다. 자기 고향의 환경적 특색과 친숙한 향토산업[예: 웨스트 버지니아 몰든(Malden)의 암염산업]을 토대로 하는 것이다. 이러한 환경과 산업이 학습문제 해결에 어떻게 작용하는가를 학생들은 자신의 실제적 경험과 이에 대한 표현을 통해 제시한다. 이와 같이 학습자가 실제 세계의 맥락에서 경험을 하고 이를 구체적으로 표현하는 정도를 통해 학습의 맥락성 정도를 평가할 수 있다. 셋째, 맥락의 활용은 맥락적 이해와 맥락적 체험을 구체적인 문제해결에 효과적으로 활용하는가의 정도를 기준으로 평가하는 것이다. 문제와 관련된 맥락을 적절하게 연결하고 있는

지, 그리고 그것이 문제해결에 효과적인 결과를 가져오는지 등을 평가의 근거로 할 수 있다.

(5) 통합적 추구

통합적 추구는 다양한 주체 사이의 대화적 관계에 기초하여 융복합교육에서의 학습경험이 학생의 인지적 역량뿐만 아니라 인성을 포괄하는 전인적 수준에서의 통합된 학습경험을 제공하는 것을 말한다. 통합적 추구 평가 기준의 세부적인 평가 항목으로는 '지식내용 영역의 통합 정도' '전인적 수준에서의 통합된 학습경험' '대화적 관계의 수용'을 제시할 수 있다.

첫째, 지식내용 영역의 통합 정도는 융복합 학습주제에 대해 통합적 시각에서 다양한 관점과 원리를 고려하여 문제를 해결하는지를 평가하는 것이다. 융복합 학습주제는 다양한 배경 학문적 지식과 관점을 포함하고 있기 때문에 편파적이고 분절적인 접근을 할 경우 문제해결에 효과적일 수 없다. 둘째, 전인적 수준에서의 통합된 학습경험은 단순한 지식 영역의 통합을 넘어 정의적 영역도 포괄하는지를 평가하는 것이다. 박현주(2012)는 융복합교육과 유사한 시도인 STEAM 교육의 구성 요소로 창의적 설계, 감성적 체험, 내용의 융·통합을 제시하고 있다. 내용의 융·통합만이 아닌 감성적 수준의 통합도 강조하는 것이다. 백윤수 등(2011)도 STEAM의 핵심 역량으로서 소통과 배려를 강조하고 있다. 셋째, 대화적 관계의 수용은 학습에 참여하는 주체들의 대화적 통합 측면을 평가하는 요소다. 대화적 통합은 개인적 수준의 지식과 정서적 통합을 넘어서 학습의 장(場)에 참여하는 다양한 참여자의 지식을 포함하는 존재론적 지평의 융합을 의미한다(이상오, 2010). 함승환 등(2013)도 융복합교육의 원리 중 하나가 교육현장에 참여하는 다양한 주체, 즉 교과, 교사, 학생 사이의 대화적 통합 관계에 기초하는 것으로 보았다.

3. 융복합교육 프로그램의 평가방법

1) 평가 전략의 설계

(1) 줄 맞추기

줄 맞추기는 교육 활동이 정합성을 가지도록 하는 것이다. 교육과정의 변화는 학습에 관한 신념이나 철학을 토대로 한다. 교육에 대한 새로운 시도가 성공하기 위해서는 표준, 내용과 기능의 선택, 교수 활동, 보고와 평가하기가 철학과 부합하여야 한다(Drake, 2009).

줄 맞추기는 우선 형식적으로 혹은 기능적으로 교육과정과 수업 및 평가가 수미일관하게 이루어지도록 요구하는 것이다. 이에 따라 융복합 평가가 타당하기 위해서는 형식적으로 교육목표와 수업 활동, 그리고 평가가 일관성 있게 이루어져야 한다. 그러나 목표, 내용, 활동, 평가의 외적인 일관성 못지않게 중요한 것이 내적인 일관성이다. 이는 융복합교육을 하나의 수단으로서가 아닌 교육현상에 대한 근본적 변화를 추구하려는 시도로 접근하는 것이다. 이러한 맥락에서 융복합교육의 취지나 목표에 대한 정확한 이해는 융복합 평가의 타당성을 확보하는 선결 조건이 된다. 융복합 수업은 프로그램의 구성과 실행과정 측면에서 융복합교육 과정의 특징과 원리를 반영해야 할 것이다. 이 과정에서 융복합교육의 목표가 실현된다. 융복합 평가는 수업 실행과정에서 융복합교육의 목표가 도달되었는지 확인하는 과정이라고 할 수 있다.

(2) 함께하기

융복합교육에서는 다양한 교과 혹은 학문 분야의 교사가 함께 학습을 설계하고 진행시킨다. 비록 한 교사가 중심이 되어 융복합교육 활동을 설계하더라도 자신의 전공 영역을 벗어나는 학습내용과 방법에 대해서는 동료 전문가의 조언과 협력을 구할 필요가 있다. 이는 평가에서도 동일하게 적용되며, 따라서 평가의 과정에서도 동료 교사들과의 협력이 요구된다. 융복합교육 활동을 함께 실행할 공동체는 교육목표 설정과 내용 선정 및 성공적인 수행 기준을 작성하는 데 큰 도움이 된다(Heritage, 2010). 동료 교사 공동체는 평가의 과정에서 학습자가 수행한 결과물을 공유하고 평가 기준 적용의 적절성을 판단하며, 평가의 근거 자료를 타당하게 해석할 수 있도록 만들어 준다.

또한 융복합 학습 및 평가과정은 학생의 능동적 참여를 필요로 한다. 융복합교육에서는 학생들이 초점을 설정하고, 내용을 선정하며, 자기반성과 참여의 증거를 보여 줌으로써 단지 교육의 대상만이 아닌 학습과정의 동반자 역할을 담당한다(Paulson & Paulson, 1991). 학습에 대한 자기보고 평가와, 협동적 작업과정에서 학생이 기여하고 참여한 정도에 대한 동료 평가에서 학생들의 역할은 핵심적이다.

(3) 평가 과제의 개발절차 이해하기

융복합 평가에서도 평가 제작의 절차는 일반적인 평가의 과정과 크게 다르지 않다. 융복합 평가는 상호 관련이 있는 내용을 사용하여 복잡하게 얽힌 과제에 반응하게 하며, 축적된 포트폴리오에 대한 평가를 강조한다는 점에서 수행평가와 관련성이 크다. Wolfinger와 Stockard(2006)는 포트폴리오 평가 준비과정에서 평가의 목적, 적합한 평가 유형의 선택, 평가 결과의 활용자, 평가의 기준과 준거, 평가 포맷의 선택에 대한 결정을 내려야 한다고 하였다.

융복합교육의 평가 과제 개발에 도움을 줄 수 있는 평가 과제 개발절차의 예로, UCLA 부설 CRESST에서 개발한 수행평가 과제 제작 모형을 살펴보면 [그림 4-1]과 같다(Herman et al., 1992; 김경자, 1999: 166).

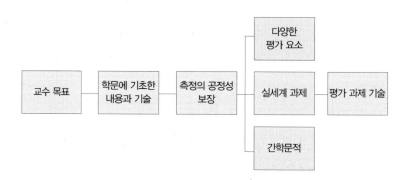

[그림 4-1] CRESST 수행평가 과제 제작 모형

출처: Herman et al. (1992: 34).

2) 융복합교육 평가의 다양한 방법

(1) 평가 주체와 평가 자료

융복합 평가에서는 자기 평가, 동료(상호) 평가, 수행평가, 채점기준에 따른 평가, 일지, 포트폴리오, 관찰, 체크리스트와 같은 다양한 방법이 활용될 수 있다. 평가방법은 평가의 주체가 누구인가, 어떠한 활동이 평가의 대상이 되는가, 어떠한 자료를 근거로 평가하는가를 기준으로 나누어 볼 수 있다. 평가 주체를 기준으로 할 경우 교사에 의한 평가, 교사와 학생의 협의 또는 면담을 통한 평가, 학생 자신 혹은 동료에 의한 평가가 가능하다. 평가 대상이 되는 활동으로는 일지 및 보고서 쓰기, 발명품 및 작품 전시, 역할극 수행, 회의 및 토론, 연구 과제 워크숍 발표 및 프로젝트 결과 발표, 상품 디자인 및 개발 등 다양한 활동이 있다(Drake & Burns, 2006). 그리고 활동의 결과로 나타나는 평가 자료로는 프로젝트 계획서, 보고서, 저널, 그래픽 게시물, 비디오 녹화 테이프 및 오디오 녹취 테이프, 활동과정을 담은 사진 등의 형태가 있다.

(2) 평가 루브릭

학생들의 수행 수준을 평가하기 위한 기준은 일반적으로 루브릭 (rubric) 형식으로 이루어진다. 루브릭은 학생들이 과제나 활동을 수행하기 전에 간략하게 제시될 수 있다. 루브릭은 분석적일 수도 있고 총체적일 수도 있는데, 총체적인 루브릭을 사용할 경우 전반적인 조직, 창의성, 협력성 등에 비추어 판단한다. 평가 항목을 보다 세분하여 평가하는 경우에는 분석적인 루브릭을 사용한다. 분석적 루브릭은 통상적으로 3~6개의 반응 유목을 가지고 있으며, 각 유목은 루브릭이 일관성 있게 적용될 수 있도록 일정한 틀로 제시된다(Wolfinger & Stockard, 2006). 루브릭의 수행 수준은 4단계, 5단계 혹은 3단계로 제시될 수 있다. 4단계의 예를 들어 보면, '탁월(exemplary)' '우수(proficient)' '기초(minimally competent)' '기초 미달(little evidence of competence at this time)'이다.

4. 융복합교육의 평가 사례

1) '약용식물 아트북 프로젝트' 사례

한양대사대부중에서는 2013년 SMART STEAM 영재반을 운영하였다. 15명으로 구성된 이 반의 중학교 1학년 학생들은 방과 후 주 1회 활동을 통해 '약용식물 아트북 프로젝트(ARTBOOK PROJECT)'를 수행하였다. 활동은 주로 체험학습과 소집단 토론 등으로 이루어졌고, 교사는 매 시간 활동의 주제를 제시하고 과제를 수행하는 데 아이디어를 제공하는 조력자의 역할을 담당하였다. 학생들은 모둠별로 약용식물과 관련된 특정 주제를 선정하여 관련된 이야기와 정보가 담겨 있는 자신들만의 아트북을 제작하였다. 프로젝트의 수행 과정은 개인 포트폴리오를 통해 기록되었다.

2) 융복합교육의 평가 내용 면에서 사례 프로그램의 평가

(1) 관련 내용 분야의 결합

'약용식물 아트북 프로젝트'에서 학생들은 식물에 대한 이해 및 관찰과 같은 과학과의 관련 지식을 습득하는 것은 물론, 아트북의 재료 선정 및 실제 제작경험을 통해 기술 및 미술과의 목표를 달성하고자 하였다. 따라서 평가과정에서는 과학교과 학습의 내용, 미술교과 학습의 내용, 과학과 미술을 융합하여 나타나는 사고력에 대한 평가를 할 수 있다.

(2) 과정의 강조

이 프로그램은 프로젝트 활동을 중심으로 이루어지고 있다. 아트북 만들기라는 과제를 수행하는 과정에서 학생들은 아이디어의 구상, 자료 찾기, 의사 결정, 아이디어 실행 등의 과정을 반복적으로 거쳤다. 그리고 이 과정에서 일어나는 학습경험은 즉각적으로 기록되어 포트폴리오로 축적되었다. 따라서 결과중심의 평가가 아닌 융복합 학습과정에서의 경험과 문제해결 능력을 평가할 수 있다.

(3) 학습의 맥락

약용식물 아트북을 제작하기 위해 학생들은 모둠별로 항암, 해독, 피부미용 등의 주제를 선정하였다. 주제에 대한 접근과정에서 주제의 선정 이전에 활동했던 민간요법에 대한 경험 이야기(선행 활동)가 활용되었으며, 모둠별로 여러 가지 식물의 쓰임새에 대한 탐색을 개별적으로 진행하였고, 이후의 정보 탐색과 토의 역시 학습자들의 맥락적 지식에 토대를 두고 이루어졌다. 이러한 관점에서 모둠별로 약용식물의 종류와 쓰임새에 대해 추상적이고 간접적인 지식 위주로 학습이 진행되었는지, 학생들의 맥락적 경험과 지식이 풍부하게 반영된 이야기가 구성되었는지를 평가할 수 있다.

(4) 집단적 상호작용

아트북이라는 산출물을 만들어 가는 과정에서 학생들은 모둠 안에서 상호작용하면서 서로의 아이디어를 이해하고 설득하며 합의를 이루어 나가는 과정을 끊임없이 경험하였다. 활동 과제와 관련해 자신의 아이디어를 먼저 탐색하고, 그다음에 모둠의 의사를 결정하는 과정에서 집단 속에서 의견을 표출하고 상호작용하는 경험이 드러날 수 있다. 결과물로 만들어지는 포트폴리오만으로는 이를 충분히 평가하기는 어렵지만, 교사의 관찰과 학생들의 자기 평가 및 동료 평가의 결과를 확인하여 평가에 활용할 수 있다.

(5) 역량의 다양성

학생 주도의 프로젝트 수행과정에서는 인지적 탁월성 외에도 협력, 유연성, 자기주도학습, 사회적 기능, 기술 활용기능 등 다양한 역량이 발휘될 수 있다. 인지적 역량은 학생들이 탐색한 정보의 내용과 의사 결정의 결과를 담고 있는 포트폴리오를 통해 확인할 수 있으며, 그 외의 다양한 역량은 발표 평가와 면담 등으로 보완할 수 있다.

3) 융복합교육의 평가 기준 면에서 사례 프로그램의 평가[2]

(1) 융복합 평가 기준과 포트폴리오

포트폴리오는 하나 또는 그 이상의 영역에서 학생의 노력이나 진전, 또는 성취를 보여 주는 유목적적이고 통합적인 자료 모음이다(Paulson & Paulson, 1991). 융복합 평가에 활용하는 포트폴리오 자료는 융복합 활동의 과정이나 결과 모두를 통해 수집할 수 있다. 다음의 〈표 4-2〉는 약용식물 아트북 프로젝트 수행의 과정과 그 안에서 이루어진 활동 내용을 제시하고 있다. 이 프로젝트에서는 단계별 활동 내용의 결과가 포트폴리오로 축적되었으며, 이 포트폴리오는 융복합 평가의 근거 자료로 활용될 수 있다. 〈표 4-2〉에서 활동 내용 항목의 아래 부분에는 근거 자료를 토대로 평가할 수 있는 융복합 평가 항목을 예시하였다. 예를 들면, 선행 활동 단계에서는 민간요법으로 약용식물을 사용했던 경험을 조사하거나 발표한 결과가 포트폴리오로 축적된다. 이 자료에는 학생들의 가정이나 지역 환경에 따른 다양한 실생활 경험이 드러나 있다. 이를 근거로 '다양성에 대한 이해' '맥락적 체험에 대한 표현' '맥락에 대한 이해' 등의 요소를 평가할 수 있다.

---

2) '약용식물 아트북 프로젝트'에서 직접적인 평가 활동은 실시되지 않았다. 그러나 프로젝트 수행과정 결과를 담고 있는 포트폴리오와 학생들에 대한 면담 자료를 통해 평가 자료를 확보할 수 있으며, 평가 방향을 고안해 볼 수 있다.

표 4-2 포트폴리오에 나타난 활동 내용과 관련 평가 항목	
활동 차수	활동 내용
선행 활동	• 경험했던 민간요법 정리해 보기 - 여러분이나 주변 사람들이 겪은 크고 작은 아팠던 일의 기억을 떠올려 봅시다. - 아플 때 부모님이나 주변 어른들이 사용하셨던 민간요법이 있다면 적어 봅시다. - 위의 민간요법에서 사용한 식물이 있다면, 그 이름을 아는 대로 적어 봅시다. [평가 항목 예시] - 다양성 이해(다양성에 대한 이해) - 맥락성 활용(맥락의 이해/맥락의 체험 및 표현)
1	• 우리가 알고 있는 약으로 쓰이는 식물 - 내가 알고 있는 약으로 쓰이는 식물 - 친구들이 알고 있는 약으로 쓰이는 식물 [평가 항목 예시] - 맥락성 활용(맥락의 이해/맥락의 체험 및 표현)
2	• 나만의 아트북 구상하기 - 나만의 아트북을 구상해 봅시다(내 · 외부 모습). - 내가 만들 아트북의 특징(디자인, 재료, 활용방법 등) [평가 항목 예시] - 능동적 참여[자기 목표(구상)의 설정] - 통합적 추구(지식내용 영역의 통합 정도)
3	• 약용 야생화 알아보기 - 식물도감 등을 참고하여 약으로 쓰이는 야생화에 대해 알아봅시다. - 우리 모둠에서 만들 아트북에 넣을 야생화를 선별해 봅시다. [평가 항목 예시] - 협력적 수행(타인과 관계 형성 및 유지/협력적 작업/갈등 관리 및 해소)
4~5	• 교정의 식물 관찰하기 1, 2 - 교정의 식물을 관찰하고 세밀하게 묘사해 봅시다.

	[평가 항목 예시] – 맥락성 활용(맥락의 이해/맥락의 체험 및 표현/맥락의 활용)
6	• 길동 생태공원의 식물 관찰하기 – 길동 생태공원의 식물을 관찰하고 스크랩해 봅시다.
	[평가 항목 예시] – 맥락성 활용(맥락의 이해/맥락의 체험 및 표현/맥락의 활용)
7	• 아트북 주제 정하기 – 우리 모둠의 주제에 맞는 야생화에 대해 알아봅시다. – 우리 모둠에서 만들 아트북에 넣을 야생화를 선별해 봅시다.
	[평가 항목 예시] – 협력적 수행(타인과 관계 형성 및 유지/협력적 작업/갈등 관리 및 해소)
8	• 아트북 설계하기 – 우리 모둠의 주제에 맞는 아트북을 설계해 봅시다. – 아트북 제작에 필요한 재료를 적어 봅시다.
	[평가 항목 예시] – 협력적 수행(타인과 관계 형성 및 유지/협력적 작업/갈등 관리 및 해소)
9	• 한택식물원의 식물 관찰하기 – 한택식물원 생태학교 체험 후, 새로 알게 된 것은 무엇인가요? – 한택식물원 생태학교를 함께 돌아본 후 느낀 점을 적어 봅시다. – 한택식물원의 식물을 관찰하고 스크랩해 봅시다.
	[평가 항목 예시] – 맥락성 활용(맥락의 이해/맥락의 체험 및 표현/맥락의 활용) – 능동적 참여[자기효능감 발견(의미 구성)]
10	• 아트북 제작하기 – 여러분이 제작한 아트북의 제작과정을 적어 봅시다. – 우리 모둠의 약용식물 아트북의 완성본을 사진으로 남겨 봅시다.
	[평가 항목 예시] – 협력적 수행(타인과 관계 형성 및 유지/협력적 작업/갈등 관리 및 해소) – 통합적 추구(지식내용 영역의 통합 정도/전인적 수준에서의 통합된 학습경험/대화적 관계의 수용)

11	• 아트북 수정하기 　- 여러분이 제작한 아트북의 부족한 부분은 무엇인지 적어 봅시다. 　- 아트북을 보완하는 데 필요한 재료가 있다면 모둠별로 의논하여 　　적어 봅시다. [평가 항목 예시] 　- 협력적 수행(타인과 관계 형성 및 유지/협력적 작업/갈등 관리 및 　　해소) 　- 통합적 추구(지식내용 영역의 통합 정도/전인적 수준에서의 통합 　　된 학습경험/대화적 관계의 수용)
12	• 식물 소개하기 　- 모둠에서 본인이 담당한 식물을 소개하는 글을 써 봅시다. [평가 항목 예시] 　- 능동적 참여[자기 목표(구상)의 설정/자신의 권리와 필요에 대한 　　옹호와 주장]
13	• 인쇄용 책자 표지 디자인 　- 여러분이 계획한 내용을 표현해 봅시다. 여러분이 저자인 책의 디 　　자인을 해 봅시다. [평가 항목 예시] 　- 협력적 수행(타인과 관계 형성 및 유지/협력적 작업/갈등 관리 및 　　해소) 　- 통합적 추구(지식내용 영역의 통합 정도)

(2) 융복합 평가 기준과 면담 자료 평가

포트폴리오의 활동들은 주로 교사가 그날의 과제를 지시적인 방식으로 안내하고 있어서 학생들이 자료 조사와 의사 결정을 하면서 겪는 실제 사고과정과 흐름을 학습의 '증거'로 삼기에는 부족한 점이 있다. 따라서 교사와 학생의 면담은 이를 보완하는 자료가 될 수 있다. 포트폴리오와 면담 자료 외에도 교사의 관찰 등을 토대로 한 체크리스트나 일지도 평가과정에서 유용한 자료가 될 수 있다. 〈표

4-3〉에 제시된 자료는 '약용식물 아트북 프로젝트' 수행에 대해 '프로스트' 모둠 학생들과 면담한 내용을 녹취한 후, 융복합 평가 관련 항목별로 분류한 것이다.

표 4-3 **융복합교육 평가 기준과 평가 관련 근거**

융복합교육의 평가 기준	세부 평가 항목	평가 관련 근거의 예(면담 내용)
능동적 참여	• 문제해결을 위한 자신의 성취 목표를 설정하는가?	- 이 프로젝트를 잘 해야겠다는 사명감 같은 거, 책임감. TV를 보면 이런 프로젝트를 준비하면서 힘들어하는데 저희도 그랬던 것 같고요, 그러니까 공감이 되더라고요.
	• 문제해결에 대한 자신의 기대가 높은가?	- 딱 저희가 생각해 놓은 모델이 있어 가지고, 한 번 그렇게 잘 만들어 보고 싶어서 ……모양도 독창적이고, 아트북 만드는 과정은 수월할 것 같아요. 지금까지 설계를 잘해 왔고, 그 설계대로 해 가면 되니까, 쉬울 것 같아요.
다양성 이해	• 다양한 견해와 입장을 어느 정도 이해하는가?	- 저희가 아이디어를 내면 그냥 듣고 하나 가지고 매달리고 있었는데, 발표 아이디어 내고 막 그런 게 필요한 것 같아요.
협력적 수행	• 구성원과 공감대를 형성하고 원만한 관계를 유지하는가?	- 팀원과의 합의가 중요하다고 생각해요. 왜냐면은 이게 안 맞으면 이 친구는 여기에 불만을 가지고 있어 가지고 뭐가 안 되거든요. 계속 이게 토를 달고, 토를 달고, 계속 넘어져 가지고, 일이 진행이 안 돼요 그래서. 다른 사람들이 원하는 걸, 그러니까 다 우리 셋이 의견을 모아서 그중에 가장 좋은 의견으로 하는 게 가장 중요한 것 같아요.
	• 협력적 작업을 성공적으로 수행하는가?	- 아트북을 만들면서요, 저희가 협의한 대로 좀 착착 맞아가서 좀 유익한 것 같기도 했어요. 왜냐하면 서로의 의견이 다 무시되지 않고, 다 받아들여질 수 있으니까.

	• 과제 수행과정에서 갈등을 조정하고 대안을 제시하는가?	- 저희가 정말 힘들었던 게 주제를 정하는 거였어요. 다른 조들은 다 했는데 저희는 주제도 못 정하고 그냥 이렇게 있으니까 한심하다는 생각도 들었어요.
맥락성 활용	• 학습의 맥락을 구분하고 근거를 밝히는가?	- 전 한택식물원 간 게, 잘 몰랐는데 저희가 필요한 것들도 찾고 그러니까 유익했던 것 같아요.
	• 실제 맥락을 얼마나 체험하고 표현하는가?	- 식물 조사하면서 굉장히 많은 동네의 식물을 봤어요. 제 손으로 직접 찾은 거니까 더 오랫동안 기억 속에 남고 유익했던 것 같아요.
	• 문제해결을 위해 맥락적 이해와 체험을 어떻게 활용하는가?	- 현장체험 갔을 때 이상한 게 땅에 떨어졌는데 주우시더니 이게 항암에 좋다고 그러시는데 처음 보고, 신기하고.
통합적 추구	• 다양한 관점과 원리를 활용하여 문제를 해결하는가?	- 뭔가 과학만 공부하다 보면 수학이 잊힐 때도 있고 그런데, 같이 하다 보니까 효율적인 것 같기도 하고, 식상하지 않은 것 같아요.
	• 내용을 넘어 감성적 통합을 추구하는가?	- 열정 같은 걸 좀 더 많이 가지게 된 것 같아요. 애착이나.
	• 다양한 참여자 사이의 대화적 통합이 이루어지는가?	- 저희가 실수를 해도 뭐 다른 선생님 같으면 실수를 좀 많이 하면 화를 내시잖아요. 근데 다 받아 주시고, 저희가 좀 장난치는 것도 다 너그럽게 받아 주시니까 그게 참 좋은 것 같아요. 저희가 실수할 때, 막막할 때 하나하나 툭 던져 주시는 게 저희한텐 큰 길을 뚫는 것도 되고.

5. 맺음말

평가를 함으로써 교사는 학습자의 지식, 욕구와 흥미를 포괄적으로 그리고 학습자 개인별로 파악할 수 있다. 이를 통해 학습자의 학습 발달을 지원할 수 있으며, 교수·학습 과정 또한 개선해 나갈 수 있다. 융복합교육에서의 평가도 마찬가지다. 평가를 통해 학습자가 무엇을 아는지, 어떻게 아는지, 어떤 점에서 뛰어나고, 어떤 점에서 취약한지를 잘 파악하여야 성공적인 학습성과를 촉진할 수 있다.

평가를 잘하기 위해서는 다양한 평가방법에 대한 지식과 이를 실제로 적용하는 평가 전략(repertory)이 필요하다. 융복합 평가에서는 실행 레퍼토리가 충분히 축적되지 않았기 때문에 우선적으로 평가의 초점이 무엇인지를 명확하게 파악하는 것이 중요하다. 이 글에서는 '관련 내용 분야의 결합' '과정의 강조' '학습의 맥락' '집단적 상호작용' '역량의 다양성'을 강조하였다. 또한 구체적인 평가과정에서 요구되는 평가 기준 설정에서도 융복합교육의 목표 및 원리와 일관성을 가지도록 '능동적 참여' '다양성 이해' '협력적 수행' '맥락성 활용' '통합적 추구'를 중심으로 세부적인 평가 항목도 제시하였다.

융복합교육은 다양한 분야를 결합하여 재구성하기 때문에 학습내용이 고정적이지 않고, 문제를 해결하며 지식을 생성해 가는 과정을 강조한다. 따라서 구체적인 평가과정에서 하나의 평가 도구를 통해 융복합의 특징을 모두 담아내려고 할 경우 성공적인 평가가 이루어지지 않을 수 있다. 하나의 평가 도구에 평가 요소를 모두 담기보다는 다양한 평가 도구를 결합하여 활용하는 것이 중요하다.

생각해 볼 문제

1. 융복합교육의 평가는 표준화된 교육과정 및 평가와 부합할 수 있는지 생각해 봅시다.
2. 융복합교육의 평가와 기존 수행평가의 공통점과 차이점은 무엇인지 생각해 봅시다.
3. 구체적인 융복합교육의 평가 과제 사례를 제시하고, 융복합교육 평가 기준을 활용하여 평가 루브릭을 생각해 봅시다.

참고문헌

권덕원(2013). 초등음악과 수행평가를 위한 프로그램개발 연구, 음악교육연구, 42(3), 1-39.

김경자(1999). 초등학교 수행평가의 의미와 그 개혁 전략: 미국 사례를 중심으로. 초등교육연구, 13(1), 157-184.

노태희, 윤지현, 강석진(2009). 초등교사의 구성주의적 과학 평가관 및 관련 변인 탐색. 초등과학교육, 28(3), 352-360.

박현주(2012). 우리나라 STEAM 교육을 위한 고려 사항. 한국과학교육학회 동계 학술대회 논문집. 27-30.

백윤수, 박현주, 김영민, 노석구, 박종윤, 이주연, 정진수, 최유현, 한혜숙(2011). 우리나라 STEAM 교육의 방향. 학습자중심교과교육연구, 11(4), 149-171.

신명선(2008). 우리나라 수행평가 정책의 특징과 발전 방향 연구: 국어과 수행평가의 실행 양상의 원인에 대한 정책적 반추를 중심으로. 국어교육학 연구, 33, 473-502.

이상오(2010). '학생'에 대한 Gadamer의 존재론적 이해 -인식론적 접근의 한계를 넘어서-. 교육의 이론과 실천, 15(1), 45-67.

이선경, 구하라, 김선아, 김시정, 문종은, 박영석, 신혜원, 안성호, 유병규, 이삼형, 이승희, 이은연, 주미경, 차윤경, 함승환, 황세영(2013). 융복합 프로그램 구성을 위한 기초연구: 현장사례 분석을 통한 구성틀 적용가능성 탐색. 학습자중심교과교육연구, 13(3), 483-513.

이종연(2002). 고등학교수학의 정의적 영역에 대한 수행평가 기준 개발. 학교 수학, 4(2), 193-204.

정창우, 손경원(2013). 도덕과 수행평가의 실행에 영향을 미치는 요인. 윤리교 육연구, 30, 1-30.

함승환, 구하라, 김선아, 김시정, 문종은, 박영석, 박주호, 안성호, 유병규, 이삼 형, 이선경, 주미경, 차윤경, 황세영(2013). 융복합교육 개념화: 융(복)합적 교육 관련 담론과 현장 교사 포커스 그룹 면담을 중심으로. 교육과정평가연 구, 16(1), 107-136.

Drake, S. (2009). 교육과정 통합의 기초(박영무, 허영식, 유제순 공역). 파주: 교 육과학사. (원저는 1998년 출간)

Drake, S., & Burns, R. (2006). 통합 교육과정(박영무, 강현석, 김인숙, 허영식 공역). 서울: 원미사. (원저는 2004년 출간)

Erlandson, C., & McVittie, J. (2001). Student voice on interactive curriculum. *Middle School Journal, 33*(2), 28-36.

Fiske, E. E. (1999). *Champions of change: The impact of the arts on learning.* Washington, DC: Arts Education Partnership.

Hargreaves, A., & Moore, S. (2000). Curriculum integration and classroom relevance: A study of teacher's practice. *Journal of Curriculum and Supervision, 15*(2), 89-112.

Heritage, M. (2010). *Formative assessment: making it happen in the classroom.* Thousand Oaks, CA: Corwin.

Herman, J. L., Aschbacher, P. R., & Winters, L. (1992). *A Practical guide to alternative assessment.* Alexandria, VA: ASCD.

Kendal, J. S., & Marzano, R. J. (1997). *Content knowledge: A compendium of standards and benchmarks for k-12 education.* Aurora, CO: McREL.

Knowlton, D. S., & Sharp, D. C. (2003). *Problem-Based Learning in the Information Age.* San Francisco, CA: Jossey-Bass.

McCoach, B., Gable, R., & Madura, J. (2013). *Instrument development in the affective domain: School and corporate applications.* New York: Springer.

OECD (2005). *The definition and selection of key competencies: Executive summary.* Paris, France: OECD.

Paulson, P. R., & Paulson, F. L. (1991). Portfolios: Stories of knowing. In P. Dreyer (Ed.), *Knowing: The power of stories.* Claremont Reading Conference.

Smith, G. A. (2002). Going Goal. *Educational Leadership, 60*(1), 30-33.

Vars, G. F. (2000). On research, high stakes testing, and core philosophy. *The Core Teacher, 50*(1), 3.

Wiggins, R. P., & McTighe, J. (1998). *Understanding by design.* Alexandria, VA: Association for Supervision and Curriculum Development.

Wiley, D. E., & Haertel, E. H. (1996). Expanded assessment tasks: Purposes, definitions, scoring, and accuracy. In M. B. Kane & R. Mitchell (Eds.), *Implementing performance assessment.* Mahwah, NJ: Lawrence Erlbaum Associates.

Wineburg, S., & Grossman, P. (2000). *Interdisciplinary curriculum: Challenges to implementation.* New York: Teachers College Press.

Wolfinger, D., & Stockard, J. (2006). 통합 교육과정의 이론과 실제(강현석, 박영무, 조영남, 허영식, 이종원 공역). 파주: 양서원. (원저는 1997년 출간)

제2부
융복합교육의 실제

제5장

융복합교육과 국어교육

다음은 어느 국어교육학자의 글이다.

　모처에 출제위원으로 들어갔을 때의 일이다. 소설 영역을 담당한 출제위원이 이호철의 「탈향」을 지문으로 선정하였는데 아무리 쥐어짜도 마지막 한 문제가 나오질 않는 것이었다. 그 책임이 나에게로 넘어왔다. 하지만 그 이전까지는 나는 그 작품을 꼼꼼히 읽어 본 적도 없는 터였다. 대개 이럴 때는 텍스트 밖으로 나가는 것이 상책이다. 나는 여신 크리스테바를 믿기로 했다. 나는 내 컴퓨터에 담긴 현대 시 데이터베이스를 돌리고 또 돌렸다. 검색어에 별의별 것들을 다 넣어 가며 밤을 샜다. 그러다 그녀에 대한 믿음이 사라질 때쯤, 나는 내 눈을 의심할 만한 작품을 발견할 수 있었다. 그것이 바로 송수권의 「면민회의 날」이었다. 그것은 거의 「탈향」에 등장하는 인물들의 후일담과도 같았다. 이 정도면 출제상황은 문제없었다. 고백하건대, 그 시는 그때가 처음 본 것이었다. 아니, 이전에 보았더라도 기억할 수 없고, 기억하더라도 그것을 이호철의 소설과 연결할 수는 없었을 것이다.

이것은 컴퓨터 덕택이다. 마치 수학에서 이른바 '사색 문제'를 컴퓨터가 해결한 것처럼, 그날 나는 문학(?)의 위기를 극복하는 데 컴퓨터의 신세를 톡톡히 지게 된 셈이다. 이튿날 출제위원들은 모두 환호했다. 작업상 비밀을 말하지 않으려 했는데 그들이 지나치게 나의 뇌 용량을 부러워하는 바람에 어쩔 수 없이 사실을 토설했더니만, 갑자기 너무 쉽고 당연한 일인 것처럼 치부하며 내 곁을 떠나들 갔다.

정재찬, 상호 텍스트성에 기반한 문학교육의 실천

윗글은 컴퓨터 프로그램의 데이터 검색이라는 공학적 기술로 인문학 해석의 새로운 영역을 확보한 장면을 회고한 것이다. 이호철의 「탈향」이나 송수권의 「면민회의 날」은 창작의 영향 관계라는 면에서 거의 관련성이 없는 작품이다. 그러나 학습자의 관점에서는 의의가 있다. 즉, 두 작품을 엮어 읽음으로써 텍스트의 이해 지평을 넓히고, 관련성이 없는 작품끼리도 상호 텍스트적 연관망으로 엮어 읽는 즐거움을 얻는다. 만일 윗글의 학자가 작품의 영향 관계와 같은 문학적 접근만을 고려했다면 이러한 소득은 불가능했을 것이다. 공학이나 기술, 그리고 문학의 융복합이라는 새로운 시도가 있었기 때문에 가능한 일이었다고 할 수 있다. 이와 같이, 다양한 교과의 융복합은 단일 교과로는 접근할 수 없는 새로운 영역을 열어 줄 수 있다.

1. 융복합 시대에 국어교육이 왜 중요한가

1) 융복합적 접근의 대두 배경

21세기의 날로 고도화되는 지식과 정보는 우리들을 융복합(融複

習)의 시대로 이끌고 있다. 융복합은 비단 학문이나 기술 분야만이 아니라 지식, 문화, 교육을 새롭게 조성하고 유지하며 발전시키는 방향으로까지 인식되고 있다. 오늘날 융복합이 시대와 교육의 쟁점으로 떠오른 것은 크게 세 가지 측면에서 살펴볼 수 있다.

첫째, 시대사적 패러다임의 변화다. 과거 산업사회를 지배했던 분리적이고 분절적인 패러다임이 초래한 폐해를 극복하기 위해서다. 근대는 고대 그리스에서 비롯된 철학에서 수많은 학문이 독립하던 시기다. 이러한 전문화의 경향은 후기 산업사회로 이행됨에 따라 점점 심해졌고, 무수히 많은 분야와 직업, 경험 영역을 파생시켰다. 이제는 같은 분야에 종사하는 사람이라도 세부 전공 분야가 다르면 서로 대화나 소통이 어려워진 지 오래이며, 지혜와 맥락이 사라진 채 의미 없는 지식과 정보만이 떠도는 시대가 되고 말았다.

둘째, 인류 차원의 문제 확대다. 현재의 인류가 당면하고 있는 문제는 그 심각성이나 복잡성이 매우 심화되고 있다. 인류는 환경 파괴 문제, 개도국과 선진국의 부(富)의 불균형 문제, 항구적 평화체제의 유지 문제 등 지난 세기에 인류가 접했던 그 어떤 문제보다도 복합적이고 어려운 문제의 해결을 시대적 과제로 떠안고 있다. 예를 들면, 대기오염 문제는 어느 국가, 어느 분야에서도 혼자서는 떠안을 수 없는 사안이 되었다. 이러한 문제는 전(全) 지구적 접근이 요구될 뿐만 아니라, 기상학·공학·윤리학·응용화학·수학·사회심리학 등 수많은 분야가 관여해야 문제해결에 접근할 여지가 생긴다. 이제는 융복합 사고나 능력은 선택이 아닌 필수가 되고 있다.

셋째, 새로운 교육, 교육적 혁신의 요구다. 이른바 평생교육의 시대로 접어들고 있는 지금 시점은 학습자의 삶과 교육이 더욱 밀착되고, 동시에 인간화된 형태의 교육이 지향되고 있다. 지식사회학적 관점이 등장하고 지식의 절대적 권위가 무너지게 됨에 따라, 권위로서의 지식이 존재하기에 이에 따라 교육되어야 한다는 관점을 넘어 지식의 존재 의의를 먼저 묻게 되는 시대로 변화하고 있다. 이는 본질적으로 교육으로 제공되는 지식이나 기능을 학습자가 자신의 삶 속에서 연결 지을 수 있는 형태여야 함을 의미한다. 학습자가 처한 삶의 현장은 다양한 문제가 풀기 쉽게 분리 · 정리되어 있는 것이 아니라, 매우 맥락적이고 복합적인 성격을 띠므로 교육도 융복합의 형태를 더욱 추구해 나가야 한다.

이렇듯 융복합은 이슈(issue)를 넘어 시대적 과제로 점차 자리 잡아 가고 있으며 교육도 마찬가지다. 21세기의 학습자가 살아갈 환경도 융복합적이 되어 가고 있으며 앞으로 필요한 역량이나 능력도 융복합적이라 할 수 있다. 그렇다면 융복합의 개념은 과연 무엇인가?

2) 융복합의 개념과 교육

융합은 흔히 화학적 결합에, 복합은 물리적 결합에 비유되곤 한다. 여기서 화학적 결합과 물리적 결합은 결합되는 각각의 대상물들이 본래적 성격을 유지하고 있는가에 따라 구분된다.

김시정과 이삼형(2012)에 따르면, 융복합이라는 용어를 언어적으로 접근하여 융합(融合)과 복합(複合)의 복합어로 이해하였는데, 이는 결국 '합하여짐'의 양상을 지적한 용어라고 보았다. 이에 따라 융합교육은 교과와 교과의 합하여진 최종 형태가 본래의 구분이 사라진 상태로, 복합교육은 본래의 구분이 유지된 상태로 파악하였다. 이

에 따라 '융복합'교육이라는 용어의 사용은 이러한 융합이나 복합의
어느 하나만을 추구하는 것이 아니라 다양한 '합하여짐'의 양상을
총칭함으로써 양자를 두루 추구한다는 함의가 있다고 할 수 있다.

한편, 학제성[1]의 유형에 대해 고찰한 김대현과 강이화(2010)의 연
구는 융복합의 유형에 대해 시사하는 바가 크다. 왜냐하면 융복합교
육도 궁극적으로는 기반 학문을 중심으로 형성된 교과와 교과, 교과
와 세계라는 관계성의 문제라 할 수 있으므로 이러한 접근들을 원용
함으로써 교육적 의미에서의 융합과 복합 개념을 설정해 볼 수 있기
때문이다. 학제성은 크게 네 가지로 구분되는데, 이를 통해 교육적
의미의 학제성을 탐색해 보도록 한다.

첫째는 '다학문적 학제성'에 관련된 국면으로, 이는 학문과 학문
이 용어나 지적 체계 등을 차용, 공유하는 것을 말한다. 이러한 경우
에는 어느 한 분야의 이해나 교육을 위해 다른 분야가 종속적으로
활용되는데, 이는 낮은 수준의 복합이라 할 수 있다. 국어교육으로
예를 들어 보면, 학습자의 언어 자료를 통계적으로 분석한다든지, 고
전문학 작품의 해석에서 당대의 역사학적 지식을 고려하는 일 등이
해당된다.

둘째는 '간학문적 학제성'에 관련된 국면으로, 기존 학문이 재배
열되거나 혼합, 재구조화되는 것이다. 흔히 한국학이라고 하면 한국

---

[1]　학제성은 본래 연구의 방법론에서 비롯된 개념이라 할 수 있다. 그러나 학제성은 하나
　　의 연구 분야로 풀 수 없는 연구 문제나 주제를 다양한 분야의 관점에서 접근하는 방법
　　론이라는 개념을 넘어 일종의 인식론으로 볼 수 있는 여지도 있다. 이는 학제성 개념을
　　학문 분야의 구체적인 연구방법론으로 보는 것을 넘어, 다양한 분야와 분야의 결합이
　　나 통합에서 볼 수 있는 대표적 양상을 나타내는 하나의 틀로 보는 것이다. 본고는 기존
　　의 통합 교육과정 이론의 틀이 아니라 학제성에서 드러나는 네 가지 양상을 통해, 현실
　　에서 드러나는 융복합교육의 구체적 양상과 진망을 새롭게 탐색해 보고자 하였다.

이라는 국가의 이해를 돕기 위하여 국어학, 국문학, 국사학, 문화학 등의 지식이 목적에 따라 취사선택되는데 이러한 형태가 간학문이다. 이 경우에는 교육에 참여하는 각 분야가 대등하며 목적에 따라 그 수준이나 범위에 차등을 둘 뿐이므로 높은 수준의 복합이라 할 수 있다. 국어교육으로 예를 들어 보면, 주제중심의 교과 통합 수업이나 범교과적 쓰기 등이다.

셋째는 '탈학문적 학제성'에 관련된 국면으로, 학문과 학문의 접점이나 유사성을 통해 상이한 분야가 하나로 통일되는 것이다. 이는 낮은 수준의 융합인데, 왜냐하면 기존의 지적 체계나 논리체계가 완전히 사라지지는 않되 새로운 분야나 지적 체계를 형성하기 때문이다. 여기에는 인지심리학과 건축학이 합해진 '인지건축학'이나, 고전으로는 '화학'과 '생물학'이 합해진 '생화학'이 있다. 이는 교과형태로 존재하는 국어교육이 지닌 본질적 한계상, 그 예를 들기는 어려우나 과거 초등학교에서 시행된 '바른 생활, 즐거운 생활' 등의 통합 교과를 어느 정도 이에 충족되는 예로 볼 수 있다.

넷째는 '완전 학제성'에 관련된 국면으로, 기존 학문의 체계나 논리를 부정하고 새로운 안목과 관점, 방법론을 형성한다. 진정한 융합의 영역으로 볼 수 있고, 학자에 따라서는 비판적 학제성, 개념적 학제성 등으로 불리기도 한다. 이는 기존의 논리나 방법론을 부정하는 '해체'와 함께 보다 본질적인 의미에서 실제성이나 본질을 추구한다.[2] 여기에는 교과나 수업의 틀까지도 넘어, 국어라는 언어를 통해

---

2) Klein(2005)은 학제성을 도구적 학제성, 인식론적 학제성, 탈학문성, 비판적 학제성으로 구분하고 있는데, 본고에서 밝힌 완전 학제성은 비판적 학제성의 성격과 다소 유사하다고 할 수 있다. 비판적 학제성은 모든 학문 사이의 벽을 허물어 개별 학문을 인정하지 않고자 하는 태도를 보인다. 이는 학제성의 관점에서 볼 때 학문 초월이라 할 수 있다.

학습자의 지적 능력과 삶의 질의 향상을 도모하는 언어와 삶의 융합이 해당된다고 할 수 있다.

한편, 최근 들어 통섭(consilience)이라는 용어도 자주 거론되는 추세이므로 그 개념을 지적하여 둔다. Wilson(2005)은 '통섭'이라는 개념을 제시한 바 있는데, 이는 융합과 복합과 같이 구체적인 합하여짐의 양상을 지적한 용어가 아니라, 거대 학문이라 할 수 있는 인문학과 자연과학, 사회과학 등이 상호 보완적으로 융복합되어야 한다는 방향과 거시적 담론을 '통섭'이라는 말로 표현한 것이라 할 수 있다.

3) 융복합 시대와 국어교육의 역할

앞서 살핀 바를 요약하면, 교육적인 의미에서의 융복합이란 결국 교과와 교과, 교과교육과 학습자의 삶을 합하고자 하는 지향을 총칭하는 개념이라 할 수 있다. 그렇다면 이러한 융복합교육의 장에서 국어교육은 어떠한 위상을 차지할 것인가?

교과와 교과의 복합과 융합의 문제를 다루는 융복합교육에서는 역설적으로 각 교과의 정체성이나 고유성이야말로 그 설계에서 중요한 역할을 한다. 융복합교육에서는 교과에서 어떤 지식을 가르칠 수 있느냐의 문제가 아니라, 각 교과에서 담당하는 개별 지식이 어떤 능력을 기를 수 있느냐로 관심이 옮겨 가기 때문이다. 이에 따라 국어교육이 다른 교과와 구별되는 지점, 즉 정체성이나 고유성의 영역을 명확하게 설정해야 하는 문제가 제기된다. 논란이 있을 수 있겠으나 본질적으로 국어교육의 정체성은 바로 언어의 사용과 문화성(文化性)에 있다고 본다.

흔히 쓰는 말 중에 '말 못하는 짐승'이라는 말이 있다. 여기에는 짐승과 사람을 언어에 따라 구분하고자 하는 보편적 인식이 드러난다. 짐승과 사람이 변별되는 지점이 언어에 있다면, 언어야말로 인간성의 근원이 된다. 인간성의 근원인 언어는 학문과 교육을 가능하게 하는 원천이다. 언어는 개념과 개념의 연결이나 분류, 분석과 같은 인지작용의 중추를 이루기 때문이다. 이와 관련하여 Vygotsky는 인간의 사고는 언어를 통해 가능해진다고 주장하였다. 즉, 사고나 생각의 가장 자연스러운 형태는 곧 언어(낱말)이며, 낱말은 사고의 단위인 명제의 기간(基幹)을 이룬다. 예컨대, '분석'이라는 언어 개념 없이 현상을 분석하는 일은 거의 불가능할 것이다. 이는 융복합교육에서도 국어교육이 차지하는 역할이 막대함을 의미한다. 과학적 보고문을 쓰지 못하는 과학자나 개념을 적절하게 표현하지 못하는 수학자를 상상할 수는 없듯이, 융복합교육에서 국어교육은 융복합적 사고를 발견, 형성, 소통하는 데 핵심적인 위치에 있다.

한편, 국어교육이 사고나 인지의 핵심을 담당한다는 측면에 더하여 문화적 측면에 대해서도 고려해 볼 수 있다. 국어는 한국인이 반만년 동안 사용해 온 언어로 국어를 사용하는 담화 공동체의 문화적 정수를 포함하고 있다. 이는 창의성의 발현 국면과도 연관되는데, 하늘 아래 새로운 것이 없다는 관점에서 보면, 융복합교육을 통한 창의성의 발현은 국어를 통한 다양한 언어경험과 매우 밀접한 관계에 있다는 사실을 알 수 있을 것이다.

또한 독일 철학자 Humboldt가 지적한 바, 인간은 모국어가 보여주는 대로 세계를 인식한다. 또한 인간 정신을 형성하는 중추는 습득된 언어다. 이는 바로 모국어가 세계를 보는 창(窓)임을 지적한 것이다. 이에 따라 학습자가 세계를 이해하거나 문제를 해결하는 것은 결국 얼마나 고도의 언어능력을 갖추었느냐의 문제라 할 수 있으며, 이는 교과와 교과의 융복합교육에서도 역시 동일하다.

이에 더하여 국어교육은 타 교과에서 쉽게 접근되기 어려운, 인간의 내면을 담당하는 교육이라는 점도 지적해 둔다. 이는 현재까지의 많은 융복합교육 프로그램들에서 흔히 그 지향으로 삼고 있는, 상이한 지적 체계나 교과 간의 융복합을 통한 문제해결 능력 함양 이상의 의미를 지닌다. 21세기를 살아가는 학습자는 그 이전보다 더욱 극심한 인간 소외의 문제를 겪게 될 것이며, 고도화된 정보기술사회에서는 개인에 대한 인권과 자유의 문제, 인간화된 사회를 건설하기 위한 참여의 문제가 보다 중시될 수밖에 없다. 이러한 문제들은 다름 아닌 인간성의 회복과 감성, 가치의 문제와 직결되는 것이며 인생과 삶, 세계의 문제는 텍스트를 통하여 총체적으로 다룰 수 있는 국어교육이 감당하게 된다. 또한 문학작품의 향유나 대화 및 소통의 기술, 매체 언어 및 담론의 비판적 이해, 부조리한 사회 현실의 비판과 참여 능력을 추구하는 국어교육은 타 교과를 상보적 측면에서 보완할 것이다.

2. 국어과 융복합교육이란 무엇인가

1) 국어교육의 범주와 융복합교육

각 교육과정의 시기마다 국어교육이 기르고자 하는 인간상은 어

느 정도 차이가 있다. 그러나 전통적으로 강조되는 바는 쉽게 찾을
수 있다. 왜냐하면 국어교육이 지향하는 인간상은 엄존하는 국어교
육의 세 영역이 궁극적으로 이루고자 하는 지점을 그때마다의 관점
에 따라 드러낸 것이라 할 수 있기 때문이다. 이러한 국어교육의 세
영역을 범주화하여 보면, 크게 '국어의 비판적 이해와 창의적 표현
(표현/이해)' '국어 문화의 향유와 창달(문학)' '국어 현상의 논리적
탐구(문법)'로 나타낼 수 있다.[3]

'국어의 비판적 이해와 창의적 표현'은 듣기, 말하기, 읽기, 쓰기라
는 언어의 사용을 포괄하는 언어 사용기능 영역이, '국어 문화의 향
유와 창달'은 주로 문학 영역이, '국어 현상의 논리적 탐구'는 문법
영역이 담당해 온 것이다. 좀 더 간단히 해 보면, '의사소통, 문화, 탐
구'의 범주로 요약되는데, 이러한 능력은 사실상 교과교육을 넘어 미
래 사회에 살아갈 학습자에게 요구되는 핵심 역량이나 능력이라는
점에 이의가 없을 것이다.

이선경 등(2013)은 OECD(2009)를 기반으로 하여, 융복합교육의
목표를 세 가지 범주로 구분한 다음 총 아홉 가지로 제시하였다. 이
범주를 앞서 소개한 국어교육의 범주 중 밀접한 것끼리 연결시켜 보
면 다음과 같다.

---

3) 국어교육이 어떠한 정체성을 지녀야 하는지에 대해서는 국어교육학계 내에서도 많은
   논란이 있다. 대표적으로 한철우(2004)는 국어교육을 '한 지붕 세 가족의 삶과 갈등'에
   비유한 바, 세 영역이 통합된 형태의 이상이나 목표가 마련되고 있지 않은 것이 현실이
   다. 그리고 이러한 경향은 오히려 심화되고 있다. 이에 따라 이삼형(2012)은 국어교육
   학의 분과주의적 성향에 대해 '영역주의'라 명명하여 비판하고, 세 영역 간의 통합 방
   향을 논의한 바 있다.

표 5-1 융복합교육의 역량과 국어교육의 해당 범주

융복합교육의 역량	하위 목표	국어교육의 주된 범주
도구의 상호작용적 활용	언어, 상징 및 텍스트 활용	의사소통 범주, 문화 범주, 탐구 범주
	핵심 개념 · 원리 · 소양 습득 및 활용	의사소통 범주, 문화 범주, 탐구 범주
	테크놀로지 활용	의사소통 범주
이질적인 집단에서의 상호작용	타인과의 관계 형성 및 유지	의사소통 범주, 문화 범주, 탐구 범주
	협력적 작업	의사소통 범주, 문화 범주, 탐구 범주
	갈등 관리 및 해소	의사소통 범주, 문화 범주, 탐구 범주
자율적인 행동 역량	정체성 · 자존감 확립 및 자율적 인생계획	의사소통 범주, 문화 범주, 탐구 범주
	개인의 행동 변화	의사소통 범주, 문화 범주
	지역 · 세계 사회의 바람직한 변화 야기	의사소통 범주, 탐구 범주

〈표 5-1〉에서 볼 수 있듯이, 국어교육에서 추구하는 세 가지 목표는 사실상 융복합교육의 그것과도 거의 일치됨을 확인할 수 있다. 다만 이를 단일 교과의 한계를 벗어나 학습자의 관점에서 얼마나 충실히 구현할 것인지가 국어과 융복합교육의 핵심 과제가 된다. 다음에서는 융복합교육의 목표들이 지닌 의미와 함께, 이와 관련된 국어교육의 내용 요소를 간략히 살펴보고자 한다.

(1) '도구의 상호작용적 활용'과 국어교육

도구의 상호작용적 활용 역량에서 '도구'의 의미는 실제로 존재하

는 컴퓨터나 지도 등의 도구만이 아니라 언어와 같은 사고의 도구나 지식, 정보까지 포괄하는 개념이다. 여기서 융복합교육의 목표는 이러한 도구를 활용하는 역량을 기르고자 하는 측면과 관련된다고 할 수 있다.

국어교육은 물론 매체 언어와 관련된 부분들에서 인터넷 매체를 비롯한 물리적 도구에 대한 기술적 지식을 추구하기도 하지만, 근본적으로는 사고의 도구인 '국어'에 대한 본질적 이해를 도모한다. 어떤 도구에 대한 수행능력은 도구에 대한 깊이 있는 이해를 바탕으로 하게 된다. 이는 의사소통 능력의 차원이면서 동시에 사회·문화적인 차원이기도 하다. 사회·문화적 맥락을 고려하지 않는 의사소통이 효과적일 수는 없기 때문이다. 예를 들어, 미국사회에서 통용되는 작문의 양식과 한국사회에서 통용되는 작문 관습이나 양식이 같을 수 없다. 이러한 측면에 대한 지식은 결국 의사소통의 역량 및 효과와 직접적으로 관련된다.

표 5-2 **도구의 상호작용적 활용 역량과 국어교육의 세부 내용 요소**

도구의 상호작용적 활용 역량	관련 교육 요소		
	의사소통 능력	문화능력	탐구능력
언어, 상징 및 텍스트 활용	- '말하기/듣기, 텍스트의 쓰기/읽기'의 본질, 특성, 과정, 맥락의 이해 - '말하기/듣기, 텍스트의 쓰기/읽기'의 갈래, 방법, 전략의 이해와 사용 - '말하기/듣기, 텍스트의 쓰기/읽기'의 윤리와 태도 함양	- 예술적 텍스트(문학)의 본질, 속성, 갈래, 맥락의 이해와 활용	- 언어의 특성과 국어의 구조 이해 - 국어 규범의 이해와 올바른 사용 - 국어 현상의 탐구 - 국어 의식과 국어 사랑

핵심 개념 · 원리 · 소양 습득 및 활용	- '말하기/듣기, 텍스트의 쓰기/읽기'의 원리 이해와 적용, 비판, 창출 및 조정	- 예술적 텍스트의 향유 및 생산 원리의 이해와 창출	- 국어 현상의 원리 탐구와 발견
테크놀로지 활용	- '말하기/듣기, 텍스트의 쓰기/읽기'에 수반되는 매체 언어의 이해와 적용	-	-

(2) '이질적인 집단에서의 상호작용'과 국어교육

이질적인 집단에서의 상호작용 역량은 세계화, 다원화되어 가는 사회에서 맞닥뜨릴 수밖에 없는 문제와 관련된다. 이 범주는 서로 다른 관점이나 가치관, 문화 배경을 지닌 사람과의 공존 및 관계 형성을 중점적으로 추구해야 한다는 당위성과 관련된다.

듣고 말하고 읽고 쓰는 언어 사용의 본질은 상호 관계성에 있다고 할 수 있다. 일찍이 Grice는 대화의 원리를 '협력'과 '공손'으로 밝힌 바 있거니와 국어교육은 이를 넘어 갈등의 해결에 이르는 국면까지 포함하여 상대방과 소통하는 능력을 기르는 데 중점을 둔다. 이는 구어(口語)나 문어(文語) 모두 마찬가지다. 예컨대, 말하기나 듣기에서는 대화, 토의, 토론, 협상 등 다양한 영역에서의 화법 규칙 및 표현 전략 등이 교육되며, 특히 듣기에서는 공감적 경청 등이 주요 학습내용으로 교육되고 있다.

또한 읽기와 쓰기에서는 쪽지나 편지에서부터 보고문이나 광고문, 비평문, 신문 등에 이르기까지 매우 다양한 텍스트를 읽고 쓰는 전략과 방법을 교육한다. 특히 쓰기에서는 쓰기에서의 윤리성이나 규범을 강조하는데, 이는 남의 것을 표절하거나 출처를 밝히지 않는 윤리성에 더하여 올바른 소통 문화를 형성하는 측면이 된다. 한편, 의사소통의 갈등은 궁극적으로 상대방을 공감하고 배려하는 부분과 관련된다. 국어교육은 이러한 방법과 전략을 가르치고 습관화, 내면화하도록 유도할 수 있다. 이 밖에 국어교육은 수업에서도 이를 활용한 방

표 5-3 이질적인 집단에서의 상호작용과 국어교육의 세부 내용 요소

이질적인 집단에서의 상호작용 역량	관련 교육 요소		
	의사소통 능력	문화능력	탐구능력
타인과의 관계 형성 및 유지	- '말하기/듣기, 텍스트의 쓰기/읽기'의 관계성 이해 - '말하기/듣기, 텍스트의 쓰기/읽기'에서의 규범 및 관습 준수 - '말하기/듣기, 텍스트의 쓰기/읽기'에서의 공감과 배려의 인식 및 활용	- 예술적 텍스트(문학)의 감상과 공유를 통한 문화적 소통 지평 확보	- 국어 표현의 관계적 원리(높임법, 공손의 원리 등) 이해 및 활용
협력적 작업	- '말하기/듣기, 텍스트의 쓰기/읽기'에서의 공감과 배려의 인식 및 활용 - 협력적 국면의 '말하기/듣기, 텍스트의 읽기/쓰기' 이해 및 참여	- 예술적 텍스트(문학)의 협력적 감상 및 비평과 소통 행위 - 예술적 텍스트(문학)의 협력적 생산과 소통 행위	- 국어 규범의 이해와 올바른 사용
갈등 관리 및 해소	- '말하기/듣기, 텍스트의 쓰기/읽기'에서의 규범 및 관습 준수 - '말하기/듣기, 텍스트의 쓰기/읽기'에서의 공감과 배려의 인식 및 활용	- 예술적 텍스트(문학)의 문제해결 방식 이해 및 활용 - 예술적 텍스트(문학)의 화자 및 인물 이해를 통한 타인의 이해	- 국어 표현의 관계적 원리(높임법, 공손의 원리 등) 이해 및 활용

법을 흔히 시행한다. 예컨대, 협동 작문이나 쓰기 워크숍 등은 담화공동체에 속한 구성원 간의 협력이 필수적으로 전제되는 활동으로 학습자가 세계에 대응하는 상호작용적 역량과 밀접하게 관련된다.

(3) '자율적인 행동 역량'과 국어교육

자율적인 행동 역량은 학습자가 자신의 전인적 성장을 위해 장기 계획을 설정하고 이를 실천하며 사회를 긍정적으로 변화시키고자 하는 것과 관련된다. 즉, 학습자가 개인으로서 바람직하게 성장하며 지역사회나 국가에 기여하는 구성원이 되는 것과 관련된다. 이러한 역량 측면은 다양한 분야의 문화를 고려하는 고맥락적 사고가 필수적이므로 단일 교과보다는 교과 간의 융복합을 통한 접근이 매우 중요하다.

우리는 어떠한 단어를 사용하고 어떠한 어투를 쓰느냐에 따라 그 사람의 인격이나 정체성, 자존감 등을 파악할 수 있다. 즉, 언어는 사람의 정체성이 드러나는 가장 중요한 측면이다. 이는 국어 의식을 길러 인격을 함양하고 올바른 정체성을 기르고자 하는 국어 문법의 교육과도 접점이 크다.

또한 언어 사용의 과정은 인지적인 문제해결 과정과 동일시된다. 일상에서 문제를 해결하기 위해서는 그 문제의 성격을 체계적으로 분석해야 하며, 그에 따른 과정을 생각하고 각 과정별로 부딪히는 문제를 적절한 방법으로 해결해야 한다. 말하기나 쓰기와 같은 언어 사용도 마찬가지다. 쓰기를 예로 들어 보면, 한 편의 글을 쓰기 위해서는 먼저 어떠한 쓰기를 할 것인지 그 과제의 성격을 체계적으로 분석하여야 하며, 이를 토대로 계획하기에서부터 수정하기 단계에 이르는 도중에 부딪히는 갖가지 문제를 해결해야 한다. 따라서 쓰기를 비롯한 언어 사용의 과정은 하나의 복합적이고 어려운 문제를 해결하는 고도의 지적 처리과정에 다름 아니며, 쓰기의 계획하기 등에서 문제를 체계적으로 탐색하는 등의 문제해결적 소양은 각 개인이 일상이나 직업, 학문 생활에서 부딪히는 다양한 문제를 해결하는 능력을 기르는 토대가 된다.

표 5-4 **자율적인 행동 역량과 국어교육의 세부 내용 요소**

자율적인 행동 역량	관련 교육 요소		
	의사소통 능력	문화능력	탐구능력
정체성 · 자존감 확립 및 자율적 인생계획	- '말하기/듣기, 텍스트의 쓰기/읽기'의 바람직한 언어 정체성 확립 - '말하기/듣기, 텍스트의 읽기/쓰기'의 숙련을 통한 문제해결 능력 및 계획 능력 강화	- 예술적 텍스트(문학)의 감상과 공유를 통한 바람직한 정체성 및 자존감, 태도 형성	- 국어 의식과 국어 사랑을 통한 바람직한 언어 정체성 및 자존감 형성
개인의 행동변화	- '말하기/듣기, 텍스트의 읽기/쓰기'의 숙련을 통한 문제해결 능력 및 계획 능력 강화	- 예술적 텍스트(문학)의 감상과 공유를 통한 바람직한 행위의 태도 형성 - 예술적 텍스트(문학)의 감상과 공유를 통한 실천 의지, 습관 형성	-
지역 · 세계 사회의 바람직한 변화 야기	- 사회 이슈나 쟁점과 관련되는 '말하기/듣기, 텍스트의 읽기/쓰기'의 광범위한 실천	-	- 국어 현상에서 발견되는 담론의 논리적 탐구, 모순점 인식 - 국어 의식과 국어 사랑을 통한 바람직한 담화공동체 형성

이에 더하여, 사회나 국가의 바람직한 변화를 추구하는 데도 국어교육, 특히 문학교육의 역할이 크다. 특히 문학은 이러한 점에 기여하는 바가 크다. 문학작품 한 편에는 인간과 사회에 대한 문제 제기가 담겨 있다. 우리는 현진건의 「운수 좋은 날」을 읽고 빈민층의 고단한 삶을 여실히 느낄 수 있으며, 「난쟁이가 쏘아 올린 작은 공」을 읽으면 부(富)와 분배의 정의 문제가 가슴에 와 닿는다. 이러한 감상 및 심미 체험이야말로 세계시민으로서 공익이나 구성원에게 요구되는 정의의 책무를 깨닫게 하는 토대가 될 수 있다.

2) 기존 국어교육의 융복합적 실천과 흐름

국어교육은 학습자의 삶과 함께 하는 교과다. 융복합교육의 시대를 맞아, 그동안 국어교육에 있어 왔던 융복합적 접근을 살펴보고자 한다. 이러한 접근은 융복합적 유인보다는 국어교육의 교수 · 학습 국면을 개혁하려는 실천 노력에서 비롯된 측면이 강하므로 구체적인 활동이나 기법으로 나타난 면이 강하다.

(1) 총체적 언어교육

총체적 언어(Whole language) 교육이란 하나의 학습방법이면서 동시에 정신이기도 하다. 이 접근은 본래 1980년대 미국의 교사가 중심이 된 풀뿌리 교육개혁 운동에서 비롯된 것으로 한국에서는 대체로 1990년대 이후부터 소개되었다. 총체적 언어교육은 말하기, 듣기, 읽기, 쓰기의 모든 언어 사용 기능이 상호 보완적, 통합적으로 발달함에 따라 교육도 총체적인 형태로 이루어져야 한다고 전제하고 있다.

본래 학습자가 언어를 습득할 때는 말하기나 듣기, 읽기, 쓰기를 분리해서 배우지 않는다. 아동은 글을 소리 내어 읽으면서 읽기와 말하기를 동시에 학습하며, 동화책을 읽으면서 쓰기의 방식을 익히기도 한다. 이렇듯 총체적 언어교육은 개별 언어기능을 따로 배워 총체(wholeness)에 이르는 것이 아니라, 총체로부터 부분으로의 교육(from whole to part)을 하고자 한다.

이러한 방식은 인위적으로 분절되고 세분화한 텍스트가 아니라, 총체로서의 텍스트를 통한 교육을 지향하므로, 실제 삶의 텍스트를 다룰 가능성이 크며, 언어의 형식(form)이 아닌 의미(meaning)나 내용과 관련이 깊으면서도 학습자의 실제적인 언어능력에 도움이 되는 교육을 할 수 있는 가능성이 크다.

국어교육학에서는 주로 총체적 언어교육의 영향 아래에서 유사한 접근들이 나타난 바 있으며 주로 문학이나 언어기능을 중심으로 한 영역 간 연계를 시도하였다. 최근에는 주세형(2005), 민현식(2010), 이관규(2011), 이삼형과 김시정(2014) 등에서 통합적 문법교육 등의 접근으로 문법의 입장에서 이를 다른 영역과 통합하거나 융복합해 보고자 하는 움직임이 활발하게 일어나고 있다.

(2) 학습 독서

국어교육을 흔히 도구 교과라고 부른다. 이는 언어 사용기능이 타 교과의 학습도구로 기능하기 때문이다. 그중에서도, 독서 활동은 가장 강력한 학습의 양식이다(이경화, 2005: 146). 우리가 교과 수업을 할 때, 텍스트를 읽는 행위가 없는 교육은 쉽게 상상하기가 어렵다. 이러한 점에 주목한 것이 학습 독서(Reading in subject matter area/

Reading to learn)다. 독서 학습과 학습 독서는 구분되는데, 독서 학습이 읽기 자체의 기능이나 전략에 대한 학습이라면, 학습 독서란 글에 담긴 내용이나 개념을 이해, 기억하는 데 중점을 둔 읽기다. 학습자들이 학교현장에서 접하는 대부분의 읽기는 주로 학습 독서에 해당되는데, 학교에서 하는 대부분의 학습 행위가 여기에 해당된다고 해도 지나치지 않다.

학습 독서에 대한 관심은 국어교육에서 꾸준히 증대되고 있다. 학습 독서는 평생교육에 국어교육이 기여하는 측면이면서 자기주도적 학습 역량을 길러 주기도 한다. 학습 독서에 대한 관심이 커짐에 따라, 최근의 국어 교과서는 언어나 국어 자체에 대한 글을 예전처럼 많이 싣지 않는다. 가급적이면 다양한 분야의 좋은 글을 읽혀, 읽기의 방법과 전략, 읽기의 본질이나 특성을 가르치기 위해 노력한다. 흔히 국어교육에서 일어나는 읽기 및 독서 교육에 대한 일반인의 인식은 문학 텍스트의 읽기로 생각하는 경우가 많다. 그러나 문학을 넘어 철학, 종교, 예술, 역사, 자연과학, 사회과학 등 다양한 텍스트를 읽는 행위가 모두 국어교육에서 배우는 읽기 전략이나 방법에 관련되며, 이는 동시에 관련 교과의 학습성과로 이어진다.

국내 학계에서도 일찍부터 학습 독서에 대한 관심을 갖고 연구를 수행해 왔는데, 이러한 연구는 대체로 국어를 중심으로 접근된 경우가 많다. 대표적으로 한안진과 이해순(2001)은 읽기 자료의 활용이 과학 학습의 성취도와 관련이 있음을 밝혔으며 최진영(2001), 조국남(2003), 박미정(2005) 등은 국어와 사회 교과의 성취도에 상관이 있음을 밝히기도 하였다.

(3) 범교과적 작문

고대 그리스에서부터 현대의 신수사학파에 이르기까지 읽기만이 아니라 쓰기도 핵심적인 사고와 학습의 도구로 인정된다. 이러한 인식과 관련된 언어교육론이 범교과적 작문 이론이다. 범교과적 작문(Writing across the curriculum/Language across the curriculum)은 1960년대 후반부터 영국과 미국에서 시작되었다. Martin을 비롯한 작문 이론가들은 범교과적 작문의 단초를 제공하였다. 범교과적 작문의 관점에서 쓰기는 아이디어를 발견하고 조직하며 표현하는 심리 활동임과 동시에 지식을 구조화하는 인지작용이다. 학교교육은 학습자에게 일련의 지식을 제공함과 동시에 특정한 문제에 대한 사고능력을 길러 주어야 하는데, 이러한 사고능력의 함양은 글을 쓰는 과정에서 충실히 달성될 수 있다.

학습자는 특정 교과와 관련된 글을 쓰는 과정에서 그에 대한 지식이 체계적 · 논리적으로 증대된다. 또한 학습자는 글을 쓰는 과정에서 주어진 쓰기의 과제와 관련하여 문화적 · 정치적 해석을 내리게 되는데, 이러한 경험은 학생들의 가치관, 신념, 행동양식에 영향을 미친다. 범교과적 작문은 이데올로기의 변화를 추구하거나 학습자에게 올바른 가치를 내면화하는 데 긴요한 방식이다.

국어교육학에서는 전통적으로 작문교육의 방향으로 범교과적 작문이 강조되어 왔다. 대표적으로 7차 국어과 작문교육과정(교육부, 1997)에서는 범교과적 작문이 작문기능의 특성으로 설정되어 목표 층위로 반영되기도 하였다. 최근에는 범교과적 작문이라고 따로 지칭하지 않아도 될 정도로 다양한 분야에 대한 글쓰기가 대학교육이나 중등교육, 교양교육에서 보편화되는 추세다. 또한 다양한 분야나 학문에 대한 지식을 중심으로, 인터넷 게시판이나 블로그, 소셜 네트워크 서비스(SNS)에서의 글쓰기가 부각됨에 따라 이러한 작문 환경의 새로운 변화를 국어교육에서 포착하고자 하는 시도가 나타나고 있다.

(4) 통합 논술 평가

통합 논술은 정확한 용어로 표현하면 통섭 논술이라고 하는 것이 더욱 적절할지도 모른다. 근본적으로 문과와 이과에 속하는 교과들의 융복합을 의도하였기 때문이다. 통합 논술은 한국적 입시라는 특수한 상황에서 고안된 것으로, 2007년을 전후해 대입을 위한 평가의 방식으로 등장하였다.

통합 논술은 학교 교육과정과 별개로 고안되었고, 대학 간 자존심 대결로 비화한 출제 경쟁 등으로 점차 그 반영 비중이 줄어들고, 인문계와 이공계의 사고를 융복합하고자 하는 초기 취지[4]와는 달리 계열별로 통합 논술을 시행하는 것으로 방침이 바뀌었으며, 현재에는 유야무야된 실정이다. 실제로 일부 현장 국어교사의 경우, 통합 논술의 실패로 인해 융복합교육 자체에 대하여 부정적 인식을 드러내기도 한다.

통합 논술이 지닌 성격은 결코 간과될 성질은 아니라고 판단된다. 통합 논술이 지향하는 바가 교육의 본질에 부합하고, 그 방법과 성격이 국어교육의 성격에 유사하다는 것은 분명한 사실이다(김경주, 2008: 259).

---

4) 인문계와 이공계를 융복합하고자 했던, 초창기 통합 논술의 대표적인 유형은 이정옥 (2008)에 제시되어 있다. 이를 소개하면 다음과 같다.

권영부(2006), 홍인선(2008) 등에서 공통적으로 지적하고 있듯이, 통합 논술은 ① 사고력 중시, ② 결과가 아닌 과정 중시, ③ 교과 간의 통합, ④ 자기주도성 확립 등의 네 가지 특징을 골자로 한다. 이는 통합 논술이 교육 자체의 본질이나 지향에도 부합하는 바라 할 수 있다. 통합 논술은 활용하기에 따라 수업방법이 될 수도 있고, 글쓰기의 장르(Genre)가 될 수도 있다. 이러한 가능성을 살릴 방안을 찾는다면, 통합 논술은 융복합교육의 장에 보다 다양한 교과의 의미 있는 협력을 유도할 수 있는 접근이기도 하다.

학계에서는 국어교육 학계의 많은 논의 외에도, 통합 논술의 시행을 맞이하여 가정과(윤지현, 2008), 도덕과 및 윤리과(박찬석, 2007; 이영경, 2007; 이진희, 2007 등), 철학과(윤석우, 2005), 한문과(권혁진, 2007) 등 국 · 영 · 수 이외의 매우 다양한 교과가 통합 논술에서 자기 교과의 위상을 앞다투어 주장하기도 하였다.

	연세대 2008학년도 모의 논술	고려대 2007학년도 모의 논술
제시문	(1) 삼각형의 무게중심 좌표도 설정 (2) 지니계수와 소득 백분위 추이 도표 (3) 아리스토텔레스, 『정치학』 (4) 정약용, 『전론』	(가) 시장 기제 작동을 통해 효율적 환경 보호 가능하다는 글 (나) 기술 만능주의를 비판하는 글 (다) 기술 중심주의를 옹호하는 글 (라) 중국의 경제 개발 (마) 개발도상국의 다국적 제약회사 신약 혜택의 수용 방안
논제	Ⅰ. 수리적 계산으로 설명 Ⅱ. Ⅰ을 사회집단으로 가정, (2)를 해결하기 위해 (3), (4)와 (1)을 연결, 수리적 계산으로 설명(1,500자)	Ⅰ. 요약 + 반론 + 견해 논술(1,400자) Ⅱ. 황사 농도 추정과 황사 피해규모 예측을 수리적으로 설명 Ⅲ. 조림사업 규모 추정하여 수리적으로 계산 Ⅳ. 황사로 인한 환경파괴를 막기 위한 대책 논술(400자)

(5) 쟁점중심의 토론/토의 학습

토론(Debate)을 활용한 교수 · 학습 방법은 논쟁적인 말하기와 듣기를 통해 갈등을 해결하고자 하는 방식[5]으로, 토론능력은 민주시민 사회의 구성원에게 필수적인 담화능력이라 할 수 있다. 또한 토론식의 말하기는 그 자체로 의사소통 기술이나 비판적 사고력 신장에 의의가 크다.

토론의 역사는 고대 그리스의 소피스트(Sophist)들의 쟁론으로 소급되며, 맨 처음 교육적으로 활용된 것은 Socrates의 산파술에서 연유한다고 할 수 있다. 국어교육학의 주요 배경학문 중에 하나가 수사학이라고 할 때, 토론이나 토의는 국어교육과 관련이 매우 깊다. 토론이나 토의를 활용한 학습에서의 융복합은 주로 그 주제나 쟁점에서 일어나게 된다. 토론이나 토의의 주제는 사회의 현실이나 이슈, 윤리 · 도덕적 문제로 정하는 경우가 많으므로 이러한 지점에서 자연스럽게 융복합이 일어난다. 토론의 절차는 크게 '예비 토론 – 본토론 – 토론 평가'로 이어진다고 할 수 있는데, 예비 토론에서는 해당 주제에 대한 면밀한 탐색과 조사, 검토가 일어나므로 사회과나 과학과, 도덕과 등 해당 교과의 주제에 대한 학습이 두드러지게 일어나는 것이다. 또한 본 토론의 과정에서 관련 개념의 명확한 학습 및 정착, 태도의 내면화 등이 일어나기도 한다.

---

5) 이론적으로 토론(debate)과 토의(discussion)는 구분되나 실제 언어 생활에서는 별로 구분되지 않는다. 여기에서도 크게 구분하지 않고 사용하도록 한다. 참고로 좁은 의미에서의 토론은 어떤 논제에 대하여 대립되는 입장으로 나뉘어 각각 논리적인 근거를 들며 상대방의 논거가 잘못되었다는 사실을 입증하고자 하는 말하기다. 반면에 토의는 공동의 문제에 대한 해결방법을 찾기 위하여 서로 의견을 교환하는 협동적 말하기다. 즉, 전자가 경쟁적인 방식이라면 후자는 협동적인 방식이다.

국어교육학계에서는 토론이나 토의에 대한 논의를 넘어 협상, 발표 등 타 교과의 개념이나 지식을 바탕으로 시행해 볼 수 있는 수많은 담화 장르가 교육되고 있다. 또한 웹이나 온라인기반 토론(김태웅, 2010; 윤순경, 2008) 등 새로운 담론들이 국어교육 이외의 다른 분야에서 활발하게 제기되고 있다. 전통적으로 국어교육학에서는 담화 장르의 규칙이나 전략, 태도 등에 대한 교육(이창덕, 임칠성, 심영택, 원진숙, 2000; 임칠성, 2001; 최복자, 2006)이 주로 이루어졌다고 할 수 있다. 앞으로는 융복합교육을 통해 토론내용에 대한 탐색이나 가치 판단, 시민의식 함양 등에 대해서도 심층적으로 접근할 필요가 있다.

현재까지 살펴본 국어교육의 융복합적 지향은 국어교육의 현상에 엄존해 왔으며 또한 큰 영향을 미쳐 온 것이 사실이다. 그러나 이러한 접근들은 국어교육의 내재적 혁신을 도모하기 위해 낮은 수준의 융복합을 의도한 것이라 할 수 있으며, 진정한 의미에서 교과와 교과가 학습자의 전인적 경험 영역 안에서 녹아들고자 하는 노력이라고 보기는 어렵다. 다른 교과와의 소통이나 연대를 위한 노력이 부재하였기 때문이다.

앞으로 국어교육을 비롯한 교과교육의 실천이 국가 수준의 교육과정이 지배하는 국면에서 점차 교사의 전문성과 역량에 기대는 방향으로 진행해 간다고 볼 때, 융복합교육을 위한 교과의 소통 문제도 결국 교사에게 달려 있다. 개개의 학습자를 존중하고 그에 걸맞은 융복합이 가능해지기 위해서는 융복합의 방식이나 형태가 정해지는 방식에서 벗어나 교사 수준에서 각 교과의 교육과정을 재해석하고 교수학적으로 변환하는 장면에서 이루어지는 것이 보다 타당할 것이기 때문이다.

이를 위해서 교육과정이 할 일은 교과 간의 소통 통로와 기반을 마련해 주는 일이 될 것이다. 예컨대, 교과 간의 소통이 필요하며 여기에는 교과 고유의 개념어, 교수 · 학습 방법, 교육과정 등 다방면에 걸친 교과 간의 소통 언어 개발이 필수적이다. 즉, 교육과정의 내용 요소의 단위를 설정한다거나 사용하는 말의 함의를 공유하여 통일된 용어를 지정하고, 이를 중심으로 교육과정이 설계되는 작업 등과 관련된다.

또한 융복합교육의 실행에서는 한 명의 담당교사가 진행하는 것보다는 팀티칭(team teaching)을 시행하는 것이 좋다. 팀티칭이 선택되는 것은 융복합교육은 다양한 교과가 협력적으로 교수되어야 하는데, 이를 위해서는 현장교사들에 대한 보다 폭넓은 권한 부여와 유연한 운영이 뒷받침되어야 하기 때문이다.

3. 국어과 융복합교육의 실천 사례

국어과 융복합교육은 아직까지 뚜렷한 지침이나 원리가 확립된 단계는 아니다. 현재로서는 일부 교과의 교육과정에 반영되고 현장에서 활발히 시행되는 등 융합인재교육(STEAM)이 가장 보편적인 융복합교육의 실천태(實踐態)로서 자리를 잡아 가고 있다. 이 절에서는 국어과 중심의 융복합교육이 제대로 자리 잡지 못한 현실을 고려하여 융합인재교육의 사례를 살펴보고자 한다.

융합인재교육이란 미국의 STEM 교육의 영향을 받은 것으로 여기에 예술 영역(Arts)을 추가한 것이다. STEAM은 Science, Technology, Engineering, Arts, Mathematics의 첫 글자를 딴 것으로 과학에서 수학에 이르는 영역의 융복합을 의도한 교육방식이다.

국어교육은 Arts에 포함된다고 할 수 있는데, Arts는 좁은 의미로는 미술, 음악만을 의미한다. 그러나 넓은 의미로는 '사회, 역사, 지리'를 포함하는 Liberal arts, '국어, 영어'를 포함하는 Language arts, '체육'을 포함하는 Physical arts, '실과'를 포함하는 'Practical arts'가 모두 해당된다. 앞으로 국어교육의 위상 확보 및 제고가 절실한 부분이라 할 수 있다.

여기서는 신재한(2013)에 소개된 사례를 선정하였다. 이는 융합인재교육 프로그램 중 국어과 융복합교육으로서 그 융복합에 개연성이 있으면서도 국어과의 내용 요소가 비교적 두드러지게 나타난 사례로 판단되었기 때문이다. 이 프로그램은 수업 외 활동이 아닌, 교과 내의 수업을 활용하여 이루어진 것으로 이른바 '생태 체험 활동을 활용한 STEAM 융합교육 프로그램'이다.

표 5-5 프로그램 개요

구분	프로그램 내용		식물과 더불어 사는 세상을 위한 아트북 만들기
융합 준거	차시	활동명	교수 · 학습 과정
상황 제시	1~2	우리는 식물 탐사대	• 나는야 관찰왕 - 식물을 보고 제한시간에 식물의 특징 이야기하기 • 식물 카드놀이 - 학교 주변 식물을 사진으로 촬영하여 식물 그림카드 만들기 • 식물 이름 짓기 - 식물 특징 토의하며 식물 이름 짓기

창의적 설계	3~4	잎의 생김새와 특징을 관찰하고 '모둠 꿈나무' 만들기	• 아카시아 나뭇잎 놀이하기 　- 아카시아 나뭇잎 떼기 놀이하기 • 어떻게 분류할까? 　- 잎의 모양에 따라 분류 기준 정하여 분류해 보기 • 모둠 꿈나무 만들기 　- 잎의 모양, 잎차례를 생각하며 모둠 꿈나무 만들기
	5~6	줄기 세상 속으로	• 눈으로 보는 줄기 　- 초본과 목본을 구별하고 줄기가 뻗는 모양 관찰하기 • 손으로 보는 줄기 　- 나무껍질을 손으로 만져 보고 겉모양이 나타나도록 본떠 보기 • 나무껍질 테셀레이션 만들기 　- 나무껍질의 모습을 보고 창의적인 테셀레이션 꾸며 보기
	7~8	땅속 뿌리 탐사대	• 뿌리의 생김새에 따른 분류 　- 뿌리의 생김새와 특징에 따라 분류하기 • 뿌리의 쓰임 　- 우리 주변에서 약과 요리로 사용되는 뿌리 살펴보기 • 뿌리 요리 만들기 　- 뿌리를 이용한 음식 알아보고, 음식 만들기
	9~10	꽃과 열매 만나기	• 꽃과 열매의 생김새 알아보기 　- 우리 주변의 꽃과 열매 여러 가지 방법으로 관찰하기 • 꽃과 열매의 공통점과 차이점 　- 여러 가지 꽃과 열매의 공통점과 차이점 알아보기 • 꽃 책받침 만들기 　- 꽃을 각 부분으로 분해하고, 꽃 책받침 만들기

창의적 설계	11~12	식물 속 이야기 세상	• 이야기 속으로 　- 이야기의 구성 요소 알아보기 • 동화 속으로 　- 식물의 다양한 모습과 관련된 이야기의 구성 요소 쓰기 • 손으로 그리는 동화 　- 동화의 줄거리를 만화로 그려 보기 • 나도 작가 　- 식물과 관련된 동화 쓰기
	13~14	북아트 체험하기	• 나랑 꼭 맞는 책 찾기 　- 다양한 입체책을 알아보고 나에게 적합한 입체책 고르기 • 뚝딱 뚝딱 입체 세상 　- 책 속에 들어갈 주요 팝업 종류 정하기 • 나도 그림책 작가 　- 팝업 구성물을 활용하여 입체책 만들기
감성적 체험	15~18	식물과 더불어 사는 세상을 위한 아트북 만들기	• 스토리텔링 다듬기 　- 식물과 관련된 동화 스토리텔링으로 꾸미기 • 아트북 완성하기 　- 역할 분담에 따라 아트북 완성하기 • Plant&Life 아트북 전시회 　- 아트북 전시회 및 감상하기

　이 프로그램은 국어교육에서 직접 다루기 어려운 생태학적 지식을 목표로 하여 올바른 인성교육의 실현을 의도한 것이며, 최종 성과물은 창조적 이야기책의 완성으로 잡고 있다. 이를 위해 다양한 국어교육적 내용이 교수 · 학습된다. 국어교육이 중점적으로 반영된 부분은 굵게 표시(11~12, 15~18차시)되었는데, 이 중 11~12차시의 교수 · 학습과정안을 재구성하여 제시하면 다음과 같다.

표 5-6 교수·학습과정안(11~12차시)

학습과정	학습내용(시간)	교수·학습 활동	자료 및 유의점
도입	동기 유발 및 학습 문제 확인 (5)	• 동기 유발: 아름다운 집 짓기 - 아름다운 집을 지을 때 어느 곳에 지을지 발표하기 - 아름다운 집 짓기와 이야기 만들기의 공통점 알아보기 - 이야기의 구성 알아보기: 배경, 인물, 사건	자) PPT
전개	학습 과제 확인 (10)	• 〈활동 1〉 이야기 속으로 - '토끼전' 이야기 듣기 - 이야기의 구성 요소를 중심으로 '토끼전' 이야기 간추리기 · 배경: 옛날, 숲 속과 용궁 · 인물: 거북, 토끼 · 사건: 거북은 숲 속에서 잠자고 있는 토끼를 꾀어 용궁으로 데려와 배를 갈라 간을 꺼내려고 하였으나 토끼가 꾀를 내었습니다.	자) '토끼전' 이야기 자료 유) 이야기의 구성 요소를 서로 관련지어 생각하도록 한다.
	다양한 아이디어 산출하기 (10)	• 〈활동 2〉 동화 속으로 - 식물의 다양한 모습과 관련된 인성적인 요소 찾아보기 - 식물과 관련된 여러 가지 동화 만나기 - 동화에 등장하는 인물의 모습을 상상하여 그리기 - 동화의 배경과 사건 생각하여 써 보기	자) '동화 속으로' 활동지
	아이디어 비교하기 (10)	• 〈활동 3〉 손으로 그리는 동화 - 동화의 줄거리를 만화로 그리기 - 줄거리를 구성 단계에 맞게 그림으로 그리기	자) '손으로 그리는 동화' 활동지

	아이디어 선택하기 (30)	• 〈활동 4〉 나도 작가 - 모둠별로 식물과 관련된 인성 동화의 구성 요소와 줄거리를 생각하여 인성 동화 쓰기	자) '나도 작가' 모둠 활동지 유) 모둠별로 다양한 이야기를 생각할 수 있도록 한다.
정리	정리하기 (15)	• 작품 발표하기 - 식물 관련 인성 동화 모둠별로 발표하기	

이 프로그램은 궁극적으로 이야기를 효과적으로 전달하기 위한 서사의 전개방식이나 글의 배치 등을 책의 디자인과 연계함으로써 국어교육의 영역을 확보하고 있다. 상당수의 융합인재교육 프로그램이 국어를 비롯한 Arts의 영역이 단순한 장식이나 소재 차원에 머무른 데 비하면 적절히 융복합된 사례라 할 만하다. 그리고 학제성의 관점에서 본다면 간학문적 학제성의 수준이라 할 수 있다.

특히 〈표 5-6〉의 11~12차시는 전체 프로그램에서 중요한 기능을 하고 있어 향후 융복합교육 프로그램의 설정에서 주목된다. 앞서 학습한 생물 또는 과학적 지식을 국어교육적 맥락으로 구현해 봄으로써 지식 차원을 창의와 인성이라는 새로운 국면으로 전환하는 역할을 국어교육이 하고 있기 때문이다. 그리고 여기에 도입된 요소는 바로 내러티브다.

내러티브는 경험에 의미를 부여하고 실재를 구성하는 가장 기본적인 양식이라는 가치에 더하여, 부분적인 사건이나 실제의 변화를 넘어 전체의 의미에 비추어 대상이나 상황을 인지적으로 조정하고 해석하는 활동을 포함하며, 이질적인 상황이나 사건을 하나의 의미로 구성(강현석, 2007: 309)하는 사고양식이다. 국어교육은 어쩌면 인간의 한 본능이라고 말할 수 있는 내러티브를 중점적으로 다루는 거의 유일한 교과다. 내러티브는 국어교육의 의사소통, 문화, 탐구 능력을 통합하는 기제로 사용될 여지가 크며, 이를 넘어 타 교과와의 융복합에도 중요한 역할을 차지할 수 있다. 내러티브는 국어교육이 융복합에서 어떠한 역할을 담당하는지 잘 보여 주는 한 예가 될 것이다. 인간의 중점 행위가 결국 사고에서 기반된다고 할 때, 이러한 과정에서 다양한 지식과 영역을 회통시키며 소통을 가능케 하는 것은 결국 언어의 문제에 달려 있을 것이기 때문이다. 또한 이 프로그램은 국어교육의 내용 요소를 활용하여 자칫 차가운, 기술이나 과학교육에 그칠 수 있는 프로그램의 교육적 의의를 강화시키면서 동시에 교과 간의 자연스러운 소통을 이끄는 일종의 윤활유로서 활용되고 있다.

4. 맺음말

미국 애플사(社)의 유명한 CEO였던 고(故) Steve Jobs는 융복합적 인재의 대명사로 불린다. 그의 행적에서도 살펴볼 수 있듯이, 학습자를 미래 사회의 주도적 인재로 길러 내기 위해서는 한 분야의 전문성을 기르는 것만으로는 부족하다. 인간에 대한 총체적 고민의 결과인 인문학과 해당 분야의 기술이 만남으로써 새로운 창의성의 원천을 추구하는 시대가 된 것이다.

이러한 시대의 도래로 국어교육은 새로운 응전의 시기를 맞이하고 있다. 새로운 시대의 교육인 융복합교육의 장에 국어교육이 적극 참여함으로써 그 이전에 교과의 틀로서는 살피지 못했던 새로운 인간됨과 문화, 소통의 형성을 지향하는 교육으로 그 영역을 넓힐 때가 되었다.

생각해 볼 문제

1. 본문에 소개된 융복합교육의 개념, 필요성, 대두 배경을 한 편의 글로 정리해 봅시다.
2. 현행 교육과정을 고려할 때, 융복합교육의 실행에서 국어교육이 타 교과에 대해 도움을 주는 측면과 받는 측면이 무엇인지 찾아봅시다.
3. 주위에서 살필 수 있는 교육의 사례 중, 융복합교육에서 국어과의 내용 요소가 반영된 사례를 수집·평가해 봅시다.

참고문헌

강현석(2007). 교육학에서의 내러티브 가치와 교육적 상상력의 교육. 국어국문학, 146, 305-351.

교육부(1997). 고등학교 교육과정(교육부 고시 제 1997-15호). 서울: 교육부.

권영부(2006). 통합 논술과 랑콩트르. 철학과 현실, 71, 193-207.

권혁진(2007). 統合 敎科型 論述과 漢文 授業. 한자한문교육, 19, 77-110.

김경주(2008). 국어교육의 입장에서 본 통합 논술 교육의 의의. 국어교육학연구, 31, 241-264.

김대현, 강이화(2010). 고등교육에서 학제성의 개념과 유형에 관한 고찰. 교육사상연구, 24(3), 31-46.

김선아, 김시정, 이승희, 박선희, 이삼형(2013). 숙의를 통한 융복합교육과정의

가능성 탐색: 미술과−국어과 교육과정을 중심으로. 미술교육논총, 27(1), 71-96.

김시정, 이삼형(2012). 융복합교육의 양상에 대한 국어교육적 접근. 국어교육학연구, 43, 125-153.

김진수(2012). STEAM 교육론. 파주: 양서원.

김태웅(2010). 온라인 토론 환경에서 교수자의 피드백 형태가 토론 참여도와 만족도에 미치는 효과. 공학교육연구, 13(6), 24-32.

민현식(2010). 통합적 문법 교육의 의의와 방향. 문법교육, 12, 1-37.

박미정(2005). 내용교과독서가 교과학습에 미치는 영향. 한국교원대학교 석사학위 논문.

박수자(2005). 교과독서의 본질과 과제. 독서연구, 6, 35-54.

박찬석(2007). 중등 도덕과 교육에서의 논술교육 연구. 도덕윤리과교육연구, 25, 263-284.

신재한(2013). STEAM 융합교육의 이론과 실제. 파주: 교육과학사.

원진숙(2007). 논술 개념의 다층성과 대입 통합 교과 논술 시험에 관한 비판적 고찰. 국어교육, 122, 201-231.

윤석우(2005). 통합 교과형 논술 수업 모형. 철학윤리교육연구, 21(35), 139-153.

윤순경(2008). 온라인 토론에서 교수자의 역할에 관한 사례 연구: 교수자의 수업관을 고려한 맥락적 접근. 아시아교육연구, 9(4), 39-68.

윤지현(2008). 가정과 수업에서 통합 논술형 수업의 개발 방안. 한국가정과교육학회지, 20(1), 21-44.

이경화(2005). 교과학습독서와 독서교육의 방향. 학습자중심교과교육연구, 5(2), 145-162.

이관규(2011). 통합적 국어교육의 가치와 '독서와 문법'. 국어교과교육연구, 18, 91-118.

이삼형(2007). 세계화 시대의 사범대 국어과 교육과정 개선 방향. 국어교육학연구, 30, 379-402.

이삼형(2010). 문법 영역과 작문 영역의 통합 문제. 문법교육, 12, 65-86.

이삼형(2012). 국어과 교육과정의 영역주의와 기능주의에 대한 비판과 대안. 국어교육연구, 51, 1-22.

이삼형, 김시정(2014). '독서 문법'의 가능성 탐색. 국어교육, 145, 95-124.

이삼형, 김중신, 김창원, 이성영, 정재찬, 서혁, 심영택, 박수자(2007). 국어교육 학과 사고. 서울: 역락.

이선경, 구하라, 김선아, 김시정, 문종은, 박영석, 신혜원 , 안성호, 유병규, 이삼 형, 이승희, 이은연, 주미경, 차윤경, 함승환, 황세영(2013). 융복합교육 프 로그램 구성을 위한 기초 연구: 현장 사례 분석을 통한 구성틀 적용 가능성 탐색. 학습자중심교과교육연구, 13(3), 483-513.

이영경(2007). 중등학교 도덕교육에서 바람직한 논술교육의 방향. 윤리교육연 구, 12, 201-216.

이인식(2008). 지식의 대융합: 인문학과 과학기술은 어떻게 만나는가. 서울: 고즈윈.

이정옥(2008). 통합형 논술과 문학 논술 교육. 한국문학이론과 비평, 41, 449-482.

이재성, 김은영(2010). 범교과적 글쓰기 프로그램의 적용 및 효과 연구. 국어교 육학연구, 47, 117-142.

이재승(2006). 통합적 국어교육의 개념과 성격. 한국초등국어교육, 31, 171-192.

이진희(2007). 도덕과 교육에서의 통합 논술 지도에 관한 연구: 토론을 통한 논술 게임 수업 모형. 초등도덕교육, 24, 283-311.

이창덕, 임칠성, 심영택, 원진숙(2000). 삶과 화법. 서울: 박이정.

임칠성(2001). 말하기 · 듣기 수업 방법론. 서울: 박이정.

정재찬(2009). 상호텍스트성에 기반한 문학교육의 실천. 독서연구, 21, 111-160.

조국남(2003). 사회과 '전략적 읽기 교수 방법'의 개발과 효과성 검증. 서울대 학교 박사학위 논문.

주세형(2005). 통합적 문법 교육 내용 설계의 원리와 실제 연구. 서울대학교 박사학위 논문.

최복자(2006). 토론 교육의 교수-학습 방법 연구. 국어교과교육연구, 11, 117-171.

최진영(2001). 사회과 수업과 문학의 통합. 교육과학연구, 32(2), 99-117.

한안진, 이해순(2001). 과학 학습과 읽기 자료 활용의 효과. 과학교육논총, 13, 159-178.

한철우(2004). 국어교육 50년, 한 지붕 세 가족의 삶과 갈등. 국어교육학연구,

21, 499-527.

함승환, 구하라, 김선아, 김시정, 문종은, 박영석, 신혜원, 안성호, 유병규, 이삼형, 이선경, 이승희, 이은연, 주미경, 차윤경, 황세영(2013). 융복합교육의 개념화: 융(복)합적 교육 관련 담론과 현장 교사 포커스 그룹 면담을 중심으로. 교육과정평가연구, 16(1), 107-136.

홍인선(2008). 통합 교과형 논술 교육의 체계화에 관한 연구. 청람어문교육, 37, 143-181.

Klein, J. T. (2005). *Humanities, Culture and Interdisciplinarity: The Changing American Academy.* New York: State University of New York Press.

OECD (2009). *PISA 2009 Assessment framework: Key competencies in reading, mathematics and science.* Paris, France: OECD.

Wilson, E. O. (2005). 통섭: 지식의 대통합(최재천, 장대익 공역). 서울: 사이언스북스. (원저는 1998년 출간)

제6장

융복합교육과 영어교육

1. 도입: 영어교육이 융복합적인가

정보사회와 세계시민 사회에서 가장 중요한 기본 역량 중 하나는 영어의 사용능력이다. 누구나 자신의 사회적 · 민족적 정체성과 관련된 모국어를 잘 구사해야겠지만, 상호 연결되어 있는 세계와 소통하거나 협력하기 위해서는 국제어(international language)로 혹은 가장 보편적인 매개어(lingua franca)로 여겨지는 영어를 습득하는 것이 필수불가결해 보인다.

이렇게 '21세기 기량'에 속하는 영어를, 의사소통중심 교수법 (communicative language teaching: CLT)에서는 그 의사소통할 내용 및 맥락과 관련하여 가르쳐야 한다고 보고 있다. 언어 사용의 맥락화 (contextualization)가 제대로 된 언어의 습득에 매우 중요하다는 것이다. 즉, 언어가 실생활에서 유리되지 않도록 실제적(authentic) 자료를 사용하여 의미가 소통되며, 소통 내용에 대한 흥미에서 내재적 동기가 유발되도록 한다(Richards & Rodgers, 2001). 교실 수업도 가급적 실제적 의사소통이 되게 하고 학생들의 진정성 있는 생각과 의견을 피력할 기회를 부여하도록 한다(Larsen-Freeman & Anderson, 2011).

이런 견지에서 보면 21세기가 요구하는 의사소통중심적 영어교육은 기본적으로 융복합적인 것이다. 학습자의 다양성을 인정하고, 능동성과 협력성을 요구하며, 교육경험의 실제성(authenticity)/맥락성, 통합성 그리고 합목적성을 만족시키는 것이다.

또한 2009년 개정 영어과 교육과정에 분명하게 천명되어 있듯이, 우리나라에서는 영어 의사소통 능력과 아울러 다문화적 태도, 배려와 나눔을 실천하는 인성, 그리고 창의성의 배양이 영어교육에서도 이루어져야 한다고 생각한다. 이는 '통합적인' 교육을 지향하는 것이다(이영만, 2001; 안성호, 2012; Fogarty, 2009). 영어교육은 이 점에서도 융복합적이다.

사실 영어교과는 그 자체가 근본적으로 융복합교육에 매우 적합하다. 기본적으로 의사소통 도구를 함양하는 교과이므로 타 (내용)교과들과 통합적으로 교육하는 것이 가능하며, 영어교육 관련 행사 및 대회는 매우 융복합적이다. 이러한 행사 및 대회는 영어 의사소통 기량과 타 교과에서 가르치는 내용이나 기량의 융복합적 적용을 요구하고, 그것의 준비·시행 과정에서 의사소통, 의미 협상, 협력, 창의력 발휘를 요구하므로 21세기에 필요한 기량을 연마할 기회를 풍부하게 제공하는 것이다.

이러한 인식을 바탕으로 하여 이 장에서는 영어교육의 융복합적 측면을 탐색해 보고자 한다.

2. 영어 교수 · 학습 모형: 융복합교육적 접근

본 절에서는 영어교육의 수준별 모형, 주제기반 모형, 과제기반 모형, 프로젝트 모형과 문제기반 모형, 교과기반 모형, 몰입 모형 그리고 국제교류 및 행사, 동아리 등에 대하여 논의한다.

1) 수준별 모형

수준별 모형은 학습자를 영어 숙달도에 따라 분반하여 가르치는 것으로, 현재 우리나라의 중등학교에서 광범위하게 실시하고 있다. 재미있는 주제와 학생들의 수준을 고려한 다양한 교수 · 학습 자료를 이용하여, 학생들의 흥미를 이끌어 내고 좀 더 효과적인 교육을 실시하고자 하는 것이다. 즉, 다양성 원리를 충족하는 학습경험을 함으로써 학생 능동성의 증진에 기여하고자 한다.

보충반 학생들을 위해서는 교육내용을 학생 수준에 맞게 축소할 수도 있어야 한다. 그 결과로 학생들의 성적이 향상되었다는 보고가 있다. 다음 사례를 살펴보자.

서울의 J 여자중학교에서는 20년 이상 수준별 영어수업을 실시하고 있다. 보충반을 위해서는 과감하게 교수내용을 선별하고 축소 조정하며, 또 학생들의 수준에 적절한 과제를 주었다. 수업 준비 및 참여를 그들이 할 수 있는 수준에서 요구하고 (사탕, 노트 등의) 보상으로 성취감을 부여하였다. 학생들이 수업을 위해 더 많이 준비해 오고 참여하였으며 결과적으로 내용을 더 많이 이해하게 되어 영어에 좀 더 재미를 느꼈다.

이 사례를 보면 적절한 학생 동기 촉발방법이 궁구될 필요가 있음을 알 수 있다. 이와 같이 학생들의 다양성을 인정하고 그 수준, 필요, 흥미 등의 개인적 맥락에 적합한 교수 활동을 통하여 학생들의 자존감과 자긍심을 함양할 수 있도록 돕고, 또 성공을 경험케 함으로써 그들의 능동성을 높이는 것은 매우 중요하다. 학생들에게 협력과 통합의 경험을 갖게 함으로써 인성적 목표를 성취할 수 있다면 이 수업은 더 융복합적인 영어교육이 될 것이다. 실제로 이 학교에서는 교내에서 실시하는 여러 영어교육 관련 행사를 통하여 학생들이 상호 협력하며 생각을 통합하도록 하고 있다. 이러한 점에서 이 사례 학교의 영어교육과정은 협력성과 통합성 원리를 충족한다고 할 수 있다.

2) 주제기반 모형

주제기반 모형은 하나의 주제를 기반으로 여러 과목의 내용을 가져오되 그 목적은 언어에 보다 큰 비중을 둔다. 주제는 교사가 타 교과에서 뽑을 수도 있지만 설문 조사 혹은 브레인스토밍 등을 통하여 학생들이 흥미를 느끼는 주제를 선정할 수 있다. 이 모형은 언어 학습의 중요한 요인인 '상황 맥락' '의미' 그리고 '목적' 의 세 가지 측면에서 만족스럽다(Holderness, 1994).

다음은 조윤경과 손미영(2009)에서 가져온 중학생을 대상으로 한 주제기반학습 연구수업 모형의 예다.

① **주제 목록 만들기**: 정규 수업내용에서 크게 벗어나지 않기 위하여 수업에서 사용하는 영어교과서를 분석한 후 그를 토대로 통합 수업을 할 수 있는 주제 목록을 만들었다. 그리고 주제기반 통합 수업에 적합한 내용 및 과목을 선정하였다.

표 6-1 **주제 목록 예시**

단원	주제	교과
Lesson 4. Champion of the Heart	Sumo wrestling	체육
Lesson 6. Dear Children of the Earth	멸종위기의 동물: 양서류, 파충류, 조류, 척추동물	환경, 과학
Lesson 12. The Future World	Hurricane, Tornado	과학

② **수업 계획안 작성**: 그다음 단계는 선정된 내용과 관련이 있고 학습자들의 영어능력 수준에 적합한 읽기 자료를 모아 목표 어휘 및 표현을 수집한다. 이러한 자료에 근거하여 학습 활동지 및 세 단계로 이루어진 수업 계획안을 작성한다. 첫 번째 단계는 수업의 도입 단계로서 내용과 관련된 읽기 및 어휘 자료 등을 통하여 학습동기를 유발하고 선행경험을 활성화하도록 유도하는 단계다. 두 번째 단계는 수업의 주요 활동 단계로서 각 모둠별로 주제에 대해 탐구하고 상황 맥락 속에서 언어를 사용하는 경험을 하는 단계다. 세 번째 단계는 수업의 도약 단계로서 학습 결과를 점검하고 평가하는 단계다.

표 6-2 수업 계획안 예시

단원	Lesson 6. Dear Children of the Earth(환경 관련 내용)		
목표	• 학생들은 위험에 처한 동물에 대해서 배운다. • 학생들은 그들을 보호하기 위한 방법에 대해서 글을 써 본다.		
단계	활동		
도입	읽기	- 학생들은 위험에 처한 동물에 대한 글을 읽는다. 그 글에서 어휘를 배운다.	
전개	그룹 활동	- 주제와 관련된 비디오를 시청한다. - 그룹 프로젝트로 학생들은 어떻게 동물을 보호할 것인지 논의한다. - 그룹 리더는 프로젝트 결과를 보고한다.	
정리	마무리 활동	- 주어진 표 채우기: 학생들은 위험에 처한 동물의 특징과 그것들을 보호하는 방법을 주어진 표에 기록한다.	

③ **학생 배치**: 수업은 수준별 모둠조의 형태로 좌석을 배치하여 진행한다. 각 모둠은 상위 수준 학생 2명, 중간 수준 학생 2명, 그리고 하위 수준 학생 2명으로 구성된다. 이러한 모둠조의 형태는 협동학습을 할 때 상호 보완적으로 활동을 할 수 있고 적극적인 수업 참여를 유도하기 위한 것이다. 또한 언어 기량과 문법적 오류를 지적하거나 수정하기보다는 학습자들이 말하고 싶은 바를 영어로 표현하는 유창성에 중점을 두고 수업을 진행한다.

다음 표는 앞의 수업 사례를 융복합교육의 틀에 입각하여 분석한 내용이다.

표 6-3 주제기반 수업 사례의 융복합교육적 분석

		환경 관련 주제기반 수업 사례
융복합 목표	도구의 상호 작용적 활용 역량	읽기, 비디오 보기, 토론 및 쓰기를 통해 영어 의사소통 기능을 함양하고, 타 과목의 개념, 원리를 습득함으로써 도구의 상호작용적 활용 역량을 함양시킨다.
	이질적인 집단에서의 상호작용 역량	조별 프로젝트를 통해 상호작용하면서 타인과 관계 형성, 협력적 작업, 갈등 관리 및 해소를 함으로써 이질적인 집단에서의 상호작용 역량을 함양시킨다.
	자율적인 행동 역량	세계적으로 멸종되어 가는 동물에 관심을 가지고 논의하게 하여 개인의 행동 변화 및 지역 · 세계 사회에 바람직한 변화를 야기함으로써 자율적인 행동 역량을 함양시킨다.
융복합 방식	다학문적	주제에 맞는 다양한 과목과 연결하였으므로 다학문적인 방식이다.
맥락	개인적 맥락	다른 수업시간에 학습하는 교과를 활용하여 학습자가 더 친숙하게 대할 수 있으므로 개인적인 맥락을 가진다.
	세계사회 맥락	그 주제가 세계의 멸종 동물을 다룸으로써 세계적인 맥락을 가진다.
원리	능동성	학습자는 동물을 보호할 방법에 대하여 '논의'함으로써 능동적으로 학습에 참여한다. 다만 수업 과정뿐 아니라 수업 계획 단계인 주제 선정 과정부터 학생이 참여하였더라면 능동성은 보다 증가되었을 것이다.
	다양성	한 조에 다양한 수준의 학생이 모여 상호작용한다.
	협력성	프로젝트를 조별로 수행하게 하여 학생들끼리 서로 협력하게 계획하였다. 그러나 주제 선정 과정에서 교사와 학생이 협력하고 주제와 관련된 타 과목 교사들과 또한 협력하여 진행하였더라면 보다 바람직한 결과를 가져왔을 것이다.

원리	통합성	영어 수업에 타 교과의 내용을 통합함으로써 교과 간의 통합이 이루어졌다. 그러나 주제와 관련해서 실제 체험하는 기회가 주어졌다면 보다 전인적인 통합이 이루어졌을 것이다.
	맥락성	학생들의 실생활인 학교 교과내용과 관련이 있고 세계 멸종 동물을 다루므로 개인적 · 세계적 맥락성을 지닌다.
	합목적성	영어능력을 높여 21세기에 개인에게 필요한 기량을 함양시키는 데 기여할 뿐 아니라 세계시민으로서 지구 환경에 관심을 가지게 함으로써 합목적성을 충족시킨다.

앞의 사례에서 본 주제기반학습은 하나의 주제하에 관련 과목을 연결하고, 또한 이를 프로젝트학습을 통해 진행함으로써 매우 융복합적인 성격을 띠고 있다. 다만 수업 계획 단계에서 학생이 참여하여 주제를 함께 선정하고, 수업 진행과정에서 관련 타 과목 교사들이 협력하며, 주제와 관련된 개념적 통합뿐만 아니라 실제 체험학습을 하게 하여 전인적 통합을 했더라면 좀 더 융복합적인 교육이 되었을 것이라고 본다.

3) 과제기반 모형

앞에서 본 바와 같이 주제기반 영어수업을 할 때, 선정된 실생활 주제와 관련된 세부적인 '과제'를 생각할 수 있다. 예를 들면, '바캉스'라는 주제는 '올 여름방학의 바캉스 계획하기'라는 과제로 연결될 수 있고, 이 과제는 장소 결정, 교통편 결정 · 예약, 숙소 선정 등의 좀 더 세부적인 과제의 수행을 요구하게 된다. 이와 같이 주어진 과제를 목표언어로 실행하게 하는 것이 '언어 과제'이고, 그러한 과제를 통하여 영어 사용능력을 함양하게 하는 것이 과제기반 영어교육이다. 주어진 과제에 집중하면 학습자들이 목표언어로 유의미한 의사소통과 의미 협상을 하게 된다. 그리고 그 과정에서 목표언어가 '자연스럽게' 습득된다는 것이다. 실생활에서 중요하고 유용한 '실생활 과제'를 선정하여 교실에서 연습하고 리허설하거나, 제2언어 습득과 관련된 '교육적 과제'를 수행할 수 있다.

(언어) 과제의 수행은, 첫째, 언어 습득에 필수적인 입력과 출력, 의미 협상의 요건을 충족한다. 둘째, 학습자의 내적 동기를 유발한다. 실제적 언어 사용을 도모하며 시작과 종결이 분명하고 형식 · 종류가 다양하며 신체적 활동과 협동을 격려하기 때문이다. 셋째, 과제의 유형 · 활동이 매우 다양하므로 학생들의 수준 · 필요에 따라 조절이 가능하다.

절차를 검토해 보면, 우선 준비 활동 단계에서는 과제의 주제와 목적을 이해시킨다. 그림, 사진, 무언극, 개인경험, 브레인스토밍 등을 통하여 가능하다. 이는 다양성과 협력성의 원리를 충족하는 것이다. 둘째, 과제 시행 단계에서는 학생들이 소규모 모둠 안에서 목표언어로 자신 있게 자발적 · 탐구적으로 상호작용한다. 이는 능동성과 협력성을 충족하는 것이다. 셋째, 학생들이 과제 시행 · 결과에 대한 보고계획을 세운다. 이를 위해서 발표내용을 글로 작성하여 리허설을 하며, 동료 수정과 사전 사용을 격려한다. 마지막으로 나눔의 기회를 갖는다. 학생들은 서로의 결과를 공유하고 교사는 코멘트를 해 준다. 이는 능동성과 협력성의 원리를 충족하는 것이다. 그리고 과제 후 활동은 영어 듣기, 언어 분석 · 연습 활동이 포함되어 있다. 이는 학습 결과를 공고히 하여 응용할 수 있도록 하기 위한 것이다. 맥락성은 어떤가? 개인적 맥락성을 충족할 수도 있고, 과제의 성격에 따라 약하긴 하지만 사회적 맥락성도 충족하는 방향으로 과제를 구성할 수 있다. 다음 사례를 살펴보자.

중학교 1학년을 대상으로 교과서의 'look like'를 좀 더 의사소통적으로 학습하게 하기 위하여 교사는 학생들에게 얼굴과 몸 형태가 대략 그려진 종이를 분배하고 가장 친한 친구를 그 그림에 덧씌워 그린 다음 나름대로 색을 칠하게 하였다. 완성 후 짝 활동에서 목표언어로 질문·대답을 하면서 상대방의 친구에 대하여 알게 되고 자신의 친구를 소개하게 하였다. 상대방의 친구는 또 다른 새로운 활동지에 그려 넣게 하였다.

이 사례는 학습자들이 목표언어를 통하여 수행하는 활동이고 언어형태보다는 의사소통과 의미 협상에 더 집중하며 그린 그림이 결과물로 남기 때문에 과제기반 영어수업이라고 할 수 있다. 그런데 실세계의 인물, 특히 본인들의 친구에 대한 실질적 대화를 하므로 (개인적) 맥락성을 상당히 바람직하게 충족하고 있다고 본다. 이는 학습자의 능동성을 고양할 것이다. 또 이 개별 과제는 언어 습득 및 활용에 집중하고 협력을 강조하므로 도구의 상호작용적 활용 역량과 이질적인 집단에서의 상호작용 역량을 배양하는 목표를 어느 정도 반영하고 있다고 할 수 있다. 자율적인 행동 역량에서는 자기효능감 및 정체성이나 자긍심 배양에 기여할 것으로 보여 상당히 융복합적인 수업이라고 할 수 있다.

4) 프로젝트 모형과 문제기반 모형

프로젝트 모형과 문제기반 모형은 협력학습의 중시, 실생활 언어 사용, 과정 중시, '목표 지향적' 활동과 사용 언어에의 균형 있는 초점, 의미 협상, 언어 의미에의 초점, 의사소통적 과업에의 초점, 문제 해결 지향 등의 측면에서 과제기반 모형과 유사하다(김남순, 2005). 이들은 교과 내에서도, 교과 간에도 그리고 초교과적으로도 실시될 수 있다. 교과 내에서 실시될 때에는 프로젝트의 개념이 '언어 프로 젝트'로 축소되는데, 이는 '학생들이 목표언어를 이용하여 프로젝트를 완성하도록 하는 활동'을 의미한다.

교과 내 프로젝트학습에서도, 우선 학습장소가 교실로 국한되지 않고 온라인 공간이나 학교 밖의 사회로 확장된다(강인애, 정준환, 서봉현, 정득년, 2011). 그리고 학습자료가 교과서는 물론이고 학생들의 실생활에 존재하는 모든 대상으로 확장된다. 가족, 동네 어르신, 관공서 직원들이 학습자원이 될 수 있다. 학생들은 실제 사회와 소통하고 공유하며, 그 사회에 참여하는 것이다. 이런 점에서 프로젝트학습은 맥락성을 충족한다.

다음으로 이 모형은 매우 학생중심적이다. 학생들의 경험과 배경으로부터 출발하며, 그들의 흥미와 관심을 유발하는 소재를 다룬다. 가르침의 주체로서의 교사 역할보다 배움의 주체로서의 학생 역할이 강조된다. 학생의 목소리가, 이야기가 수업의 대부분을 차지하는 것이다. 즉, 학생의 능동성 원리를 충족한다.

주제는 교사가 단일 주제를 제시하거나 대주제를 제시할 수 있는데, 궁극적으로는 학생들이 자유 주제를 선택할 수 있게 하는 것이 바

람직하다. 풍부한 상황과 조건을 갖춘 비구조적인 주제를 제시 · 선정
함으로써 다양한 결과물을 만들어 낼 수 있다. 이 과정에서 학생들은
각 개인의 다양성을 깨닫고 인정하는데, 상황에 따라 다소 다를 수는
있지만 프로젝트 작업은 보통 참여자들의 협력적 과정이다. 그렇게
협력하고 아이디어와 노력, 지식을 통합함으로써 협력성과 통합성을
상당히 만족시킬 수 있다. 학생들은 이러한 과정과 결과물 산출을 통
하여 성공경험을 하고 창의성, 자신감, 독립성 및 자율성 등을 기르며
더 높은 영어 사용능력을 함양한다.

　이렇게 길러지는 품성들은 21세기에 필요한 기량과 역량에 속하
기 때문에 프로젝트학습은 매우 합목적적이라고 평가할 수 있다. 학
교나 지역사회 등에 다소간이나마 실제적인 변화를 가져올 수 있는
결과물을 만들 수 있다면 지역 · 세계 사회의 바람직한 변화를 가져
올 수 있는 역량도 배양될 것이다.

　이런 점에서 프로젝트 모형[1]은 매우 융복합적인 교육의 일부가
될 수 있다. 김남순(2005)에서 소개한 다음 사례는 영어수업 내에서
이루어진 간단한 프로젝트다.

　2004년 11월, 대전의 모 고등학교에서 실시된 이 프로젝트 수업은 총
2시간이 소요된 간단한 것이었다. 교사는 '장터 행사(garage sale)'라는

---

1) 프로젝트 모형은 앞에서 상세하게 논의한 과제기반 모형과 매우 유사하다. 그러나 몇
　가지 중요한 점에서 다르다. 우선 과제기반 모형에서와 달리 교사가 아닌 학생이 교육
　내용을 결정하고 그 교수요목을 만들어 낸다. 둘째, 과제기반 모형에서 학습 활동이 주
　로 교실 안에서 이루어지는 것과 달리, 프로젝트 모형에서는 교실 밖의 세계와 연결하
　여 실생활 영어를 사용하며 프로젝트가 진행된다.

대주제를 제공하고 거기에서 사용할 언어 표현과 관련된 문화적인 정보와 지식을 교수하였다. 학생들은 그 처음 1시간에 그룹을 자율적으로 구성하고 각각의 역할을 자신들의 영어 말하기와 듣기 능력에 따라서 자율적으로 분담하였다. 그리고 프로젝트의 수행을 계획하였다. 각 그룹은 장터 행사에서 실행할 주제를 정한 뒤에 자기 조의 주제에 맞는 물품을 나누어서 준비하고 자료들을 수집하는 방안, 행사를 실시하는 방안 등 구체적인 계획을 세웠다.

그다음의 1시간에는 프로젝트를 실행하고 평가하였다. 6명의 학생이 한 조가 되어 장터 행사를 실시하였다. 칠판에는 학습목표가 제시되어 있고 교실은 마치 장터 모습 그 자체였다. 여러 사진과 그림, 옷, 컴퓨터, 책, 전자제품과 장신구 등이 여기 저기 탁자 위에 전시되었다.

학생들은 전 시간에 이미 그룹을 정하여, 각 그룹이 해야 할 내용을 계획하고 장터에서 판매할 물건들을 준비하여 왔다. 교사가 워밍업 단계에서 학생들에게 노래연습을 실시하였다. 그리고 각 그룹의 준비상황을 점검한 뒤에 장터 개시를 선언하였다. 학생들은 그룹별로 자기 조의 탁자에 모여서 진행과정과 조원의 역할에 대해서 토의하였다. 일단 장터가 시작되자, 학생들은 조원을 판매자와 구매자로 나누어 장터를 돌아다니며 물건을 사고파는 활동을 하였다.

정리 단계에서는 교사와 학생들이 전체 그룹으로 돌아와서 각 그룹별로 사고판 물건의 이름을 보고하고, 판매 수입을 보고하였다. 그런 다음에 다른 그룹과 비교하여 최고 수입을 올린 그룹이 상과 칭찬을 받고 나서, 서로의 경험담을 발표하였다.

이 사례에서는 '장터 행사'라는 대주제가 주어진 다음, 그 안에서 세부 주제는 학생들이 능동적으로 정하고 그룹을 형성하며 역할을 분배하였다. 능동성, 다양성, 협력성, 통합성, 합목적성이 어느 정도 잘 충족됨을 볼 수 있다. 더구나 실제적으로 본인들이 사용하던 물건

중 필요 없는 것들을 가져와서 마치 '아나바다 운동'의 일환처럼 실행하였다는 점에서 맥락성을 한층 더 고양하였고, 결과적으로 학생들이 더 실제적인 의사소통에 몰입할 수 있었음에 틀림없다. 다만 그 판매수입금을 좀 더 의미 있는 일에 사용할 수 있었다면, 지역 및 세계 사회의 바람직한 변화를 가져올 역량을 좀 더 기를 수 있었을 것이라고 본다.

프로젝트학습에서는 학생들이 프로젝트의 선정이나 진행과 관련하여 자율적으로 결정하고 통제하는 측면이 크므로 학생 자율성 배양에 매우 효과적일 것이다. 그 프로젝트는 특정한 문제를 다룰 수도 있고 그렇지 않을 수도 있다. 그러나 문제기반학습에서는 특정한 문제가 반드시 제시되고 그것도 교사에 의하여 제시된다는 점이 큰 특징이다.

이런 점에서 보면 문제기반학습은 문제를 반드시 포함하고 그에 대한 해결책을 구함으로써 문제해결 능력을 배양하는, 특수한 형태의 프로젝트기반 모형이라고 이해할 수 있다. 학생들은 개별적으로 혹은 모둠에서 일정 기간 그 문제를 풀기 위하여 노력한다. 이 과정에서 목표언어에 몰입하여 그 언어의 사용 역량을 기르는 것이다. 문제의 구성을 교사가 주도적으로 하게 되므로 학생 능동성이 조금 제한될 수 있고, 현실의 문제를 다루지 않고 가상의 문제를 다루면 그 맥락성도 다소 약해질 수 있다. 따라서 실제적인 문제를 다룰수록 맥락성이 증가하여 더 융복합적인 교육을 실시할 수 있다고 생각한다.

5) 교과기반 모형

이 수업 모형은 통합하는 교과와 영어교과의 교육목표를 균형 있게 성취하려는 것으로서 다음에 논의되는 몰입 모형보다는 언어에 보다 중점을 둔다. 지금까지의 연구에서는 어느 한 과목과 결합하여 수업을 진행한 경우가 많았다. 따라서 주로 어느 과목과 통합할 것인가에 대한 논의가 많이 이루어졌다. 학생들의 흥미도와 자신감을 고려한다면 음악, 미술, 체육 등 활동 위주의 과목을 먼저 도입하는 것이 좋다는 논의가 다수 제시되었다. 주지 과목으로서는 실험 활동이 포함되는 과학이 수학보다 선호되는 경향이 있었다. 또한 대부분의 경우에 수준별로 연구수업을 실시하였으며 그 결과는 긍정적으로 보고되었다.

다음은 한 초등학교에서 영어를 과학과 통합하여 재량시간에 수준별 교과기반 수업을 약 1년간 실시한 사례다(권선희, 이정은, 2012).

이 연구수업은 두 학기에 걸쳐 수준별로 실시되었다. 대상 학생은 3학년에서 6학년까지 4개 학년이었다. 수업은 특별 활동 및 재량시간에 주 2시간씩 실시하였고 학생과 교사는 수준별로 학급을 이동하였다. 또한 주 3회 15분씩 아침 영어 활동 시간을 확보하여 담임교사와 함께 수준별 이동수업 시 학습할 핵심 단어와 문장을 미리 익히게 하였다. 교재는 각 학년의 상 · 중 · 하 반을 가르치는 3명의 선도교사가 모여 A시 교육청에서 개발하고 보급한 과학 · 영어 교과서를 분석한 후 1년 동안 가르칠 단원을 추출하고 그에 맞는 내용을 선정하여 학생들의 수준에 맞게 재구성하였다. 학년별로 과학 · 영어 교과서의 내용체계를 분석하고 단원별 필수 어휘 및 문장을 추출하였으며 연간 수업 계획표를 작성하였다. 우선 상(수준) 반의 선도교사가 연간 지도 계획 및 단원 지도 계획과 그에 맞는 지도안을 짜면, 중·하 반의 선도교사들이 단원 지도 계획과 지도안을 짜서 다시 서로 비교하여 수준을 조절하고 지도안을 수정하였다. 그 작업이 끝나면 교과기반 수업을 시행하는 나머지 교사들이 모두 모여 지도안에 관한 의견을 교환하고 지도안에 맞는 학습 자료를 만들었다. 상 반은 영어를 주로 사용하였고 중 반은 영어를 60% 정도, 하 반은 50% 정도 사용하여 수업하였다. 또 학부모 자원봉사자를 모집하여 수업, 자료 제작, 영어 도서실·체험실 등 세 가지 영역에서 도움을 받았다.

이와 같이 타 교과와 통합하는 것은 융복합교육의 (내용적) 맥락성 요건을 기본적으로 만족시킨다. 수준별로 실시하였으므로 다양성과 개인적 맥락성도 어느 정도 만족시킬 수 있는 여건이 이루어졌다고 볼 수 있다. 이 사례에서 두드러진 특징은 다양한 교육 주체 간의 협력이 이루어지고 있다는 측면이다. 교사들 간의 협력, 교육 행정 당국, 그리고 학부모와의 협력이 이루어졌다. 그러나 학생들이 어느 정도 협력을 하였는지 그리고 어느 정도 능동적으로 참여하였는지를 검토할 필요가 있다. 이를 통하여 이질적인 집단에서의 상호작용 역량을 신장시킬 수 있기 때문이다. 또한 그들의 자율적인 행동 역량의 신장을 목표로 하였는지도 분명하지 않다. 이러한 측면에서 점검과 보완이 이루어진다면 좀 더 융복합적인 교육이 될 것이다.

6) 몰입 모형

몰입교육(immersion education)은 1960년대에 캐나다에서 시작된 이중 언어교육으로서 교육과정의 50~100% 정도의 과목을 목표 언어를 사용하여 수업하는 교육방식을 말한다. 몰입교육은 전 세계로 점점 확산되어 호주, 핀란드, 헝가리, 홍콩, 아일랜드, 뉴질랜드, 싱가포르, 일본 등에서 다양한 형태로 나타나고 있다.

몰입교육은 다음과 같은 주목할 만한 특성을 지닌다. 첫째, 몰입교육의 교수 언어는 최소한 4~6년 정도 사용된다. 둘째, 몰입교육 대상 학생들은 일반 학급의 학생들과 대등한 교육과정 내용을 학습한다. 셋째, 대체적으로 한 교과목 안에서는 한 가지의 언어를 사용한다. 넷째, 몰입교육은 '추가적 이중 언어주의(additive bilingualism)'의 환경을 제공해 준다. 즉, 학생들은 모국어와 모국의 문화를 익히는 것과 아울러 제2언어와 문화를 익힌다. 다섯째, 교사는 학습자의 모국어와 교수 언어를 모두 구사할 수 있어야 한다.

우리나라의 경우에는 현재의 국가 영어교육이 기대만큼의 성과를 보이지 않아 몰입교육의 필요성이 제기되었다. 특히 우리나라가 EFL 환경이므로 바람직한 영어교육을 위한 환경적 맥락을 제공하지 못하고, 또한 효과적인 영어 습득에 필요한 절대적 노출시간이 부족하기 때문이다. 몰입교육은 이 두 문제를 해결할 잠재력을 가지고 있다.

다음은 몰입교육의 한 사례다.

Y초등학교에서는 1996년에 1학년을 대상으로 하여 영어 원어민 교사들이 2개 학급을 몰입식으로 교육하기 시작하였는데, 학습효과에 대한 반응이 매우 좋아서 현재는 1~3학년의 모든 학급에서 원어민 교사가 가르치는 영어 몰입교육을 전면적으로 실시하고, 4~6학년에서는 부분적으로

실시하고 있다.

　수업을 할 때 한국인 교사와 영어 원어민 교사가 독립적으로 교과목을 가르친다. 한 학급을 2개의 소학급으로 나누어서 각각 한국어와 영어로 수업을 진행하는 것이다. 영어 원어민 교사들은 미국 초등학교에서 사용되는 교재 중에서 수업내용과 관련 있는 부분을 발췌해서 수학, 과학, 사회, 언어(language art)를 가르치고 있다. 결과적으로 학생들은 일반 초등학교 학생들에 비해 두 배에 가까운 수업시수를 이수하고 있는 셈이다.

　이렇게 과도한 수업시수를 요구하는 몰입교육은 우리나라에서 지극히 제한된 경우에만 실현될 수 있다. 몰입교육을 실시할 수 있는 이중 언어 교사의 수가 부족하고, 학습자의 영어에 대한 기본 소양이 불충분하기 때문이다. 이로 인하여 여건이 갖추어진 정도에 따라 '영어 전용 강의' 혹은 '영어로 가르치는 교과교육'으로 현실화되고 있다(박선호, 2009). 이는 '교과별 몰입교육'이라 할 수 있다.

　이러한 (교과별) 몰입교육은 실제 상황에 영어를 사용한다는 점에서 기본적으로 학습내용 면에서의 실제성, 즉 맥락성을 충족한다. 이에 더하여 국제적인 수업 교류 등을 함으로써 그 맥락성을 더 확장할 수 있을 것이다. 그리고 영어 자체를 21세기 역량 중 하나로 본다면, 매우 간학문적인 접근을 하는 셈이다. 그러나 이런 측면을 제외하면 매우 비융복합적인 교육이 이루어질 가능성도 있다. 학생들의 다양성이 존중되지 않을 수도 있고, 능동성 · 협력성 · 통합성이나 더 넓은 의미에서의 맥락성이 저절로 보장되지는 않기 때문이다. 따라서 사회적 역량을 기르기 위해서는 협동적 작업을 할 수 있도록 협력학습 혹은 프로젝트 작업 등의 장을 마련해 줄 필요가 있고, 자율적인 역량을 길러 줄 교육적 방안이 강구되어야 할 것이다.

7) 국제교류 프로그램

J여자중학교 학생들은 서울시교육청과 영국문화원이 주관하는 중학생 수준의 국제교류 프로그램인 'Connecting Classrooms Asian Dialogue(CCAD)'에 참가하고 있다. 이 프로그램은 대만 · 영국의 학교들과 협력관계를 맺어, 영어 실력 향상뿐 아니라 글로벌 시민성 교육도 실시한다. 예를 들면, 환경 문제와 관련하여 학생들이 세계의 강을 주제로 한 국제적인 협력과 교류에 참여하였다. 일부 학생으로 제한되기는 하였지만, 다음과 같은 사례를 들 수 있다.

> 학생들은 지도에 강을 그리고, 대도시 주변에 있는 강의 오염실태를 조사하고 나름대로의 보호 활동을 수행한 내용을 발표하였는데, 우리나라 여의도에서 전시회도 하고, 일부는 영국에 가서도 하였다. 참여 학생들이 굉장히 재미있어하고 만족해하였다.

이와 같은 국제교류 프로그램은 영어와 과학, 지리 등 여러 교과와 관련된 지식과 관련하여 통합성을 경험하게 하며 실세계의 문제를 다룸으로써 실제성/맥락성을 지닌다. 그리고 〈표 2-1〉의 자율적인 행동 역량에 해당하는 실제적인 보호 활동을 하였다는 점에서 아주 이상적인 융복합교육의 사례라고 할 수 있다.

8) 영어 관련 교내행사

과제기반 · 프로젝트학습 등을 좀 더 제도화하면, 이를 교내행사
로 기획할 수 있다. 다음 사례가 그 가능성을 보여 준다(교육과학기술
부, 2010).

서울의 J여자중학교에서는 Market Day를 월 1회 정도 실시한다. 영어
원어민 보조교사와의 영어회화 수업시간에 적극적으로 참여하는 학생에
게 상으로 주는 가짜 돈 'English money'에는 그 돈을 지불하는 영어교사
의 사진이 인쇄되어 있다. Market Day는 그런 돈을 쓸 수 있는 기회인데,
학생으로서는 그 돈을 사용해야 수행점수를 받게 되어 있다. 물품을 영어
과 협의회 비용으로 사서 대 주었는데, 원어민 교사도 자진해서 돈을 대어
물건을 사기도 하였다. 이 행사는 전 과정을 영어로 진행한다.
  또한 User Created Contents(UCC) 대회를 실시하는데, 이를 위해서
수업 중에 학생들에게 프로젝트를 준다. UCC 제작에 필요한 기계를 다루
는 방법을 원어민 교사가 설명한다. 학교에서 보통은 학생들이 핸드폰을
사용하지 못하게 수거하지만, 영어시간만은 사용하도록 허용한다. 학생들
이 못 알아들으면 협력 교수하는 교사가 다시 영어로 설명한다. 그래도 못
알아듣는 부분은 개인적으로 와서 질문을 하고 대답을 한다.

위와 같은 사례는 학생들의 능동성과 맥락성을 고양하는 데 아주
적합한 행사라고 볼 수 있다. 학생들이 실제적으로 영어를 사용해야
만 수행평가 점수를 받을 수 있는 것이다.

이렇게 학교에서 대회 등을 열 때에는 초기에 참여가 저조할 수
있다. 이를 학교의 제도와 문화로 정착시키기 위해서는 '전통화'가

필요하다. 시상하고, 전시하며, 신입생에게 학교생활을 안내하는 과정을 통하여 정착시킬 수 있다. 1학년이 들어오면 선배들이 했던 과제 · 활동 · 대회 등을 보여 주면서 참여를 격려하면 전통화에 도움이 된다.

　다음 사례는 서울의 J여자중학교에서 오랫동안 실시해 온 또 다른 영어 관련 행사다.

> 　만화 그리기 대회는 학생들이 소그룹별로 토론을 하여 주제를 정하고 그에 대하여 약 1주일 동안 영어 만화를 그리는 것이다. 신문, 잡지 등에서 찢어 붙이기를 하거나 달나라 그림을 그리고 자기들 나름대로 상상하기도 한다. 만화 그리기 대회의 주제를 학생들이 그룹별로 토론하여 다양하게 정하고 나름대로 독특한 결과물을 만들어 내고 있다.

　이 대회는 학생들이 자율적으로 조를 편성하고 주제를 정하며 결과물을 만들어 낸다는 점에서 '자유 주제' 프로젝트학습의 성격을 지니고 있다. 그것이 학교 전체의 행사로 제도화되어 학생들에게 시상을 하고 학교 수준의 발표도 이루어질 수 있게 하는 것이다.

　이는 매우 이상적인 융복합교육의 특성을 보인다. 학생들의 능동성, 다양성, 협력성, 통합성, 맥락성 및 합목적성을 모두 잘 만족시키고 융복합교육의 목표 면에서도 세 가지 영역의 세부 목표를 대부분 포함하고 있다.

9) 동아리 운영

영어가 부분적으로 사용되는 프로젝트학습을 기획하여 동아리 형태로 운영할 수도 있다. 다음 사례를 고찰해 보자.

> 서울의 H중학교에서는 과학 · 수학 · 미술 · 진로 교사들이 팀을 이루어 융합인재교육(STEAM) 프로젝트를 구상하였고 한국과학창의재단의 연구비 지원을 받게 되었다. 그다음 참여를 자원한 학생들로 구성된 동아리반을 운영하였다. 학생들과 협의하여 교육내용을 조정하면서 약용식물 도감을 아트북 형태로 제작하였는데, 그 내용을 영어로도 번역하기로 하였다. 이를 위하여 H대학교 영어교육과와 연계하여 영어 번역과 관련한 교육을 받았다.

이 사례는 동아리 활동을 통하여 프로젝트를 진행한 경우다. 여러 교과와 관련된 지식을 통하여 학생들은 통합성을 경험하였다. 아울러 모둠별 활동을 통하여 토론과 협의 및 합의 역량 등을 함양하였고, 스스로 재료를 구매하고 책을 디자인하는 과정을 통하여 자율성을 함양하였으며, 그에 따라 자긍심 형성의 측면에도 도움이 되었다.

지금까지 제시된 교수 · 학습 모형을 융복합 방식별로 재정리하면 〈표 6-4〉와 같다. 단학문적 통합 방식은 영어교과 내에서 통합할 수 있는 학습 모형을 의미한다. 다 · 간학문적 통합은 타 교과와의 통합을 의미한다. 초학문적 통합은 교과 간 경계가 가장 흐려지는 통합유형으로서, 주로 다양한 형태의 프로젝트 수행을 통한 학습경험이 된다. 융복합교육은 〈표 6-4〉에서 볼 수 있듯이, 각각의 모형이 그 방식에 따라 개별 교과 내에서, 교과 간에, 혹은 초교과적으로 운영이 가능하다. 중요한 것은 '능동성' '다양성' '협력성' '맥락성' '통합성' '합목적성'을 준수하면서 학습자에게 21세기 역량을 함양할 수 있는 교육경험을 제공하는 것이다.

표 6-4 융복합 방식별 교수 · 학습 모형

교수 · 학습 모형 \ 융복합 방식	단학문적	다 · 간학문적	초학문적
수준별 모형	●	●	
주제기반 모형	●	●	●
과제기반 모형	●	●	●
프로젝트 모형과 문제기반 모형	●	●	●
교과기반 모형		●	
몰입 모형		●	
국제교류 프로그램	●	●	●
영어 관련 교내행사	●	●	●
동아리 운영	●	●	●

3. 영어과 융복합적 평가

융복합교육에서는 결과뿐 아니라 과정도 평가되어야 한다. 해당되는 각 과목의 평가 목표를 추출하여 평가가 이루어져야 하며, 그와 함께 수행평가가 (학습 수행 전·중·후에) 이루어질 필요가 있다. 이 때에는 수행 참여도, 자세, 기여도, 정의적 요소를 평가한다. 학습 전 단계에 얼마나 적극적으로 자신 있게 참여하고 계획하며, 결과물이 나오는 데 얼마나 기여했는가 하는 면을 관찰 등으로 평가하는 것이 다. 수행 중에는 관찰 평가를 강화해야 하는데, 감정 조절력, 공감력, 집중력, 자기통제력 등 여러 사람과의 의사소통 과정 그리고 과제를 해결하는 과정에서 무엇보다 중시되는 정의적인 요소가 수행 과정 에서 평가되어야 한다. 이러한 수행평가를 하기 위해서는 〈표 4-1〉 과 같은 세부 평가 기준을 마련할 필요가 있다. 바람직한 방법은 필 요한 자질에 의거하여 초안을 만든 뒤 학생들과 협의하여 최종안을 결정하는 것이다.

소집단 활동이 포함된 경우에는 역할 분담을 명확히 하(게 하)고, 유사한 과정을 거쳐서 동료 평가 혹은 자기 평가 항목을 개발하여 사용할 수 있다. 예를 들면, 〈표 6-5〉와 같은 형식을 활동할 때마다

표 6-5 동료 평가 양식

기준	자신	동료				
		홍길동				
맡은 일을 잘 완결함						
토론에 긍정적으로 도움이 됨						
명확하고 예의 바르게 의견을 발표함						
효과적으로 경청함						
필요 시 다른 동료를 잘 도와 줌						

제공하고 '잘했음(3점)' '보통임(2점)' '부족함(1점)'의 3단계로 평가하게 할 수 있다. '홍길동'의 칸에 동료의 이름을 쓰고 3점에서 1점까지 평가하도록 한다.

수행 결과물에 대한 평가로는 포트폴리오 평가가 적절하다(〈표 4-2〉 참조). 과거에 이 평가방법의 도입이 시도되었다가 유명무실해졌는데, 그러한 평가를 위해 교사들의 시간적 여유와 공정성의 확보 및 학부모의 신뢰 획득 등 실행가능성(practicability)이 해결해야 할 과제가 남아 있다.

이렇게 교과 소양뿐 아니라 21세기 기량, 특히 〈표 2-1〉의 '이질적인 집단에서의 상호작용 역량'에 속하는 정의적인 요소나 태도 등도 평가되어야 한다. 다음 사례를 살펴보자.

> 학부모들의 신뢰를 확보하기 위하여 서울의 J여자중학교에서는 채점을 3회에 걸쳐서 한다. 그리고 교사가 자신이 가르친 반이 아닌 다른 반의 채점을 한다. 채점에 들어가기 전에 예상되는 답안에 부여할 점수를 먼저 논의하고, 문제가 생기면 모든 영어 담당교사가 모여서 논의하여 해결한다.

이와 같이 복수의 교사가 채점을 실시하면 학생과 학부모의 신뢰를 획득할 수 있을 것이다. 사회성, 인성 혹은 자율성 등은 수행평가로 평가하게 되므로, J여자중학교의 영어교육은 전체적으로 매우 융복합적이라고 할 수 있다.

서울의 K고등학교는 다른 면에서 학생들의 신뢰도를 확보하고, 과정을 평가하기도 한다. 다음 사례를 살펴보자.

서울의 K고등학교에서는 각 교사가 자기가 가르친 반 학생들의 답안지를 채점한 후 학생들에게 보이고 확인하며 설명하는 과정을 거친다. 그리고 수긍을 하면 학생의 사인을 받는다. 또 하나의 예를 들면, 한국인 교사와 원어민이 영어 작문의 작성과정도 평가한다. 우선 작문을 수업시간에 쓰게 하고 그 시간에 걷는다. 이 과정에서 개요, 1차 원고, 1차 수정본, 2차 수정본 등에 각각 점수를 부여하여 수행과정에 대한 평가를 실시한다.

이와 같은 수행평가 등의 질적 평가의 신뢰성을 높이기 위한 교사 연구 및 여건의 마련이 시급한 측면이다.

4. 융복합교육을 위한 영어교사: 역할, 자질 그리고 신념

융복합교육이 잘 이루어지기 위해서는, 교사들이 ① 융복합 내용요소를 추출하고, ② 필요한 영어 어휘 · 표현의 수준을 조정하며 그것들을 조화롭게 가르칠 수 있어야 한다. 그들은 ③ 자신의 (영어) 교과의 전문성을 지녀야 할 뿐 아니라 ④ 타 교과 · 학문에 대한 전문성, 소양 혹은 폭넓은 교양을 가지고, ⑤ 교사 간, 교사 · 학생 간에 소통 · 상호작용 · 협력할 수 있어야 하는데, 이에는 ⑥ 교육과정 운용 시의 융통성이 필요하다. 이는 ⑦ 구성주의적 인식론에 기반을 두고 사람의 다양함을 존중 · 인정하면서, ⑧ 학생들의 문제해결을 돕는 창의력과 상상력, ⑨ 민주적 지도력, ⑩ 공정하고 합리적인 평가력, 그리고 ⑪ 능동성(열의와 진심)을 지닐 필요가 있음을 의미한다.

5. 맺음말

지금까지 우리는 영어교육이 융복합교육에 얼마나 적합한지에 대한 고찰에 이어, 영어 교수·학습을 수준별 모형, 주제기반 모형, 과제기반 모형, 프로젝트 모형과 문제기반 모형, 교과기반 모형, 몰입 모형, 그리고 국제교류 프로그램, 영어 관련 교내행사, 동아리 운영 등으로 나누어 검토하였다. 또한 이들이 어떻게 융복합적인 성격을 지니고 있으며 어떻게 '개선'하면 좀 더 융복합적이 될 것인지를 논의하였다. 중요한 점은 어떻게 하면 기존의 이런 교수 모형을 '능동성' '다양성' '협력성' '통합성' '맥락성' 그리고 '합목적성'의 원리를 충족하는 방향으로 사용하고, 또 〈표 2-1〉의 융복합교육 목표를 실제적으로 달성할 것인가다. 그 정도에 따라서 해당 수업이나 교수 활동, 교육과정의 융복합적 수준이 결정되는 것이다. 이는 평가의 측면과 긴밀하게 연관이 된다.

충분한 논의가 이루어지지 못한 융복합교육 평가의 측면은 제4장을 참조하기 바란다. 추가적인 논의가 필요한 부분이기도 하지만, 결과와 함께 과정의 평가가 필요하고 그를 통하여 달성하고자 하는 도구사용 역량뿐 아니라 사회성·인성 역량, 그리고 자율적인 행동 역량의 성취와 향상도 평가할 수 있어야 함을 지적하였다. 아울러 이러한 교육을 이루어 낼 교사는 융복합교육에 대한 이해는 물론이고 그 기초가 되는 학생, 전공 교과 및 인접 교과에 대한 이해를 높여 갈 수 있는 '연구자로서의 교사'일 뿐 아니라 본인이 창의성과 인성을 충분하게 지녀야 한다는 점에 대해서도 고찰하였다.

생각해 볼 문제

1. 영어의 실제적인 사용이 중요하다면, 우리나라에서 영어가 실제적으로 어떻게 가장 많이 사용되는지를 논의해 봅시다.
2. 교과기반 모형이나 몰입 모형이 좀 더 융복합적이 될 수 있는 방안을 논의해 봅시다.
3. 융합인재교육(STEAM)에서 영어가 어떻게 포함될 수 있을지 논의해 봅시다.
4. 사회성 · 인성과 관련하여 수행평가를 하는 데에는 학생들과 협의하여 상호 평가 규준을 마련하는 것이 좋은 방법입니다. 어떤 요소들을 고려할 수 있는지 논의해 봅시다.
5. 지역 · 세계 사회의 바람직한 변화를 가져오는 것이 어떤 측면에서 중요한 목표가 될 수 있는지를 논의해 봅시다. 본문의 사례를 하나 선정하여 그 구체적인 방안을 논의해 봅시다.

참고문헌

강인애, 정준환, 서봉현, 정득년(2011). 교실 속 변화를 꿈꾸는 프로젝트학습. 서울: 상상채널.
교육과학기술부(2010). 영어교육 리더학교 우수사례집. 서울: 교육과학기술부.
권선희, 이정은(2012). 수준별 과학-영어 내용중심 수업에서의 초등학생 영어 의사소통능력 향상에 대한 연구. 영어교육연구, 24(3), 239-256.
김남순(2005). EFL 상황에서의 프로젝트학습법 활용 방안. 영어어문교육, 11(1), 57-76.
박선호(2009). 초등학교 몰입식 영어교육 사례 연구. 초등영어교육, 15, 5-39.
안성호(2012). 2009 개정 영어교육과정의 평가: (다)문화, 창의성 그리고 인성의 교육 측면에서. 영어학, 12(4), 747-775.
이영만(2001). 통합 교육과정. 서울: 학지사.
조윤경, 손미영(2009). 주제중심 통합 영어수업을 통한 중학생들의 영어능력 및 흥미도 증진에 관한 연구. 영어교육연구, 21(2), 375-397.

Fogarty, R. (2009). *How to Integrate the Curricula* (3rd ed.). Thousand Oaks, CA: Corwin Press.

Holderness, J. (1994). Activity-based teaching: approaches to topic-centered work. In C. Brumfit, J. Moon, & R. Tongue (Eds.), *Teaching English to Children: from Practice to Principle*. London: Nelson English Language Teaching.

Larsen-Freeman, D., & Anderson, M. (2011). *Techniques & Principles in Language Teaching* (3rd ed.). Oxford: Oxford University Press.

Richards, J. C., & Rodgers, T. S. (2001). *Approaches and Methods in Language Teaching* (2nd ed.). Cambridge: Cambridge University Press.

제7장

융복합교육과 수학교육

1. 21세기 수학교육의 과제

우리 사회는 다양한 측면에서 급속한 변화를 경험하고 있다. 그 가운데 지식기반 사회로의 진입과 문화적 다양성에 대한 인식은 학교 수학교육이 사회적으로 수행해야 할 책무에 중요한 변화를 가져왔다. 과거의 학교 수학은 사회, 경제, 산업 영역에서 필요한 기본적인 지식과 기능을 전수하는 것에 초점을 두었다. 그러나 시시각각 새로운 지식이 산출되고 지식의 양이 기하급수적으로 증가하고 있는 현대 지식기반 사회에서는 기본 지식과 기능을 전달한다는 것이 무의미하며 사실상 불가능하다. 특히 수학을 비롯한 모든 인간의 지식이 사회문화적 산물이라고 보는 관점이 확산되면서 기본 지식과 기능을 전수하는 교육은 특정 집단의 지식을 중심으로 한 획일적이고 경직된 교육을 초래할 위험성을 가진 것으로 인식되고 있다. 이와 같은 맥락에서 학교 수학은 학생들의 다양한 수학적 관점을 수용하고 그에 기초하여 학생 스스로 능동적이고 협력적인 탐구와 협의 과정을 통해 수학을 구성하는 경험을 바탕으로 미래 세계시민으로서 갖추어야 할 자질과 역량을 함양할 것을 요청받고 있다(교육과학기술부, 2011; NCTM, 2000).

그러나 학교현장에서는 학업 성취중심의 입시 경쟁이 만연하고, 그 결과 학교 수학교육은 획일적이고 몰개성적인 평균형 인간을 양산하고 있다. 이러한 학교 수학교육의 현 실태는 학생 개인의 삶의 질 저하에 대한 우려와 더불어 미래 한국사회의 국가경쟁력에 대한 적신호로 여겨지고 있다. 이에 대비하여 정부는 2011년 교육과학기술부(현 교육부)에 '수학교육 개선팀'을 설치하여 수학교육 개선을 위한 다양한 교육정책을 개발 · 시행하고 있다. 이 가운데 융합인재교육(STEAM)은 현 정부가 추진하고 있는 수학교육 개선방안 가운데 주요 사업으로 강조되고 있다(교육과학기술부, 2010). 이와 같은 노력의 결과 융복합교육은 우리나라 교육현장에 빠른 속도로 확산되고 있다. 그러나 학교현장에서 실행되고 있는 융복합교육 프로그램은 단순한 다학문적 수준의 교과 내용 통합에 그치는 경향을 보인다는 점에서 현재 우리나라 수학교육이 추구하고 있는 창의성과 인성 함양이라는 교육목표에 기여할 수 있는 프로그램의 개발이 요구되는 상황이다(박영석 외, 2013; 임유나, 2012; 한혜숙, 이화정, 2012). 또한 현재 학교현장에서 이루어지고 있는 융복합교육은 주로 과학과 기술 · 가정 교과를 중심으로 하고 있다(박영석 외, 2013). 융복합교육이 효과적인 수학 교수 · 학습 방법을 제공한다는 선행 연구 결과를 볼 때, 수학교과에 효과적인 융복합교육 원리와 방안 탐색이 필요한 상황이다(박조령, 고상숙, 2011; 이혜숙, 임해미, 문종은, 2010; 홍영기, 2009;

Horak, 2006; Lamon, 1999; Westbrook, 1998).

　실제로 교과 통합은 수학교과에서 오래전부터 다양한 방법으로 시행되어 왔다. 그러나 융복합교육은 영역 사이의 경계를 자유로이 넘나들며 다양한 관점을 지닌 구성원 사이의 공감과 소통을 바탕으로 산출된 학습자 개개인의 창의적 학습결과물을 유연하게 수용하는 교육을 의미한다(함승환 외, 2013). 이러한 관점에서 융복합교육은 융합현상의 기반이 되는 인식론적 규범을 토대로 하는 교육 개혁 운동을 의미하며, 기존의 통합 교육과 차별화된다. 따라서 교육적 의미와 수학교육 개선에 대한 기여도, 그리고 그러한 목적에 부합하는 교육방법론에 대한 진지한 논의와 탐색이 전제되지 않는다면 융복합교육의 도입은 '시류에 편승한 교육'이라는 전철을 되밟는 결과를 낳을 것이다. 이러한 관점에서 이 장에서는 융복합교육에 대한 개념적 논의와 함께 국내외의 융복합교육 사례와 관련지어 수학교과에서의 융복합교육에 적합한 접근방안을 탐색해 보고자 한다.

2. 수학교과와 융복합교육

　현대 사회에서 융복합은 다양한 분야에 걸쳐 광범위하게 진행되고 있는 현상임에도 불구하고 수학교과의 융복합교육에 대해서는 유보적이거나 회의적인 태도를 취하는 경향을 볼 수 있다. 실제로 현재 국내 융복합교육과 관련하여 주요한 교육정책에 해당하는 STEAM의 경우 과학교과와 기술교과가 중심이 되고 있으며, 수학교과는 매우 제한된 역할과 비중을 차지하고 있다(박영석 외, 2013; 박주호, 이종호, 2013). 수학을 엄밀성과 추상성의 학문으로 생각하는 관점에서 볼 때, 구체적이고 현실적 차원에서 다양한 영역에 대한 복합적 접근을 시도하는 융복합학문과 수학은 상반된 성격을 갖는 지식이라고 생각될 수 있다.

실제로 수학사를 살펴보면 수학은 다양한 영역에서 인간 활동과 여러 방식으로 결합되어 이전의 상태로 환원될 수 없는 종류의 새로운 지적 산물을 산출해 가는 경우를 쉽게 찾아볼 수 있으며, 그 결합 양상 역시 다양하다는 것을 알 수 있다(Eves, 1995). 예를 들면, 수학의 이론이 다른 분야에 활용되고 미분방정식이 역학이나 천문학의 문제를 해결하고 이론화하는 데 관여하기도 하며 Lavoisier가 화학 물질에 기호를 부여하고 화학반응을 설명하기 위해 무게와 방정식을 사용한 것과 같이 수학의 논리나 기호체계가 다른 분야의 학문에 적용되는 경우도 있다. 또한 미국의 '독립선언문'이나 Adam Smith의 『국부론』은 수학의 공리적 방법을 도입하여 합리성에 대한 수학적 관점과 규범이 다른 분야에 전반적으로 스며든 융합의 사례로 볼 수 있다(박창균, 2010).

이와 같이 수학은 실세계에서 직면하는 문제를 해결하기 위해 인류가 기울인 노력의 역사적 결과물로서 '실세계' '활동' '인간' 사이의 대화적 관계 속에서 형성되어 온 지식이다(Freudenthal, 2002; Kapadia & Borovcnik, 1991; Lave, 1988). 인류는 수학을 발명하고 적용하는 과정 중 다양한 측면에서 융합을 경험하며 이러한 융합적 과정을 통해 세계를 보는 새로운 눈을 재창조해 왔다. 수학을 창조한 주체인 인간은 학습자로서 변환과 혁신을 추구하는 본성을 가지고 있으며 그러한 변환과 혁신의 행동이 융합현상으로 나타나고 있다.

이러한 관점에서 볼 때, 융복합교육은 수학교과의 정체성과 인간이 가지고 있는 학습자로서의 정체성을 반영하는 교육 모델이라고 할 수 있다. 이러한 견지에서 융복합교육은 현재 우리나라 학교 수학교육이 직면하고 있는 도전과 과제를 해결하는 데 유용한 원리와 접근방법을 제공할 수 있을 것이다. 실제로 교육과정 역사를 통해 볼 때, 수학교과의 정체성을 살리고 학생의 수학적 역량을 강화하기 위한 방안으로서 다양한 방식의 통합 교육과정이 시도되어 왔다. 이는 수학교과에서의 융복합교육이 결코 새로운 시도가 아니라는 것을 보여 준다.

실제로 1900년대 초반 영국의 Perry와 독일의 Klein이 수학교육에서 타 학문과의 통합과 응용을 강조한 이래로 학교 수학교육에 통합 교육과정이 도입되었고, 최근 들어 융복합교육에 대한 담론이 사회적으로 활발하게 논의되기 이전에 이미 수학교육 공동체에서는 융복합교육의 실천을 위한 노력이 오랜 기간 지속적으로 이루어져 왔다. 이러한 관점에서 볼 때, 실세계 맥락을 바탕으로 한 생활단원의 도입(1차)이라든가, 대수와 기하 영역 간의 통합(3차), 학생의 능력과 적성, 진로를 고려한 교육내용의 다양화와 학생의 전인적 삶과 연결된 교육(6차), 주변 현상에 대한 학생의 능동적 탐구에 기반을 둔 수학 학습(7차)을 지향해 온 경향은 이미 우리나라 수학과 교육과정 역시 오래전부터 융복합적 성향을 반영해 온 것으로 볼 수 있다. 세계적으로 학교 수학에 지대한 영향을 준 전미수학교사협의회(National Council of Teachers of Mathematics: NCTM)가 제안하고 있는 학교 수학의 원리인 '평등의 원리' '교육과정의 원리' '교수의 원리' '학습의 원리' '평가의 원리'와 '테크놀로지의 원리'(NCTM,

2000) 역시 학습자의 다양성을 고려한 교육, 협력적 의사소통과 창의적 사고를 바탕으로 하는 능동적 학습, 그리고 수학 내적 · 외적 연결성을 강조한다는 점에서 융복합적 성향을 반영하는 교육을 지향하고 있다고 할 수 있다.

그러나 기존의 통합 교육과정과 융복합교육은 서로 구분되어야 하는 중요한 차이점이 있다는 것을 언급할 필요가 있다. 우선 기존의 통합 교육이 융복합교육의 요소를 수학교육에 도입하고자 하였으나 그 핵심 요소에 대한 개념화가 단편적이며, 그 결과 핵심 요소 사이를 관통하는 인식론적 기저를 명시하지 못하였다는 점에서 체계성이 없다고 지적할 수 있다. 의사소통을 통한 협력성이 등장하기 시작한 7차 교육과정 이전에는 그에 대한 언급이 없었다는 점, 5차가 되어서야 평가방법의 다양성을 적극적으로 고려하기 시작하였다는 점, 6차에 이르러서야 교육의 합목적성과 교수 · 학습 방법의 다양성을 적극적으로 도입하였다는 점 등을 예로 들 수 있다. 즉, 각 시기별로 유행하던 세계적인 교육 사조나 철학의 영향을 받은 요소를 강조하였을 뿐, 융복합교육과 관련하여 일관성 있는 계획을 세우거나 교육 전반에 대한 연결성, 또는 체계적이고 구체적인 실천에 대한 구상이 있던 것은 아니었다. 따라서 기존의 통합 교육은 핵심 원리에 대하여 단편적인 접근을 해 왔다고 볼 수 있으며, 현재의 융복합교육은 이들 핵심 원리를 하나의 개념적 틀 안으로 수용함으로써 학습에 대하여 새로운 인식론적인 규범을 명시하고 그 규범적 틀 안에서 전체적인 체계화를 이루어 기존의 통합 교육과는 차별화되며 현재 우리나라 학교 수학교육이 직면하고 있는 문제해결을 위한 교육 모델로서의 가능성을 보여 주고 있다.

3. 수학교과 융복합교육의 실천

지금까지의 논의를 종합하면 융복합교육은 교과내용 통합의 차원을 넘어 학생, 교사, 교과 사이의 대화적 관계에 기반을 두어 학생들의 능동성과 자율성을 존중하면서 민주적이고 창의적인 지식 산출 역량과 태도의 계발을 지향하는 교육으로 개념화할 수 있다. 이 절에서는 앞서 제시한 융복합교육의 주요한 측면을 효과적으로 구현한 수학교과에서의 융복합교육 실천 사례를 검토하고, 수학교과의 특성을 반영하는 융복합교육 실천방안을 구체화하고자 한다.

실천방안 1. 융복합교육은 학생이 학교를 포함하는 다양한 삶의 맥락에서 체득한 지적 자원과 역량을 바탕으로 하며 학생이 학습에 자율적이고 능동적 주체로 참여하면서 자신의 수학적 성장과 나아가 전인적 성장에 의미 충실한 지식을 학습하도록 한다.

사례: K교사의 '융합적 수리과학부' 운영

K교사는 학생들에게 수학 점수가 전부가 아닌 무엇인가를 스스로 깨닫고 경험하는 기회를 주고 싶다는 관심과 열정으로부터 융복합교육을 시작하였다. K교사가 운영한 융합적 수리과학부는 수학의 관점에서 과학을 고려한다는 입장에 따라 '수리과학'이란 용어를 사용하였고 사고가 통합을 거쳐 융합된다는 관점에서 '융합적 수리과학부'란 이름으로 동아리를 구성하고 참여 학생을 모집하였다. 학생 선발은 지원자들의 마음가짐과 자발적이고 적극적인 참여를 도모하기 위해 2단계 전형으로 실시하였다.

1단계는 자기소개, 지원동기와 특기, 개인 연구계획, 기타 인적 사항에 대한 서류면접을 실시하였고 2단계는 면접을 통해 학습에 대한 열의와 능동적인 태도를 평가하였다.

동아리 활동은 일반적인 수업, 팀별 과제 연구, 개인별 연구로 구성하였다. 수업은 주로 학생들이 팀별 그리고 개인별 연구과제를 진행할 때 필요한 수학내용을 중심으로 이루어졌다. 팀별 과제와 개인별 과제는 주제 선정부터 연구방법 선택, 연구 진행, 결과 보고까지 전 과정을 학생 스스로 생각하고 설계하도록 유도하였다. 개인별 연구과제는 학생이 관심을 갖고 있는 분야를 선택하였고 팀별 과제는 팀의 구성원들이 협의를 통해 공통 관심 주제를 선정하여 진행하였다. 학생들은 조별로 '사이클로이드의 탐구와 활용' '신라 첨성대 탐구와 활용' '수학을 활용한 디자인' '테트라포드와 비누막 실험' '착시 도형 탐구 및 실험'을 주제로 선택하여 팀별로 연구를 진행하였고 그 결과는 교내 융합적 수리과학전, 좋은 학교 박람회, 수학문화축전 등에 참여하여 발표하였다.

수업에서 교사는 처음에 문제해결 방법을 보여 주고, 모방해 보도록 한 후 학생들이 자신만의 아이디어, 자신만의 개선방법 등을 생각해 보도록 하였고 연구 주제와 관련된 질문이나 또 다른 연구 주제를 제시하여 학생들이 탐구를 지속해 나가도록 하였다. 교사는 학생들에게 문제를 제시할 때에는 이미 결과가 나와 있는 '닫힌 문제'에서 출발하여 '약간 개방형 문제' 그다음 '개방형 문제'의 단계적으로 제시하였다. 왜냐하면 처음부터 '개방형 문제'를 제시하면 해결되지 않은 문제들만 산적하여 학생들이 어려움을 겪을 수 있기 때문이다. 학생들이 질문을 하는 경우에 교사는 힌트만 주고 학생 스스로 해결해 보도록 격려하였으며, 이러한 자발적인 문제해결 과정을 통해 학생들의 종합적 사고를 향상시키고자 노력하였다. K교사는 수학 성취 수준이 상이한 학생들을 같은 팀으로 구성하여 그들이 협력을 통해 프로젝트를 수행하도록 하였고, 수업에서 학생과 교사를 포함하는 모든 참여자가 다양한 수학적 아이디어나 의견을 공유하고 토론하는 가운데 창의적 결과를 이끌어 낼 수 있도록 하였다. 또한 학생들의 프로젝트가 교과서 내용에 한정되는 것이 아니라 학생 주변의 다양한 상황에 대한 관심과 문제의식에서 출발하도록 하였다.

다양한 프로젝트 주제에 대하여 실제 실험해 보고 만들고 몸으로 경험해 보는 과정을 통해 수학적 경험을 풍부하게 하고 프로젝트 진행과정에서 나타나는 여러 수학적 문제상황에 대하여 학생들이 발표하도록 하여 정답은 이미 나와 있지만 다양한 수학적 표현을 해 볼 수 있는 기회를 제공하였다. 수학적 의사소통은 동료 학생의 생각을 잘 듣는 것부터 자신의 아이디어를 표현하고 이를 친구들과 논의하고 의견을 도출하는 과정을 통해 학습이 이루어지도록 하였으며, 이와 같은 협력적 학습의 효과를 높이기 위해 수학 성취 수준이 상이한 학생들이 함께 팀을 구성하여 이끌어 가도록 하였다. 프로젝트 연구 결과는 개인의 특성을 고려하여 슬라이드나 동영상을 이용한 개인 연구 발표 또는 작품 전시회를 통해 발표되었다. 개인 연구 발표의 경우 연구 발표 후 자유로운 질의, 응답이 이어져 작은 학술 발표회장을 방불케 하였다.

'융합적 수리과학부'를 운영한 K교사는 처음 시도할 당시 융복합교육은 획기적인 발상인 데다 많은 학생(22명)의 참여로 5개조로 나뉘어 진행해야 하는 어려움이 있었다고 하였다. 또한 팀별 또는 개인별 연구 주제에 대하여 함께 지도해 줄 수 있는 교사의 섭외가 쉽지 않았고 일반고의 특성상 입시 준비와 병행하는 데 곤란을 겪는 학생이 많아 개인별 연구에 시간적 어려움이 많았다고 하였다.

K교사는 '융합적 수리과학부'에 참여하는 과정을 통해 학생들이 자기주도적으로 연구 주제를 선택하여 연구를 진행하고 스스로 스토리를 구성하고 발표를 통해 질문하고 답변하면서 소통을 통한 자기반성과 성찰을 경험하기를 기대하였다. 어쩌면 평생에 자신의 삶의 방향에 대한 동기 부여가 될지도 모른다는 기대와 설렘 속에 동아리 활동을 지도하였다. 학생들의 학술 발표와 작품 전시회를 통해 종합적 평가를 거치면서 교과수업 시간에 몰랐던 학생들의 재능을 발견했을 때의 가슴 벅찬 감동이 오랜 추억으로 남을 것 같다고 동아리 지도경험을 평가하였다.

> 본 동아리 활동에 참여했던 학생들은 "공부를 좀 더 깊이 해야겠어요." "저는 과학에만 관심이 있었고 수학은 별로라고 생각했는데 수학이 중요하다는 걸 알았어요."라고 참여경험을 평가하였다. 이는 동아리 활동을 통해 자신의 수학적 정체성을 성찰하고 변화를 경험한 학생들이 수학적 성장에서 나아가 전인적 성장을 이루었음을 보여 준다.

'융합적 수리과학부'의 경우 동아리 참여 학생을 선발하는 과정부터 학생의 능동적이고 적극적인 태도를 중요한 요소로 고려하였다. 그뿐만 아니라 동아리를 운영하는 과정에서도 교사는 다양한 융합적 학습 자원을 제공하고 학생들의 활동을 촉진하는 역할을 할 뿐 과제를 선택하고 진행하는 과정은 전적으로 학생이 주도하였다. 학생들이 어려움에 부딪혔을 때 교사는 과제를 직접적으로 해결해 주기보다는 적절한 예 또는 시범을 보여 주거나 쉬운 문제를 제시하여 해결의 실마리를 제공하는 등의 역할을 하면서 학생 스스로 문제를 해결해 나가도록 하였다. 이와 같이 학생들의 능동적 참여에 기반을 둔 수업을 실천하기 위해서는 교사가 학생의 성공적으로 수학을 배울 수 있는 힘을 갖추고 있다는 점을 믿고 학생과 수업의 주도권을 공유하는 것에서 출발하는 것이 필요하다. 즉, 융복합교육에서 학생에 대한 교사의 믿음과 신뢰는 학생들이 자신의 수학적 사고를 자유롭게 표현하고 토의할 수 있는 환경을 조성하는 데 중요한 요소이며, 학생들이 자신만의 고유한 수학적 역량을 발견하고 자신의 삶의 중요한 일부로서 학습을 경험하면서 전인적으로 성장할 수 있도록 해 준다.

⬇ 융복합교육의 실천을 위한 TIP

- 연구 주제의 선택부터 연구의 진행 및 결과 도출까지 학생들이 스스로 선택하고 주도적으로 이끌어 나갈 수 있도록 프로젝트 기반 학습을 활용한다.
- 연구 주제에 대하여 실험을 하거나 몸으로 직접 경험하고 다양한 만들기 활동을 통해 실천적 지식을 스스로 구성할 수 있도록 한다.
- 자신의 수학적 아이디어에 대하여 적극적으로 표현하고 친구, 교사와 함께 토론하며 자신의 연구 성과를 발표함으로써 수학적 의사소통이 활발하게 이루어지도록 한다.
- 연구 주제와 관련한 분야에서 활동 중인 전문가의 조언이나 시범을 통해 현장기반의 전문적 지식을 습득할 수 있도록 하고, 이를 학생의 진로 탐색 기회로 활용한다.
- 다양한 공학적 도구를 활용하여 시뮬레이션 모델링을 통한 학습이 이루어지도록 한다.

실천방안 2. 융복합교육은 영역을 넘나들며 새로움을 추구하는 교육적 실천이다. 따라서 융복합교육에서 차이는 장벽이 아니라 새로운 창조의 가능성으로 생각되며 학생 개개인이 지닌 배경, 스타일, 수준, 목표 등에서 나타나는 개별성과 다양성을 존중한다.

'두 도시 이야기(A Tale of Two Cities)' 프로젝트는 학생들이 측정 단원의 학습에서 경험하는 어려움을 해소하기 위하여 개발한 수학, 사회, 국어, 건축학, 예술학기반의 통합 교육 프로그램이다(Leonard, 2004). 이 프로그램은 학생들이 실제 측정기술을 이용하여 구조물을 설계하고 고대 도시와 미래도시를 만들면서 '수와 연산' '평면도형과 입체도형' '측정하기' '비와 비례식' 등의 수학교과내용을 학습할 수 있도록 구성하였다. 또한 여러 문명권의 문화적 다양성, 역사, 지리학, 인구학 등의 자료를 학생들이 스스로 수집하고 탐구하는 과정을 통해 사회과 학습이 이루어지도록 하였고, 문화와 역사에 대한 다양한 자료를 읽고 이해하며 자신의 생각을 도출하여 자신이 추천하는 건축물을 만들어 보자는 설득 목적의 글을 써 봄으로써 읽기와 쓰기 학습이 이루어지도록 하였다. 그리고 특정 높이의 구조물이 특정 무게를 견딜 수 있도록 하기 위해 평면도형과 입체도형의 구조는 어떠해야 하는지 탐구해 보고, 그 결과를 바탕으로 고대 건축물의 기하학적 특성을 고찰해 보면서 건축학과 관련한 내용을 경험하도록 하였다. 또한 안전하고 튼튼하며 경제적인 건물을 짓기 위해 구조물의 모양과 재료가 어떠해야 하는지, 특히 미래도시 만들기에 어울리는 재료와 모양은 무엇인지 등을 생각해 볼 수 있도록 디자인과 관련한 예술학의 내용을 포함시켰다.

이 통합 교육 프로그램을 진행한 미국의 메릴랜드 지역 6학년 학생들은 여러 평면도형과 입체도형의 길이나 각을 실제 측정해 보는 활동을 하면서 '측정' 단원에 대한 지식을 경험적으로 구성해 나갈 수 있었다. 또한 미국에서 통용되는 길이 단위인 '인치'를 '센티미터'로 전환하여 측정 활동을 함으로써 다른 문화권의 수학을 경험하고 단위를 변환해 보는 학습의 기회를 가질 수 있었다. 그리고 학생들은 정다면체를 만들어 그 특성을 살펴보고 튼튼한 구조물을 만들기에 '정육면체'와 '정사면체'가 적당하다는 점을 발견하였다. '정사면체'의 경우, 도형을 이루고 있는 '정삼각형'의 내각이 90도보다 작은 60도가 되어 3개의 '삼각형'에 분산된 힘이 작용하여 가장 튼튼한 구조물을 만들 수 있다는 점을 알게 되었고, 이러한 점을 통해 고대 이집트의 피라미드가 정사면체의 형태로 되어 있다는 것을 연결하여 학습하였다.

'두 도시 이야기' 프로젝트는 인종, 민족, 언어, 학업 성취 수준 등이 다양한 학생들이 모여 있는 수학교실에서 고대와 미래의 두 도시를 만들기 위해 스스로 학습 자료를 찾아 탐구, 설계, 측정하여 구조물을 만드는 전 과정을 거치는 동안 '측정' 단원에 대한 경험기반의 지식을 구성할 수 있는 기회를 제공하였다. 또한 소그룹 학생들 사이에 일어나는 다양한 수학적 의사소통 과정은 학생들이 수학내용을 깊이 있게 이해하고 지식을 구성해 나가도록 하는 데 매우 효과적이었다. 그리고 학생들의 다양한 문화적 배경, 비형식적 지식, 선행 경험 등을 학습과정에 도입하여 학생들이 보다 용이하게 수학에 접근하여 학습할 수 있도록 하였다. 프로젝트가 진행되는 과정에서 모든 학생이 매우 적극적으로 참여하는 태도를 보였으며 몇몇 학생은 방과 후 또는 아침 일찍 등교하여 자발적으로 프로젝트를 수행하기도 하였다. 학생들에게 도전적인 과제였던 본 프로젝트를 진행한 이후 치른 평가에서 학생들은 이전보다 높은 학업 성취를 보였고, 무엇보다 수학에 대한 태도가 긍정적이고 적극적으로 변화한 것을 확인할 수 있었다. 한 아프리카계 남학생은 "내가 잘할 수 있는 일 중 하나는 디자인을 하는 것이다. 만약 어떤 것을 만들고 싶으면 측정을 한 다음 모양을 디자인하고 만들면 된다."라고 수학적 개념을 활용한 디자인 활동에 자신감 있는 태도를 보였다. 또 다른 백인 여학생은 "나중에 커서 건축가가 되려면 측정하고 연산하는 것을 반드시 알아야만 한다."라고 자신이 배우는 수학 개념 및 기술이 매우 실용적이며 이후 직업을 갖게 되는 데 밑바탕이 된다는 것을 깨닫게 되었다.

이와 같이 프로젝트 형태의 통합 교육은 다양한 배경의 학생들이 있는 수학교실에서 학생들의 학습동기를 향상시키고, 적극적이고 능동적으로 참여해 보는 기회를 제공하였으며, 실제 경험을 기반으로 지식을 구성할 수 있도록 하였다. 또한 학생이 가지고 있는 다양성을 존중하고 협력을 원동력으로 하여 교육적 평등과 수월성 교육 모두를 실천할 수 있었다.

'두 도시 이야기' 프로젝트는 다양한 문화, 지식, 경험 등을 프로젝트에 도입하여 모든 학생이 참여할 수 있는 수업으로 진행하고 수업에서 학생들이 자신의 의견을 표현하면서 성공적인 학습경험을 가질 수 있는 학습환경을 조성하였다. 이러한 측면에서 '두 도시 이야기'는 학생의 다양성을 존중하고 교육적 평등을 실천하는 융복합교육의 사례로 볼 수 있으며, 창의적인 심화 수준의 교육이 학생들의 자발적이고 적극적인 참여를 통해 이루어졌다는 점에서 수월성 교육의 측면을 보여 주었다고 할 수 있다. 이 프로젝트는 구조물을 만드는 과정이 포함되므로 만들기 재료를 다루는 과정에서 위험이 발생할 수 있었다. 이에 학부모들은 학생들의 만들기 과정(만들기 재료를 칼로 자르거나 실리콘 건을 이용하여 재료를 붙이는 작업, 철사나 핀 등 날카로운 재료를 다루는 작업)을 도와주는 것은 물론 프로젝트가 끝날 때까지 지속적으로 수업 운영의 조력자 역할을 해 주었다. 또한 전통적 방식으로 수업을 하는 교사라도 이와 같은 프로젝트 수업을 통해 학생들의 몰입과 참여, 그리고 흥미와 동기를 유발할 수 있다는 것을 발견하였다. 게다가 학생들은 이 프로젝트를 수행하면서 수학, 사회학, 언어학, 건축학 등의 다양한 개념적 지식과 절차적 지식을 사용하였는데, 이것은 다른 교과의 교사들과 협력적으로 교육하는 것을 통해 여러 교과의 내용을 함께 학습할 수 있는 시너지 효과가 있음을 알 수 있다. 이처럼 융복합교육에서는 학습이 한 교실의 울타리를 넘어 교사공동체, 가족, 지역사회, 전문가 집단 등의 범주로까지 확대되면서 학교가 질적으로 개선된 교육을 제공하는 데 교육을 둘러싼 다양한 집단 사이의 협력이 중요한 요소로 작용하는 것을 볼 수 있다. 이는 융복합교육이 학교교육 개선을 위해 긴밀한 협력을 도모하는 커뮤니티를 구성할 수 있는 원천이 될 수 있다는 점을 시사한다.

◪ 융복합교육의 실천을 위한 TIP

- 인종, 민족, 언어, 학업 성취 수준, 성별 등이 다양한 학생들이 협력하여 프로젝트를 진행하는 과정을 통해 실천적 지식을 습득하고 서로 다른 배경을 가진 친구를 이해하며 소통할 수 있는 기회를 가질 수 있도록 한다.
- 만들기 활동을 통해 지식을 스스로 구성하며 학습한 지식이 실제 어떻게 활용되는지 경험할 수 있는 기회를 제공한다.
- 프로젝트기반 수업에서 과제를 선택하고 자료를 수집하며 완성해 가는 전 과정을 통해 협업을 경험하면서 지식뿐 아니라 학생의 전인적 성장을 도모하도록 한다.
- 자신의 의견을 논리적으로 표현할 수 있는 토론하기, 글쓰기 활동 등을 통해 다른 사람을 설득하고 자신의 의견을 표현할 수 있도록 한다.
- 학교의 동료 교사, 프로젝트와 관련된 분야의 전문가, 학부모 등의 참여를 독려하여 학습내용의 통합뿐 아니라 학습과 관련된 주체들 간의 통합이 이루어지도록 한다.

실천방안 3. 융복합교육은 협력을 바탕으로 하는 교육으로서 교사와 학생이 함께 성장하고 상생하는 교육을 지향한다.

사례: Y고등학교의 '융합을 빚다' 프로그램 운영 교사의 협력적 관계

　Y고등학교의 '융합을 빚다'는 8개 교과(수학, 화학, 생물, 지구과학, 기술정보, 한문, 음악, 미술)에서 11명의 연구교사와 1명의 연구책임교사가 참여한 융합인재교육(STEAM) 프로그램으로 운영되었다. 9개월 동안 진행될 프로그램 개발은 프로그램 지도에 참여하는 교사 전원이 1박 2일 일정의 워크숍에 참석하면서 시작되었고, 이러한 교사 워크숍은 4차례 실시되었다. 3월의 1차 워크숍에서 영역별, 과목별 수업내용 발표와 팀티칭 영역의 개발을 시작으로 교사들은 협의를 통해 시간표를 확정하였다. 10차시의 1단계 프로그램을 실시한 이후에 가진 4월의 2차 워크숍에서는 프로그램의 개선 방향을 협의하고 시간표를 조정하는 등 피드백을 나누었다. 5월에는 모든 연구교사가 동료 교사의 수업을 참관하면서 프로그램의 전반적인 교육내용을 공유하였고, 7월에는 3차 워크숍을 통해 준비한 팀티칭 형태의 공개수업을 실시하였다. 이는 융복합교육에 대하여 관심과 열정을 가지고 있는 많은 교사들에게 자극을 주고 동기를 유발하는 계기가 되기도 하였다. 10월의 4차 워크숍에서는 학생들이 산출한 결과물의 전시회와 컨퍼런스를 위한 준비가 이루어졌다. 교사들은 정기적인 워크숍 참여 이외에도 비정기적인 회의에서 지속적으로 협의해 나가면서 상호 간 피드백을 나누고 수업방법이나 방향에 대한 수정, 보완 및 개선 사항을 논의하고 결정하여 반영하였다.

　'융합을 빚다'는 2011학년도에 시작되었는데 그때에는 서로 다른 6개 교과를 담당한 7명의 교사들이 모여 각자 교과별 수업을 진행하는 인터형 융합교육으로 실시되었다. 그러나 교사들이 자신의 교과 이외에 전체적인 교육내용을 알지 못하고 수업 간의 연결성이 단절되었다는 자체 평가 결과가 나왔다. 이에 따라 2012학년도에는 이전 평가회의 결과를 반영하고 사전회의를 거쳐서 수업 지도안을 함께 작성하고 팀티칭으로 수업을 진행하는 멀티형 융합교육을 실시하였다. 연구교사들은 상호 간의 신뢰도가 매우 높고 의사소통 또한 자유롭고 원활하게 이루어졌는데, 이러한 개방적인 분위기는 모든 교사가 각 교과에서의 수업방법을 이해하고 협력가능한 학습내용의 탐구과정을 용이하게 하였다.

'융합을 빚다'는 1학년 15명으로 구성된 2개 반을 대상으로 90분씩 30회의 수업이 실험, 실습, 토론 등의 활동을 중심으로 실행되었다. 학생들은 일상생활에서 접할 수 있는 '물'을 소재로 하여 음악에서는 물과 흙을 주제로 한 음악작품을 감상하고 도자기로 만들어진 오카리나를 연주했으며, 미술에서는 직접 도자기를 만들었다. 문학에서는 도자기에 새겨진 한시와 시조를 배우고, 지구과학에서는 서로 다른 토양의 성질을 학습하였다. 수학교과를 통해서는 도자기에 숨어 있는 황금비와 도자기의 실제 부피를 구하는 방법을 고민했고, 화학에서는 도자기를 건조시키고 굽는 과정에서 일어나는 흙의 화학적 변화를 탐구하였다. 생물에서는 흙의 혼합 여부와 정도에 따른 식물의 생장을 직접 비교하였고, 기술정보교과를 통해 도자기의 원리가 실생활에 어떻게 활용되고 있는지 학습한 뒤 QR코드를 직접 제작하였다. 2013년 3월부터 11월까지 9개월의 프로그램이 진행된 이후 학생들은 자신이 제작한 도자기에 대하여 작품명, 작품에 새겨 놓은 글귀와 의미, 용도를 소개하고 각 교과수업을 통해 배운 도자기의 비밀에 대하여 정리하면서 감상과 소감을 적은 포스터를 제작, 발표하는 전시회를 가졌다.

'융합을 빚다'는 다양한 교과의 교사들이 함께 주제를 결정하고 프로그램과 차시별 수업 계획 등을 비롯하여 프로그램 실행 전반에 걸쳐 프로그램에 관련된 모든 교과의 교사가 열성적으로 협력한 사례다. 이는 주기적인 교사 워크숍과 협의회를 통해 프로그램과 관련한 주요사항을 결정하고 프로그램을 진행하였을 뿐만 아니라 성공적인 융복합교육을 위해서 수업시수와 학생을 확보하고 프로그램에 대한 효과성을 입증할 수 있는 환경 조성 및 학교의 관심과 행·재정적 지원이 중요하다는 것을 보여 주었다. 또한 학부모의 협력 및 프로그램을 직접 실행하는 교사와 융합 관련 전공자로 구성된 연구진과의 협력도 중요한 요소로 작용한다는 것을 보여 주었다.

⬇ 융복합교육의 실천을 위한 TIP

- 입시준비와 경쟁체제가 강조되는 현재의 교육환경에서 학생 활동중심의 융복합교육이 이루어지기 위해서는 학교 차원에서의 협력과 지원이 절대적으로 필요하다.
- 교사 각자의 교과별 수업으로 연계성이 결여되지 않기 위해서는 여러 교과의 교사가 학습 지도안을 함께 만들고 팀티칭이 가능한 영역을 개발하도록 한다.
- 학부모의 이해와 신뢰, 학생의 적극적인 참여, 프로그램에 직접 참여하지 않은 교사들의 배려와 협력 등 학교, 교사, 학부모, 학생의 협력이 필요하다.

실천방안 4. 융복합교육은 기존의 통합 교육과정에서 이루어진 교과 사이의 통합을 넘어 교사와 학생, 학생과 학생 사이에서 수학적 아이디어가 민주적인 협의 과정을 거치면서 창의적인 지식 생산에 도달하도록 한다.

3. 수학교과 융복합교육의 실천 **209**

사례: SC 연구 모형

'SC 연구 모형(The SC Studies Model)'은 수학, 과학, 언어와 사회 교과를 통합하고 South Carolina(이하 SC) 지역의 학생들이 문제현상에 적용할 수 있는 수학적 모델을 만들어 봄으로써 학문 영역이 실세계와 밀접한 관련성을 가지고 있다는 점을 이해시키려는 취지로 Horton 등 (2006)이 개발하였다. SC 연구 모형 개발을 위해 서로 다른 지역에 위치한 5개 중학교의 교사 팀이 지형과 문화가 다른 SC 지역을 답사하고 그와 관련하여 각자의 학교에서 수행할 수업 주제를 선정하였다. 일단 지역과 관련된 주제가 선정되면, 교과별 중학교 교사, 대학 교수, 대학원생으로 구성된 교과내용 팀이 책, 이야기, 지도, 천연자원부의 안내서 등을 활용하여 수업에서 직접 사용하거나 재구성할 수 있는 자료를 개발하였다. 먼저 교과별, 차시별로 학습 목표, 규준, 학생 활동이나 탐구 활동 및 사전 활동을 1일 단위로 조직한 활동 매트릭스를 작성하였는데, 이는 교사에게 수업과 관련된 전반적인 사항을 제공하였다. 다음은 Sandhills 지역의 광산업과 관련된 매트릭스의 일부로 2일차 수업에 대한 예시다.

교과	과학	사회	언어	수학-수준 1	수학-수준 2
학습 목표	채굴이 지형에 주는 영향 알기	광물질 제품 구입과정	다양한 자원 관련 정보 수집	광물 자료의 통계 분석	광물 자료의 통계 분석
활용 자료	광물질 지역과 다른 지역의 지표면 비교	광산업협회 비디오	자료 기록과 자료 수집	원그래프를 활용하여 통계 경향 나타내기	식을 활용하여 통계 경향 나타내기
필수 활동	항공사진 읽고 해석하기	제품 생산까지의 과정	자료 기록하기	평균값, 중앙값, 최빈값	평균값, 중앙값, 최빈값

이후에 세부적이고 구체적인 수업 계획을 1차시씩 개발하였는데 각 수

업에 대한 수업 지도안, 학생 활동지, 교사용 답안지를 개발하여 제공하였다. 예를 들면, '어떻게 지진을 측정할 수 있는가?'라는 수업을 위하여 교사에게 제공되는 수업 지도안에는 학생들이 리히터와 메르칼리 척도를 사용하고 해석할 수 있다는 목표를 제시하였고, 이와 관련된 수학교과의 규준을 언급하였다. 이 수업을 위해 학생들은 서로 다른 에너지 범주를 산술적으로 연결하는 능력이 요구된다는 조건도 명시하였다. 그리고 교사에게 수업을 위한 배경과 자료 정보를 제시하고 수업의 절차를 제시하였다.

수업의 절차에 따르면, 첫째, 학생들은 라디오, 텔레비전, 컴퓨터 등의 소리 버튼이 어떤 의미인지 생각하고 버튼 조절에 따른 소리의 크기를 측정할 수 있는 방법에 대하여 토론한다. 둘째, 지진과 관련하여 학생들은 동일한 절차를 거치면서 지진의 강도를 측정할 수 있는 방법을 토론한다. 셋째, 교사가 리히터 척도에 대해 설명하고 학생 활동지를 배부하면 학생들은 리히터 숫자와 에너지 방출의 관계와 다이어그램을 조사한다. 넷째, 교사는 리히터 척도와 같은 비선형 함수의 특징에 대해 전체 토론을 안내하고 가능하면 그래픽 계산기를 활용하도록 한다. 마지막으로 학생들은 SC 지역의 지질학적 통계 자료를 활용하여 지진의 강도를 수치로 나타내고 통계적으로 해석한다. 학생들은 메르칼리 진도척도가 표시된 자료를 보면서 다양한 지역의 진앙에서부터의 거리와 측정된 메르칼리 진도계급을 비교해 보고, 비례추론을 사용하여 축척도에 나타난 거리를 통해 실제 거리를 계산하며, 나타난 결과를 산포도로 표현한다.

이 프로그램은 "수학교과의 외적 상황에서 수학을 인식하고 적용할 수 있다."라는 NCTM(2000)의 규준을 중심으로 개발되었기 때문에 다른 교과 관련 지식을 습득하기도 하였지만 기본적으로 수학 이외의 교과는 수학적 모델을 만들기 위한 기초 자료와 정보를 제공하는 역할을 하였다. 이 프로그램은 학생들에게 다양한 교과가 통합된 교육내용을 제공하고 실생활 맥락에서의 과제를 제공하였으며 학생들의 다양한 의견 제시와 협력적 관계의 기회를 제공했다는 측면에서 다양성과 협력성을 고려했음을 알 수 있다. 또한 학생들이 직접 자료를 찾아보는 활동은 그들의 능동적인 참여를 고려한 것으로서, 이러한 측면을 종합하면 SC 연구 모형은 융복합적인 특성을 가지고 있다고 할 수 있다.

'SC 연구 모형'은 역사적으로 지진이 많은 지역인 미국의 South Carolina 주의 학생들에게 수학을 지도하는 데 지역공동체의 관심사인 지진을 주제로 하여 지진과 관련된 다양한 교과와 수학을 통합한 사례다. 각 학교의 교사가 학생과 학교의 상황을 고려하여 주제를 선정하면 교과내용 팀이 협의과정을 통해 교과내용을 구성하였다. 이를 위해서 교과별로 전문적인 교사, 대학교수, 대학원생 등 다양한 구성원이 참여하였다. 이와 같이 교과별 팀이 각자의 전문성을 바탕으로 자료를 개발하면 수업을 실행하는 교사가 개발 자료를 자신의 학생들에게 알맞게 재구성하여 수업에 적용하였다. 학생들은 수업에서 토론 활동을 통해 각 교과가 자신의 삶과 밀접하게 관련되어 있음을 이해할 수 있었다.

⬇ 융복합교육의 실천을 위한 TIP

- 소그룹 활동을 통하여 학생들이 문제해결 과정에서 민주적인 협의를 할 수 있는 기회를 제공한다.
- 교육 주체(학생, 교사, 교육내용)가 일방적인 관계가 아니라 유기적으로 상호작용할 수 있는 환경을 조성한다.
- 교사와 전문가, 연구자로 구성된 팀에서의 협의를 통하여 교육내용을 구성하고 수업을 개발하며 다양한 자료를 제공한다.

- 학생들의 의견을 수렴하여 수업 주제를 선정하면 학생들의 능
  동적이고 자발적인 참여를 독려하는 효과가 있으므로 더욱 성
  공적인 융복합교육이 이루어진다.

실천방안 5. 융복합교육은 추상적인 수학지식을 전달하는 교육에
서 탈피하여 학생들에게 의미 충실한 삶의 맥락을 바탕으로 그들의
능동적인 탐구와 표현 활동을 통해 삶의 맥락에서 의미 있는 형태의
수학을 재발견하도록 지도한다.

사례: '자료를 활용하여 사고하기' 프로젝트

정수된 물을 나라의 인구, 면적, 재생가능한 수자원의 양 등에 따라 균
등하게 할당하고 분배하는 것은 국가 간 분쟁의 원인이 될 수 있는 중요한
쟁점이다. Vahey 등(2012)은 이러한 세계적 맥락을 포함한 과제를 활용
하여 미국의 7학년 학생들을 대상으로 티그리스 강과 유프라테스 강의 물
을 그 주변 국가인 터키, 시리아와 이라크에 공정하게 분배하는 방법을 주
제로 정하고 '자료를 활용하여 사고하기(Thinking With Data)' 프로젝트
를 실시하였다.

이 프로젝트 수업은 사회 – 수학 – 과학 – 영어의 4개 모듈로 구성되었
고, 각 모듈당 45분 수업을 기준으로 10일간 진행되었다. 학생들은 첫 번
째 모듈인 사회시간에 물의 분배와 관련하여 지역의 긴장과 이를 해결하
려는 유엔의 노력에 대한 배경 정보와 함께 터키, 시리아, 이라크에서의
물의 중요성을 배웠다(1~2차시). 그리고 세 나라의 인구와 수자원 가용능
력에 대한 자료를 조사하여 개별적으로 각 나라의 물 분포도를 작성하고
수자원 가용능력과 사용에 대하여 설명하였다(3~6차시). 이후에는 현재
세 나라의 수자원 분배가 정당한지를 결정하고 좀 더 정당한 분배방법을

생각하는 모의 정상회담(Water Summit)에 참여하였다(7~10차시).

두 번째 모듈인 수학시간은 구성원의 수가 각각 다르게 모둠을 형성하고 모둠별로 각각 다른 개수의 동전을 받은 후에 그것을 공정하게 분배하는 내용으로 시작하였다(1차시). 그리고 가상의 세 나라와 각 나라의 인구, 수자원의 양이 표시된 그래프를 통해 물 분배를 비교하고 지도나 도표 없이 상대적인 분배를 양적으로 결정하였다(2차시). 이후에 학생들은 사회시간에 작성한 실제 자료에 1인당 척도를 적용하고 시험수의 염분을 비교하기 위한 염도와 같은 비례 척도에 대해 토론하며 비례 비교를 할 수 있는 백분율의 역할을 탐구하였다(3~8차시). 또한 학생들은 가상 국가의 물 분배 자료를 제시받고 그와 관련된 명제가 옳다고 주장하는 논쟁을 평가하였다(9차시). 마지막으로 학생들은 자신의 주장에 대하여 '정당한' 해결책임을 논증하였다(10차시).

세 번째 모듈인 과학시간에 학생들은 수자원 가용성과 수질에 숨어 있는 과학내용을 학습하고 실세계 쟁점을 탐구하기 위한 비례적 추론에 적용하였다. 강수량의 분석과 물의 순환은 터키가 상대적으로 많은 물을 공급해야 할 책임이 있다는 지역적 특성을 보여 주었다. 학생들은 또한 인간의 필요에 따른 신선한 물을 공급할 기술적 해결책과 함께 이러한 해결책이 생태계에 미칠지도 모를 부정적인 영향에 대해서 토론하였다. 마지막 시간에 학생들은 티그리스와 유프라테스의 분수령에서 발견된 쟁점과 미국의 쟁점 사이의 유사점과 차이점을 기록하면서 미국의 분수령에서 발견되는 쟁점을 조사하였다.

네 번째 모듈인 영어시간에 학생들은 미국에서 물과 관련된 쟁점에 대하여 설득력 있는 주장을 만들고 지지하기 위하여 지금까지 배운 모든 내용을 활용하였다. 수학시간의 9~10차시에 만든 주장과 논증을 가지고 학급 토론을 한 후에 과학 모듈에서 배웠던 미국의 분수령 지역에 영향을 주는 쟁점과 관련되는 논거를 세우고 지원하기 위해 자료 사용을 탐구하였다.

이 사례는 미국에 거주하는 학생들에게 세계적인 쟁점인 물 분쟁을 주제로 하는 세계적 맥락기반의 과제를 제공하고 있다는 특징을 가지고 있다. 또한 과제는 물 분쟁을 해결하기 위해 공급만 생각하는 것이 아니라 이 때문에 생길 수 있는 생태계에 대한 부정적인 영향을 논의한다는 측면에서도 세계적 맥락과 관련된 학습경험을 제공하고 있다. 그리고 지역을 좁혀 학생들이 사는 미국사회에서의 물 분쟁을 생각하게 한다는 점에서는 지역사회 맥락을 기반으로 하는 학습경험을 제공하고 있다.

한편, 학생들에게 자료 분석을 통해 주어진 쟁점과 관련한 논거를 찾고 설득력 있는 주장을 만드는 기회를 제공하였다는 점에서 교과 차원에서 요구하는 주제와 역량을 다루었고, 이는 개인적 맥락의 학습경험을 제공하는 것으로 볼 수 있다. 이와 같이 '자료를 활용하여 사고하기'는 하나의 쟁점을 다양한 교과와 관련지어 개인적, 지역사회적, 세계적 맥락 차원에서 다양하게 조명하고 접근하면서 학생이 의미 충실한 삶의 맥락과 연계된 수학을 발견하도록 한다. 또한 동일한 주제를 다양한 맥락에서 조명함으로써 학생들이 주제나 쟁점의 심각성을 진지하게 생각해 보는 기회를 가질 수 있다.

⬇ 융복합교육의 실천을 위한 TIP

• 지역사회나 세계사회의 쟁점을 중심으로 교육내용과 과제를 제공하면 학생들은 세계의 문제에 대해 생각할 수 있고 가깝게는 자신이 살고 있는 사회적 문제에 대해 심각하게 고민하는 기회를 가질 수 있다.

- 쟁점 해결을 위해 교과 개념과 원리가 기여할 수 있도록 수업을 구성할 필요가 있다.
- 실세계 맥락의 과제를 통하여 학생들은 수학을 재발견하고 삶과 수학 사이의 연관성을 인식할 수 있다.

실천방안 6. 융복합교육은 학생이 지향하는 삶과 정체성에 부합하는 지식과 역량을 계발하도록 지원하며, 궁극적으로 학생의 전인적 성장이 공동체의 발전으로 이어질 수 있는 역량의 계발을 지향한다.

사례: 영국의 'Creative Partnership' 프로그램

영국의 Creative Partnership(CP)은 1999년 영국 정부가 주도한 프로젝트기반 융복합교육 프로그램으로서 현대 사회가 요구하는 창의성과 문화적 이해를 체계적으로 개발하기 위한 교육개혁의 일환으로 진행되었다. 이러한 맥락에서 CP 프로젝트 활동은 다양한 분야의 전문가, 교사, 학생 사이의 유기적인 협력관계를 강조하여 이를 통해 교육이 학생의 삶으로 이어지고 나아가 직업 분야에서 전문적 역량을 계발하는 것을 목표로 하였다.

이를 위해 학생들은 개인의 학습동기에 따라 학습내용 및 방법을 선택하여 연구하며 다양한 문제를 여러 교과와 연계된 방법으로 해결해 나가도록 하였다. 문제해결 과정에서는 학생들이 교사, 다양한 분야의 전문가, 학부모, 자원봉사자, 공동체 지도자 등 여러 집단과 활발한 상호작용을 할 수 있는 기회를 제공하였다. 문제해결을 통한 학습은 학생이 교과에 몰입할 수 있도록 하며 교육과정이 삶의 맥락과 자연스럽게 연결되어 표준화된 교육과정보다 학생 개인의 삶에 의미 있고 흥미로운 내용으로 구성될 수 있다는 강점이 있다. 그뿐만 아니라 학생은 학습의 전 과정에서 주도적으로 의사 결정과정에 참여하게 된다.

CP의 한 사례인 '운동장 만들기 활동(Playground planning-Fun and Function)'은 수학, 과학, 공학, 사회, 미술, 디자인 등의 교과를 융합하여 학교 운동장을 건설하는 프로젝트다. 이 프로젝트를 수행하는 과정에서 학생들은 그 지역의 거주자가 함께 사용할 수 있는 운동장을 만들기 위해 그들의 의견을 조사하여 운동장 설계에 반영하였다. 수업시간에는 교과별로 운동장 설계와 건축에 관련된 지식을 학습하였고, 그 외에 건축에 관한 실제적 지식과 기능을 학습하기 위하여 지역의 건축회사에 주기적으로 방문하여 워크숍에 참여하였다. 학생들은 2차원 설계를 3차원 모델로 바꾸고, 다양한 소재를 검사하여 가장 적합한 소재를 선택한 다음 운동장을 만들고 이를 학교에 전달하여 학교환경 개선에 활용되도록 하였다.

CP 시행 이후 창의성 계발, 인성 발달, 학업성취도, 교육과정, 리더십과 경영 등의 영역에 대하여 설문지, 면담, 국가 학업성취도 자료 등을 통해 프로그램 평가가 이루어졌는데, 그 결과 학교 지도자, 교사, 전문가들의 창의성과 교육적 태도가 함양되었다. 그뿐만 아니라 학생들은 인성 및 여러 사회적 기능이 개발되었고 영어, 수학, 과학에서의 학업성취도가 향상된 것으로 나타났다. 또한 다양한 문제상황에 대한 창의적인 문제해결력, 위기 극복능력, 협동력 등의 능력이 계발된 것으로 나타났다.

CP는 실세계 상황에서 발생하는 과제를 다양한 교과와 연계하여 해결하는 과정을 통해 학생이 지향하는 삶의 목적과 정체성에 부합하는 지식과 역량을 계발할 수 있도록 학습환경을 제공하였다. 따라서 학습경험은 학생의 삶과 매우 긴밀하게 연결되었고 학생은 실세계 문제와 관련된 학습 주제에 대하여 깊이 탐구하며 지적 성장을 추구하도록 하였다. 나아가 타인을 배려하고, 지역사회의 삶을 개선하는 데 공헌하기 위해 노력하는 공동체 구성원으로 성장해 나가도록 하였다.

CP는 학생이 실세계에 의미 있는 지식을 학습할 수 있도록 교사뿐 아니라 지역공동체의 다양한 구성원의 참여를 유도하였다는 특징을 가지고 있다. 즉, 교육이 학교의 울타리를 넘어 사회, 기업, 다양한 전문가 커뮤니티의 참여로 수행됨으로써 효과적인 진로교육이 이루어졌고, 학생의 삶의 목적과 비전, 정체성을 형성하는 데 기여하였다.

⬇ 융복합교육의 실천을 위한 TIP

- 학생의 학습동기에 따라 프로젝트의 주제를 선정하여 자기주도적으로 과제를 수행해 나가도록 한다.
- 학생, 교사, 전문가, 지역공동체, 기업 등과 긴밀한 협력을 통해 과제를 수행할 수 있는 여건을 제공한다.
- 실험하기, 만들기, 경험하기 등 여러 가지 실제적이고 실천적인 방법을 활용한다.
- 프로젝트과정에서 자신의 정체성에 대한 성찰, 학문에 대한 깊이 있는 고찰, 진로에 대한 고민 등을 통해 지식을 습득하는 것 이상의 전인적 성장이 이루어지도록 한다.
- 프로젝트의 성과가 학생 개인의 지적 성장을 이룰 뿐 아니라 학교, 지역, 사회 등 여러 공동체에 공헌할 수 있는 기회가 되도록 한다.

4. 수학교과에서 융복합교육 실천을 위한 제언

융복합교육을 학생들이 자신의 삶 속에서 직면하는 문제를 해결하기 위하여 능동적이고 주도적으로 탐구지식의 경계를 넘나드는 시도를 통해 새로운 지적 국면으로 진입하며 다양성을 지향하는 교육적 실천이라고 할 때, 이는 경직화되고 획일화된 현재 학교교육에 대한 비판적 성찰과 변화를 가능하게 하는 개혁운동이라고 볼 수 있다. 이러한 관점에서 융복합교육 프로그램 사례를 살펴보았을 때 수학교과 관련 융복합교육이 다양한 교과와 융합함으로써 실세계에서 요구되는 핵심 역량을 함양하는 데 효과적으로 기여한다는 점을 확인할 수 있었다. 특히 능력의 함양을 포괄하는 융복합교육 프로그램의 예가 될 수 있다. 이와 같이 사회적 가치와 이슈를 중심으로 개발된 융복합교육 프로그램의 경우 지적 영역과 더불어 정의적 영역 및 세계시민성 등을 포함하는 다양한 영역의 핵심 역량 관련 내용을 수학수업에 도입하는 방안으로 활용할 수 있을 것이다.

현재 우리나라 학교현장의 여건은 융복합교육을 실천하기에 매우 어려운 상황이다. 국가적 차원에서는 창의적인 인재 양성을 목표로 다양한 정책을 제안하고 있지만 대다수의 국민들은 '좋은 대학 들어가기'를 목표로 입시위주의 교육, 백과사전식의 지식 습득을 위한 소모적인 교육을 지속하고 있는 현실이다. 그러나 미래 시대는 기존의 지식을 잘 재현할 수 있는 사람, 지식과 실제가 융합되지 않는 사람보다 기존 지식을 바탕으로 새로운 지식을 창출하고 창조하며 이론과 실제가 분리되지 않는 융합적인 인재를 요구한다. 이처럼 미래의 인재상에 대한 교육 주체들의 의식 변화가 일어나지 않는다면 국가적 차원의 다양한 미래 교육정책이 성공하지 못할 것이고 우리나라의 미래 또한 밝지 않을 것이다. 그러나 의식의 변화는 단번에 이루어지지 않는다. 교육의 최일선에 있는 교사들의 작지만 용기 있는 시작이 국민 전체의 의식 변화라는 큰 물결을 이루어 내는 원동력이 될 것이다.

융복합교육을 실천하는 데 또 다른 어려움은 교사들의 업무가 너무 많다는 점이다. 우선 융복합교육은 기존의 교과중심의 분과적인 지도방식과 비교하여 교사들에게 수업과 관련된 업무 부담을 크게 초래한다. 예를 들면, 융복합교육은 다양한 영역의 지식을 포함하므로 수업을 준비하려면 충분한 수업 연구가 필요하다. 만일 타 교과 교사와의 협력을 통해 융복합교육을 실천하는 경우 그들과의 협력적인 수업 준비 및 실천, 반성이 이루어져야 하며, 여기에는 막대한 시간적 · 정신적 · 정서적 노력이 요구된다. 따라서 수업을 계획하고 실천, 평가하는 과정을 효과적으로 진행하기 위해 활용가능한 지침서와 자료의 개발이 이루어져야 하며 수업 연구를 위한 과정을 고려하여 수업시수에 대한 배려가 있어야 할 것이다.

수학과 교육과정 역시 융복합교육 실천을 위해 시급한 개선이 필요한 과제 가운데 하나다. 현재 수학과 교육과정은 수학과 성격과 교수 · 학습 방법을 규정하는 부분에서는 수학과 실세계 현상과의 관계를 강조하지만 교과내용은 주로 수학교과에서 중요하게 다루어지는 지식과 기능중심으로 제시되어 있다. 이와 같은 교육과정 구성 방식은 수학교과의 융복합 과제를 개발할 때 다양한 교과와의 연계를 제한하는 요인으로 작용한다. 실제로 현재 학교현장에서 이루어지고 있는 수학교과의 융복합교육 프로그램은 주로 실세계 현상을 수학적 개념을 통해 분석하고 모델링하는 과제중심으로 수행되는 경향을 보인다. 이것은 기존의 지식을 잘 이해하고 활용할 수 있는 방법이 될 수 있다. 그러나 우리의 삶과 지식이 분리되지 않은 융합적 인재를 양성하고, 창의적인 지식을 창출하기 위해서는 실생활기반의 다양한 현상에 문제의식을 가지고 자신만의 수학적 아이디어를 통해 시행착오적으로 근접해 가는 교육도 이루어져야 한다.

이를 위해, 융복합교육 프로그램이 교과내용을 넘어 문화적 다양성 이해, 나눔, 배려 등과 같이 교육과정 총론에서 강조하는 사회적 쟁점을 포함하는 것이 한 가지 해결방안이 될 수 있다. 이때 사회적 쟁점을 포함시키는 것은 단순히 그것을 소재로 활용하는 것 이상으로, 교과 주제와 사회적 쟁점을 모두 포함하고 있는 복합적 문제를 해결하기 위해 다양한 수학적 · 융합적 전략을 활용하고 그 결과 새로운 지식과 기술을 창조하며 이를 통해 궁극적으로 자신이 속한 공동체, 사회, 세계에 공헌할 수 있는 역량을 갖춘 인재 양성을 지향하는 것이다. 이를 위한 실천적 방안으로 사회적 쟁점을 중심으로 수학과와 통합이 가능한 교과를 탐색해 보고 그들 교과에서 주어진 사회적 쟁점과 연관되는 주제를 찾아 그 주제 사이의 교과 간 연계성을 파악하여 각 교과의 교육과정을 재구성하고, 교과 간 협력을 통해 융합 프로그램의 개발 · 운영을 시도해 볼 수 있다.

마지막으로 융복합교육의 성공적 실천을 위해서는 교사 간 협력과 행 · 재정적 지원이 매우 중요한 역할을 한다. 이때 교사 간 협력은 단순히 개발 단계에서의 협의 수준에서 끝나지 않는다. 효과적인 융복합 수업을 위해 교사는 서로의 교직관과 교과관을 공유하고, 수업을 참관하고 평가하며, 교수 실행과정에서 충분히 소통해야 한다. 이러한 소통은 학교의 벽을 넘어 다양한 분야의 전문가와의 협력까지 포함해야 할 것이다. 따라서 학교의 안과 밖의 구분이 사라지고, 교육내용, 교육 주체, 교육기관이 가지고 있는 고유의 전문성을 공유하고 융합할 수 있도록 학교가 보다 개방적인 학습공동체로 변모할 필요가 있다. 학생들의 탐구 활동과 반성적 사고를 위한 충분한 시간과 환경을 확보하기 위해 블록타임제와 교과교실이 유용하게 활용될 수 있다. 그리고 이러한 학교 변화를 위해 행·재정적 지원은 필수적이며 융복합 수업 이후 학습 결과물을 평가할 때 학생들의 개별성과 다양성을 수용할 수 있는 평가방법의 개발과 그 실행을 뒷받침할 수 있는 제도적인 환경이 마련되어야 한다.

수학교육의 역사를 돌아볼 때 융복합교육은 현대 융합시대에 갑작스럽게 등장한 이슈가 아니다. 융합은 학습자로서 인류가 가지고 있는 학습 본성을 반영하며, 그러한 학습자 본성의 산물인 수학은 융합적인 지식이다. 이러한 관점에서 융복합교육은 학습자와 수학교과의 정체성을 바탕으로 하여 삶의 주체로서 학습자의 성장을 지향하는 교육이다. 전통적인 수학교육이 서구 이성주의적 규범에 따라 학습자를 정형화해 가는 교육을 통해 학습자 자신의 정체성을 외면하고 외적 규범을 지향하도록 하는 인간 소외의 우를 범했다면 인간과 지식의 본성을 반영하고 추구해 가고자 하는 융복합교육은 현재 교육의 문제점에 대한 개혁운동이라고 할 수 있다. 이에 융복합교육은 시대적 요구에 대한 우리 모두의 의식 변화와 교사 및 학생 등 여러 교육 주체의 용기 있는 실천으로부터 미래교육을 향한 패러다임 변화로부터 시작될 수 있을 것이다. 또한 융복합교육은 '수학교과' '수학교사' '학교'라는 경직된 틀을 넘어 다양한 관점이 공존하고 소통할 수 있는 유연한 학교문화를 형성하여 학교교육이 민주적이고 창의적인 미래의 세계시민 양성에 기여하는 데 토대를 마련할 것이다.

생각해 볼 문제

1. 수학의 융복합적인 특성을 반영하는 소재나 사례를 수학사나 수학과 교육과정에서 찾아봅시다. 그리고 선택한 소재나 사례를 융복합적이라고 생각하는 이유를 생각해 봅시다.

2. 이 장에서는 여러 가지 융복합교육 사례를 소개하고 각 사례의 어떤 특성이 융복합교육적인지를 논의해 보았습니다. 수학교과에서의 융복합교육 실천 사례를 찾아보고 어떤 측면에서 융복합교육적이라고 생각하는지 분석하여 서술해 봅시다.

3. 수학교과에서의 융복합교육은 우수한 학생에게 가능하다, 입시교육 현실에서 수학교과에서의 융복합교육은 실행 불가능하다, 수학교과에서 요구하는 기본 기능을 지도하고 수학의 아름다움을 인식할 수 있도록 하는 데 융복합교육은 적합하지 않다 등 수학교과에서 융복합교육의 실천에 대하여 여러 가지 어려움을 이야기합니다. 여러분이 생각하는 수학교과에서 융복합교육의 어려움은 무엇이고, 그러한 어려움을 극복할 수 있는 방법은 무엇일지 생각해 봅시다.

참고문헌

교육과학기술부(2010). 창의인재와 선진과학기술로 여는 미래 대한민국(2011년 업무 보고). 서울: 교육과학기술부.

교육과학기술부(2011). 수학과 교육과정. 서울: 교육과학기술부.

박영석, 구하라, 문종은, 안성호, 유병규, 이경윤, 이삼형, 이선경, 주미경, 차윤경, 함승환, 황세영(2013). STEAM 교사 연구회 개발 자료 분석: 융복합교육적 접근. 교육과정연구, 31(1), 159-186.

박조령, 고상숙(2011). 수학과 화학 통합 교육의 실행을 위한 교수·학습의 실제: 중학교 1학년 함수단원을 중심으로. 수학교육논문집, 25(3), 497-524.

박주호, 이종호(2013). 융복합교육 실증연구의 체계적 메타 문헌분석. 아시아교육연구, 14(1), 97-135.

박창균(2010). 수학과 학문융합. 한국수학사학회지, 23(1), 67-78.

이혜숙, 임해미, 문종은(2010). 수학과학통합 교육의 설계 및 실행에 대한 연구. 수학교육, 49(2), 175-198.

임유나(2012). 통합 교육과정에 근거한 융합인재교육(STEAM)의 문제점과 개선 방향. 초등교육연구, 25(4), 53-80.

한혜숙, 이화정(2012). STEAM 교육을 실행한 교사들의 STEAM 교육에 관한 인식 및 요구 조사. 학습자중심교과교육연구, 12(3), 573-603.

함승환, 구하라, 김선아, 김시정, 문종은, 박영석, 박주호, 안성호, 유병규, 이삼형, 이선경, 주미경, 차윤경, 황세영(2013). 융복합교육 개념화: 융(복)합적 교육 관련 담론과 현장 교사 포커스 그룹 면담을 중심으로. 교육과정평가연구, 16(1), 107-136.

홍영기(2009). 수학·과학교과의 주제중심 통합프로그램의 효과. 통합 교육과정연구, 3(1), 42-66.

Eves, H. (1995). 수학사(이우영, 신항균 공역). 서울: 경문사. (원저는 1953년 출간)

Freudenthal, H. (2002). *Didactical Phenomenology of Mathematical Structures*. Dordrecht, the Netherlands: Kluwer Academic Publishers.

Horak, V. (2006). A science application of area and ration conceps. *Mathematics Teaching in the Middle School, 11*(8), 360-366.

Horton, R. M., Hedetniemi, T., Wiegert, E., & Wagner, J. R. (2006). Integrating curriculum through themes. *Mathematics Teaching in the Middle School, 11*(8), 408-414.

Kapadia, R., & Borovcnik, M. (1991). *Chance Encounters: Probability in Education*. Dordrecht, the Netherlands: Kluwer Academic Publishers.

Lamon (1999). *Teaching fraction and ratios for understanding: Essential content knowledge and instructional strategies for teachers*. Mahwah, NJ: Lawrence Erlbaum.

Lave, J. (1988). *Cognition in practice: Mind, mathematics, and culture in everyday life*. Cambridge: Cambridge University Press.

Leonard, J. (2004). Integrating Mathematics, Social Studies, and Language Arts with "A Tale of Two Cities". *Middle School Journal, 35*(3), 35-40.

National Council of Teachers of Mathematics(NCTM) (2000). *Principles and Standards for School Mathematics*. Reston, VA: The author.

Vahey, P., Rafanan, K., Patton, C., Swan, K., van t Hooft, M., Kratcoski, A., & Stanford, T. (2012). A cross-disciplinary approach to teaching data literacy and proportionality. *Educational Studies in Mathematics, 81*, 179-205.

Westbrook, S. L. (1998). Examining the conceptual organization of students in an integrated algebra and physical science class. *School Science and Mathematics, 95*(2), 84-92.

제8장

융복합교육과 사회과 교육

1. 사회과에서 융복합교육의 필요성

융복합교육은 점차 증가하는 불확실한 문제를 다양한 관점을 고려하여 종합적 시각에서 해결하기 위해 지식과 학문의 세계를 창의적이고 유연하게 융합하여 접근하려는 교육적 시도다. 분과적이고 파편적인 지식이나 정보로는 점점 복잡해져 가는 현실의 문제를 해결하기 어렵기 때문에 지식의 융합 혹은 학문 간의 연계가 증가하고 있다. 그림을 전체적으로 크게 보고 다양한 맥락을 고려하여 퍼즐 조각을 맞추는 능력이 요구되고 있으며, 이러한 측면에서 융복합교육도 강조되고 있다. 특히 오늘날 인류가 새롭게 직면하는 디지털 융합기술의 발전, 환경 파괴와 생태 위기 등은 다양한 시각을 융합하는 다차원적인 접근이 필요하다(노상우, 안동순, 2012; 박영균, 2009).

사회과는 교과 특성 자체가 융복합교육의 취지와 밀접하게 관련된다. 사회과(social studies)가 탄생한 배경은 1900년대 초 미국의 남북전쟁 후 도시화, 공업화에 따른 사회문제와 대량 이민자 유입에 따른 정체성 혼란을 해결하고 미국시민으로서의 정체성을 형성하기 위한 것이었다. 새롭게 변화하는 사회의 문제해결을 위한 사회과의 모습은 시민으로서 사회생활을 영위하는 데 필요한 소양을 기르는 것으로, 이는 교과 간 통합의 중핵으로서 사회과의 특징을 보여 준다. NCSS(National Council for Social Studies, 2010)도 사회과 교육의 목적을 '젊은이들이 상호 의존적인 세계에서 문화적으로 다양하고 민주적인 사회의 시민으로서 공공선을 위한 현명하고 합리적인 의사 결정을 할 수 있는 능력을 계발하도록 돕는 것'으로 제시하였다. 사회과 관련 학문 영역 간의 연계에 대해서도 시민의 자질(civic competency)을 촉진하기 위해 사회과학과 인문학의 탐구를 통합하도록 하였다. 사회과는 인류학, 고고학, 경제학, 지리학, 역사학, 철학, 정치학, 심리학, 종교, 사회학뿐만 아니라 인문학, 수학 그리고 자연과학으로부터 적절한 내용을 활용하여 조합한 체계적인 학습 프로그램을 제공할 필요가 있다는 것이다. 우리나라의 사회과 교육과정에서도 사회현상을 종합적으로 이해하는 교과로서 사회과의 특징은 지속적으로 강조되었다. 사회과는 '지리, 역사 및 제 사회과학의 개념과 원리, 사회제도와 기능, 사회문제와 가치, 그리고 연구방법과 절차에 관한 요소를 통합적으로 선정, 조직하여 사회현상을 종합적으로 이해'하는 교과로 성격이 규정되었다(교육과학기술부, 2012).

사회과에서 통합은 최근의 융복합교육처럼 학문 간 혹은 교과 간의 경계를 넘어서는 시도보다는 사회과를 구성하는 지리, 역사, 정치, 경제, 법, 사회문화, 윤리 등 제반 사회과학 학문 영역의 내용을 통합하여 교육과정을 재조직하는 것에 초점을 맞추었다(차경수, 모경환, 2008). 그러나 이러한 과정에서도 융복합과 관련해 진일보한 시도가 있었다. 일반사회 영역 내에서 통합적 접근이라는 한계는 있었지만 2007 개정 교육과정의 고등학교 '사회' 과목에서는 단원명을 '문화' '정의' '세계화' '인권' '삶의 질'로 설정하고 해당 주제에 대해 정치, 경제, 법, 사회문화의 관점에서 통합적으로 학습하도록 교육과정을 설계하기도 하였다. 고등학교 '사회'는 2012년 교육과정 개정을 거치면서 사회과의 범위를 넘어서 인문학 등이 포함되는 주제를 통합하는 내용을 다룰 수 있도록 확장되었다. 초등학교 과정에서도 5차 교육과정부터 1, 2학년 과정에서 사회 영역과 과학 영역이 통합되어 통합 교과로서 '슬기로운 생활'을 가르치고 있다. 사회과교과 정체성과 관련해 논란을 불러오면서도 사회과에서 통합 혹은 융복합은 지속적으로 제기되고, 또한 시도되고 있음을 알 수 있다.

최근에 대두되고 있는 융복합 현상은 학문 간 혹은 교과 간의 경계를 넘어서는 움직임으로 나타나고 있다. 이러한 움직임은 과학, 수학, 기술 교과를 중심으로 STS 교육, MST 교육, STEM 교육 등의 형태로 나타났으며, 최근에는 인문학 및 예술을 포함하는 STEAM 교육으로 발전하고 있다(김진수, 2012). 그러나 과학, 기술, 수학 등의 융합에 사회과의 관점이 어떻게 결합되고 기여하는지에 대해서는 크게 주목되지 못한 점이 있다. 융합인재교육으로서 STEAM 교육에서도 과학과 기술 지식과 이를 활용한 창의적인 문제해결뿐만 아니라, 과학기술과 관련된 사회문제를 비판적으로 판단할 수 있는 능력을 갖추는 것이 강조되고 있다(박현주, 2012). 과학기술은 현대 사회의 문제들과 밀접한 관련을 맺고 있으며 그 자체로서 사회문제의 직접적 대상이 되기 때문이다(홍성욱, 1999). 이러한 맥락에서 사회과가 적절하게 접목된 융복합교육은 현대 사회에서 발생하는 다양한 학문 분야와 생활 영역의 현상을 사회적 관점에서 비판적으로 인식하는 데 도움을 줄 뿐만 아니라 융복합을 더욱 다양하고 심도 있게 구성할 수 있는 가능성을 넓혀 줄 수 있다. 융복합은 사회과 측면에서도 교과 간 융복합 설계과정에서 다른 교과와의 연관성을 탐색하여 사회과의 외연을 넓히고, 과학기술 시민성을 포함한 사회구성원으로서 시민이 갖추어야 할 역량을 확장시킬 수 있다.

2. 사회과 융복합 프로그램의 구성원리

사회과 관련 융복합 프로그램의 구성과정에서 융복합교육의 원리와 구조에 대한 이해는 융복합 개념과 특징을 보다 명확하게 파악하고, 융복합교육의 실천방법을 구체화하는 데 도움이 된다. 함승환, 안성호, 주미경, 차윤경(2012)은 21세기의 변화하는 국제적 환경과 사회적 실재에 적합한 인재를 양성할 '융복합교육'의 핵심적 원리로 '능동성' '다양성' 등을 제시하였다. 그리고 이선경 등(2013)은 융복합교육의 구성 요인을 목표, 방식, 맥락 측면에서 구분하였다.

1) 사회과 융복합 프로그램의 구성에서 고려할 기본 원칙

사회과 융복합교육 프로그램을 구성하기 위해서는 앞에서 제시된 융복합교육의 원리를 사회과의 맥락과 접목하여 구현하는 것이 중요하다.

첫째, 사회과 교육의 핵심적 목표 중의 하나는 시민으로서의 행동을 뜻하는 참여의 촉진이다. 참여는 융복합교육에서 강조되는 학습자의 능동성을 바탕으로 한다. 따라서 사회과 융복합교육 프로그램의 구성에서도 학생이 자신에게 의미가 있는 학습을 수행하고, 그 학습을 통해 스스로 행동에 대한 의미를 구성해 가는 능동성을 강조할 필요가 있다. 교사 주도의 지식 전달이 아닌 학습자 스스로 탐구하고 문제를 해결하는 자기주도적인 학습 활동을 포함하는 것이 중요하다.

둘째, 사회과는 인간이 처해 있는 자연환경과 인문환경의 다양성을 전제로 하여 이러한 사회적 환경하에서 인간이 발전시켜 온 여러 문화와 가치 및 다양성의 공존을 주요 학습내용으로 하고 있다. 아울러 사회구성원으로서 학생들은 서로 다른 다양한 지적 · 경험적 배경을 가지고 있다. 따라서 사회과 융복합 프로그램을 구성할 때는 교사의 전문성과 학생의 배경, 취향, 수준, 흥미, 그리고 그들이 만들어 가는 지식체계에서의 차이를 수용하고 이해하며 공존을 지향하는 접근이 필요하다. 융복합 프로그램의 구성과 실행에서 다양성은 프로그램을 풍부하게 할 뿐만 아니라 학습자 간의 상호 맥락적 이해를 깊게 할 수 있다.

셋째, 사회과 교육의 학습 대상인 사회생활은 다양한 사회구성원 간의 상호 의존을 전제로 한다는 점에서 협력은 중요한 요소다. 따라서 사회과 융복합교육 프로그램의 구성과 실행에서도 사회적 주제와 관련된 다양한 교과의 교사, 그리고 학생 사이의 협력적이고 수용적인 관계가 마련될 필요가 있다. 특히 사회과 학습방법으로 자주 활용되는 상호 협력적인 융복합 프로젝트는 일반적인 학습전략보다 협력경험을 촉진할 수 있다.

넷째, 사회과 교육의 바탕이 되는 인간의 사회생활은 역사적 시간과 지리환경적 공간의 맥락에서 항상 구성되어 가는 과정이라고 할 수 있다. 인간 행동의 본질적 의미도 이러한 실세계의 맥락 속에서 이해될 수 있다. 따라서 사회과 융복합교육에 대한 접근도 추상적인 지식을 전달하는 방식이 아니라 학생들의 의미 충실한 삶의 맥락에서 이루어지는 활동과 체험을 기초로 이루어질 필요가 있다. Herczog(2010)는 왜 사회과를 가르치는가라는 질문에 대해 '큰 생각(big idea)'과 우리 스스로에 대한 '지속적인 이해(enduring understanding)'가 중요함을 강조하면서, 이것은 학생들이 학습한 바를 관련 있는 실세계의 시나리오에 적용할 수 있는 능력을 갖추도록 하는 것이라고 하였다. 또한 맥락성이 있는 교육은 인간 활동의 산물로서 지식을 대상화하는 교육적 실천에서 벗어나 지식이 삶의 맥락에서 갖는 의미와 책무를 의식할 것을 강조하였다.

다섯째, 사회과 융복합교육 프로그램은 교육현장에 참여하는 다양한 주체 사이의 대화적 관계에 기초할 필요가 있다. 교사가 학생에게 교과 지식을 고착된 형태로 전달하는 수업이 아니라 교과 지식에 대한 학생의 해석을 존중하고, 다양한 학생의 해석을 종합하며, 공유하는 방식으로 학습을 진행하는 것이다. 이는 사회과에서 강조하는 민주주의 이념과 그 맥을 같이한다. 교수 · 학습 과정에 참여하는 모든 구성원이 민주적 상호작용을 통해 함께 성장하는 과정에서 사회과에서 강조하는 민주시민의 자질이 함양될 수 있다.

2) 사회과 융복합교육 프로그램의 구성 틀

(1) 사회과 교육과 융복합 목표

사회과는 '시민성(citizenship) 함양' 혹은 '민주시민의 자질 함양'을 교육목표로 한다. 사회과 교육과정에서 민주시민이란 "사회생활을 하는 데 필요한 지식을 바탕으로 인권 존중, 관용과 타협의 정신, 사회 정의의 실현, 공동체의식, 참여와 책임의식 등의 민주 가치와 태도를 함양하고, 나아가 개인, 사회 문제를 합리적으로 해결하는 능력을 길러 개인의 발전은 물론, 사회·국가·인류의 발전에 기여할 수 있는 자질을 갖춘 사람"으로 명시하고 있다. 사회과 교육목표로서 민주시민의 자질은 지식, 기능, 가치태도를 포함하는 것으로 규정되고 있지만 의미가 포괄적이어서 변화하는 사회에서 시민이 갖추어야 할 역량을 구체화하여 융복합 프로그램에 반영할 때는 효과성이 떨어질 수 있다. 이러한 맥락에서 21세기 사회 변화에 따라 사회구성원으로서 요구되는 자질을 역량으로 범주화하려는 시도는 사회과 융복합교육에서 추구할 시민으로서의 역량을 구체화하는 데 참고할 수 있다.

구체적인 시도 중에서 이선경 등(2013)은 〈표 2-1〉에서 제시한 바와 같이 OECD(2005)가 제시한 핵심 역량을 토대로 융복합교육의 목표와 구체적인 하위 역량을 재구성하였다. 핵심 역량을 사회과 융복합교육의 목표와 관련지어 살펴보면 다음과 같다.

첫째, 사회과 교육에서 추구하는 지식과 기능의 목표는 '도구의 상호작용적 활용' 역량과 밀접하게 관련된다. 도구의 상호작용적 활용 역량은 지식 및 기능 습득의 일반을 포괄하고 있기 때문이다.

이 역량의 하위 역량 중 하나인 '핵심 개념 · 원리 · 소양 습득 및 활용'은 특히 지식적 측면과 관련되나, 융복합교육이 다양한 학문이나 교과 차원에서의 결합을 시도하고 있기 때문에 구체적으로 학습목표로서의 핵심 개념이나 원리를 특정하고 있지는 않다. 따라서 사회과 융복합교육에서는 프로그램과 연계되고 있는 각 학문이나 교과의 핵심적 개념 또는 원리를 추출하여 역량 목표로서 재구성하는 것이 필요하다. '언어, 상징 및 텍스트 활용'은 인간의 사고와 의사소통의 바탕이 되는 기능의 활용과 관련된다. 사회과에서 언어 활용은 의사소통과 토의 · 토론 활동에서 주로 나타나고, 상징 및 텍스트의 활용은 문자, 통계, 도표, 지도 등의 활용과 관련된다. 그러나 언어 · 상징 · 텍스트는 음악, 그림, 외국어, 도구, 신체 표현 등으로 나타날 수도 있다. 융복합을 통해 다른 교과의 언어 · 상징 · 텍스트 기능을 활용하는 프로그램을 개발한다면 사회과 학습의 폭과 깊이는 더욱 풍부해질 것이다. 이는 '테크놀로지 활용'에서도 마찬가지다. 테크놀로지 활용은 사회과를 포함한 대부분 교과 활동을 확장시키고 교과 간 연계를 수월하게 하는 등 테크놀로지의 발달로 21세기 학습환경의 필수적인 부분으로 자리 잡아 가고 있다.

둘째, 사회과에서 강조되는 집단적 수준에서의 관계적 능력 및 사회문제해결과 관련된 능력의 주요 요소는 '이질적인 집단에서의 상호작용' 역량과 관련된다. 미국사회과교육협회(NCSS)도 사회과 교육과정의 10대 주제의 다섯 번째로 "개인, 집단, 제도: 사회과 프로그램은 개인과 집단 그리고 제도 사이의 상호작용을 탐구하는 학습경험을 제공해야 한다."라고 밝히고 있다(Herczog, 2010). 그 하위 역량인 '타인과의 관계 형성 및 유지' '협력적 작업' '갈등 관리 및 해소'

는 상호작용적 학습이 일어나는 모든 교육 장면에 적용될 수 있다. 그리고 학습과정에서의 협동과 문제해결 능력은 학습의 장을 벗어나 직업 활동을 포함한 사회생활의 장에도 적용된다. 사회과는 개인 간 혹은 집단 간의 상호작용으로 구성되는 사회생활 자체를 탐구의 대상으로 하며, 주로 이해 및 가치관의 차이에 따라 발생하는 사회적 갈등 및 문제해결과 집단적 의사 결정을 직접적인 대상으로 하기 때문에 이질적인 집단에서의 상호작용 역량은 특히 중요하다.

셋째, '자율적인 행동 역량'도 사회과와 밀접하게 관련된다. 미국 사회과교육협회(NCSS)는 "개인 발달과 정체성: 사회과 프로그램은 개인의 발달과 정체성에 대한 탐구를 제공하는 경험을 포함해야 한다."를 사회과 교육과정의 10대 주제의 네 번째로 제시하였다. 이는 '정체성 · 자존감 확립 및 자율적 인생계획'과 맥락을 같이한다. '지역 · 세계 사회의 바람직한 변화 야기'도 다른 교과보다 사회과 교육에서 추구되어야 할 목표와 직접적으로 연결되고 있다.

(2) 사회과 교육과 융복합 방식

교과교육의 차원에서 융복합교육에 대한 관심 중 하나는 융복합교육이 기존의 교과체제와 병존하면서 유지될 수 있는가 혹은 융복합교육이 교과의 성격을 약화시키는 방향으로 작용하는가다. 융복합교육이 기존의 교과중심 교육에 대한 대체재로서 작용한다면 당연히 교과의 독자적인 영역과 비중은 축소될 가능성이 있다. 특히 융복합을 통해 기존의 교과가 아닌 별도의 통합 교과가 만들어질 경우 개별 교과의 영역은 줄어들 것이다. 그러나 융복합교육은 현재의 교과체제에 대하여 대체적인 측면만 있는 것은 아니다. 사회과에서도 융복합교육이 적합한 일부 단원에 다른 교과의 내용을 접목하는 방향에서 시도될 수 있다. 복수의 교과가 결합된 프로그램에서도 주제의 특성에 따라 사회과가 중핵(core)의 역할을 담당할 수도 있다(박영석, 2012).

사회과가 관련될 수 있는 융복합의 방식을 구분하자면 다학문적 접근, 간학문적 접근, 초학문적(탈교과적) 접근으로 나눌 수 있다. '다학문적 접근'은 융복합의 바탕이 되는 교과내용이 실제적으로 온전히 유지되면서 융복합이 이루어지는 것으로, 사회과는 융복합 결과 다른 교과와 병렬적으로 위치할 수 있다. '간학문적 접근'은 복수의 교과에 걸친 공통 학습 요소가 존재하는 결합, 즉 특정 교과 내에 다른 교과의 내용이 상당부분 혼합되어 학습이 이루어지는 융복합으로, 사회과와 학습주제가 중첩되는 교과와 상호 수렴적인 형태로 융복합을 할 수 있다. '초학문적 접근'은 개별 교과 및 전공의 경계가 허물어지고, 개별 교과내용이 새로운 종합적 틀 속에서 재조직되는 융복합의 형태로, 사회과와 관련된 사회적인 이슈들은 초학문적 접근에 기여할 수 있다.

융복합의 형태는 내용 측면만이 아닌 기능 측면에서도 고려할 수 있다. 융복합교육에서는 관련 교과내용의 습득뿐만 아니라 종합적인 문제해결력이나 관련 기능도 중요하다. Ingram(1979)은 구조적 통합과 구분되는 기능적 통합을 교과보다는 학습자의 경험이나 사회생활의 맥락에서 접근하여 일종의 문제중심, 생활경험중심의 접근을 하고 있다. 또한 Fogarty(1999)는 여러 교과 간 통합의 한 형태인 '꼬치(threaded) 모형'에서 사고기능, 사회적 기능, 협동기능 등을 중심으로 여러 교과의 내용을 실로 꿰듯이 접근하고 있다. 사회과가 내용이나 주제를 제공하고 이를 표현하는 과정에서 국어과의 글쓰기나 미술과의 그리기를 활용하는 것도 융복합의 한 형태로 제시할 수 있다. 기능중심의 융복합을 추구할 때는 우선 핵심적 기능을 확인해야 한다. 예를 들면, 읽기(문해력, literacy)가 핵심 기능의 역할을 하는 경우 융복합의 한 부분으로 포함된 역사에서는 사료의 표면 읽기와 이면 읽기가 가능하고, 지리에서는 지도 읽기가 있을 수 있으며, 언어에서는 문학작품 읽기, 미술에서는 그림 읽기 등 읽기 기능을 다양한 교과 차원에서 융복합적으로 다룰 수 있다. 핵심적 기능이 다양한 교과나 학문 분야에서 다루어질 때 기능에 대한 이해가 상호 보완적으로 이루어질 수 있다(박영석, 2012).

(3) 사회과 교육과 융복합 맥락

사회과에서는 시민성의 다중적 측면과 관련하여 맥락 학습이 강조된다. 맥락은 어떤 사물이나 현상과 관련성을 맺고 있으며 그것을 이해하는 데 도움이 되는 것이다. 지식은 학습자가 실세계 문제해결에 참여하면서 자신을 둘러싼 실세계를 이해하고 설명하고자 노력한 결과의 산출물이며, 지식 생산과정에 참여한 다양한 관점과 배경을 가진 구성원들 사이에서 이루어지는 의미 협상의 결과물이 될 수 있다(이선경 외, 2013). 융복합 맥락의 차원은 학습 맥락을 조건화하는 실세계와 관련하여 제기되는 쟁점의 유형에 따라 '개인적 맥락' '지역사회 맥락' '세계사회 맥락'을 하위 범주로 포함하고 있다.

시민이 실제 생활에서 직면하는 사회적 쟁점 중에는 다층적 맥락이 상호 충돌하여 갈등을 일으키는 경우가 적지 않다. 환경 문제나 문화적 특성 등은 개인적 맥락에서 접근할 때와 지역사회적(local)

맥락에서 접근할 때, 그리고 세계사회적 맥락에서 접근할 때 서로 다른 인식과 상이한 이해관계를 노출할 수 있다. 예를 들면, 환경오염을 일정 부분 유발하는 기술을 사용하는 산업의 경우 지역이나 국가적 측면에서는 이해관계가 얽혀 용납될 수 있다고 하더라도 세계적인 차원에서는 보편적인 인류의 이익을 침해하는 결과를 초래할 수 있다. 사회과는 다문화, 인권 및 정의의 상대성 문제 등과 관련한 맥락적 상충에 대한 인식 및 해결과 관련된 사례와 연구가 다른 교과보다 풍부하다. 사회과적 관점의 도입은 융복합교육의 맥락적 특성을 풍부하게 할 수 있다.

3. 사회과 관련 융복합교육 프로그램의 설계

융복합 프로그램 설계와 관련해 Jacobs가 간학문적 프로그램의 설계과정에서 강조한 다음과 같은 요소를 활용하면 효과적이다 (Drake, 2009). 우선 통합하려는 문제나 쟁점, 테마를 확인한다. 그리고 이와 관련한 조직센터의 준거를 확인한다. 그런 다음 간학문적인 내용들이 어떻게 연결되는지 구조화한다. 구체적인 활동을 계획하기 전에 핵심적인 활동을 포함하는 길잡이 질문을 구성한다. 이를 토대로 구체적인 활동계획을 세운다. 일부의 간학문적 프로그램은 이에 평가 활동의 준거나 계획을 추가하기도 한다.

1) 융복합 주제의 선정과 교육과정 분석

(1) 주제 선정

융복합 프로그램 설계의 첫 번째 단계는 융복합 주제의 선택이다. 주제는 학습을 위한 초점이며 전반적인 계획의 토대가 되고, 학습 활동을 구성하기 위한 출발점이 된다(Drake, 2009: 93-94). 주제는 프로그램의 특성 및 형태에 따라 문제 혹은 쟁점으로 표현될 수도 있다. 주제는 실체적이고 탐구할 가치가 있는 것으로서, 의미(핵심적인 아이디어)와 구조(핵심 아이디어가 탐구되는 방식) 둘 다를 포함한다. 좋은 주제는 학습을 위한 초점을 제공하는 것 외에 문화적 다양성의 개발과 여러 관점을 허용한다. 따라서 의견의 불일치가 나타날 가능성도 커지고 학습내용을 개발할 때 학생들과 교사들 사이의 상호작용을 허용한다. 문제는 현실세계의 상황으로서 학생들은 문제해결을 위해 다양한 출처로부터 내용정보를 가지고 와야 한다. 주제는 정보를 수집하기 위한 틀을 제공하는 반면에, 문제는 정보가 문제해결을 위해 사용될 것을 요구한다는 점에서 차이가 있다(Wolfinger & Stockard, 2006).

주제 선정과 관련된 원천으로 Martinello와 Cook(1994)은 '학생들의 공통적이고 일반적인 관심사' '학생들의 특별한 관심사' '널리 보급된 학생용 문학작품' '교과서에 등장하는 토픽' '미술품' '시사 문제' '지역사회의 특별한 유적' '문화유산' '교사들의 특별한 전문지식 및 관심사' '실물과 제작물' '추상적인 아이디어'를 제시하였다(Wolfinger & Stockard, 2006). 이 중에서 특히 시사적인 문제나 지역사회의 특별한 문화유산(유적) 또는 산업 등은 사회과와 관련된 융복합 주제 선정에 효과적이다. Meinback, Rothlein, & Fredricks(1995)는 초등학교 통합 교육 관련 주제 선정을 위한 아이디어를 다음의 〈표 8-1〉과 같이 제시하였다. 주제를 살펴보면 상당수가 사회과가 융복합 주제와 연관되어 있음을 알 수 있다.

표 8-1 학습 주제 선정을 위한 아이디어

주제	초등 1~3학년	초등 3~6학년
교육과정 영역	동물, 계절, 공룡, 날씨, 식물, 건강 유지, 지구 변화, 태양과 달, 자성, 단순한 기계, 빛과 열, 이웃, 지역사회, 수송, 성장, 가족생활, 휴일, 축하, 스포츠, 미국의 원주민	몸의 체계, 발명가들, 환경, 해양학, 한살이, 일과 에너지, 전기, 소리와 빛, 태양계, 변화하는 지구, 공간, 신학, 지리학, 발견, 국가의 형성, 개척생활, 전쟁과 평화, 다문화주의, 직업, 고대문화
쟁점	숙제, 가족의 일, 형제, 쓰레기 처리, 규칙	공해, 수질, 유독 쓰레기, 공기오염, 핵의 힘
문제	에너지의 이용, 범죄, 자연자원, 환경, 식량	오존층, 기아, 인구, 석유, 야생동물, 태양의 힘
특별한 사건	생일, 겨울휴가, 서커스, 야외여행, 올림픽, 여름휴가	우주선 발사, 선거, 월드 시리즈, 슈퍼볼, 특별한 날씨, 입법
학생의 흥미	공룡, 괴물, 상어, 비행기, 친구와 이웃, 휴가, 공간여행, 해양생물, 무서운 것들	컴퓨터, 유명인, 생태학, 환경, 스포츠영웅, 관계, 옷, 휴가
문학적 관심	요정 이야기, 스포츠 이야기, 동시, 아동 소설, 좋아하는 저자의 책	전설, 무서운 이야기, 스포츠 영웅, 로맨스 소설, 추리소설, 자서전, 좋아하는 저자의 책

출처: Meinback et al. (1995: 9-10) 재구성.

(2) 융복합 주제 관련 교육과정 분석

교육과정 분석은 교과 영역을 넘나드는 지식과 기능, 즉 간학문적인 개념과 기능을 찾는 것이다. 교과 간 겹치는 부분을 발견하고 공통점과 차이점을 확인할 수 있다. 이는 교육과정 융합에서 광각렌즈를 갖도록 한다. 이를 통해 융복합교육 과정 설계의 큰 그림을 그릴 수 있다. 융복합 주제 선택과 교육과정 분석은 교육과정 설계의 특징에 따라 순서를 바꾸어 진행할 수 있다.

교육과정 분석은 주제와 관련한 교과교육과정에 대한 수직적, 수평적 검토로 이루어질 수 있는데, Drake와 Burns(2006)는 이를 교육과정에 대한 수평적·수직적 스캔이라고 하였다. 수평적 분석은 해당 학년 학생들이 학습하는 다양한 과목의 교육과정에서 유사한 학습주제와 관련 있는 학습내용을 찾는 것이다. 이는 주제 관련 진술이나 정보의 소재를 파악하는 것 등이다. 수직적 분석은 현재의 학년과 다른 상·하위 학년에서 유사한 주제가 반복적으로 나타나는 점에 주목한다. 그리고 이 주제에 관한 진술과 정보의 유사성 및 복합성이 어떻게 다루어지고 있는지 계열적으로 분석하는 것이다.

수평적·수직적 분석의 과정에서는 주제와 관련해서 어떠한 요소를 찾아야 할 것인가가 중요하다. 분석과정에서 주제와 관련되는 지식과 기능을 선정하는데, 이때 특히 지식 혹은 개념의 포괄범위와 관련하여 다양한 견해가 나타날 수 있다. 동일한 개념에 대해서 교과 간에 접근하는 관점과 포괄하는 범위가 다를 수는 있다. 그러나 이것은 단점만으로 작용하는 것은 아니며 융복합을 통한 다양한 접근으로 개념의 수준과 포괄범위에 대한 고차적 사고가 가능해질 수 있다. 다음은 초등학교에서 융복합 주제를 교육과정과 관련지어 분석한 사례다.

'초등 통합 교육과정 개발연구(이동원 외, 2012)'에 참여한 E교사는 '변화하는 세계'를 통합 주제로 선정하였다. 교사가 담당하는 4학년에서 개발 기간의 제한으로 11월 셋째 주부터 12월 둘째 주 사이의 진도를 고려하여 공통분모가 될 수 있는 내용을 현실적으로 선택할 수밖에 없었다. '변화하는 세계' 주제 관련 교과 단원은 다음과 같다.

[국어] 7. 삶의 향기(읽기): 배경을 생각하며 이야기 읽기
[사회] 3-3. 우리 사회의 인구 문제
[수학] 7. 꺾은 선 그래프
[음악] 사이좋은 악기 형제
[미술] 6-3. 나도 그림책 작가

국어과의 7단원 '삶의 향기'에서는 배경을 생각하며 이야기 읽기 내용을 통해 시대적, 공간적 배경에 따른 인물의 행동 변화, 사건의 변화를 알 수 있다. 사회과 3단원 '사회 변화와 우리 생활'에서는 과거와 현재의 인구 문제의 변화와 원인 등을 살펴볼 수 있다. 수학 7단원 '꺾은 선 그래프'에서는 변화하는 내용을 그래프로 나타내는 방법을 알고 예상할 수 있는 능력을 키울 수 있다. 음악과 미술교과를 통해서는 변화 관련 지식과 내용을 악기나 그림을 활용하여 구성할 수 있다.

(3) 주제 선정 협의

융복합 프로그램을 설계하는 데에는 교사들 혹은 교사와 학생들 간에 주제 선정을 위한 협의가 필요하다. 대개 융복합 프로그램에는 다양한 교과의 교사가 참여한다. 따라서 이들 간의 주제 선정 협의는 매우 중요하다. 여기서 한 가지 방안은 교사 한 명이 중심이 되어 혹은 독자적으로 설계하는 것일 수도 있다. 그러나 한 교사가 교육과정

을 설계하더라도 다른 교과 전공교사들과의 의견 교환은 많은 도움
이 될 수 있다.

융복합교육 과정의 적절성을 증가시키기 위한 또 다른 방안은
교육내용 구성에 학생들의 참여를 확대하는 것이다. 이러한 접근
은 Ingram(1979)의 기능적 통합에서의 내재적 접근이나 Fogarty
(1999)의 학습자 통합의 '몰입형'과 그 맥락을 같이한다. 학습자의
요구와 관심을 바탕으로 융복합교육의 내용을 구성하면 학습의 개
방성과 자율성을 높일 수 있다. 융복합교육 과정 프로젝트에 관련되
는 적절한 아이디어가 학생들로부터 나오는 경우가 많으며, 학생들
이 주제 선정에 참여할 경우 그들의 자기주도적인 참여가 높아질 수
있다(박영석, 2012). 이 과정에서 주제 관련 브레인스토밍은 좋은 전
략이라 할 수 있다. 그러나 융복합 학습의 경험이 부족하고 교사의
교육과정 재구성 권한이 제한될 경우에는 학생들의 참여를 촉진하
는 것이 다음의 사례와 같이 수업과정의 혼란을 유발할 수도 있다.

'다양성과 포용'이라는 주제로 초등학교 6학년을 대상으로 통합 프로그
램을 진행하였다. 세계 여러 나라를 학습 소재로 학생들과 브레인스토밍
과정을 통해 사회교과의 인문환경과 자연환경, 실과의 다양한 음식의 조
리방법, 도덕과의 다양한 문화에 대한 관용과 존중 및 공존을 융합한 프로
그램이다. "프로그램의 최초 기본 전제는 학습자중심의 수업을 해 보자는
것이었고 계획부터 진행에 이르기까지 학생들과 100% 합의를 통해 모든
내용을 구성해 보리라는 꿈에서 시작되었다. 교사는 익숙하지 않은 수업
방법에서 혼란을 느꼈고 매 시간 배움이 일어나는지에 대해 불안한 마음
을 떨쳐 버릴 수 없었다. 학생도 배경지식 부족과 성취욕구 결여로 무엇을

> 배우고 싶은지 더 궁금한 것은 무엇인지를 고민하느라 대부분의 시간을 보냈다."(이동원 외, 2012: 43)

2) 융복합교육의 목표 확인

교육목표는 교육 프로그램을 통해 궁극적으로 달성하고자 하는 바를 말한다. 융복합교육이 단순한 학문 간 혹은 교과 간 결합을 넘어 변화하는 불확실한 사회에 요구되는 역량을 기르기 위해서는 목표 설정이 중요하다. Drake와 Burns(2006)는 통합 프로그램을 통해 지식을 넘어서 기능과 인성 측면도 아우르기 위해 이들을 연결하는 지식-기능-인성의 다리 구조를 제안하기도 하였다. 융복합 프로그램을 설계할 경우 사회과의 교과 목표를 넘어서 추구해야 할 다른 것이 있지는 않은지, 그 근거는 무엇인지에 대해 다음의 사례와 같이 고민이 나타날 수 있다(이동원 외, 2012).

> (통합 교육과정을 구성하게 되면) 통합 수업을 통해 각 교과에서 추구하는 목표 도달과 더불어 통합 수업 자체로 또 다른 목표가 생기게 된다. 즉, 각 교과의 목표 도달을 위해 재구성하여 새로운 통합 교육과정을 구현한다면 그 통합 교육과정 전체의 목표가 생길 것인데 그것이 과연 필요한 것인지 또는 그것의 타당성은 무엇인지 그 근거에 대해 고민이 생긴다.

융복합교육은 21세기 사회구성원에게 요구되는 핵심 역량을 포괄

적으로 추구한다. 그러나 개별적인 프로그램이나 프로그램 안에 포
함되어 있는 하위 학습 단위의 활동에서는 교육목표가 세분화되어
설정될 수 있다. 앞서 제시한 융복합교육 목표의 범주인 '도구의 상
호작용적 활용 역량' '이질적인 집단에서의 상호작용 역량' '자율적
인 행동 역량'은 다음의 사례와 같이 구체적인 프로그램 목표 설정
에 기준과 근거가 될 수 있다.

'마쓰자카 목면'은 일본 미에현의 이세 시립 이스즈 중학교에서 이루어
진 향토산업기반 소비자 교육 프로그램이다. 이 프로그램은 환경교육의
측면에서 접근한 융복합교육 사례로서, 유네스코 한국위원회에서 2011년
간행한 ESD 교재 활용가이드에 일본 초중학교 ESD 실천 활동 사례 중의
하나로 제시되었다.

기술·가정 교과와 총합적 학습 교과를 활용한 활동으로 기획되었지만,
그 내용에는 사회, 미술 등 다양한 교과의 요소가 통합되어 있다. 특히 지
역사회의 역사와 향토산업, 상품 판매와 기업의 사회적 책임 및 공정무역
관련 내용은 사회과 학습과 깊게 연관되어 있다. 주요 학습내용으로 기술,
가정 교과의 기능학습내용인 '바느질 연습' '생활소품 제작' 미술교과 관련
내용인 '상품 및 광고 디자인', 사회교과 관련 내용인 '기업의 사회적 책임'
'공정무역' '소비자 생활'과 범교과적 내용인 '환경 문제' 등을 포함하고 있
다. 마쓰자카 목면 학습 프로그램에서는 학습목표를 다음과 같이 제시하
였다(유네스코아시아문화센터, 2011: 12).

1. 체험학습이나 의견 공유 활동을 통해 사회구성원으로서의 정체성을
   높이고 타인을 이해한다.
2. 지역의 전통산업인 마쓰자카 목면을 통해 조상의 지혜와 노력을 알
   고 공감할 수 있다.

3. 파도누비, 감침질, 직선누비 등의 목적과 방법을 알고, 일상생활에서 활용가능한 수선기술을 습득함으로써 순환형 사회를 실현할 수 있는 능력을 함양한다.

4. 독창적인 상품의 제작·판매를 통해 기업 활동을 모의체험할 뿐만 아니라, 장래의 취업이나 소비생활에 대한 아이디어를 얻는다.

5. 지역 주민, 상품 구입자와 함께 지속가능한 사회를 만들기 위해 가치 있는 수익금 활용법을 생각하고, 지역·국제 사회의 일원으로서 공생에 대해 이해한다.

6. 기업의 CSR 활동을 조사하고, 공정무역 상품에 대해 배우며, 지속 가능한 사회 실현에 도움이 되는 상품에 대한 선택능력을 계발할 수 있다.

마쓰자카 목면 사례에 나타난 학습목표를 융복합교육의 목표 구성 틀을 적용해 역량 범주와 하위 목표별로 다음과 같이 재구성해 볼 수 있다.[1]

목표 역량 범주	하위 역량	세부 학습목표 설정(예)
도구의 상호작용적 활용	언어, 상징 및 텍스트 활용	• 학습 활동과정에서 자신이 의견을 밝히고 표현할 수 있다. • 글, 도표, 그래프, 언어 등 다양한 상징을 활용하여 향토산업 관련 정보를 탐색할 수 있다.
	핵심 개념·원리·소양 습득 및 활용	• 향토산업 제품 판매이윤 사용과 관련해 기업의 사회적 책임을 알 수 있다. • 제품의 가격 결정 요소를 제시하고 제품가격과 기업의 이윤의 관계를 설명할 수 있다.

---

1) 마쓰자카 목면 학습 프로그램을 융복합교육 프로그램 구성 틀을 적용해 분석한 보다 상세한 내용은 이선경 등(2013)에서 확인할 수 있다.

	테크놀로지 활용	• 제품 판매기록 및 비용 계산을 위해 컴퓨터 프로그램을 활용할 수 있다. • 주주총회에서 사업성과 발표를 할 때 PPT를 활용할 수 있다.
이질적인 집단에서의 상호작용	타인과의 관계 형성 및 유지	• 모둠 활동 과정에서 타인의 입장을 이해하고 공감하여 원만한 관계를 유지할 수 있다.
	협력적 작업	• 판매제품 결정 및 판매전략 수립 추진 과정에서 구성원의 역할을 조정하고 협력할 수 있다.
	갈등 관리 및 해소	• 판매이윤의 사용을 둘러싼 구성원들 사이의 이견을 조정하여 타당한 해결 방안을 도출할 수 있다.
자율적인 행동 역량	정체성 · 자존감 확립 및 자율적 인생계획	• 향토산업 활성화를 통해 자신의 역할에 자부심과 긍지를 가질 수 있다.
	개인의 행동 변화	• 향토산업 제품에 관심을 갖고 가치를 고려한 소비를 할 수 있다.
	지역 · 세계 사회의 바람직한 변화 야기	• 지역 산업 활성화를 통해 주민들의 향토산업에 대한 인식을 촉진할 수 있다. • 생산이윤의 분배 및 활용 과정에서 사회구성원의 공존에 기여할 수 있는 산업의 사회적 책임을 실천할 수 있다.

3) 융복합 프로그램 틀 구성

(1) 교과 간 연결구조

프로그램을 효과적으로 구성하기 위해서는 교과 간 연결내용의 전체적인 망을 제시하는 것이 효과적이다. 주제를 중심으로 융복합

관련 교과의 지식과 기능 등을 연결하여 제시하는 것이다. Jacobs
는 이 모습을 수레바퀴에 비유하여 간학문적 바퀴라 하였다. [그림
8-1]은 Graham, Coghtan, Sullivan과 Stuats이 제시한 환경 문
제 주제와 관련 교과 및 활동을 연결하여 교과 간 연결구조의 사례
(Drake, 2009: 88)를 보다 단순화하여 재구성한 것이다.

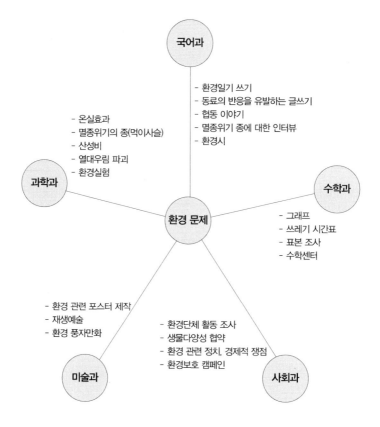

[그림 8-1] 융복합 주제 교과 간 연결구조

출처: Drake(2009: 88)의 브레인스토밍 망 그림 재구성.

(2) 융복합 프로그램의 구성방식

융복합 프로그램을 구성하는 방식에는 다학문, 간학문, 초학문적 방식이 있을 수 있다. 실제 융복합 프로그램은 적게는 몇 개 차시의 결합형태부터 비교적 오랜 기간이 소요되는 단원까지 구성될 수 있다. 또한 융복합 프로그램을 구성하는 세부적인 내용은 실제로 프로그램의 목적과 내용의 특징에 따라 일부는 다학문, 일부는 간학문, 일부는 초학문적 방식으로 구성될 수 있다.

마쓰자카 목면 학습에서도 전체적으로는 간학문적 융복합방식이 중심이 되었지만, 구체적인 프로그램 구성에서는 다학문적, 간학문적, 초학문적 방식이 혼합되어 나타났다. 마쓰자카 목면의 제작을 위한 기능을 연습하는 '손바느질 연습'과 '재봉틀의 직선 바느질 연습'에서는 다학문적 융합이 시도되었다. 이 학습은 기술, 가정 교과의 독립적인 학습이지만, '마쓰자카 목면'이라는 전체적인 융복합 주제에 독립적 교과가 기여하는 형태로 구성되었다. 간학문적 융합은 '독자적인 상품 개발 제작'을 주제로 기술교과의 목재가공, 가정교과의 재봉 및 자수, 미술교과의 디자인, 사회교과의 기업 경제 활동 등이 결합되어 10차시가 소요된 5차 활동에서 나타났다. 초학문적 융합은 '독자적인 상품의 판매'와 '독창적인 상품의 수지결산' 주제에서 나타났다. 이 부분은 학습 지도계획에서도 '교과과정 외'라고 명시되었고 길거리 모금 활동은 총합적 학습시간과 연계되어 이루어져서 특정 교과 혹은 이들 간의 결합보다는 초학문적 통합의 맥락에서 진행되었다. 구체적인 차시 구성은 다음과 같다(유네스코아시아문화센터, 2011: 13).

차시 (시수)	내용
1(1)	• 마쓰자카 목면의 역사와 독창적인 상품 개발을 위한 동기 부여
2(2)	• 손바느질 연습
3(1)	• 환경 문제 - Recycle(재활용), Reuse(재이용), Reduce(감량), Refuse(거절) - 이세 시 및 독일의 쓰레기 문제
4(1)	• 재봉틀의 직선 바느질 연습
5(10)	• 독창적 상품 개발, 제작 - 촘촘히 누빈 컵 받침, 책 커버, 휴대용 주머니, 티슈 케이스, 주방 장갑, 아로마 양초 케이스, 구두, 소품대, 베트남식 자수가 들어간 컵 받침 등(해를 거듭할수록 개발상품이 증가하여 기업과의 공동 개발상품을 출시하였고 기술교과 분야의 목재 가공과의 협력도 있었다.)
6(2)	• 독창적인 상품 판매 고안 - 상품가격의 결정 및 이익을 올리기 위한 고안 - 상품에 붙일 문구와 광고 공유 및 결정(광고 디자인)
7	• 독창적인 상품의 판매(교과과정 외) - 길거리 모금 활동(총합적 학습시간과 연계)
8(1)	• 독창적인 상품의 수지결산 - 캄보디아 지뢰 제거 지원에 순이익 기부(교과과정 외)
9(1)	• CSR(기업의 사회적 책임) 이념
10(4)	• 기업의 CSR 활동 조사 및 신문 제작
11(3)	• 공정무역 - 이념과 구조 (1) - 상품의 비교, 검토(공정무역과 일반 초콜릿 시식) (2) - 가족과 함께 홍차 비교와 검토하기(교과과정 외)
12(2)	• 정리 - 프로슈머로서의 정체성 - 지속가능한 사회의 실현을 지향하는 소비자, 생활자(시민)

(3) 융복합 맥락에 대한 고려

교육과정의 적절성을 증가시키기 위한 하나의 방도는 주제를 맥락 속에 넣는 일이다. 융복합 학습주제는 학습자들의 환경 혹은 경험의 맥락과 관련지어 가르칠 때 실제적인 학습 효과를 거둘 수 있다. 예를 들면, 해양이라는 주제는 다양한 학문 분야의 내용이나 기능을 동원하여 여러 가지 활동을 조직하기 적합한 주제지만, 해변 지역의 학생들과 내륙의 학생들에게는 맥락성이 다르게 작용할 수 있다. 해변지역 학생들은 바다나 해변에 가 본 경험이 많고 해산물 음식이 풍부하고 지역 주민들의 삶과도 익숙하며 조사하거나 자료를 수집할 지역과 센터 등이 많기 때문에 맥락에 대한 관심과 이해가 풍부할 수 있다(Wolfinger & Stockard, 2006).

아울러 융복합교육 프로그램 설계과정에서는 개인적 맥락, 지역사회 맥락, 세계사회 맥락과 같은 맥락의 다양한 차원을 고려할 필요가 있다. 같은 주제라도 어떠한 맥락에서 다루는가에 따라 그 의미가 달라질 수 있기 때문이다. Wolfinger와 Stockard(2006)는 환경오염을 예로 들어 같은 주제도 학년 수준과 맥락에 따라 다르게 학습될 수 있음을 지적하였다. 초등 저학년에서는 환경오염을 학교와 가정의 관점에서 다루고, 중학년에서는 지역사회의 환경 문제를 다루며, 고학년에서는 국가나 세계 문제와 연결하여 다룰 수 있다는 것이다.

마쓰자카 목면 사례는 학습자에게 익숙하면서도 외면받아 쇠락해 가는 향토산업 제품인 '마쓰자카 목면'을 주제로 하고 있다는 점에서 지역사회 맥락을 잘 반영한 프로그램이다. 이 프로그램은 지역적 맥락을 반영하였음을 개발 취지를 서술한 부분에서 다음과 같이 밝혔다.

"가부키 연기자가 입는 줄무늬 옷을 마쓰자카라고 통칭할 정도로 마쓰자카 목면이 지역의 주된 산업으로서 번창하던 시대가 있었다. 그 전통은 의상재료나 소품 분야에서 지금까지 계승되고 있지만 정작 마쓰자카 지역의 학생들에게는 전혀 관심을 받지 못하였다. 그래서 마쓰자카의 중학교에서는 기술 · 가정 수업시간을 이용하여 마쓰자카 목면의 발상을 알아보고, 그 역사와 전통을 계승해 후세에 전수해 온 장인들의 정신과 노력을 배움으로써 지역과 직업을 연계한 통합 이해교육을 진행하기로 하였다. 나아가 학생들이 목면 소재를 이용한 상품을 직접 개발하여 지역 시장에 판매해 보는 수업을 계획하였다."

이 프로그램은 세계사회적 맥락에서 접근할 수 있는 기회도 제공하고 있다. 마쓰자카 목면 판매의 수익금 사용에 대하여 전 지구적 차원에서 유용한 사용처를 검토하도록 하였다. 학생들은 수익금을 지뢰 때문에 고통받는 캄보디아 사람들을 위해 사용하였고, 이를 계기로 캄보디아 어린이들과 교류를 하게 되었다. 이를 통해 지역사회 맥락에서의 사고를 벗어나 세계사회적 맥락에서도 자신들의 활동을 생각해 보도록 하였다.

4) 구체적인 프로그램의 활동(내용) 계획

주제가 선정되고, 융복합 학습의 목표가 설정되며, 교과 간 연결구조를 밝혀 융복합 방식에 대한 아이디어를 얻고, 융복합에서 고려할 맥락까지 검토하였다면, 남은 과제는 구체적인 프로그램 활동을 계획하여 실천하는 일이다.

구체적 프로그램 계획 단계에서는 핵심적(길잡이) 질문 도출, 학습 내용과 사고의 연결, 평가 계획의 검토가 이루어질 필요가 있다. 우선, 주제의 핵심적 내용을 분담하여 적절하게 포괄할 수 있는 길잡이

질문을 찾는다. Drake(2009)는 통합 단원을 설계하기 위해서는 본
질적인 질문을 만들어 낼 것을 제안하였다. 이 길잡이 질문은 광범위
한 학문과 연결된다.

　다음으로 전체적인 프로그램 내용의 논리적 구조가 완성되면 구
체적인 활동 계획을 짜는 단계로 넘어간다. 구체적인 활동 계획은 융
복합의 내용과 사고(기능)를 연결하여 작성할 것을 권고하였다. 내용
과 사고의 연결과 관련해 Jacobs(1989)는 '사고과정(T) + 내용 학습
(C) = 성과(O)'라는 공식을 제시하고 이를 간학문적 모형의 매트릭
스라고 표현하였다. 이 매트릭스를 활용하면 융복합 프로그램 전체
에서 내용의 논리적 구조와 프로그램에 포함된 내용과 사고(기능)의
결합을 파악할 수 있으므로 융복합 프로그램에서 채워져야 하는 균
형을 확인할 수 있다. 또한 평가 계획은 융복합교육 프로그램의 성과
를 나타낼 수 있는 수행행동과 단원의 성과를 사전에 검토하고 개발
하는 것이다.

　초등학교 통합 프로그램 설계과정에서 E교사는 '변화하는 세계'를 주제
로 국어, 사회, 수학, 음악, 미술, 체육 교과를 통합하여 프로그램을 구성하
였다(이동원 외, 2012). 아래의 표에서 프로그램의 전체적인 구조와 주요
활동을 요약하여 제시하였다. 이 프로그램에서 단계별로 제시된 주제는
길잡이 질문과 유사한 기능을 수행하고 있다. 학습내용 항목은 내용뿐만
아니라 사고나 기능과도 관련되지만 구체적으로 제시되지는 않고 있다.
목표 부분은 이 통합 학습을 통해 도달해야 할 성과를 예시하고 있어서 평
가의 지표로도 활용될 수 있다.

차시	단계	통합과목	주제	목표		내용
				통합 목표	교과목표	
1	도입	음악 국어 사회	여러 가지 자료를 통해 변화하는 세계 인식하기	우리가 살고 있는 세계는 계속해서 변화하고 있음을 알 수 있다.	- 음악: 음악을 듣고 연주악기들의 특징을 말할 수 있다. - 국어: 작품에 나타난 배경을 알 수 있다. - 사회: 인구의 변화에 따라 이를 해결하기 위한 정책을 알 수 있다.	세계 여러 나라의 악기를 통해 '변화하는 세계' 인식하기
2						인구 변화를 통해 우리나라와 세계의 변화 인식하기
3	과거	미술 국어 사회	여러 가지 자료를 통해 과거의 모습 살펴보기	과거와 현재 모습을 비교하여 현재와 다른 과거의 모습을 찾을 수 있다.	- 미술: 수묵화의 표현방법을 알고 그릴 수 있다. - 국어: 그림을 보고 작품의 배경을 찾아 이야기 할 수 있다. - 사회: 과거의 성 역할을 알 수 있다.	과거의 그림을 통해 변화하는 성 역할, 생활 모습 알아보기
4						과거 그림을 통해 수묵화 기법 알아보기
5						현재와 다른 과거의 모습을 수묵화로 그려보기
6	현재	체육 국어 사회	현재 우리가 사는 모습을 과거와 비교하기	과거와 현재의 모습을 비교하여 과거와 다른 현재의 모습을 알 수 있다.	- 체육: 조상들의 여가 놀이를 알고 변형시켜 할 수 있다. - 국어: 이야기의 배경과 인물의 성격을 관계 지을 수 있다. - 사회: 오늘날의 여가생활에 대해 알 수 있다.	'김덕령 이야기'의 배경과 사건의 관계를 통해 놀이 변화 알아보기
7						오늘날 여가 시간에 즐기는 놀이 해 보기
8						과거와 현재의 여가생활의 변화 비교하기

9 ─ 10	미래	음악 수학 사회	미래 우리 의 모습 예 측하기	과거와 현재 의 변화를 통 해 미래 우리 사회 모습을 예측할 수 있 다.	- 음악: 여러 가지 악 기를 이용하여 합주 를 할 수 있다. - 수학: 꺾은선 그래 프의 특징을 알고 그릴 수 있다. - 사회: 저출산 고령 화에 따른 인구 문 제를 알 수 있다.	인구 구성비를 나타낸 그래프 를 통해 미래 우리 사회 예 측하기 기악 합주의 변 화를 예상하여 다양한 악기로 연주해 보기
11 ─ 12	정리	미술 사회	사회문제의 해결방안을 찾고 변화 하는 세계 에 대해 인 식하기	사회 문제의 해결 방안을 찾고 변화하 는 세계에 대 해 바르게 인 식한다.	- 미술: 미래 모습을 상상하여 그림책으 로 만들 수 있다. - 사회: 인구 문제에 대한 대책을 제시할 수 있다.	우리나라와 지 구촌 인구 문제 해결방안 찾기 주제를 정해 변화 모습을 알 수 있는 그 림책 만들기

4. 맺음말

　사회가 급변하고 지식에 대한 접근에서 구성적 유연성이 강조되는 오늘날 실제 삶과 유리되지 않는 학습을 통해 학습자의 역량을 길러 주는 것은 교육의 중요한 과제다. 융복합교육은 통합적인 성격을 갖는 사회과의 본질을 충실히 구현할 수 있는 유용한 방법이라 할 수 있다. 그러나 사회과 융복합이 나아가야 할 방향과 관련해 강조되거나 유의할 점이 있다.

　우선, 융복합교육 설계과정에서 통합 혹은 융합에 대하여 명확한 체계적 인식이 없으면 통합은 내적인 체계 범주와 계열을 갖추지 못하고 각 학문으로부터 잡다한 지식을 섞어 놓은 것(potpourry)에 불과하다(Jacobs, 1989). 융복합의 정체성과 효과적인 프로그램 설계를 위해서는 융복합의 원리와 융복합의 구조에 대한 지속적인 연구와 실천이 필요하다. 다음으로, 융합을 심화하는 것만이 정도가 아닐 수 있다. 융복합교육이 분절적인 현재 교과체제에서 나타나는 문제점을 해결할 수 있는 효과적인 대안이기는 하지만, 융복합교육이 현재의 교과체제와 반드시 대립적일 필요는 없다. 극단적인 융합과 극단적인 분과적 접근 사이에 다양한 융복합 방식이 존재할 수 있다. 융복합은 현재의 교과체제 중 필요한 일부 단원에서 시도될 수 있고, 다양한 교과를 바탕으로 학제적인 접근을 하는 별도의 교과형태로 마련될 수도 있다. 끝으로, 학습자 차원의 융합에 더 주목할 필요가 있다. 지식 정보사회의 구성주의적 학습환경에서 개별 교과의 구조나 기능 혹은 분과적인 전공 배경을 갖는 교사의 역할은 제한적일 수밖에 없다. 융복합 학습과정에서 학습자 자신의 삶 혹은 진로 설계의 관점에서 학습자 스스로 지식을 융합하는 방식이 강조되어야 한다.

생각해 볼 문제

1. 사회과에서 융복합교육적인 접근이 필요한 이유를 사회과 교육을 통해 기르려는 시민의 자질과 관련지어 생각해 봅시다.
2. 사회과에 적합한 융복합 방식을 다학문적, 간학문적, 초학문적 접근과 관련지어 생각해 봅시다.
3. 사회과에서 융복합에 적합한 주제를 제시하고, 주제에 관련되는 교과와 그 근거를 생각해 봅시다.

참고문헌

교육과학기술부(2012). 2009 사회과 개정 교육과정(제2012-14호). 서울: 교육
과학기술부.

김진수(2012). STEAM 교육론. 파주: 양서원.

노상우, 안동순(2012). 학문융합 관점에서 본 현대교육의 이론적-실천적 변화
모색. 교육종합연구, 10(1), 67-88.

박영균(2009). 이념적 통섭을 통한 학문적 통섭의 모색. 문화과학사, 59, 287-
317.

박영석(2012). 사회과 융복합교육의 형태와 실현과제. 시민교육연구, 44(4),
77-115.

박현주(2012). 우리나라 STEAM 교육을 위한 고려 사항. 한국과학교육학회 동계
학술대회 논문집, 27-30.

유네스코아시아문화센터(2011). ESD교재활용가이드, 지속가능한 미래로의 희망:
일본 초중학교 ESD 실천활동 사례집(김이성 역). (원저는 2009년 출간)

이동원, 박수정, 민윤, 황인석, 정태호, 임용덕, 김혜란(2012). 초등통합교육과정
개발연구. 경기: 경기도교육청.

이선경, 구하라, 김선아, 김시정, 문종은, 박영석, 신혜원, 안성호, 유병규, 이삼
형, 이승희, 이은연, 주미경, 차윤경, 함승환, 황세영(2013). 융복합교육 프
로그램 구성을 위한 기초 연구: 현장 사례 분석을 통한 구성틀 적용 가능성
탐색. 학습자중심교과교육연구, 13(3), 483-513.

차경수, 모경환(2008). 사회과 교육. 서울: 동문사.

함승환, 안성호, 주미경, 차윤경(2012). 글로컬 수준의 융복합교육 개념화: 현
장 교사 대상 Focus Group Interview 분석. 한국다문화교육학회 융복합교육
심포지엄 자료집.

홍성욱(1999). 생산력과 문화로서의 과학 기술. 서울: 문학과지성사.

Drake, S. (2009). 교육과정 통합의 기초(박영무, 허영식, 유제순 공역). 파주: 교
육과학사. (원저는 1998년 출간)

Drake, S., & Burns, R. (2006). 통합 교육과정(박영무, 강현석, 김인숙, 허영식
공역). 서울: 원미사. (원저는 2004년 출간)

Fogarty, R. (1999). 교사를 위한 교육과정통합의 방법(구자억, 구원회 공역). 서

울: 원미사. (원저는 1991년 출간)

Herczog, M. M. (2010). Using the NCSS National Curriculum Standards for Social Studies: A Framework for Teaching, Learning, and Assessment to meet State Social Studies Standards. *Social Education, 74*(4), 217-222.

Ingram, J. B. (1979). *Curriculum Integration and Lifelong Education*. Pergarmon Press.

Jacobs, H. H. (1989). *Interdisciplinary Curriculum: Design and Implementation*. Association for Supervision and Curriculum Development.

Martinello, M., & Cook, G. (1994). *Interdisciplinary inquiry in teaching and learning*. New York: Merrl.

Meinback, A., Rothlein, L., & Fredricks (1995). *The Complete to Thematic Units: Creating the Integrated Curriculum*. Norwood, Mass: Christopher-Gorden Publishers.

National Council for the Social Studies(NCSS) (2010). *National Curriculum Standards for Social Studies: A Framework for Teaching, Learning, and Assessment*.

OECD (2005). *The definition and selection of key competencies: Executive summary*. Paris, France: OECD.

Wolfinger, D., & Stockard, J. (2006). 통합 교육과정의 이론과 실제(강현석, 박영무, 조영남, 허영식, 이종원 공역). 파주: 양서원. (원저는 1997년 출간)

제9장

융복합교육과 과학교육

과학교육에서 통합은 오래된 과제다. 자연현상은 물리 또는 생물현상으로 분리되어 존재하지 않고 융복합적으로 존재하지만, 이를 가르치는 과학교육의 현장에서는 언제부터인가 물리 · 화학 · 생물 · 지구과학이 분리되어 있었다. 새로운 교육과정이 만들어질 때마다 또는 새로운 교과서를 집필할 때마다 통합의 문제는 늘 화두가 되었고, 또 늘 제자리로 돌아갔다. 각 영역이 너무 독자적으로 학문체계를 형성하고, 다른 영역과의 소통없이 교육을 시도하고 있었기 때문이다. 에너지, 환경 등의 주제 영역 정도가 이러한 통합을 가능하게 하는 유일한 주제로 여겨졌다. 그러나 현재는 지속가능한 사회를 만들어 나가기 위해 실제 세계에서의 여러 쟁점이 가지고 있는 복잡성(complexity)이 그 어느 때보다 강조되고, 여러 영역의 통합과 연계가 중시되고 있다.

세계를 환원된 조각으로 파악하기보다는 전체를 총체적으로 바라보는 시스템적인 사고의 중요성도 강조되고 있다. 미국에서는

STEM(Science, Technology, Engineering and Mathematics) 교육
이 강조되고 있으며, 최근 한국에서는 과학, 기술, 공학, 수학에 예술
(Art)을 더한 STEAM 교육이 강조되고 있다. 이들 접근에서는 단순히
과학과 기술의 통합이 아니라 또는 과학 영역 내에서의 통합이 아니
라 공학, 수학, 예술과의 통합을 지향한다. 2009년 개정 교육과정에
따른 고등학교 과학과 교육과정에서는 융합과학적 성격을 띠고 있
는 선택 과목인 '과학'을 개설하고, 우주의 기원과 진화, 태양계와 지
구, 생명의 진화, 정보통신과 신소재, 인류의 건강과 과학기술, 에너
지와 환경 등의 영역을 통해 통합적 과학교육을 시도하고자 하였다.
하지만 개설 취지에도 불구하고, 실제로 이를 가르칠 수 있는 교과서
의 집필과 또 이를 적용한 수업은 교사들에게 큰 부담이 되었다.

　이 장에서는 과학교육에서의 융복합교육을 통하여 지속가능한 사
회와 미래를 위한 과학교육이 기여할 수 있는 방안과 그 사례를 탐
색하고자 한다.

1. 지속가능한 미래를 위한 융복합교육

　실제 세계의 여러 쟁점이 기대와는 달리 복잡한 양상을 띠고 있다
는 점은 종종 기후 변화와 같은 쟁점에서 쉽게 파악할 수 있다. 기후
변화에 대한 논의는 오래전부터 있어 왔으며, 기후 변화가 자연적으
로 일어나는 변이(variation)인지 인간의 활동에 의해 일어나는 변화
(change)인지에 대해서는 과학자들 사이에 의견이 서로 달라 논쟁
의 요소가 있었다. 그러나 2007년 국제기후변화패널(International

Panel on Climate Change: IPCC)은 '기후변화종합보고서'를 통해 최근 100년 동안 지구의 기온이 0.74도 상승했고, 매년 해수면이 1.8mm씩 상승하고 있으며, 이는 인간의 활동 결과로 나타난 변화임을 명백히 하였다(IPCC, 2007). 그리고 향후 이런 추세가 계속되어 기온이 지속적으로 상승할 경우에는 지구 내 인간과 다른 생물들의 지속가능성이 심각하게 위협을 받는다는 점을 경고하고 있다. 이를 해결하기 위한 방법과 관련하여 유네스코 정책대화문서(UNESCO, 2009)는 기후 변화의 원인(완화 관련)과 기후 변화의 결과(적응 관련) 쟁점 등에 관한 교육을 위해 변혁적(transformative) 접근이 필요하다고 강조하고, 기후 변화 교육에서는 기후 변화와 관련된 과학적 개념과 과정 이외에 기후 변화의 확실성, 불확실성, 위험성 등에 대한 이해가 필요하다고 명시해 놓았다.

또한 기후 변화 교육에서는 기후 변화의 역사 및 관련 원인(기술적, 과학적, 생태적, 사회적, 경제적, 정치적 차원)에 대한 이해가 필요하며, 완화(mitigation) 및 적응(adaptation)의 결과와 과정에 대해 이해하는 것은 물론 이를 지속가능성과 관련시킬 필요가 있음을 주장하고 있다. 그러면서 시간적 차원 및 미래 세대에 대한 고려, 기후 변화를 모양짓는 다양한 이해(interests)에 대한 인식, 비판적인 미디어 소양 등이 필요함을 강조하였다. 이로부터 기후 변화를 완화시키고 변화된 상황에 적응하기 위해서는 현재 이루어지고 있는 기후 변화의 과정과 관련된 과학적 설명에 대한 이해를 넘어서 사회 전반을 변화시킬 수 있는 변혁적인 접근이 필요하다는 것을 알 수 있으며, 기후 변화 교육과 지속가능발전교육과의 밀접한 관련성을 이해할 수 있다.

결국 기후 변화의 과정에 대한 이해도, 또 이를 해결하기 위한 접근도 기후 변화 쟁점이 가지고 있는 복잡성과 상호 관련성, 지구와 사회적 시스템 전체에 대한 체계적인 사고가 없이는 불가능하기 때문에(UNESCO, 2009) 지속가능한 사회, 지속가능한 미래를 위한 교육이 필요하며, 이를 위해 융복합적 접근의 중요성이 강조된다.

2. 과학교육에서의 융복합교육

2009 개정 교육과정에 따른 공통 교육과정의 과학의 성격은 다음과 같이 제시하고 있다.

> 공통 교육과정의 '과학'은 초등학교 3학년부터 중학교 3학년까지 모든 학생들이 학습하는 교과로서 과학의 기본 개념을 이해하고 과학 탐구능력과 과학적 태도를 함양하여 창의적이고 합리적으로 문제를 해결하는 데 필요한 과학적 소양을 기르기 위한 교과다 (교육과학기술부, 2011).

'과학의 기본 개념과 과학 탐구능력 및 과학적 태도의 함양'을 바탕으로 '창의적이고 합리적'으로 '문제를 해결'하는 데 필요한 '과학적 소양'을 기르기 위한 교과라는 것이다. 이를 위해 '과학의 내용은 물질과 에너지, 생명과 지구의 2개 분야로 구성하되 기본 개념과 탐구과정이 학년 군과 분야 간에 연계되도록' 하고, '과학을 기술, 공학, 예술, 수학 등 다른 교과와 관련지어 통합적이고 창의적으로 사고할 수 있는 능력을 신장시키도록' 해야 함을 명시하고 있다(교육과

학기술부, 2011). 즉, 문제해결 능력을 기르기 위해 융복합교육이 필요하다는 것이다.[1]

문제해결 능력에 대한 특별한 강조는 경제협력개발기구(OECD)가 주관하는 국제 학업성취도 평가 프로그램, 즉 PISA(Programme for International Students Assessment)에서도 볼 수 있다. OECD PISA 연구는 3년을 주기로 읽기, 수학, 과학 영역의 평가를 수행한다. PISA 평가에서 관심을 가지는 것은 학생들이 교실에서 배운 단순 지식이나 죽어 있는 지식을 얼마만큼 앵무새처럼 기억하고 있는지가 아니라 실제 세계의 여러 맥락에서 문제를 해결할 수 있는지

---

1) 융복합교육과 관련되어 혼용되는 유사한 용어에는 통합, 복합, 융합 등이 있다. 과학교육과정의 맥락에서 '통합'은 대개 주제나 활동중심으로 교과나 영역 간의 연계를 추구하는 방식을 의미하며, 연계의 정도나 방식에 따라 다양한 수준의 통합이 가능하다. 실제로 교육과정 연구자들은 주로 지식과 지식의 통합이 교과 내에서 또는 교과 간에서 이루어지는 상황을 '통합'이라는 용어로 설명해 왔다(Fogarty, 1991; Ingram, 2002; Jacobs, 1989). 그러나 무엇과 무엇을, 어떻게 통합할 것인가에 대한 견해는 학자들마다 다양하며, 통합의 대상에 지식뿐만 아니라 경험이 포함되는 경우도 있다(Dewey, 1952). 또한 기존 교과에서 담지 못하는 교육내용을 범교과 주제(cross-curricular themes)의 형태로 다루는 것을 통합 교육과정으로 포함시키기도 한다. 일부 연구자의 경우 '통합'이 주로 초등학교에서의 통합 교육이나 범교과적 접근과 같은 특정 상황을 연상시킨다는 점을 들면서 제한적인 의미를 제안하고 있지만(이영만, 홍영기, 2006), 실제로는 다학문적 통합, 간학문적 통합, 초학문적 통합 등 여러 학문 영역이 다양하게 연계되는 형태를 통칭하는 경우가 많다(Cantrell & Barron, 1996). '복합'은 사전적 의미에 '두 가지 이상을 하나로 합침'을 담고 있어, 그 두 가지 대상에 교과, 지식, 경험 등을 모두 포함할 수 있다는 점에서 다양한 교육상황을 지칭하기에 적합하다. 한편, '융합'은 '다른 종류의 것이 녹아서 서로 구별이 없게 하나로 합해지는 것'을 의미하므로, 통합의 가장 상위 수준인 초학제적 접근뿐만 아니라 학습을 통해 창출되는 새로운 지식과 경험 등과 같은 결과물을 고려할 수 있다는 장점이 있다(Gibbons et al., 1994). 또한 융합은 주로 인식론적 측면에서 과학과 인문학과 같이 서로 다른 학문 간의 경계를 넘나들며 새로운 지식을 생산하는 방식을 의미하기도 한다. 이상에서 고찰한 바와 같이 통합과 융합은 개념적으로는 구분되지만, 특정한 교육적 맥락에서는 통합을 어떻게 하느냐에 따라 서로 다른 지식 유형 간의 융합이 이루어질 수 있는 경우도 있다(이선경, 황세영, 2012). 이 장에서는 융복합교육의 범주에 이를 모두 포함하였다.

[그림 9-1] PISA의 평가 사항

출처: OECD(2012), http://www.oecd.org

의 여부다(OECD, 2012). 물론 PISA가 관심을 가지는 것은 개별 학생의 성취보다는 각 나라에서의 교육체계가 이러한 능력을 제대로 길러낼 수 있는가지만, 중요한 것은 이 PISA 프로그램에서 지향하는 바가 실제 세계에서의 문제해결을 할 수 있는 능력 또는 역량(competencies)이라는 점이다.

즉, 과학교육은 과학적 소양(Scientific Literacy)에 기반을 두고 문제해결력을 기르는 교육이 되어야 한다는 것이다. 여기서 과학적 소양은 과학과 관련된 논쟁에서 문제를 구명하고, 새로운 지식을 습득하며, 과학현상을 설명하고, 증거에 입각한 결론을 도출하기 위한 과학지식의 이해와 그 지식을 활용하는 능력, 인간의 지식 및 탐구의 한 형태로서 과학의 특징을 이해하는 능력, 과학 · 기술이 어떻게 우리의 물질적 · 지적 · 문화적 환경을 형성하는지에 대한 인식, 사려 깊은 국민으로서 기꺼이 과학과 관련된 논쟁에 동참하고 과학에 관한 아이디어를 지니는 자세 등을 의미한다(OECD, 2009; 한국교육과정평가원, 2010).

'과학에 대한 이해와 이를 사회경험에 적용하는 것'이라고 Hurd (1958)가 소박하게 정의했던 이 과학적 소양은 1970년대 이후 과학 · 기술 · 사회적(Science-Technology-Society: STS) 접근과 함께 논의되며 과학교육의 중요한 목표가 되었다. 과학기술기반 활동이 가속화되면서 보건위생 문제, 자연환경 파괴, 환경 오염 등의 사회 문제를 해결하는 시민교육이 과학교육계 내에서 강조되었기 때문이다. 실제로 과학적 소양은 학교에서 가르치는 과학지식의 의미와 밀접히 관련된다. 1990년대 개발된 미국의 국가과학교육기준에서는 좀 더 총체적으로 과학교육의 목적을 설명한 과학적 소양의 개념을 도입하고, 과학적 소양을 지닌 시민을 이상으로 제시하였다(NRC, 1996). '일상생활에서 부딪히는 일에 대한 결정을 내리기 위해서는 과학적 정보를 사용할 필요가 있으며, 과학과 기술이 관련된 중요한 논쟁에 대하여 다른 사람들과 대화하고 함께 토론하는 일에도 지적으로 참여할 수 있어야' 하며, 이를 위해 '과학과 과학의 과정을 이해하는 것이 바로 이러한 능력과 직결'된다는 것이다.

'literacy'의 사전적 의미는 '읽고 쓸 수 있는 능력', 즉 '문해력'이다. 어떤 사람이 literacy, 즉 문해력을 가졌다는 것은 글을 읽고 쓸 수 있는 능력을 가졌다는 것이다. 그러나 이러한 일차적인 문해력에서 좀 더 발전된 문해력은 글 속에 있는 행간의 의미를 읽고, 그것들에 담겨 있는 다른 요소나 사회 전반을 이해하는 것이며, 더 나아가서는 그것들을 비판적으로 보거나 또는 전제를 의심해 볼 수 있는 것까지 포함할 수 있다. 따라서 과학적 소양의 함양에서도 결국은 우리 주변에서 일어나는 수많은 과학과 관련된 쟁점과 사건을 어떻게

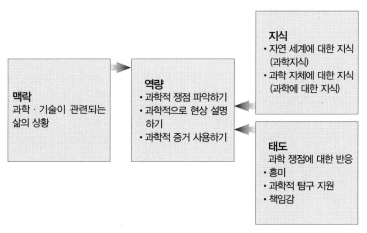

[그림 9-2] 2009 PISA의 과학과 평가 틀

출처: OECD (2009).

읽어 내고, 어떻게 이해하며, 어떻게 비판적인 시각을 가지고 문제해
결에 접근할 것인지가 중요하다고 본다.

PISA에서 사용하고 있는 과학 평가 틀에는 과학교육에서 중요한
요소인 과학적 지식, 맥락, 역량, 태도 등이 포함되어 있으며, 이들의
관계를 [그림 9-2]와 같이 나타내고 있다(OECD, 2009). 즉, 과학교
육을 통해 길러져야 할 것은 과학적 역량이며, 이는 과학지식, 특정
맥락, 태도와 긴밀히 연계되어 있다.

여기서 과학지식은 물상 영역, 생명 영역, 지구 영역, 논리 영역 등
자연세계에 대한 지식과 과학의 본성 등 과학에 대한 지식 등을 모
두 포함하고 있다. 과학에서 중요한 역량은 과학적 쟁점을 파악하는
역량, 현상을 과학적으로 설명하는 역량, 과학적 증거를 사용하는 역
량 등 크게 세 가지로 구분한다. 맥락은 과학과 기술이 관련된 삶의

맥락을 총괄하고, 개인적 · 사회적 · 전 세계적 맥락으로 구분되며, 각각 건강, 자연자원, 환경, 위험, 과학기술의 새로운 접근 등 다양한 주제를 가진 맥락을 담는다. 이 평가 틀에서 과학기술이 관련되는 맥락을 중요하게 고려하는 이유는 특정 쟁점이 어떤 맥락에 기반을 두느냐에 따라 요구되는 과학적 지식과 접근법이 달라질 수 있기 때문이다. 그러나 현재 과학교육의 큰 문제점 중 하나는 학생들이 학습하는 내용이 개인적 · 사회적 · 전 지구적 맥락에 기반을 두기보다는 탈맥락적으로 접근되는 것이라고 할 수 있다.

3. 과학교육에서의 융복합교육의 실천

과학교육에서의 융복합교육의 실천은 다양한 방식으로 접근될 수 있다. 전통적으로 과학과 관련된 주제나 소재를 중심으로 하여 영역 내 또는 영역 간 통합을 시도한 사례에서 발견될 수 있으며(Cantrell & Barron, 1996), 핵심 역량을 기반으로 한 통합의 가능성도 있다. 최근 과학교육에서 과학기술 사회적 쟁점과 관련된 논의가 활성화되면서 이를 통한 융복합교육의 접근도 논의되고 있다. 이들 각각에 대한 자세한 내용은 다음과 같다.

1) 주제 · 소재 중심 접근

과학교육에서 융복합교육적 접근은 내용적인 통합으로 쉽게 접근되며, 이는 다학문적 접근법, 간학문적 접근법, 초학문적 접근법의 세 가지로 구분된다(Cantrell & Barron, 1996).

일반적으로 단일 학문, 즉 과학교과의 생물 영역 내에서 식물과 같은 주제는 여러 가지 씨앗의 크기, 식물의 한살이, 식물의 성장, 식물의 구조와 기능, 식물의 다양성과 같은 관련 개념으로 학습될 수 있다. 다학문적 접근법은 특정 주제 또는 개념을 중심으로 각 교과목 간에 연결고리를 만드는 접근방법이라고 할 수 있다. 즉, 다루고자 하는 주제나 개념이 정해지면 그 개념과 관련이 있는 과목 또는 영역을 찾아 그것이 어떻게 다루어질 수 있는지 기술한다. 예를 들면, '물'이나 '에너지' '환경'과 같은 주제가 다양한 교과목에서 독립적으로 다루어질 수 있다.

그러나 '물'이라는 주제가 지구과학, 생물, 화학, 물리, 지리 등에서 독립적으로 다루어진다면 학습자들은 이들 과목 사이의 관련성을 쉽게 발견하지 못할 수 있다. 간학문적 접근법은 여러 영역이나 교과에

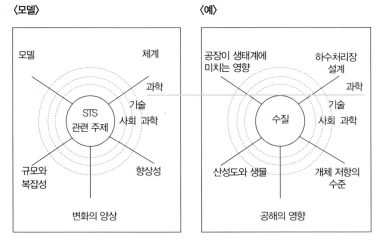

[그림 9-3] 간학문적 접근의 모델과 예시

출처: Cantrell & Barron(1996).

서 독립적으로 유사한 주제를 다루면서도 긴밀한 연계가 되지 않던 다학문적 접근법에 비해 교과나 영역 사이의 경계를 약화시키는 접근법이라고 할 수 있다. 간학문적 접근은 에너지, 인구와 식량, 대기, 수질, 자연자원의 활용, 건강 등과 같이 과학교육의 STS 영역에서 관심을 갖고 다루는 주제들에서 쉽게 찾아볼 수 있다. [그림 9-3]에서의 〈모델〉은 STS 관련 주제를 통합적으로 다루고자 할 때 관련 교과목에서 체계, 항상성, 변화의 양상, 규모와 복잡성, 모델 등과 같이 환경교육, 과학교육 및 다른 교육과정에서도 유용하게 사용할 수 있는 개념을 함께 고려하는 방법을 제시하고 있다.

초학문적 접근법은 교과목 사이의 경계를 무너뜨리는 접근법으로, 학습하고자 하는 개념에 대하여 다양한 예를 탐색하고 이들 각각의 예가 각 교과나 영역에서 다루어질 수 있는 방법을 찾아 적용하는 것이다. 그러나 실제로 교과나 학문 영역이 구획화된 우리나라 현

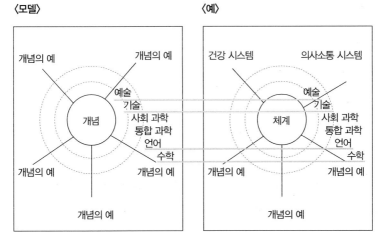

[그림 9-4] 초학문적 접근의 모델과 예시

출처: Cantrell & Barron(1996).

실에서는 이러한 초학문적 접근이 적용되기에는 한계가 있다. 실제로 2011년 수행되었던 융합인재교육(STEAM) 교사연구회에서 개발된 고등학교용 STEAM 프로그램의 경우를 보면 다학문적 접근과 간학문적 접근의 사용이 96%를 차지하였다(박영석 외, 2013).

과학교육에서의 융복합교육은 여러 기존 학문이나 교과의 물리적 혼합에서 벗어나야 할 필요가 있다. 각각의 학문 영역이 존재하는 것은 연구를 조직하고 연구 결과를 체계화하기 위한 개념적 구조를 만드는 데는 도움이 되지만, 분리된 학문의 체계가 우리가 살고 있는 세계의 운영방식과 늘 일치하는 것은 아니기 때문이다. 각각의 교과 또는 영역이 과학의 발달이나 교육에 기여하는 면이 존재하지만 이들이 긴밀하게 연계되지 않으면 실제 세계의 문제해결과 관련해서는 한계를 가질 수밖에 없다.

2) 쟁점중심 접근[2]

과학교과와 다른 교과의 내용을 결합하려는 시도는 최근에서야 정책적인 화두가 되었지만, 과학교과에서 좁은 의미에서의 '과학적 지식' 이외의 내용을 다루게 된 것은 과학교육의 목표 자체에 대한 성찰에서 비롯되었다고 할 수 있다(Hwang, 2010). 많은 과학교육자들은 과학적 소양 함양을 위해서는 과학과 관련된 사회적 쟁점(issue)을 과학 학습의 맥락 또는 소재로 도입함으로써 학생들의 삶의 맥락에서 과학에 대한 이해를 돕고, 더 나아가 쟁점을 해결하려

---

2) 이 항의 내용은 황세영, 이선경(2013)에서 발췌 · 요약하였다.

는 노력을 통해 시민으로서 합리적인 의사 결정 능력을 키워야 한다
고 주장해 왔다. 이처럼 과학교육 내에서의 융복합교육의 흐름은 과
학의 본성에 대한 비판적 성찰에 근거하며, 문제해결력, 의사소통 능
력, 비판적 사고력의 함양을 통한 과학적 소양을 갖춘 시민 양성이
라는 교육과정상의 목표로 이해될 수 있다(AAAS, 1993; NRC, 1996;
Millar & Osborne, 1998).

   과학교육에서 다루는 다양한 교육목표에 대한 이러한 검토는 미
래 학교 교육과정에 대한 논의에서 과학교과의 역할과 영역을 재설
정하는 데 필요한 이론적 근거가 될 수 있다. 예컨대, OECD(2005)
의 DeSeCo(Definition and Selection of Competencies) 프로젝트와
이에 영향을 받은 영국, 캐나다, 뉴질랜드 등의 국가 교육과정에서는
학교 교육과정을 기존의 교과 영역별 목표와 내용을 넘어 학습자의
핵심 역량이라는 측면에서 접근하고 있다(소경희, 2006; 이광우, 전제
철, 홍원표, 허경철, 김문숙, 2009). 이 핵심 역량 가운데 창의력, 문제해
결 능력, 의사소통 능력, 시민의식 등은 과학교과에서 쟁점중심 접근
을 통해서도 다룰 수 있으며, 최근 우리나라에서 적극적으로 추진되
고 있는 융합인재교육(STEAM) 등과 같이 과학교과와 다른 교과 간
의 융합의 연결고리로 쟁점을 활용할 가능성이 크다고 할 수 있다.

   과학교육에서의 쟁점중심 접근에는 과학-기술-사회(Yager,
1996), 인본주의(humanist; Aikenhead, 2006), 과학-기술-사회-
환경(Science-Technology-Society-Environment: STSE; Pedretti &
Nazir, 2011), 기능적 소양(functional literacy; Ryder, 2001), 맥락기반
(context-based) 과학(Bennett, Lubben, Hogarth, & Campbell, 2005),
사회 속 과학쟁점(Socioscientific issue; Zeidler, Sadler, Simmons,

Howes, 2005) 등이 있다. 이러한 흐름에는 과학지식을 절대적 진리로 여겼던 전통적 견해에서 사회적 합의를 강조하는 후기실증주의 또는 사회구성주의로의 변화와 같은 과학지식의 본성과 관련된 과학철학적 관점에서의 변화가 자리 잡고 있음을 주지할 필요가 있다(Bingle & Gaskell, 1994).

1970년대 과학 – 기술 – 사회 교육운동은 기존의 학문중심 교육과정에서 지나치게 과학적 개념 습득과 과학적 탐구과정에만 초점을 두었던 것에서 벗어나 과학이 자리하는 '맥락'을 부각시키고자 하였다(권재술, 1991). 즉, 우리가 과학을 이해한다는 것은 과학 활동의 산물인 지식 자체뿐만 아니라 그 지식이 사용되는 일상생활과의 관계와 더불어 과학 활동이 이루어지는 과정에 영향을 주고받는 사회적 환경에 대한 이해가 필요하다는 인식이 강조되기 시작한 것이다(Bybee, 1985). 최근 Pedretti와 Nazir(2011)의 연구는 지난 40년에 걸친 과학 – 기술 – 사회 – 환경 교육의 역사를 응용 및 설계 중심, 역사, 논리적 추론, 가치중심, 사회문화, 사회생태 정의라는 여섯 가지 흐름으로 구분하였다. 그들의 관점에서 볼 때 이러한 흐름은 변화하는 사회 안에서 과학의 역할을 어떻게 위치시켜야 하는가에 대한 매우 다양하고 복합적인 관심사에서 출발하였지만, "과학을 보다 폭넓은 맥락에서 배우고, 바라보며, 분석하는 것"을 의미한다는 점에서 공통점을 지니고 있다(Pedretti & Nazir, 2011: 618).

이처럼 쟁점중심 접근은 융복합교육이 추구하는 '맥락성'의 원리를 과학교과에서 접근하는 데 매우 중요한 실마리를 제공한다. 다음에서는 쟁점중심 접근의 유형을 역사적 흐름에 따라 세 가지로 나누고, 특히 교육목표 측면에서 어떻게 융복합교육에 적용할 수 있을지 탐색해 보았다.

(1) 과학 – 기술 – 사회 접근

제2차 세계대전 이후 미국과 유럽 등지에서는 전쟁과 환경 문제 등 과학기술이 사회에 미치는 영향에 대한 논의가 확산되었다. 이러한 사회적 배경하에 1970년대에 들어서자 학교 과학교육에서도 과학, 기술, 사회의 상호작용과 학습자의 생활 맥락을 강조해야 한다는 움직임이 일어났으며, 이는 기존의 학문중심 사조의 문제점을 극복하기 위한 방안으로 여겨졌다(Ziman, 1980). Yager(1991)는 과학 – 기술 – 사회(STS) 접근이 하나의 교육과정이라기보다는 학습의 맥락이며, 구성주의적 학습관과 조화를 이룬다는 점에서 전통적인 수업과 차별된 새로운 학습환경 조성에 이바지한다고 주장하였다. 이러한 관점에 따라 과학 – 기술 – 사회 교사교육 프로그램인 아이오와 대학의 챠타쿠와 프로그램(Iowa Chautauqau Programs)이 개발되었으며, 프로그램의 효과는 개념, 과정, 응용, 창의성, 태도의 다섯 가지 영역을 중심으로 논의되었다(Yager & Tamir, 1993). 즉, STS 접근은 과학에 대한 기본적인 개념 및 기능과 같은 전통적인 목표를 다루지만, 과학내용을 사회적 · 기술적 맥락에 통합시키는 방식에서 기존 과학교육과 다르게 인식되었다(Aikenhead, 1996).

이처럼 STS 접근이 하나의 흐름을 형성해 온 것처럼 이해되기 쉽지만, 사실 그 이면에 존재했던 STS 접근의 의미를 둘러싼 다양한 해석과 비판을 간과해서는 안 된다. 왜냐하면 이후에 등장하는 다양한 이름들이 의미하는 바가 STS 접근과 무관한 것처럼 여겨질 수 있기 때문이다. STS 자체의 의미와 관련해서는 기술이 단순히 응용과학이라는 좁은 의미에서 정의되어 마치 기술이 과학의 파생물처럼 해석되는 것에 대한 비판과 과학과 기술이 사회에 미치는 영향에만 주목할 뿐 반대로 사회가 과학과 기술에 미치는 영향에 대한 고려는 부족하다는 비판 등이 있었다(Aikenhead, 2006). 이와 함께 학문중심 사조의 옹호자들로부터의 비판이나 과학교육학적인 관점에서 이론적 구조와 그 효과에 대한 회의적인 시각에 직면하기도 하였다(백성혜, 1992; Bybee, 1987; Shamos, 1993). 이러한 부정적인 논쟁의 결과, 미국 국가과학교육기준에서는 STS라는 용어가 더 이상 등장하지 않게 되었다(Yager, 2001).

다른 한편, Yager(2001)가 주장한 대로 STS 접근은 과학의 본성 이해 또는 의사 결정 능력 등의 목표와 깊은 연관성이 있음에도 불구하고 실제로는 기존의 전통적인 과학 목표의 달성을 위한 수단으로 여겨졌다는 비판도 가능하다. 비슷한 맥락에서 Bingle과 Gaskell(1994) 역시 기존 STS 접근에서는 과학지식의 사회적 구성에 관한 관점이 간과되었음을 지적하였다. 즉, 과학지식과 기술 형성의 사회적 맥락을 중시하는 관점에서 보면 STS 접근은 과학내용과 사회적 맥락을 여전히 분리된 것처럼 취급하는 경향이 있었다(Hughes, 2000). 이처럼 STS 접근에서는 전통적인 과학 수업과 차별성을 지향하면서도 구체적인 학습목표와 이를 달성하기 위한 교수학적인 전략에서는 STS의 본래 의미가 충분히 내재화되지 않았다는 한계가 있었다.

(2) 사회쟁점 탐구

2000년대에 들어서면 사회적 맥락 또는 쟁점에 대한 일종의 상위용어로서 '사회 속 과학쟁점(socioscientific issue: SSI)'이 과학교육 연구물에 자주 등장한다. Sadler, Chambers, Zeidler(2004)와 Zeidler 등(2005) SSI 교육의 주창자들은 기존 STS 접근의 문제점을 지적하며 이와 차별화되는 새로운 교수·학습 접근이 필요하다고 주장하였다. 이들이 보기에 기존 STS 접근에서는 윤리적 딜레마와 사회적 논란거리들을 '인정'하기만 할 뿐 쟁점 그 자체에 내재해 있는 교육적 가치를 충분히 활용하는 데는 한계가 있었다(Zeidler et al., 2005: 359). STS 접근에서 사회적 쟁점을 학습 맥락으로 설정하여 과학내용 학습의 효과를 높이는 데 방점을 두었다면, SSI 교육에서는 단순히 학생들의 과학과 사회의 상호 연관성에 대한 인식을 증진시키는 것뿐만 아니라 학생 개개인의 도덕적, 윤리적 발달을 보다 명시적으로 추구한다는 차이가 있다. SSI 교육은 신 콜버그주의적(neo-Kohlbergian) 인지적–도덕적 추론 이론에 근거하여 학습자의 심리적, 사회적, 감성적 성장을 지향한다(Zeidler, 2003).

　Zeidler 등(2005)은 이러한 관점에서 기존의 관련 연구 성과를 종합하면서 쟁점 학습을 통해 학습자의 개인적, 지적 발달에 기여할 수 있는 교수학적 측면을 과학의 본성, 교실 담화, 문화, 사례중심의 네 가지로 제시하였다. 우선 과학의 본성 측면은 주로 쟁점에 대한 의사 결정과 깊은 관련이 있는데, 무엇을 의사 결정의 준거로 사용하며 지지할 것인가는 곧 학생들의 과학의 본성에 대한 인식론적 신념 또는 지향에 달려 있기 때문이다. 교실 담화는 쟁점 학습이 대개 학생 개개인이 아닌 소집단에서 사회적 상호작용을 통해 일어난다는 측면에서 중요한데, 특히 논변 활동(argumentation)은 학생들의 도덕적 추론능력이 발달될 수 있다는 점에서 교수학적 전략으로 주목된다. 문화는 쟁점 학습에서 도덕적 행위자로서 학습자 개개인의 다양한 배경과 경험이 존중되어야 한다는 점에서 고려되는 측면이다. 마지막으로 사례중심은 쟁점의 구체적인 사례를 통해 학습함으로써 학습자를 비판적, 반성적 사고에 노출시키고 그 결과 인지적, 도덕적 발달을 촉진한다는 점에서 중요하다. 이와 관련하여 Pedretti(2003), Keefer(2003), Kolstø(2000) 등 여러 학자들은 사례 학습을 통한 의사 결정의 단계적 모델을 제시하였다.

SSI 교육에서는 쟁점 자체의 이해와 탐구, 그리고 의사 결정에 이르기까지 학습 전반에 관여하는 학습자의 인성적, 지적, 문화적 측면을 모두 의미 있는 과학 학습의 요소로 여긴다. 이처럼 쟁점 자체의 특성이 강조됨으로써 전통적 과학교육에서의 지식, 탐구, 태도 관련 목표에서 더 나아가 과학의 본성, 비판적 사고, 반성적 사고, 의사 결정 능력 등 과학적 소양 함양과 관련된 새로운 세부 목표들이 다루어져 왔다. 한편, 국내에서의 논의는 해외에서처럼 STS 접근과의 차별성이 부각되지는 않지만 주로 과학의 윤리적 특성과 관련하여 학습자의 가치 판단 능력 또는 의사 결정 능력의 함양에 초점을 둔다는 점에서 SSI 교육의 지향점과 유사한 흐름이 형성되어 왔다(조희형, 최경희, 1998).

(3) 행동 역량

과학교육에서 쟁점을 활용하는 세 번째 유형은 행동 역량으로, 학습자의 행동 변화를 직접적으로 의도하거나 행동 변화에 필요한 태도와 기능의 습득을 주된 목표로 삼는다. 이러한 접근은 특히 환경교육을 통해 이루어져 왔으며, 환경 문제의 인식과 해결에 필요한 학습자의 역량과 관련된 목표가 무엇인지에 대한 논의로 이어져 왔다. 환경교육은 과학교과만의 고유한 영역이라기보다는 범교과적, 융합적 성격을 지니고 있다. 따라서 과학교육 내에서도 지식, 태도, 탐구와 같은 전통적인 교과의 목표를 넘어 친환경적 또는 생태적 가치와 같은 통합적인 목표가 추구되어 왔다. 국내외에서 환경교육의 목표와 관련된 대표적 모델은 Hungerford 등이 주창한 책임 있는 환경 행동(Responsible Environmental Behavior: REB)이다. 이 모델에서는 학습자의 친환경적 행동을 환경교육의 최종 목표로 삼고, 이를 위해서는 환경 소양(environmental literacy)의 함양이 필수적이라고 전제하고 있다(Hines, Hungerford, & Tomera, 1986; Hungerford & Volk, 1990). 환경 소양의 하위 요소로는 생태적 지식과 감수성, 환경쟁점 지식, 환경 관심과 태도, 환경쟁점 조사 및 행동전략 지식, 환경기능, 조절점 등이 있으며, 이는 환경과 관련된 행동의 변화에 관여하는 매우 다양한 영역의 복합적인 작용을 가정한 것이다(Hungerford, 1996).

1990년대 환경교육 프로그램에 대한 국내외 연구에서는 이처럼 행동 변화를 목표로 그 적용 효과를 분석하려는 경향이 지배적이었다(황세영, 서은정, 이리나, 홍인영, 2012; Hart & Nolan, 1999; Reid & Scott, 2006; Rickinson, 2001). 또한 환경 문제에 대한 관심과 태도 형성에서 지식의 역할을 강조했던 초기의 단순 모델에서 벗어나 환경 감수성, 신생태주의 척도 등 다양한 변수와 구인을 고려함으로써 친환경적 행동 역량 측정을 위한 보다 정교한 분석 틀이 제안되기도 하였다(Kollmuss & Agyeman, 2002). 그러나 행동주의(behaviorism)와 양적 연구방법의 틀로는 단기간의 효과만 측정할 수 있을 뿐 학

습이 이루어지는 사회문화적 맥락과 상황, 학습자의 일상적인 삶과
정체성 발달과의 연계와 같은 다양한 학습의 요소를 고려하는 데 한
계가 있었다. 또한 보다 근본적으로는 친환경적 행동이라는 목표가
지나치게 규범적이어서 학습자 자신의 자율성이나 사회구조적 문제
에 대한 비판적 시각을 제한할 수 있다는 비판도 있었다(Robottom
& Hart, 1993).

한편, 환경교육이 강조되면서 환경 문제를 다루는 데 과학교육의
역할에 대한 논의에도 영향을 주었다(Hwang, 2010). 인간과 환경의
조화로운 관계 또는 지속가능한 미래를 모색하는 데 환경 오염 또
는 생태학과 같은 과학적 지식이 담당하는 역할은 제한적이며, 오
히려 과학기술에 대한 성찰적인 관점과 그 발전방향에 대한 사회적
합의가 요구되기 때문이다(Beck, 1992; Nowotny, Scott, & Gibbons,
2001). 이러한 관점에서 일부 학자들은 공동체기반 과학 소양(Lee
& Roth, 2003), 지속가능성 소양(Colucci-Gray, Camino, Barbiero, &
Gray, 2006), 비판적 소양(Stables, 1998) 등의 개념을 제안하기도 하
였다. 이들 개념은 행동 역량을 구조화된 틀로 제시하기보다는 학습
의 의미를 개인과 공동체 또는 사회문화적 기제 간의 상호작용으로
본다는 점에서 앞에서 말한 행동주의적 모델과 차이가 있다.

다른 한편, 앞서 살펴본 STS 접근 및 사회쟁점 탐구 유형과 비교하
면 이들 개념은 과학적 지식의 구성에 관여하는 사회문화적 기제를
명시적으로 강조한다는 특성을 지닌다. 예컨대 환경 문제 등 사회쟁
점에 대한 학습과정에서 학습자들이 언제 어떻게 과학지식을 의미
있게 활용하는지를 밝힘으로 쟁점 해결에 필요한 행동 역량을 다양
한 사회문화적 프레임과 학습 요소들 간의 복합적인 작용이라는 틀

표 9-1 쟁점중심 접근의 유형별 특징

특징 / 유형	STS 접근	사회쟁점 탐구	행동 역량
등장 시기	1970년대 후반	2000년대 초반	1980년대 중반
주된 이론적 특징	• 구성주의적 학습관, 과학내용을 사회적 · 기술적 맥락에 통합	• 학생의 도덕적, 윤리적 발달 추구 • 쟁점 자체의 이해와 탐구 강조	• 친환경적, 생태적 가치와 같은 통합적 목표 추구 • 개인 및 공동체의 행동 역량 함양
주된 교육목표	개념 이해, 과학에 대한 태도	과학의 본성, 비판적 사고, 반성적 사고, 의사 결정 능력 등	환경 소양, 공동체기반 과학 소양, 지속가능성 소양, 비판적 소양 등

출처: 황세영, 이선경(2013: 156).

로 해석하려는 관점도 제시된 바 있다(Rose & Barton, 2012; Roth & Barton, 2004). 이와 같은 쟁점중심 접근의 세 유형 각각에 대한 특징을 요약하면 〈표 9-1〉과 같다.

(4) 쟁점중심 접근에서 다루는 교육목표

쟁점중심 접근의 유형별로 수업의 실제 효과를 분석한 논문들에서의 교육목표 현황을 [그림 9-5]에 나타내었다. 우선 전체 빈도로 볼 때 과학 관련 태도(21건), 학업성취도(18건), 환경 관심/태도/감수성(13건), STS 인식(10건) 순으로, 이는 우리나라 과학교육 과정에서 언급하고 있는 기본적인 목표들과 일치한다. 반면 탐구능력, 문제해결력, 과학의 본성, 비판적 사고, 반성적 사고와 같은 목표들은 과학적 소양 함양에 중요한 요소임에도 불구하고 실제로는 학습의 효과 분석에서 간과되고 있다. 이러한 전반적인 경향과 함께 각 유형별 특징도 어느 정도 파악이 가능하다. STS 접근의 경우 주로 학업성취도, 과학 관련 태도, STS 인식 영역에서 학습자의 향상을 목표로 삼았음을 알 수 있다. 이는 앞서 이론적 논의에서 언급한 대로 과학교육의 기존 목표를 달성하기 위한 수단으로 STS 접근이 활용되었음을 입증하는 것이다. 사회쟁점 탐구의 경우 가치 탐구능력 함양을 가장 중요한 학습목표로 삼고 있으면서 학업성취도와 과학 관련 태도 역시 여전히 기본적인 목표로 다루고 있음을 알 수 있다.

반면 행동 역량 관련 목표들은 과학교육의 전통적인 목표보다는 환경 인식, 태도, 행동과 같이 환경 소양의 전 영역에서 다루어지고 있다. 이상의 결과로부터 쟁점중심 접근 세 유형은 시민으로서 갖추어야 할 과학적 소양 함양과 관련하여 주로 의사 결정 및 가치관에 초점을 두고 있음을 알 수 있다. 반면 아직까지 쟁점을 활용하여 창

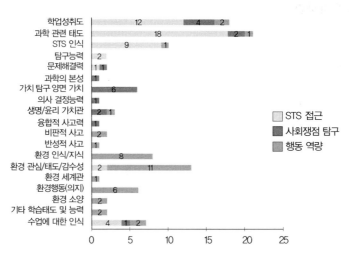

[그림 9-5] 쟁점중심 접근을 적용한 수업에서 교육목표의 현황

출처: 황세영, 이선경(2013: 159).

의력, 문제해결력, 비판적 사고 등 고차원적 인지적 사고능력에 해당하는 목표를 다루는 시도는 부족한 것으로 나타나 앞으로 융복합교육에서 특히 강조되어야 할 것으로 보인다.

4. 과학교육에서의 융복합교육 실천 사례

과학교육에서의 융복합교육의 실천은 크게 두 가지로 구분될 수 있다. 과학교과 수업과 연계된 융복합교육과 교과 외 활동 등을 통한 접근이 그것이다. 과학교과 수업에서는 생물, 화학, 물리, 지구과학 등 과학 영역 내의 통합에 따른 융복합교육과 과학 이외의 교과와의 연계에 따른 통합 교과적 접근이 포함될 수 있다. 또한 교과 외 활동을 통한 융복합교육에서는 자유 탐구나 특별 활동에서의 사례, 또는 과제 연구 등에서 수행되는 프로젝트 접근을 들 수 있다. 여기에서는 교과 수업과 연계된 융복합교육의 실천 사례로 '신종플루와 타미플루' '원자력과 사회' '다문화와 아시아 탐구'를 탐색하였고, 프로젝트 접근을 사용한 사례로 '점심은 어디에서 오는가?'를 탐구하였다. '나무 한 그루 프로젝트'는 과학 및 다른 교과와도 연계되었으며, 프로젝트 접근을 사용한 사례로 볼 수도 있다.

■ 사례 1: 프로젝트형 과제 연구에서 쟁점의 활용 사례: '점심은 어디에서 오는가?'

● 수행 주체: 김○○, 노○○, 백○○, 송○○(분당 중앙고 학생), 이○

○(분당 중앙고 교사)

● 유형: 과학중점학교의 과제 연구(프로젝트 접근)

● 영역: 환경+과학+사회

● 산출물: UCC, 포스터, 탐구 보고서, 캠페인, 설문 조사 등

● 교수 · 학습 방법: 프로젝트 접근법, 포스터 발표, ppt 발표, UCC 만들기 등

● 목표(역량):

– 도구의 상호작용적 활용(언어/상징/텍스트 활용TI1, 지식/정보 활용TI2, 테크놀로지 활용TI3)

– 이질적인 집단에서의 상호작용(타인과 관계GI1, 협력GI2)

– 자율적인 행동(큰 그림 안에서 행동 AA1, 인생계획/자신의 프로젝트 구상/실행AA2)

● 방식: 간학문적/초학문적, 주제, 쟁점, 역량

● 맥락: 개인적 맥락(일상생활, 학교), 사회적 맥락(지역사회)

출처: 김태현, 노시헌, 백해윤, 송나은, 이계명(2011), 이선경 외(2012a, 2012b).

이 사례는 한국과학창의재단에서 지원된 과학중점학교 프로젝트 연구회 지원사업(이선경 외, 2012a)의 일환으로 이루어진 33개 프로젝트 수행 사례 중 하나로 '점심은 어디에서 오는가?'라고 하는 지정 과제에 대한 고등학생들의 탐색 결과다. 여기서 2011년 과학중점학교 프로젝트 연구회 지원사업에 참여한 학생들은 자유 과제를 수행할 수도 있고 사업단에서 제안한 지정 과제를 신청하여 수행할 수도 있었다(한국과학창의재단, 2011).

이 프로그램은 학교 급식이라고 하는 생활 속의 주제에서 출발하였지만, 먹을거리와 관련된 주제를 통해 실생활 속에서의 쟁점의 복

잡성에 대한 탐색은 물론, 로컬푸드의 활성화라고 하는 해결방안에 대한 제안까지 이루어진 사례라고 할 수 있다. 학생들은 자신의 '점심'과 관련된 지식을 탐구하는 과정을 통해 성장해 가면서 융복합교육의 원리(함승환 외, 2013) 중 '합목적성'을 충실히 구현하고 있으며, 프로젝트 내내 '능동적'으로 문제를 제기하고 참여하는 학생들끼리, 교사와 학생 사이 또는 음식과 관련된 다양한 주체와의 '협력'을 통해 이를 해결하기 위한 노력을 전개하였다. 또한 실제적인 삶의 '맥락' 속에서 수행되는 탐구의 과정에서 탐구내용과 관련 주체의 '다양성'이 기반이 되고 있으며, 이들 사이의 '통합성'이 실제적인 삶의 맥락에서 구체화되고 있다. 따라서 융복합교육의 원리를 여러 각도로 가시화해 주는 사례라고 할 수 있다.[3)]

이 사례는 분당 중앙고등학교의 프로젝트 연구회인 푸드 사이언티스트(Food Scientist) 팀이 수행한 것으로, 이는 4명의 학생과 1명의 지도교사로 구성되었다. 이 팀에는 전형적인 이과 학생도 있었지만, 사회문제와 글로벌 이슈에 관심이 많은 학생도 포함되어 있었다. 이들은 프로젝트 연구회 지원사업의 지정 과제 중 하나로 제시된 '점심은 어디에서 오는가?'를 접했을 때 주제가 무엇보다 실생활과 직결되어 있다는 점에 큰 매력을 느껴 이를 선정하게 되었다(김태현 외, 2011). 음식 = 건강이라는 등식이 성립할 정도로 최근 먹을거리에 대한 문제는 누구에게나 중요한 관심사이며, 학생들이 학교생활

---

3) 본 사례는 프로젝트를 수행한 학생들이 제출한 최종 보고서(김태현 외, 2011), 이들이 참여한 전체 사업인 과학중점학교 프로젝트 지원사업 최종 보고서(이선경 외, 2012a)와 우수 사례들을 모아서 발간한 사례집(이선경 외, 2012b)에서 자세한 내용을 볼 수 있다.

에서 가장 기다리는 시간이 점심시간이기 때문이다. 그러면서 사람들이 무심코 섭취하는 음식물은 어디에서 오는지, 실제로 로컬푸드를 어떻게 활용하는지에 대해서 궁금하였기 때문에 '학교 급식에서 로컬푸드 활성화 방안'을 탐색하는 것을 탐구 주제로 정하게 되었다. 학생들은 로컬푸드에 대한 관심이 다양한 차원에서 이루어지고 있다는 점에 주목하였다. 즉, 학교 급식을 위해 지역에서 생산된 식재료를 사용하자는 로컬푸드 운동에서는 학생들에게 안전한 먹을거리를 제공한다는 측면을 강조하고 있으며, 푸드 마일리지 등 음식 재료의 수송거리에 관심을 가지는 경우에는 음식 섭취 문제가 탄소 배출량, 지구 온난화와 같은 기후 변화 문제, 즉 환경 문제와도 쉽게 연계될 수 있었다.

실제로 학생들은 학교생활에서 점심시간을 가장 기다리는데, 점심이라는 단어에 환경 문제를 결부시키니 다양한 연구거리가 쏟아져 나왔다고 하였다. 이러한 연구 질문을 해결하기 위하여 문헌 조사, 유통과정 추적 조사, 현장 탐구 조사, 설문 조사, 관련 캠페인 전후의 의식 변화 조사 등의 방법을 사용하기로 하였다. 연구방법을 구체화하기 위하여 환경 영역 전문가의 자문을 구하였다. 이로부터 점심이라는 환경 문제가 여러 영역에 걸쳐 있는 것을 확인하고, 연구방법과 절차를 구체화할 수 있었다. 문헌 조사를 통해 푸드마일리지, 탄소 발자국, 로컬푸드 등의 개념과 의미를 탐색하고, 유통과정 추적 조사는 농산물, 엽채류, 구근류, 쌀 등의 식자재 유통경로 조사, 식자재 가공공장 방문 조사, 음식물쓰레기 처리장 방문 조사 등의 방법을 사용하기로 하였다. 또한 현장 탐구 조사는 수협, 김치공장, 육류 가공공장 등을 방문하여 수행하기로 하였다. 설문 조사는 학생들의 급식 선호도가 도시와 농촌 간에 차이가 있는지를 알아보기 위하여 도시학교와 농촌학교 모두에 설문을 실시하기로 하였다. 이러한 탐색과 조사 결과를 중심으로 하여 분당 중앙고 급식의 잔반과 이산화탄소 배출량을 계산하고, 캠페인을 실시한 후 그 효과와 의미를 탐색하였다. 이 프로젝트에서 점심과 관련하여 제기되고 탐색된 쟁점은 [그림 9-6]과 같다.

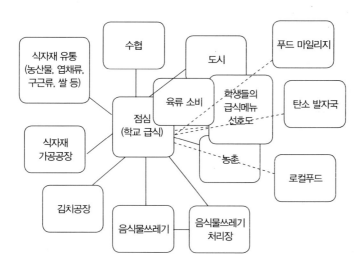

[그림 9-6] 학교 급식에 대한 프로젝트 연구에서 등장한 쟁점

출처: 이선경(2012a, 2012b).

사례 2: 초등 자유 탐구 활동 사례: '나무 한 그루 프로젝트를 통해 세상 보기'

- 수행 교사: 김○○ 외 4인(청주교육대학교 부설초등학교)
- 유형: 과학과의 융합적 자유 탐구

- 영역: 생물 영역＋기술(컴퓨터, QR코드)＋국어＋수학＋미술＋역사＋ 실과……
- 산출물: QR코드가 포함된 나무 표지판, 포스터, 탐구 보고서, 웹 소통 자료 등
- 교수 · 학습 방법: 프로젝트 접근법, 포스터 발표, ppt 발표, 웹기 반 학습 등
- 목표(역량):
  - 도구의 상호작용적 활용(언어/상징/텍스트 활용TI1, 지식/정보 활용 TI2, 테크놀로지 활용TI3)
  - 이질적인 집단에서의 상호작용(타인과 관계GI1, 협력GI2)
  - 자율적인 행동(인생계획/자신의 프로젝트 구상/실행AA2)―진로와 연계
- 방식: 다학문적/간학문적, 주제/소재
- 맥락: 개인적 맥락(일상생활, 학교)

출처: 이선경(2012a).

이 사례는 초등학교 5학년을 대상으로 한 그루의 나무를 장기간에 걸쳐 여러 관점에서 관찰, 조사하는 과정을 통하여 과학, 수학, 공학, 예술적 요소를 통합적으로 탐구하고 이를 바탕으로 창의적인 문제 해결력을 기르고자 한 프로젝트 활동 사례다.

학교 주변의 나무를 관찰하던 중 교내에 있는 나무의 이름을 알 려 주는 푯말이 있었으면 좋겠다는 학생들의 의견에서 출발하여 '우 리 학교 학생들이 나무에 대한 정보를 쉽게 알 수 있는 푯말을 어떻 게 제작할 것인가?' 하는 구체적인 연구 문제를 설정하는 것으로 시 작된 프로젝트다. 이 문제상황은 교육전문가 1인과 교사 4명으로 구

성된 교내 교육공동체(PLC)에서 논의가 되었고, 공동의 협의를 거쳐 5학년을 대상으로 한 프로젝트 형식의 자유 탐구 주제로 설정하여 문제를 해결해 보기로 하였다. 수업은 5학년 담임을 맡고 있는 교사가 5학년 학생 3개 반을 대상으로 실시하였으며, 교내 교육공동체의 주기적인 모임을 통해 진행상황을 논의하고 문제해결의 방법 및 방향을 제시하였다.

문제의 해결방안으로 QR코드를 포함한 푯말을 제작하여 나무에 부착하고, 스마트폰 어플로 QR코드를 찍으면 학생들이 직접 제작하여 인터넷 사이트에 탑재한 나무 한 그루 프로젝트 보고서로 연결되도록 하는 방법이 제시되었다. 이를 위해 학생들은 나무에 대해 여러 가지 과학적 관점에서 관찰하고, 나무에 숨겨진 수학적 원리를 발견하는 활동을 하였다.

또한 문헌 조사 및 전문가의 강의를 통해 다양한 정보를 수집하고, ICT 시간을 통해 QR코드의 제작방법을 학습하였다. 마지막으로 자신들이 학습한 내용을 바탕으로 나무의 정보를 가장 효과적으로 제시할 수 있는 푯말을 디자인하고, 이를 파워포인트와 포스터 등으로

[그림 9-7] 초등학교 학생들이 그리고 만든 나무 표지판과 QR코드

동료와 후배들에게 발표하고 소통하였다.

이 프로젝트의 결과 학생들은 나무 한 그루를 다양한 관점에서 자세히 관찰하는 과학적 탐구능력이 신장되었을 뿐 아니라 나무와 연결될 것 같지 않은 수학, 문학, 예술적인 요소를 통합적으로 학습하게 되었다. 또한 스마트폰을 이용하여 자료를 수집하고 수집된 자료를 바로 인터넷 카페에 올려 공유하며, QR코드를 제작하여 보다 쉽게 자신들의 결과물에 접근하는 과정을 거치면서 첨단 과학기술이 자신들의 생활과 얼마나 밀접하게 연결될 수 있는지를 체험하였으며, 자기 주변에서 발생되는 문제를 보다 창의적으로 해결할 수 있는 방법도 경험하였다.

⬇ 사례 3: 중등 교과 간 통합 수업 사례: 신종플루와 타미플루

- 수행 교사: 임○○(생물, 이우학교), 박○○(화학, 이우학교)
- 유형: 과학교과 내 통합[생물＋화학(＋사회)]
- 영역: 과학과(생물, 화학)＋사회
- 산출물: 학습지
- 교수 · 학습 방법: 안내된 탐구
- 목표(역량):
  - 도구의 상호작용적 활용(언어/상징/텍스트 활용TI1, 지식/정보 활용 TI2)
  - 이질적인 집단에서의 상호작용(타인과 관계GI1, 협력GI2)
- 방식: 간학문적, 주제/소재
- 맥락: 개인적 맥락(일상생활), 사회적 맥락(지역사회)

출처: 이선경(2011).

이 사례는 2010년 12월 대안학교 중 하나인 이우고등학교에서 2학년 이과 반 학생들을 대상으로 한 생물과 화학의 통합 수업이다. 2009년 온 국민을 떨게 했던 신종플루를 주제로 수업은 '무엇이 우리를 두렵게 하는가?'라는 부제를 제시하고, 19명의 학생들과 함께한 공개수업 형태로 1블록, 2차시를 함께 진행하였다. 학생들은 19명이 4명으로 구성된 모둠형태로 수업에 참여하였고, 교실은 ㄷ자로 구성되었다. 수업은 신종플루에 대한 것으로 먼저 신종플루 바이러스가 어떤 구조와 특징을 가지고 있는지, DNA와 RNA의 구조적 차이 비교를 통해 신종플루 바이러스가 왜 변이가 심한지를 학습하고, 신종플루의 치료제인 타미플루의 화학적 특성에 대해 알아본 후 이에 대해 과학적, 사회적, 환경적 논의를 진행하는 내용으로 구성되었다. 학생들에게는 4장짜리 학습지가 배부되었으며, '우리 앞의 괴물'이라는 제목이 붙어 있었다. 수업은 교사가 주도하고 학생들이 모둠별로 논의하거나 학습지를 채워나가는 안내된 탐구의 형태를 취하였다.

이 수업은 통합 교과를 통한 신종플루라고 하는 사회적이고 환경적인 쟁점에 대해 이해하고 이와 관련된 비판적인 인식을 증진시키는 것을 목적으로 하였으며, 안내된 탐구의 제공, 개인적이고 사회적인 맥락에 관련된 긴밀한 연계 등에서 의미가 있었다. 또한 과학과 교사공동체를 통한 통합 교과적 접근의 소재 발굴과 수행 방향 논의 등 융복합교육의 접근과정과 관련해서도 시사점을 제공하였다.

사례 4: 중등 교과 간 통합 수업 사례: 다문화와 아시아 탐구

- 수행 교사: 하○○(과학/생물) 외 3인
- 유형: 여러 교과 통합
- 영역: 과학/생물+수학+사회+미술
- 산출물: 학습지, 물가 탐색지, 포스터, 건축물 설계도, 편지글 등
- 교수 · 학습 방법: 역할놀이, 조사, 토의/토론, 설계, 건축물 제작 등
- 목표(역량):
  - 도구의 상호작용적 활용(언어/상징/텍스트 활용TI1, 지식/정보 활용TI2)
  - 이질적인 집단에서의 상호작용(타인과 관계GI1, 협력GI2)
- 방식: 다학문적/간학문적, 주제/소재
- 맥락: 개인적 맥락(일상생활), 사회적 맥락(지역사회), 전지구적 맥락(아시아)

이 사례는 중학교 3학년 학생들을 대상으로 과학(생물), 미술, 사회, 수학 교사들이 연계하여 수행한 교과 통합에 따르는 융복합교육이다. 여러 교과 영역의 교사들은 교육과정 분석을 통해 '다문화'라고 하는 주제를 기반으로 하여 융복합교육을 시도하였다. 주제를 '다문화의 이해'로 정하고, 과학과 미술 영역을 통해 자연환경과 인종, 건축물의 특성을 탐구하며, 사회와 수학을 통해 아시아 여러 나라의 문화를 이해하는 형태로 수업을 구상하였다. 이들은 STEAM 프로그램에서 중요시하는 통합적 이해, 감성적 체험, 창의적 설계라고 하는 세 가지 원리를 수업 프로그램에 담고자 노력하였다. 따라서 과학, 미술, 사회, 수학적 측면에서 문화 다양성을 다각도로 이해하

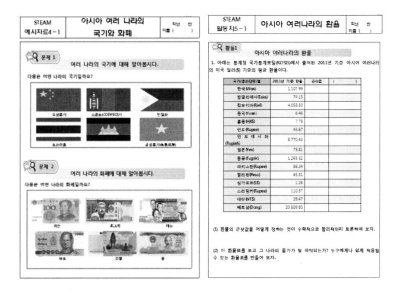

[그림 9-8] '다문화의 이해' 관련 사회, 수학 활동지 예시

출처: 하동협 외(2013).

고, 아시아 각 국의 문화와 다양성을 통합적으로 이해하고자 하였다. 또한 화폐와 물가 등을 통한 실제적인 사회·경제적 접근, 환경 및 주거와 관련된 자연환경의 이해, 결혼 이주민의 쟁점에 대응하기 등의 감성적 체험과 실제로 여행을 계획하고 건축물을 설계해 보는 등의 창의적 설계 측면을 수업에 포함하였다.

이 사례는 여러 교과가 다문화의 이해라는 주제를 중심으로 다학문적으로 접근하였지만, 같은 학년을 대상으로 유사한 시기에 서로 연계를 의도하면서 이루어졌다는 점에서 아시아의 특성과 문화를 입체적으로 이해할 수 있는 기회를 제공하였다. 또한 아시아 지역의 특정 나라를 사회와 수학과 미술교과를 통해서 지속적으로 탐색한 것은 특정 나라와 문화에 몰입할 수 있는 기회를 주었으며, 실제 여

행의 계획 등과 같이 물가와 수학을 융복합교육에 현실적으로 관련
시킨 재미있는 사례라고 할 수 있다.

⬇ 사례 5: 중등 교과 간 통합 수업 사례: 원자력 발전과 사회

- 수행 교사: 김○○(물리, 이우학교)
- 유형: 과학과 사회의 통합(물리+사회)
- 영역: 과학과(물리)+사회
- 산출물: 학습지
- 교수 · 학습 방법: 안내된 탐구, 찬반 토론
- 목표(역량):
  - 도구의 상호작용적 활용(언어/상징/텍스트 활용TI1, 지식/정보 활용
    TI2)
  - 이질적인 집단에서의 상호작용(타인과 관계GI1, 협력GI2)
- 방식: 다학문적/간학문적, 주제/소재
- 맥락: 개인적 맥락(일상생활), 사회적 맥락(지역사회)

출처: 이선경(2012b).

이 사례는 물리I 과목을 수강하고 있는 고등학교 2학년 이과 반
학생들을 대상으로 한 수업으로, 물리 영역에서의 원자력에 관한 내
용을 핵 발전과 관련된 사회적 쟁점과 연계한 통합 수업이다. 이 수
업을 담당했던 물리교사는 선수 학습의 과정으로 학생들에게 원자
력과 관련된 몇 종류의 책 중 하나를 읽고 자신의 의견을 피력하는
내용을 담은 글을 수행평가 과제로 제출할 것을 요구하였다. 이는 원
자력에 대한 사전 학습은 물론 과학 글쓰기를 통해 논변하는 경험을

학생들에게 주기 위해서였다. 학생들에게 미리 읽도록 한 책은 『원자력, 대안은 없다』 『원자력 신화로부터의 해방』 『원자력과 민주주의』 등 주로 원자력에 대한 이해와 문제점을 탐색하는 데 많은 지면을 할애한 책이었으며, 학생들은 그중 한 권 또는 다른 책을 선택해서 읽고 원자력 발전에 대한 찬성 또는 반대의 입장을 가질 수 있었다. 원자력 발전과 관련된 실제 수업은 크게 원자와 원자핵에 대한 개념적 이해, 방사선과 인체에 미치는 영향에 대한 탐색, 핵분열 과정과 원자력발전소의 구조에 대한 이해, 원자력발전소에 대한 찬반 토론 등 크게 네 부분으로 구성되었다.

이 사례는 사회적 쟁점을 중심으로 하여 과학에서의 이론적 탐구와 사회적 쟁점에 대한 고찰과 토론을 연계한 것으로 과학과 사회 교과의 통합이라는 점과 과학이 관련된 사회적 쟁점에 대해 과학적 근거를 갖는 습관을 길러 준다는 시도였다는 점에서 의미를 가진다.

> 우리가 아이들한테 뭔가를 제대로 가르치고 있는지……. 이런 부분에 대한 고민들이 계속 들었던 것 같습니다. 그러면서 선생님들이 하나둘씩 얘기가 나오는 것이, 우리가 좀 수업 내에서 포함시켜야 될 것들이 어떤 학습내용을 잘 이해하는 것뿐만 아니라, 이것과 관련된 이슈나 문제들에 자기 근거를 갖는 습관, 그리고 그것을 주장할 수 있는 것, 또 표현할 수 있는 것. 이런 것을 우리가 좀 시도를 하고 더 집중해야 하는 부분이 아닐까? 하는…… 그쪽 방향으로 좀 집중이 되었던 것 같아요(수업연구회, 물리교사 김○○).

5. 과학교육에서의 융복합교육을 위한 제언

이상에서 고찰한 바와 같이 지속가능한 미래를 위하여 과학교육에서의 융복합교육은 실제 세계의 복잡성을 이해하고 시스템적 사고를 증진시킬 수 있다는 점에서 그 중요성이 강조된다. 과학교육에서의 융복합교육은 주제나 소재를 중심으로 한 내용의 통합적 접근은 물론, 쟁점을 중심으로 실제 세계를 탐구하는 프로젝트 형태의 융복합교육도 가능하다. 과학 내에서 생물, 물리, 화학, 지구과학 같은 영역 간의 통합과 더불어 과학과 다른 교과 영역 간의 간학문적 접근도 가능하다. 또는 과학을 중심으로 다문화와 같은 특정 주제에 대한 안내된 탐구도 가능하고, '점심'과 같은 사회적이고, 환경적인 쟁점을 통해서도 접근가능하며, 두꺼비 등 생물 다양성이나 기후 변화 등의 실제 생활 주제를 통한 프로젝트 접근도 할 수 있다.

과학교육에서의 융복합교육을 제대로 수행하기 위해서는 먼저 학생들의 맥락에 기반을 두고 실제 세계에 대한 탐구를 할 필요가 있다. 학생들의 개인적이고 사회적인 맥락과 긴밀히 연계되는 실제 세계의 쟁점을 탐구하면 학생들은 더욱 더 흥미를 느끼고, 또 실제 세계의 문제해결을 위한 방안을 찾을 수도 있다. '점심은 어디에서 오는가?' 프로젝트의 경우 학교 급식이라고 하는 실제적인 쟁점을 기반으로 한 탐구는 여러 식자재의 유통과 공급에 대한 사회적이고 경제적인 쟁점과 만나게 되고, 이로부터 채식과 육식, 기후 변화 등의 환경적인 쟁점과도 만나며, 결과적으로 로컬푸드의 중요성에 대한 인식이 이루어진다. 또한 학생들의 실제적인 행동 변화를 위한 캠페인 등의 활동도 이어질 수 있다. '나무 한 그루 프로젝트'의 경우나 '다문화의 이해'의 경우도 마찬가지로 실제 세계의 소재나 쟁점을 포함하고 있음을 볼 수 있다. 따라서 과학교육의 융복합교육에서는 현실적 맥락을 고려한 실제 세계를 탐구할 수 있는 기회를 제공할 필요가 있다.

과학교육에서의 융복합교육은 과학 영역에서 출발하되 과학 영역에 국한되기보다는 쟁점이 가지는 복잡성에 기반을 두고 학습이 이루어지도록 해야 할 것이다. 실천 사례에서 제시된 '나무 한 그루 프로젝트'의 경우는 나무 탐구에서 시작했으나 나무 자체에 대한 탐구에 그치지 않고 나무와 역사, 나무와 수학, 나무와 기술, 나무와 직업, 나무와 새, 나무와 쓰임새 등 나무와 관련된 다양한 영역에 대한 탐구를 함으로써 시간이 지날수록 좀 더 융합적 성격을 띠게 되는 것을 볼 수 있다. 그러나 교사의 개입이나 안내가 없는 경우 실제 세계의 복잡성 속에서 학생들은 길을 잃을 수 있으므로, 탐구과정이나 결과가 복잡성을 반영하되 혼란에 빠지지 않도록 교사는 학습 과정을 지속적으로 관찰하고 촉진할 필요가 있다.

또한 과학교육에서의 융복합교육을 활성화하기 위해서는 교육의 현장에서 사용되는 보다 혁신적인 교수 · 학습적 접근에 대한 고려가 필요하다. 개념에 대한 학습과 실험중심의 교수 · 학습 방법으로부터 탐구기반 학습, 장소기반 학습 등 쟁점에 대한 프로젝트학습법을 도입해야 한다. 초등학생의 경우 안내된 탐구를 포함한 프로젝트의 수행이 바람직하며, 학교급이 올라갈수록 학생들의 자율성을 좀 더 증진시킬 수 있다.

마지막으로 융복합교육의 준비와 수행은 교사 개인이 단독으로 하기에는 어려움이 있으며, 융복합교육의 특성상 같은 영역 또는 다른 영역의 교사들 간의 논의와 협력이 필요하다. 신종플루나 원자력과 사회 수업, 다문화의 이해 수업, 나무 한 그루 프로젝트 등의 사례를 보면 교사들의 전문적 학습공동체(professional learning community)에서의 협력과 논의에 기반하고 있다. 주변에서 유사한 관심을 가지고 있는 동료 교사들과 함께 고민하고, 함께 주제와 쟁점을 찾으며, 함께 시도해 보고, 함께 성찰할 필요가 있다. 이를 통해 유사한 융복합교육을 함께 수행하거나 반복적으로 수행하고, 실행연구를 통해 교육의 내용과 방법을 좀 더 발전시킬 수 있다. 이로써 융복합교육 실천을 위한 교사들의 역량이 크게 증진됨은 물론, 교사들의 과학교육적 전문성도 신장될 수 있을 것이다.

생각해 볼 문제

1. 과학의 여러 영역에서 융복합적인 특성을 적용하기에 가장 적절한 주제나 소재를 찾아봅시다. 그 주제나 소재의 어떤 점이 가장 융복합적이라고 생각하였나요? 실제로 사용하고 있는 교과서나 교육과정에서 그 주제나 소재가 다루어지는 방식을 비교해 봅시다.

2. 과학의 여러 영역에서 융복합적인 특성을 적용하기에 가장 적절한 쟁점을 찾아봅시다. 그렇게 생각한 이유는 무엇입니까?

3. 실제로 수행되고 있는 수업시간, 특별 활동, 학교행사 등과 관련하여 과학에서의 융복합교육의 모습을 담고 있는 사례를 찾아보고, 융복합교육의 목표, 방식, 맥락 등의 측면에서 활동을 분석해 봅시다. 어떤 점에서 그 교육 활동이 융복합교육적이라고 생각하였나요?

4. 과학교육에서 '기후 변화와 에너지' 또는 '살기 좋은 우리 마을'이라고 하

는 주제로 학생들과 6주 정도의 기간으로 수행할 수 있는 융복합교육을 계획해 봅시다. 가장 필요한 것은 무엇인가요?

참고문헌

교육과학기술부(2011). 과학과 교육과정. 서울: 교육과학기술부.

권재술(1991). 학문중심 과학교육의 문제점과 생활 소재의 과학교재화 방안. 한국과학교육학회지, 11(1), 117-126.

김태현, 노시헌, 백해윤, 송나은, 이계명(2011). 학교급식에서 로컬푸드 활성화 방안과 기대효과. 분당중앙고등학교 프로젝트 연구회. 한국과학창의재단 '프로젝트 접근법을 통한 과학중점학교 특성화 사업' 관련 미발간 자료.

박영석, 구하라, 문종은, 안성호, 유병규, 이경윤, 이삼형, 이선경, 주미경, 차윤경, 함승환, 황세영(2013). STEAM 교사 연구회 개발 자료 분석: 융복합교육적 접근. 교육과정연구, 31(1), 159-186.

백성혜(1992). 과학 · 기술 · 사회(STS)의 통합적 교육 운동. 한국과학교육학회 학술발표 및 세미나집. 31-47.

소경희(2006). 학교지식의 변화요구에 따른 대안적 교육과정 설계방향 탐색. 교육과정연구, 24(3), 39-59.

이광우, 전제철, 홍원표, 허경철, 김문숙(2009). 핵심역량 기반 초 · 중등학교 교육과정 설계 방안 탐색을 위한 세미나. 한국교육과정평가원 연구자료 ORM 2009-20.

이선경(2011). 통합 과학교육을 통해 과학적 소양 기르기. 함께여는교육, 17, 36-48.

이선경(2012a). 과학과 학습공동체가 키워낸 나무 한 그루 프로젝트. 2012학년도 학교문화 변화를 위한 교사의 전문성 신장 워크숍 자료집. 207-219.

이선경(2012b). 과학교육을 통해 지속가능한 미래 탐색하기: 원자력 발전에 관한 과학과 수업을 보고. 함께여는교육, 19.

이선경, 김희백, 박종석, 이경화, 이재영, 정병훈, 정원영, 주형선(2012a). 프로젝트 접근법을 통한 과학중점학교 특성화. 한국과학창의재단.

이선경, 김희백, 박종석, 이경화, 이재영, 정병훈, 정원영, 주형선(2012b). 과학
중점학교에서 프로젝트 수행하기. 한국과학창의재단.

이선경, 황세영(2012). 과학교육에서 융복합교육에 대한 교사의 인식과 경험
탐색: 과학교사 포커스 그룹 논의를 중심으로. 한국과학교육학회지, 32(5),
974-990.

이영만, 홍영기(2006). 초등통합교육과정. 서울: 학지사.

조희형, 최경희(1998). 과학의 윤리적 특성 교육의 필요성과 그 실태. 한국과학
교육학회지, 18(4), 559-570.

조희형, 최경희(2008). 과학교육의 이론과 실제(2판). 파주: 교육과학사.

하동협 외(2013). '다문화의 이해'를 위한 수업 지도안. 미발간 자료.

한국과학창의재단(2011). 과학중점학교 프로젝트 연구회 신청 공고. 서울: 한국과
학창의재단. http://www.kofac.re.kr/www/inform/k1-3-2/userBbs/
bbsView.do

한국교육과정평가원(2010). OECD 학업성취도 국제비교 연구(PISA 2009) 결과
보고서 (pp. 161-166). 연구보고 RRE 2010-4-2.

함승환, 구하라, 김선아, 김시정, 문종은, 박영석, 박주호, 안성호, 유병규, 이삼
형, 이선경, 주미경, 차윤경, 황세영(2013). 융복합교육 개념화: 융(복)합적
교육 관련 담론과 현장 교사 포커스 그룹 면담을 중심으로. 교육과정평가연
구, 16(1), 107-136.

황세영, 서은정, 이리나, 홍인영(2012). 학술지 "환경교육" 논문 분석을 통한
학교 환경교육 연구 동향 고찰. 환경교육, 25(2), 224-241.

황세영, 이선경(2013). 과학교육에서 쟁점중심 접근에 대한 고찰: 교육목표와
수업 적용 연구 현황을 중심으로. 생물교육, 41(1), 150-168.

AAAS(American Association for the Advancement of Science) (1989).
Science for All Americans. Washington, DC: American Association
for the Advancement of Science.

AAAS(American Association for the Advancement of Science) (1993).
Benchmarks for science literacy. New York: Oxford University Press.

Aikenhead, G. S. (1996). Science education: Boarder crossing into the
subculture of science. *Studies in Science Education, 27*, 1-52.

Aikenhead, G. S. (2006). *Science education for everyday life: Evidence-based practice*. New York: Teachers College Press.

Beck, U. (1992). *Risk Society: Towards a New Modernity*. London: Sage Publications.

Bennett, J., Lubben, F., & Hogarth, S. (2007). Bringing science to life: A synthesis of the research evidence on the effects of context-based and STS approaches to science teaching. *Science Education, 91*(3), 347–370.

Bennett, J., Lubben, F., Hogarth, S., & Campbell, B. (2005). Systematic reviews of research in science education: Rigour or rigidity? *International Journal of Science Education, 27*(4), 387–406.

Bingle, W. H., & Gaskell, P. J. (1994). Scientific literacy for decision making and the social constrcution of scientific knowledge. *Science Education, 78*(2), 185–201.

Bybee, R. W. (Ed.). (1985). *Science-Technology-Society*. In 1985 NSTA yearbook. Washington: National Science Teachers Association.

Bybee, R. W. (1987). Science education and the science-technology-society (S-T-S) theme. *Science Education, 71*(5), 667–683.

Cantrell, D. C., & Barron, P. A. (1996). *Integrating Environmental Education and Science: Using and Developing Learning Episodes*. Environmental Education Council of Ohio. 3-10.

Colucci-Gray, L., Camino, E., Barbiero, G., & Gray, D. (2006). From scientific literacy to sustainability literacy: An ecological framework for education. *Science Education, 90*(2), 227–252.

Dewey, J. (1952). *Experience and education*. New York: MacMillan.

Fogarty, R. (1991). Ten ways to integrate curriculum. *Educational Leadership, 42*(2), 61–65.

Gibbons, M., Limoges, C., Norway, H., Schwartsman, S., Scott, P., & Trow, M. (1994). *The new production of knowledge: The dynamics of science and research in contemporary societies*. London; Thousand Oaks, Calif.: SAGE Publications.

Hart, P., & Nolan, K. (1999). A critical analysis of research in environmental education. *Studies in Science Education, 34*, 1-69.

Hines, J. M., Hungerford, H. R., & Tomera, A. N. (1986). Analysis and synthesis of research on responsible environmental behavior: A meta-analysis. *Journal of Environmental Education, 18*(2), 1-8.

Hughes, G. (2000). Marginalization of socioscientific material in science-technology-society science curricula: Some implications for gender inclusivity and curriculum reform. *Journal of Research in Science Teaching, 37*, 426-440.

Hungerford, H. R. (1996). The development of responsible environmental citizenship: A critical challenge. *Journal of Interpretation Research, 1*(1), 25-37.

Hungerford, H. R., & Volk, T. L. (1990). Changing learner behavior through environmental education. *Journal of Environmental Education, 21*(3), 8-21.

Hurd, P. D. (1958). Scientific Literacy: Its Meaning for American Schools. *Educational Leadership, 16*, 13-16.

Hwang, S. (2010). Rethinking the contribution of science education for addressing environmental issues: A literature review. *Biology Education, 38*(1), 26-38.

Ingram, J. E. (2002). 교육과정 통합과 평생교육(배진수, 이영만 공역). 서울: 학지사. (원저는 1979년 출간)

IPCC (2007). *Climate Change 2007-Synthesis Report.* Intergovernmental Panel on Climate Change.

Jacobs, H. (1989). *Interdisciplinary curriculum: Design and implementation.* Alexandria, VA: Association for Supervision and Curriculum Development.

Keefer, M. W. (2003). Moral reasoning and case-based approaches to ethical instruction in science. In D. L. Zeidler (Ed.), *The role of moral reasoning on socioscientific issues and discourse in science education.* Dordrecht: Kluwer Academic Press.

Kollmuss, A., & Agyeman, J. (2002). Mind the Gap: Why do people act environmentally and what are the barriers to pro-environmental behavior? *Environmental Education Research, 8*(3), 239-260.

Kolstø, S. D. (2000). Consensus projects: Teaching science for citizenship. *International Journal of Science Education, 22*(6), 645-664.

Lee, S., & Roth, W. M. (2003). Science and the "Good Citizen": Community-Based Scientific literacy. *Science, Technology & Human Values, 28*(3), 403-424.

Millar, R., & Osborne, J. (1998). *Beyond 2000: Science education for the future.* London: Nuffield Foundation.

National Research Council(NRC) (1996). *National science education standards.* Wahington, DC: National Academy Press.

Nowotny, H., Scott, P., & Gibbons, M. (2001). *Re-Thinking Science: Knowledge and the Public in an Age of Uncertainty.* Polity Press: Cambridge.

OECD (2005). *Definition and Selection of Key Competencies: Executive Summary.* Paris, France: OECD.

OECD (2009). *PISA 2009 Assessment Framework: Key competencies in reading, mathematics and science.* Paris, France: OECD.

OECD (2012). *PISA 2012 Assessment and Analytical Framework: Mathematics, Reading, Science, Problem Solving and Financial Literacy.* Paris, France: OECD.

Pedretti, E. (2003). Teaching science, technology, society and environment (STSE) education: Preservice teachers' philosophical and pedagogical landscapes. In D. L. Zeidler (ed.), *The role of moral reasoning on socioscientific issues and discourse in science education.* 219-240. Dordrecht: Kluwer Academic Press.

Pedretti, E., & Nazir, J. (2011). Currents in STSE education: mapping a complex field, 40 years on. *Science Education, 95*(4), 601-626.

Reid, A., & Scott, W. (2006). Researching education and the environment: Retrospect and prospect. *Environmental Education Research, 12*(3-4), 571-587.

Rickinson, M. (2001). Learners and learning in environmental education: A critical review of the evidence. *Environmental Education Research, 7*(3), 207-320.

Robottom, I., & Hart, P. (1993). *Research in environmental education: Engaging the debate*. Geelong, Vic. : Deakin University.

Rose, S. L., & Barton, A. C. (2012). Should Great Lakes City build a new power plant? How youth navigate socioscientific issues. *Journal of Research in Science Teaching, 49*(5), 541-567.

Roth, W. M., & Barton, A. C. (2004). *Rethinking scientific literacy*. New York & London: Routledge Falmer.

Ryder, J. (2001). Identifying science understanding for functional scientific literacy. *Studies in Science Education, 36*, 1 -44.

Sadler, T. D., Chambers, F. W., & Zeidler, D. L. (2004). Student conceptualizations of the nature of science in response to a socioscientific issue. *International Journal of Science Education, 26*, 387 -409.

Shamos, M. H. (1993). STS: A time for caution. In R. E. Yager (ed.), *What research says to the science teacher, volume seven: The science, technology, society movement*. Washington, DC: National Science Teachers Association.

Stables, A. W. G. (1998). Environmental literacy: functional, cultural, critical. The case of the SCAA guidelines. *Environmental Education Research, 4*(2), 155-164.

UNESCO (2009). *Climate Change and Education for Sustainable Development*. Policy Dialogue 3. UNESCO.

Yager, R. E. (1991). The constructivist learning model: Towards real reform in science education. *The Science Teacher, 58*(6), 52-57.

Yager, R. E. (1996). *Science/technology/society as reform in science education*. Albany: State University of New York Press.

Yager, R. E. (2001). Science-technology-society and education: A focus on learning and how persons know. In S. H. Cutcliffe & C. Mitcham (eds.), *Visions of STS: Counterpoints in science, technology, and society studies.* Albany, New York: State University of New York Press.

Yager, R. E., & Tamir, P. (1993). STS Approach: Reasons, intentions, accomplishments, and outcomes. *Science Education, 77*(6), 637–658.

Zeidler, D. L. (2003). *The role of moral reasoning and discourse on socioscientific issues in science education.* Dordrecht, The Netherlands: Kluwer.

Zeidler, D. L., Sadler, T. D., Simmons, M. L., & Howes, E. V. (2005). Beyond STS: A research-based framework for socioscientific issues education. *Science Education, 89,* 357–377.

Ziman, J. (1980). *Teaching and learning about science and society.* Cambridge[Eng.]; New York: Cambridge University Press.

제10장

융복합교육과 미술교육[1]
-미술로 빚는 상상과 창조의 융복합교육-

창의인재 육성은 이제 우리 사회의 키워드가 되고 있다. 기업과 대학뿐만 아니라 학교교육의 방향과 목표가 '창의인', 즉 '새로운 발상과 도전으로 창의성을 발휘하는 사람'에 초점이 맞추어지고 있는 것이다(박순경, 2010). 미술교육 안에서 창의성이라는 용어는 전혀 새로울 것이 없음에도 불구하고, 최근의 확산되고 있는 미술에서의 창의성에 관한 논의가 융합인재교육과 밀접한 관련성을 가지고 있다는 점은 주목할 만하다. 이는 빠르게 발전하는 테크놀로지의 진화와 세계화를 통해 진행되는 혼성 문화 등 피부로 느끼는 사회, 경제, 문화, 정치의 변화가 '융합'의 개념과 맞물려 있기 때문이다. 그렇다면 창의적 사고를 위한 미래 융복합교육에서 미술교육은 어떤 역할을 할 수 있는가? 인지적 측면에서 융복합교육을 위한 미술교육은 어떤 방향으로 전개되어야 하는가?

---

1) 본 장은 김선아(2012)를 수정·보완한 것이다.

이 장에서는 융복합교육이 미술교육에 던지는 이와 같은 질문에 대한 답을 찾기 위하여 미래 사회의 변화라는 맥락 속에서 융복합교육의 의미를 살펴보고, 미술을 통하여 개발할 수 있는 융복합적 사고의 특성을 탐색해 보고자 한다.

1. 창조로 여는 미래 사회

융복합교육도 시간이 흐르면 지나갈 또 하나의 교육 트렌드는 아닐까? 이와 같은 물음에 대해 미래 사회에 대한 전망들은 융복합교육이 일시적 관심을 넘어서는 학교교육의 근본적인 변화를 준비하는 것임을 보여 준다. 21세기는 물질중심에서 인지중심의 사회, 그리고 창조사회로 진화하는 과정이다. 미래 사회의 변화를 김광웅 (2009)은 인지적 전환으로 설명하였다. 지본(地本)의 농경사회는 자본(資本), 즉 물질중심의 사회로 진화하였다. 생산과 소유가 중요한 가치가 되었던 20세기 산업화 사회에서는 합리성과 효율성이 사회 체제를 구성하는 원칙이었던 것이다. 하지만 정보사회에서 창조사회로 또다시 진화하는 미래 사회에는 소유가 아닌 '접속'할 수 있는 능력, 네트워크 안에서 관계를 인식할 수 있는 능력이 요구될 것으로 보인다. 즉, 땅이나 돈이 아닌 뇌의 활용이 중요한 '뇌본(腦本)' 시대가 시작되고 있는 것이다. 이제는 전체를 볼 수 있는 눈과 마음, 그리고 종합적 개념을 형성할 수 있는 능력이 필요해진 것이다. 이와 같은 변화에 대응하기 위하여 사회 전반에서는 유연한 사고로 서로 다른 지식을 융합할 수 있도록 하는, 경계를 넘나들 수 있는 교육에 대한 관심이 증대되고 있다(박선형, 2010; 이인식, 2008). 따라서 최근 융복합교육의 논의는 시대적 변화, 더 나아가 인류의 진화와 관련되어 있다고 할 수 있다.

융합 담론을 통해 미래를 진단하면서 홍성욱(2012: 12)은 융합은 "이것저것 잡다하게 하는 르네상스 맨"을 만들고자 하는 것이 아니라고 지적하였다. 갈수록 복잡해지는 사회 문제에 직면하면서 등장하게 된 융합 목적은 '진정으로 중요한 문제'를 해결하는 데에 있다. 따라서 미래 사회에 요구되는 지식의 융합은 단지 두루두루 관심을 갖는 것을 넘어서 실제적 문제해결을 위한 전문성과 창의성을 동시에 필요로 하는 것이다.

시대적 변화에 따라 새롭게 요구되는 창의적 사고를 가능하게 하는 조건으로 '드라이브(drive)', 즉 동기가 다시금 주목받고 있다(Pink, 2011). 생존과 욕구가 인간의 행동을 주도했던 인간의 초기 시대를 동기 1.0이라 한다면, 생물학적 욕구 이상의 복잡한 조직과 효율성이 필요했던 사회의 운영체계는 동기 2.0으로 구분할 수 있다. 이미 20세기 중엽에 이르러 인간심리학에서는 보상과 처벌에 기초한 동기 2.0이 한계에 도달하였다는 인식이 대두되었다. 외재적 동기에 기초한 이 운영체계는 급속도로 변화하는 사회에 대한 호환성이나 적응력이 부족하기 때문이다. 보다 근본적으로, 인간을 생산성만을 추구하는 단순화된 기계적 존재로 다룬다는 데에 심각한 한계점을 내포하고 있다. 현대 사회에 대한 이와 같은 진단은 자율성, 자기주도적인 동기의 힘에 기초한 제3의 드라이브가 미래 사회에 필요함을 시사한다.

미래 사회를 보여 주는 또 다른 용어로 '디지그노(designo)'를 생각해 볼 수 있다. 디지그노는 '세상을 아름답게 꾸미는 지혜'를 일 컫는다. 과학과 예술이 융합하고, 리더십이 미적 감각과 연결되면서 디자인으로 창조사회를 이끌어 가는 것을 뜻하는 것이다(김광웅 외, 2009). 여기에서 미적 감수성과 창조적 사고는 세상을 새롭게 설계해 나가는 데에 필수 불가결한 인지적 능력이 된다. 이와 같은 변화는 근 대 학교교육 체제의 심각한 한계를 드러냄과 동시에 교육에서 미술 의 역할에 대한 확장된 시각을 요구한다. 미래 사회에 요구되는 인간 을 육성하기 위한 미술교육의 목표와 방향을 어떻게 설정할 것인지 에 관한 고민이 필요한 시점이라 할 수 있다.

2. 학교교육의 위기와 새로운 가능성

미래 사회에 대한 전망에 비추어볼 때, 분업을 통한 생산성의 극 대화를 추구한 산업사회 체제와 이를 전제로 한 학교교육의 한계를 어렵지 않게 생각해 볼 수 있다. 근대화 과정에서 모더니즘적 이상 에 기초하여 기획된 학교 지식에 대한 비판은 이미 20세기 후반 포 스트모던 교육의 관점에서 지속적으로 제기되어 왔다(김영천, 주재홍, 2011). 보편적 지식을 강조하는 이제까지의 학교교육은 지식의 불확 실성과 학생들의 경험세계를 철저히 배제한 채, 합리적 이성의 보편 성에 따른 명료성, 엄격성, 정확성만을 강조하여 왔다는 것이다. 이 에 반해 미래 사회의 변화는 지식사회의 지형을 변화시키고, 탈근대 의 욕구와 필요성을 가속화하고 있다.

오늘날 교육이 당면한 위기는 이제까지 '좌뇌형 지식근로자'를 양산하는 데에만 온 힘을 기울여 왔다는 점에서도 그 원인을 찾을 수 있다(Pink, 2006). 정보화시대를 넘어서 큰 그림을 볼 수 있는 창의적 사고가 요구되는 하이컨셉의 시대에는 개념과 감성에 모두 능통한 인재를 필요로 한다. Magnus는 좌뇌와 우뇌의 관계를 설명하면서, "상대편 뇌의 도움 없이 단독으로 움직인다면 기괴하고 어리석은 결과로 이어진다."라고 설명한 바 있다(Pink, 2006: 42 재인용). 이처럼 미래 사회에 요구되는 총합적 사고능력은 음과 양의 조화로운 합을 추구하는 것과 같은 개념이다. 매일 귀로 듣고 피부로 느끼게 되는 최근 우리나라 교육의 복잡한 문제들 또한 순차적, 기능적, 문자적, 분석적 사고방식에 기초한 좌뇌형 지식만을 철저하게 강요해 온 '학교'라는 분과적 체제에 따른 기괴하고 어리석은 결과일지 모른다.

여기에서 Pink(2011)가 제시하는 당근과 채찍, 즉 보상과 처벌에 기초한 조직이 가지는 일곱 가지 '치명적인' 결점을 다시 한 번 살펴볼 필요가 있다. 왜냐하면 이는 현재 우리 사회가 안고 있는 학교교육의 한계를 그대로 보여 주고 있기 때문이다. ① 내재적 동기를 없앤다. ② 성과를 감소시킨다. ③ 창의성을 말살한다. ④ 선행을 몰아낸다. ⑤ 사기, 편법, 비윤리적인 행동으로 이끈다. ⑥ 중독성을 유발시킨다. ⑦ 근시안적 생각만을 촉진시킨다. 이와 같은 특성들은 성과지향, 경쟁중심의 학교체제 안에서 내재적 동기, 창의성, 배려와 나눔의 교육적 목적을 실현하는 것이 얼마나 어려운 일인가를 분명히 보여 준다. 더 나아가 객관적 지식을 암기하고 시험을 통해 끊임없이 확인하는 교육방식이 비윤리적 행동과 근시안적 사고를 촉진시킬 수 있다는 측면에서 문제의 심각성을 찾아볼 수 있다.

관계에 대한 이해 없이 단편적으로 지식을 암기하는 것은 복잡하고 실제적인 문제해결에는 그다지 도움이 되지 않는다. 맹목적 지식이 가지는 한계점에 대한 다음의 지적은 교육적 대안 마련의 필요성을 잘 보여 주고 있다.

> 근시안적 지식은 처음부터 이해와 성찰의 가능성을 없애 버리며, 올바른 판단의 기회나 장기적인 시각의 여지를 축소시켜 버린다. 그에 따라 문제가 다차원적일수록, 그만큼 그 문제의 다차원성을 사고할 수가 없다. 위기가 악화되면 될수록, 그만큼 그 위기를 사고할 수 있는 능력은 퇴보한다. 문제가 지구적인 규모일수록, 더욱더 그 문제를 사고할 수 없게 된다. 전 지구적인 맥락과 복합성을 고려할 능력이 결여된 맹목적 지식은 무의식적이고도 무책임할 수밖에 없다(Morin, 2001: 70).

이처럼 20세기 교육은 지식적 차원에서 외양으로는 많은 발전을 이룩한 것으로 보인다. 하지만 학문을 인간성에 연결시키는 고리가 끊어졌다는 점에서 근본적인 한계를 안고 있다. 즉, 현실과 인간 정신이 가지고 있는 복잡성과 총체성에 대한 감각과 이해가 분과 학문을 통해 실종되어 버린 것이다. 이에 대한 대안으로 Morin(2001)은 미래 교육에 반드시 필요한 일곱 가지 원칙으로 지식의 맹목성(오류와 착각), 올바른 지식의 원칙, 인간의 조건, 지구인의 정체성, 지식의 불확실성, 이해하는 마음, 인류의 윤리의 키워드를 제시하였다. 즉, 지식의 절대성보다는 복잡성과 불확실성, 상호 연관성을 가르치고 인식할 수 있도록 하는 교육체제로의 근본적인 변혁이 요구되는 것이다.

21세기 급속한 사회 변화와 디지털 기술의 비약적 발전은 교육에 대한 '문명사적 도전'을 제시하고 있다(손동현, 2009: 22). 미래 사회에 대한 전망들은 우리가 왜, 무엇을 공부하여야 하는가, 교육은 사회와 인간의 삶에서 어떤 역할을 하고 있는가에 대한 근본적인 질문을 던지고 있는 것이다. 이에 대해 김광웅 등(2009: 393-394)은 앞으로 추구해야 할 교육방향을 다음과 같이 적고 있다.

> 다가올 미래를 상상할 수 있는 힘을 지닌 사람을 길러 내고, 여러 분야의 사람들이 함께 모여 각자의 상상을 공유하는 융합의 과정이 삶을 통해서, 마침내 형상을 통해서 창조되는 것, 그렇게 남겨진 형상의 의미와 가치에 대해서 시대와 세대 사이의 끊임없는 대화가 가능할 때에 비로소 교육의 완성을 그려볼 수 있겠다.

Morin(2001: 142)이 '위기가 조성한 유리한 조건'이라고 표현한 바와 같이, 현재 학교교육이 당면한 위기는 교육에 대한 새로운 상상을 가능하게 하는 기회로도 이해될 수 있다. 미래 사회의 전망과 현재 학교교육의 대비되는 명암은 수수께끼처럼 알 수 없게 되어 버린 파편화된 지식의 융복합과 이를 통한 창의성의 발현이라는 새로운 차원에 주의를 기울이도록 하기 때문이다. 이러한 미래 교육의 새로운 지평에서 다양한 지식을 연결하는 고리로서 융복합적 사고를 가능케 하는 미술의 특성과 역할을 탐색해 보아야 한다.

3. 미술과 융복합교육의 방향

다양한 학문적 경계를 넘나드는 융복합교육의 개념이 미술교육에서 낯설지 않은 것은 그동안 통합 교육에 대한 논의와 시도가 꾸준히 있어 왔기 때문이다. 따라서 통합 교육의 연장선상에서 융복합교육을 개념화하는 것은 미술과에서 새롭게 지향해야 할 방향을 가늠하는 데에 도움이 된다. 2007 개정 미술과 교육과정 해설서에서는 개정의 주요 방향 가운데 하나로 여러 차원의 통합 교육을 언급하면서 다음과 같이 적고 있다(양윤정, 2007: 50).

> 넷째, 미술 학습이 학습자의 개인적 경험에서 의미를 갖도록 하기 위해 통합적으로 내용을 구성한다. 미술 학습과 생활경험의 통합, 미술과 다른 교과의 통합, 미술과 다른 예술의 통합, 미술교과 내의 미적 체험, 표현, 감상 활동의 통합 등을 통해서 의미 있는 미술 학습이 되도록 한다.

2009 개정 교육과정에 따른 미술과 교육과정에서도 '5. 교수 · 학습 방법'의 '다. 내용 영역별 지도'에서 "교과 간 통합적 접근을 통하여 체험, 표현, 감상 영역의 학습을 확장할 수 있도록 한다."라고 명시하고 있다. 이와 같이 미술교과 안에서 통합 교육은 유용한 교수 · 학습 방법으로 꾸준히 다루어져 왔다.

통합 교육의 방법을 모색하는 그동안의 연구들은 미술교과와 관련성을 가지는 다른 교과의 내용을 찾아 미술교육의 내용과 방법을 확장하려는 차원에서 주로 이루어졌다. 김정선 등(2009)은 다른 교과와 통합한 미술수업이 목표, 중점사항, 매체, 상호작용의 측면에서 기존의 미술수업과 차별화된다고 주장한다. 기존의 미술수업에 비하여 반성적 지식을 구축하거나 확장된 미디어를 활용하는 데 용이하다는 것이다. 또한 개인의 창작 활동이 중심이 된 미술수업보다 다양한 관점에서의 상호작용이 촉진되고, 이를 통해 타인의 시각이나 교수자의 피드백 등이 새롭게 강조될 수 있다.

표현중심 미술수업의 한계를 넘어서고자 하는 것에서 한 걸음 더 나아가 '통일성'의 관점에서 통합 교육의 의미를 찾고자 한 경우도 찾아볼 수 있다. 김혜경(2010: 78)은 미술에서 통합 교육의 목표를 교육과정을 통합적으로 조직함으로써 "학생들로 하여금 점증적으로 통합된 견해를 가지면서 여러 경험 요소와의 관계 속에서 그의 행동을 통일하도록" 돕는 것이라고 설명한다. 같은 맥락에서 박라미(2005)는 학습자의 '내적 통합성'에서 통합 교육의 가치를 조명하였다. 학습자의 마음이 학습 대상인 경험세계와 연결되는 가운데 내면화되어 다양한 요소가 총체적으로 결합되는 인식적 통합을 강조하고 있는 것이다. 이처럼 미술교육 내에서 통합 교육에 관한 다양한 논의들은 교과 간 병렬적 연계를 넘어서 종합적 이해와 내면화를 추구하는 것으로 확장되어 왔다고 할 수 있다.

미술교과의 경계를 넘어서 다양한 측면에서 학습개념을 탐구하여 내적 통합을 이룬다는 점에서 통합 교육과정은 "교과 영역을 서로 분리하는 교과선을 없애고 따로 떨어진 별개의 교과 영역이 사라지도록 하는 교육과정 구성의 한 접근방식"이라고 정의될 수 있다(안혜리, 2006: 179). 이는 융복합교육에서도 강조하는 바로서, 통합과 융복합의 개념은 서로 중첩된다고 할 수 있다. 그렇다면 통합 교육과 융복합교육의 차이점은 어디에 있을까?

이미 '통합 교육'이라는 용어가 있음에도 불구하고, 굳이 '융복합교육'이라는 새로운 용어가 필요한 이유를 다음 두 가지로 생각해 볼 수 있다. 첫째, 기존의 통합 교육에 비해 융복합교육에서는 학생들의 능동적, 자기주도적 학습을 더욱 강조한다. 통합 교육에서는 다른 교과의 지식을 탐구하고 관련된 내용을 선정하여 조직하는 것은 주로 교사의 몫이며, 학습자는 교사가 준비한 내용을 계획된 단계에 따라 이해하고 받아들이는 대상으로 여겨진다. 따라서 학습자가 자신의 관심이나 적성에 따라 스스로 다른 교과의 내용이나 지식을 탐색하고 발견할 수 있는 여지는 많지 않다고 볼 수 있다.

이에 비해 융복합교육이 지향하는 것은 교사의 통합적 내용 조직을 넘어서서 학습자가 융합적 사고를 할 수 있도록 환경을 조성하는 것이다. 미술교과에서 학습자 주도의 융복합교육이 필요한 이유는 생활의 광범위한 영역에서 일어나고 있는 테크놀로지의 컨버전스(convergence) 현상과 무관하지 않다. 디지털시대는 일상생활에서 감각의 통합, 지식의 통합, 사고의 통합을 이루고 있으며, 이제는 "하나가 하나에 대응하는 것이 아니라, 하나는 어떤 것이든 될 수 있는 시대"가 되었다(성은현, 2010: 25).

또한 광범위한 문화의 교류가 가능한 현 시대는 유동적인 네트워크 속에서 사회적 삶이 구성됨에 따라 지속성, 영속성, 독자성을 갖는 것으로 여겨졌던 지식이 '정보'로 변환되었다(손동현, 2008). 용이하게 생산, 복제, 소비되는 정보가 시간적, 공간적 제약 없이 유통되는 현 상황을 고려할 때, 교사에 의해 재단되고 독점되는 방식의 통합 교육은 한계를 가질 수밖에 없다. 특히 백지에서 시작하여 자신이 표현하고자 하는 주제의 소통방법을 찾아 나가는 미술교과에서는 교사중심의 통합 교육의 개념을 넘어서 학습자 스스로 다양한 지식을 결합하여 새로운 의미로 엮어 나갈 수 있는 융복합교육이 필요한 것이다.

둘째, 통합 교육과 융복합교육의 차이는 '이해를 넘어선 창조'에 있다. 융복합교육은 단지 정해진 개념을 깊이 있게 이해하는 것을 넘어서 학습자의 창의적 사고를 통하여 새로운 지식을 지속적으로 창출하는 과정이 되어야 한다. 최재천은 "서로 다른 분야의 이론과 지식을 한데 묶어서 무언가 새로운 것을 만들어 가는 현상"을 지칭하기 위해 '통섭(consilience)'이라는 용어가 나타난 것이라고 설명하였다(김경동 외, 2009: 45 재인용).

같은 맥락에서 융복합은 다양한 학문 영역의 지식을 연결하는 데에만 집중하는 것이 아니라 새로운 것을 만들어 가는 창조적 측면에 보다 중점을 두어야 한다. 지식과 문화의 지평이 변화함에 따라 융합적 교육에 대한 사회적 요구가 증대되고 있으며, 비판적·창의적 사고능력, 총합적 지적 능력, 이지(理智)와 정의(情意)의 교량능력 함양이 교육적 과제가 되고 있다(손동현, 2008). 이와 같은 맥락에서 학습자의 지각능력(perception)과 이해(conception)가 결합되어 대상에 대한 통찰력을 갖게 됨으로써 창의적 사고가 발현되도록 하는 데에 융복합교육의 목표를 두어야 한다.

미래 교육의 시대적 상황을 고려할 때 융복합교육을 위한 미술교육의 방향은 교과 간 연계를 넘어선 새로운 차원에서 그 의미가 정립되어야 한다. 이는 단지 미술교육의 위상을 찾는 것 이상으로 조형적 차원에 국한되지 않은 인지적 측면에서 미술교육의 역할과 기능을 규명하는 노력으로 이어져야 하는 것이다. 다시 말해 미술교육을 통해 어떻게 융복합적 사고가 일어날 수 있는지, 미술의 본성 가운데 어떤 요소로 교과 간의 연결고리를 제공할 수 있는지, 어떻게 미술교육이 인간의 사고 형성에 영향을 줄 수 있는지에 관한 보다 심층적인 탐구가 필요하다.

4. 미술, 융복합적 사고로의 초대

테크놀로지의 발전과 함께 감성이 중시되는 사회적 변화는 미래 사회 미술교육의 역할이 보다 확장될 수 있음을 보여 준다. 또한 융복합교육은 단순한 지식의 연결을 넘어 인지적 측면에서 학습자중심의 융복합적, 창의적 사고를 강조한다. 융복합교육에 관한 최근의 논의와 시도들은 미술교육이 학습자 수준에서 융합을 이루도록 하는 연결고리를 제공할 수 있음을 보여 준다. 이에 다음에서는 융복합교육을 위한 미술교육의 핵심 개념을 상상력, 통합적 인지, 관계적 사고, 공감능력의 네 가지 요소를 중심으로 논의하고자 한다. 이는 기존의 미술교육에서 다루어지지 않은 새로운 개념을 제안하려는 것이 아니다. 오히려 미술의 특성으로 당연시해 왔던 미술교육의 핵심적 요소들이 어떻게 융복합적 측면에서 중요한 의미를 가지는가를 명료화하는 데에 목적을 두고 있다. 이 네 가지 요소 외에도 다양한 미적 사고들이 융복합교육을 가능하게 할 수 있음을 밝혀 둘 필요가 있다. 다만 여기에서는 익숙한 미술의 요소들이 어떻게 융복합교육의 차원에서 재개념화될 수 있는가를 논의하고자 하였다.

1) 상상력

상상력은 인간 사고의 가장 독특한 부분의 하나로 근대 이후 철학, 과학, 인문학 등 다양한 학문 영역에서 지속적으로 탐구해 온 주제 가운데 하나다. 17세기 데카르트는 예술가의 영감이나 상상력에 대해서 회의적이었으며, 우리의 마음이 '상상력으로 물드는 것'을 막아야 한다고 생각하였다(Efland, 2006: 229). 하지만 칸트, 바슐라르, 흄 등에 이르는 많은 철학자들은 능동적이고 자발적인 행위로서 현재의 한계를 넘어서 자유로운 사고의 확장을 가져오는 적극적인 인식적 활동으로 상상력을 강조하였다(김정선 외, 2009). 더 나아가 인간을 '인적 자원'으로 전락시키고 기술 발전과 시장경제의 도구로 만드는 후기산업사회에 저항할 수 있는 힘은 상상력으로부터 발현될 수 있다(Greene, 1995). 즉, 인간의 가치에 대한 인식에 기초하여 민주적인 사회구조를 새롭게 구상하고 현대 사회에 적극적으로 참여하도록 하는 교육에 상상과 미적 교육이 핵심적인 역할을 해야 한다는 것이다. 이와 같이 상상력에 대한 확장된 관점은 이것이 단지 개인의 사고 영역에 국한되는 것이 아니라 사회 변화의 기본 요소이며, 교육의 목적이자 내용이 될 수 있음을 시사한다.

Vygotsky(1999)는 아동화가 아동의 인지적 성장과 밀접한 관계를 가지고 있음을 설명하면서, 학령기에 '창조적인 상상'을 풍부하게 할 것과 이를 위한 '이미지의 구체화 과정'을 가르칠 것을 강조하고 있다. 이는 상상력을 활용한 예술 활동에 특별한 방식으로 참여하는 것이 지루함, 인식적 마비, 수동성에서 벗어나 직관과 '깨어남'의 경험을 제공한다는 측면에서 적절한 지적이라 할 수 있다(Greene,

2011). 이와 같은 관점에서 미술은 무의미해진 지식들에 대하여 인식적으로 깨어날 수 있는 상상으로의 통로라 할 수 있다. 상상에 대하여 Dewey(1980)가 '마음이 세상과 접촉하는 과정'이자 '모험'이라고 설명한 바와 같이, 상상을 통하여 학습은 머리에만 머무르는 것이 아닌 마음으로부터 지식을 그려 보고 만들어 가는 경험으로 변환될 수 있다.

미술을 통한 조형작업은 시적, 문화적 차원을 지니고 있기 때문에 창조적 상상력을 유발할 수 있으며, 이는 '정신적 유동성'을 촉진한다. 이미지들의 내적 · 발산적 작업으로서 상상력은 인간의 사고를 "변형시키고, 이동시키며, 응축시키고, 다각적으로 결정하며, 감속하고, 혼합하며, 역동화시킨다."(Lagoutte et al., 2011: 165) 이와 같은 유연한 사고는 지식의 맹목성을 극복하는 데에 중요한 역할을 한다. Langer(2008)는 유연한 사고에 기초한 시각 활동을 강조하면서, 세심한 관찰을 통해 많은 관점이 존재한다는 깨달음이 잠재적으로 인식적 자유를 얻을 수 있는 방법이라고 하였다. 이처럼 보는 것, 아는 것, 상상한 것 모두를 무한히 다양한 방식으로 재현하는 매개로서 지식을 수동적으로 받아들이지 않고 새롭게 창조하도록 유도할 수 있다는 측면에서 미술은 융복합교육을 위한 유용한 도구가 될 수 있다.

2) 통합적 인지

학교교육이 방대한 양의 지식과 정보의 획득에 강조점을 두면서 점차 학습은 효율적, 과학적, 합리적 방법과 절차에 따라 이루어지게 되었다. 이는 지식에 대한 정서적 관계를 배제한 채, 주어진 것을 빠르고 정확하게 알도록 하는 데 주안점을 두는 것이다. Habermas는 "단어, 이미지, 행위, 의사소통 간의 관계의 성격을 망각"하였다는 점을 근대성의 병으로 진단한 바 있다(Young, 2003: 33). 이에 따라 근대 교육 또한 지식의 사회문화적 관계망을 망각하고 균형을 잃어버린 것이다. 배움이 파편화되고 앎이 삶과 분리될 때, 우리는 교육을 받았을지라도 새롭게 마주친 현상을 이해하지 못하거나 의미를 찾지 못하는 상황으로 이어진다.

　반면에 미술은 감각, 지식, 감정, 기억이 통합된 자신만의 사고를 형성하는 데 도움을 주어 의미 있는 깨달음에 도달할 수 있도록 한다. 이에 관해 Efland(2006: 274)는 "미술이 지혜롭게 사용된다면, 다른 영역의 지식들을 연계하는 중추적인 역할을 담당"하는 '인지적

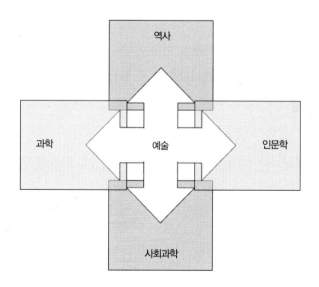

[그림 10-1] 미술을 통한 지식의 통합

출처: Efland(2006: 274).

이정표'가 될 수 있다고 설명하였다([그림 10-1] 참조).

융복합교육에서 미술교육은 다양한 학문 분야와의 관계 속에서 자신에게 가치 있는 주제를 선택하고 자신의 경험에 비추어 탐구하고 표현할 수 있는 학습의 기회를 제공할 수 있다. 이를 Perkins (1994: 85)는 '미술이 제공하는 기회'라 하였으며, "보다 나은 사고를 형성할 수 있는 맛있는 방법(a tasty way to build better thinking)"이라고 묘사하였다.

미술은 감각, 지식, 정서를 총동원하여 자신의 경험에 대해 반성적으로 생각하고 상상력을 통해 재구성하여 표현할 수 있는 통합적 인지능력에 기초한다. 미술을 통해 지각과 이성이 통합되고, 상상과 정서가 결합될 수 있기 때문이다(김선아, 2011). 또한 우리의 지각능력은 인지적 준비상태에 따라 크게 달라지는 반면, 개인이 감각적, 감성적으로 지각한 것들은 대상을 보다 풍부하게 이해할 수 있도록 해 준다(Efland, 2006: 45). 따라서 미술교육을 통한 통합적 인지능력의 계발은 다양한 학습개념을 신체적으로 경험하고 정서적으로 접근하도록 함으로써, 주체적으로 탐구하고 의미를 부여하는 데에 도움을 줄 수 있다. 즉, 미술교육을 통하여 감각과 사고가 다양한 상황에서 호환되는 사고의 유연성을 기를 수 있는 것이다. 이와 같은 감성적 경험은 자발성을 수반하므로, 앎과 행함을 통합하고 그 가운데 즐거움을 찾도록 하는 데에도 중요한 역할을 한다.

3) 관계적 사고

미술은 관계적 사고를 촉진한다. 게슈탈트 이론은 시각적 지각능력이 부분과 전체를 지속적으로 관련지어 인식하는 역동적인 이해의 과정임을 보여 준다. 인지심리학자들에 따르면, 기본 형태의 인식은 전경으로부터 배경을 구분할 수 있는 능력이자 대상을 맥락적으로 이해하도록 하는 사고행위로서 인간의 생존에 중요한 역할을 해 왔다. 더욱 흥미로운 부분은 "단순 형태의 지각이 지식의 연쇄에서 중요한 연결고리로 간주된다."는 점이다(Solso, 2000: 107). 이는 이와 같은 형태 인식이 단지 조형적 표면의 이해를 넘어 지식의 부분과 전체, 더 나아가 자아와 외부세계를 관계적으로 지각하는 데에까지 나아갈 수 있음을 의미한다. 따라서 부분과 전체를 관계적으로 파악하는 시지각적 활동은 파편화된 지식을 병렬적으로 인식하는 것이 아니라 의미의 네트워크 안에서, 그리고 전경과 배경의 관계 안에서 파악할 수 있는 사고능력을 계발하도록 만든다.

뇌과학에 기초한 연구들 또한 미술을 통해 관계적 사고능력이 향상될 수 있음을 보여 주었다. Pink(2006: 38)에 따르면, "좌뇌는 한 개의 답에 집중하지만 우뇌는 게슈탈트로 분산된다. 좌뇌는 분류에 초점을 맞추고 우뇌는 관계에 초점을 맞춘다. 좌뇌는 세부항목을 이해하지만 우뇌는 큰 그림을 볼 수 있다." 같은 맥락에서 미술을 통한 우뇌 훈련을 연구한 Edwards(2010)는 객관적·기능적 사고에 길들여진 좌뇌와 주관적·직관적·비언어적인 우뇌를 넘나드는 '정신적 모순'을 경험해 보는 활동을 통해 공간적이고 총체적인 개념을 획득할 수 있는 기회를 갖게 된다고 하였다.

한 화면 안에 부분과 부분을 심미적으로 구성하고 디자인하는 미적 경험은 전체가 부분의 합 이상의 조화를 이루어 냄을 경험하도록 한다. 미술의 근본적인 관심사 가운데 하나는 "전체를 구성하는 '부

분들' 사이의 충분하고도 의미심장한(혹은 만족을 주는 표현적인) 관계
를 창조하는 것"이라 할 수 있다(Eisner, 2007: 98). 이는 여러 요소를
단지 대조하거나 참조하는 것을 넘어서 대상의 질적인 부분에 관심
을 가지고, 분석 – 종합의 연속적 사고과정을 통해 미술의 창작 활동
이 이루어짐을 지적한 것이다. 이와 같이 미술 활동은 자신이 관찰한
것과 이제까지 경험한 것을 해체하여 재구성하는 과정으로 진행되며,
그 과정에서 자신만의 상상과 창의적 사고를 활용할 수 있게 된다.

관계적 사고는 객관적인 세계를 자신의 생활세계와 연결하는 것
이며, 지식으로부터 소외된 자아를 회복하는 것이다. 이와 같은 관
계적 사고는 학습에서 반성적인 사고를 촉진함으로써 지식의 전
이(transfer)를 돕는다. '의식적인 관계 짓기(mindful connection
making)'는 학습에서 전이를 가능하도록 하는 중요한 조건이 된다
(Perkins, 1994). 객관적인 지식이 자신의 경험이나 삶에 어떤 관련성
(relevance)을 가지는지 반성적으로 생각하도록 하고, 다양한 지식
을 신중하게 연결하여 의미를 부여하도록 하는 교육적 자극이 다른
혹은 새로운 문제상황에서 학습한 지식을 적용하고 활용할 수 있는
능력으로 이어진다는 것이다. 이와 같은 측면에서 개인과 사회에 대
한 의식을 표현하는 미술 활동은 미래 사회에 요구되는 창의성을 위
한 관계적 사고 습관을 형성하는 데 유용하다.

4) 공감능력

미술교육은 감정이입과 공감을 통한 타인과의 소통능력을 전제로
한다. 미래 사회에 요구되는 창의적인 사고는 삶과 사회 그리고 인류

에 대한 관심에서 출발해야 한다. 이와 같은 관점에서 창의성은 개인 적 재능이기보다는 사회적 소통이자 참여라 할 수 있다. 창의적 사 고와 학습상황에서의 정서적인 측면은 매우 중요하다. Eisner(2007: 13)는 미술이 자기 '내면의 경치를 탐색하는 훌륭한 도구'이며 '정서 적 자아가 지나온 흔적'을 발견할 수 있는 기회를 제공하고, 풍부한 감수성을 갖도록 한다고 설명하였다.

같은 맥락에서 미술의 정서적 측면에 관하여 Addision(2012)은 감응(affect)을 창의성의 조건 가운데 하나로 설명하였다. 여기에서 감응은 인지, 동기, 고통과 같은 뇌의 기능을 넘어서 사람들 사이에 끊임없이 순환하는 에너지를 뜻하는 것으로 순간적인 감정과는 구 별되는 개념이다.

미술은 자기 인식에서 출발한 자아표현이지만, 타인과의 교감으 로 진정한 의미를 갖는다. 즉, 본 것을 기록하는 것은 물론, 자신의 경 험이 타인에게도 보이도록 하는 행위인 것이다. 따라서 미술의 표현 과 감상 활동에 따라 감정이입을 통한 감성적 교류가 가능해진다. Tolstoy(2007: 66)는 "예술이란 쾌락이 아니라 사람과 사람을 결합 시킴으로써 함께 동일한 감정으로 이어지고, 인생 및 개인을 인류의 행동으로 이끄는 데 없어서는 안 될 수단"이라고 말한 바 있다. 즉, 어떤 사람이 시각적 상징을 통해서 자신이 의식한 감정을 다른 사람 에게 전달하면, 타인은 이러한 감정으로부터 감동을 얻고 동일한 경 험을 이루게 되는 것이다. 이와 같이 상호 교감하는 수단으로서 미술 은 인간의 '감동되는 능력'을 인식시키는 힘이 있다.

감성은 인간과 인간을 연결하는 고리가 될 수 있으며, 다른 사람 의 마음을 움직이고 설득하는 힘을 가지고 있다. 심리학적으로 인간의 감성은 전염되는 성질이 있기 때문이다(Goleman, 2003). 따라서 미술은 자신이 학습한 개념 혹은 교과내용에서 발견한 의미를 다른 사람에게 구체화하여 보여 주고 공감을 이끌어 낼 수 있는 방식으로 재조직하도록 한다. 이와 같은 맥락에서 미술교과가 '사람들 간에 이해를 위한 가교 역할'을 해야 한다는 김정희(2005: 26)의 주장은 설득력을 가진다. 미술교육은 지식에 미적 혹은 질적 가치를 부여하여 소통할 수 있는 도구다. 미래 사회에는 이지(理智) 혹은 정의(情意) 어느 하나가 아닌 이를 교량할 수 있는 능력이 필요하다(손동현, 2008). 따라서 합리적 · 논리적 지식에 정서적으로 감응하고, 사유와 감각을 호환하는 경험을 수반하는 미적 사고를 훈련하는 것은 융복합교육에 필수적인 부분이 될 수 있다.

5. 미술과에서의 융복합교육 실천 사례

⬇ 사례 1: 흙 속에 담긴 낯선 기억을 찾아서

- 수행 교사: 박희진 외(미술, 장곡중학교)
- 영역: 미술+국어+사회+국사
- 산출물: 프로젝트 체험기(소설, 보고서, 인터뷰, 포트폴리오 등), 학교 축제 시 발표
- 교수 · 학습 방법: 프로젝트학습
- 목표(역량):
  - 도구의 상호작용적 활용(언어/상징/텍스트 활용TI1, 핵심 개념/원리/소양 습득 및 활용TI2)

- 이질적인 집단에서의 상호작용(타인과 관계 형성 및 유지GI1, 협력
  GI2)
- 자율적인 행동(정체성, 자존감 확립 및 자율적 인생계획AA1)
● 방식: 다학문적/간학문적/초학문적
● 맥락: 개인적/지역사회

이 사례는 2011년 5~10월에 3학년을 대상으로 진행된 미술, 국어, 사회, 기술 · 가정 교과통합 프로젝트 수업이다. 이 수업은 분과적 방식으로 진행되는 수업에 대한 문제의식에서 시작되었다. 장곡중학교 미술, 국어, 사회, 국사 교사가 모여 '역사와 인간, 삶'이라는 주제로 교과별 공통된 주제 및 통합 활동 영역을 찾아 교육과정을 재구성함으로써 '흙 속에 담긴 낯선 기억을 찾아서'라는 프로그램이 기획되었다.

현행 정규 교과교육의 틀을 유지하면서도 프로젝트라는 실현가능한 형식을 통하여 융복합교육을 시도했다는 점에서 의의가 있는 사례라 할 수 있다. 또한 융복합교육의 원리를 충실히 구현하고 있다는 점에서도 주목된다. 먼저 수업에 참여한 미술교사인 박희진(2013: 22)은 "과목과 과목의 명확한 분류는 가르치기에는 편리하지만 실생활을 할 때와 학문적인 연구에서는 명확히 분류된 과목이 오히려 사고의 통합과 연결에 장애가 된다."라고 적고 있다.

구체적인 진행과정을 살펴보면, 4월은 기획 및 사전 학습 단계로 교사들이 모여 교과별 교육과정과 연계한 학습 요소를 추출하고, 외부활동을 위해 서해문화재연구원과 함께 실제 발굴현장을 둘러보며 교과통합 프로젝트 수업을 기획한 후 사전 학습을 시행하였다. 5월

부터 10월까지는 본격적인 프로젝트가 진행되었다. 5월에 유물 발굴 현장 체험 및 교내 활동으로 군포 유적 발굴지를 현장체험하고, 나만의 상상으로 설화 쓰기, 땅에 묻을 유물 제작 및 묻기, 고지도 제작을 위한 종이 염색하기 활동으로 프로젝트를 시작하였다. 6월에는 염색한 종이 위에 역사적 상황과 설화, 유물을 바탕으로 유물이 묻혀 있는 곳을 알려 주는 나만의 상상력이 담긴 고지도를 제작하였다. 9월에는 5월에 묻은 유물을 발굴한 후, 나의 토기가 설화, 역사가 되는 과정을 소설, 보고서, 인터뷰, 포트폴리오 등과 같은 다양한 형식 가운데 자유롭게 선택하여 프로젝트 체험기로 표현해 보았다. 마지막 10월에는 역사적 유물이 된 작품을 학교 미술축제에 전시하고 우수작을 시상하는 것으로 프로젝트가 마무리되었다.

프로젝트 수업의 구체적인 활동 내용을 중심으로 교과통합의 방식을 분석해 보면 다학문, 간학문, 초학문적 접근방식을 모두 취하고 있음을 알 수 있다. 다학문적 통합의 측면은 교과에서 가르쳐야 할 필수 학습 요소를 유지한 상태에서 특정 주제를 중심으로 여러 교과가 연계되어 있다는 점이다. 국어과의 설화, 미술과의 대지미술, 사회과의 발굴, 기술 · 가정의 진로 및 직업 등은 교과의 영역 특수성을 가지는 개념이라 할 수 있다. 정규 수업시간 내에 교과교육에서 가르치고자 하는 개념을 다루되, 문화와 역사라는 공통 주제를 중심으로 교과내용을 재구성하였다는 점에서 다학문적 통합의 특징을 찾아볼 수 있다.

간학문적 통합의 측면은 문화의 이해와 향유, 문화적 정체성 함양과 같이 교과 간에 공통적으로 추구되는 학습자의 능력에 초점을 두고 있다는 점에서 논의될 수 있다. 자연, 생활, 사회, 문화와 밀접한 관련을 가지는 미술과의 성격을 강조하거나, 삶의 이야기를 담은 설화의 특징을 국어시간을 통해 이해하도록 하거나, 변화하는 문화를 발굴을 통해 경험하게 하는 사회·국사의 내용을 중심으로 일관성 있는 수업을 구성한 것은 간학문적 통합의 성격을 드러내는 부분이라고 할 수 있다.

초학문적 통합의 측면은 프로젝트학습이라는 본 수업의 구조에 잘 나타나 있다. 또한 '현재의 문화' '현재의 삶'을 강조하는 수업의 전체 내용에서 초학문적인 특성을 찾아볼 수 있다. 특히 자신이 만든 토기를 직접 땅에 묻고 몇 달이 흐른 뒤에 발굴해 보는 과정은 실제적 경험과 실천적 지식을 배양하기 위한 효과적인 요소라 할 수 있다.

◪ 사례 2: Global Game Creative Director

- 수행 교사: 이상준 외(미술, 경기 자동차과학고등학교)
- 영역: 미술+영어+기술
- 산출물: 게임 디자인 및 프로그래밍, 영어 프레젠테이션
- 교수·학습 방법: 문제기반학습
- 목표(역량):
  - 도구의 상호작용적 활용(언어/상징/텍스트 활용TI1, 테크놀로지 활용TI3)
  - 이질적인 집단에서의 상호작용(협력GI2)
  - 자율적인 행동(개인의 행동 변화AA2)
- 방식: 다학문적/간학문적
- 맥락: 개인적/세계사회

이 사례는 경기도에 소재한 특성화 고등학교에서 2013년 3~8월에 시행된 기술, 영어, 미술 교과의 융복합 수업이다. 전문교과의 프로그래밍의 알고리즘이나 문법을 보통교과인 영어, 미술과 연계하여 지도함으로써 학생들의 흥미를 유발하고 취업에 요구되는 창의성을 계발하는 데에 목적을 두었다. Creative director는 광고대행사나 스토리텔링 기업의 기획 시스템에서 제작 최고책임자로서 제품의 다양한 측면을 고려하는 기술운영을 담당한다. 이 수업은 학생들이 게임산업에 종사하는 Creative director로서 기획에서 최종 산출물의 제작 및 홍보까지 전반적인 내용을 책임지고 게임을 개발하는 과정으로 진행되었다.

전문교과인 프로그래밍 수업에서는 게임 구현방법을 이해하는 것을 주요 내용으로 하고 있다. 여러 종류의 게임 소스에 대한 학습으로 다양한 알고리즘을 익히고 게임 설계지를 작성한다. 영어교과에서는 게임 개발에 필요한 C언어 명령문, 게임메이커에 사용되는 전공 영어를 습득하는 것뿐만 아니라 NIE 활동을 활용하여 게임의 윤리적 측면, 신기술 동향 등을 학습하고 토론한다. 개발 후에는 교내 정보 올림피아드 대회에 출전하여 자신의 게임을 영어 프레젠테이션을 통하여 소개하고 홍보한다. 미술교과에서는 게임 캐릭터를 디자인하고 실물 입체 모형을 제작하여 프로그래밍한 뒤 구현할 수 있도록 한다. 또한 게임 홍보산업에 대하여 조사한 후 컴퓨터 그래픽 프로그램을 활용하여 게임 홍보 포스터를 제작한다.

이 수업에서는 각 교과에서 제공한 게임 제작을 위한 핵심적인 지식과 개념을 활용하여 학생이 자신의 결과물을 직접 기획·제작하고 그 가운데 발생하는 문제를 해결할 수 있도록 하였다. 그 과정에서 학생은 조원과 함께 수많은 토론과 조사 활동을 수행하였다. 그 결과로 자기주도학습 능력 검사지를 사전·사후로 실시하였을 때, 사후에 통계적으로 유의미한 차이가 있는 것으로 분석되었다. 또한 프로그래밍 과목의 지필평가에서 학생들의 실력이 향상된 것을 볼 수 있었으며, 학습자 만족도, 인터뷰 등에서도 수업에 대한 만족도가 매우 높은 것으로 나타났다.

제 게임에 등장하는 캐릭터를 미술선생님과 함께 입체적으로 만들어 보는 것도 의미 있었고 게임을 영어로 설명할 기회를 갖는 것도 특별한 경험이었던 것 같습니다. 게임을 만들다 보니 재미가 느껴졌고 방학 때도 다른 게임을 하나 만들어 볼 생각입니다. 수업 시간에 배운 게임을 토대로 더 완성도가 높은 멋진 게임을 만들어 보고 싶습니다. 또한 게임을 만들기 위해서는 스크립트 코드도 알아야 하고 공부를 해야 한다는 필요성이 느껴져서 프로그래밍 언어의 기본인 C언어도 방학 때 깊이 공부해 보려고 합니다.

이와 같은 한 학생의 이야기는 융복합교육을 통한 게임 제작 수업이 각 교과의 내용을 전문적으로 학습하도록 하였을 뿐만 아니라 스스로 학습에 대한 필요성을 느끼고 지속적으로 탐구하고자 하는 동기를 유발하였음을 알 수 있다.

6. 맺음말

포스트모더니즘 이후 디지털 혁명을 계기로 융복합은 새로운 사회와 문화를 설명하는 '만능열쇠'처럼 다루어지고 있다(오은경, 2010: 268). 여기에서 '만능열쇠'라는 표현은 아직 가 보지 않은 미지의 세계, 즉 전망과 예측으로 가득한 미래 사회에서 당면하게 될 복합적인 문제에 대한 해결방법으로 융복합의 개념이 언급되고 있다는 의미일 것이다. 하지만 신비주의에 둘러싸인 연금술과 같이 '융복합'이라는 열쇠를 주조할 수 있는 방법은 아직 정확히 규명되거나 구체화되지 않았다. 사회 다양한 영역에서의 관심과 기대에도 불구하고 융복합의 개념을 정의하거나 합의를 도출하는 데에는 아직 많은 연구와 담론의 과정을 필요로 하는 것이다.

융복합교육의 개념화는 교과 내에서 융복합교육에 대한 이해를 형성하는 것과 함께 협력적 관계 속에서 교과 간의 대화를 시도하는 것 모두를 포함하는 일이라 할 수 있다. 이와 같은 관점에서 이 장에서는 융복합교육에 기여할 수 있는 미술교육의 개념을 명료화하여 제시함으로써, 다른 교과와 소통할 수 있는 언어를 마련하고자 하였다. 막연히 미술교육이 '융복합적'이라고 주장하는 것을 넘어서 미술의 어떤 측면 혹은 요소가 학습자들로 하여금 다양한 지식을 연결하여 융합하도록 하는지 구체적으로 설명할 수 있는 개념을 파악하고자 하였다. 이는 바로 현장에 투입될 수 있는 내용을 개발하는 것에 앞서 융복합교육에 관하여 미술교육 내에서 혹은 다른 학문 분야의 사람들과 대화하고 공감할 수 있는 교차점을 찾고자 한 것이다.

개념적 불확실성에도 불구하고, 융복합교육은 맹목적으로 쌓아 올린 교과의 경계를 넘나들게 하고 학습자의 자유로운 사고를 지향한다는 점에서 앞으로 지속적으로 연구되어야 할 가치를 가진다. Morin(2001: 77)은 "미래 교육은 인간의 조건이 무엇인가를 최우선적이고도 보편적인 교육과제"로 삼아야 한다고 단언하였다. 이를 위해 세계를 설명하는 자연과학의 지식과 인간의 다차원성을 드러내는 인문학은 문화의 다양성을 보여 주는 인류의 자산인 예술과 통합되어야 하는 것이다. 미래의 미술교육 또한 인간됨의 기본 조건으로서 미술이 가지는 의미를 찾는 것에 보다 중점을 두어야 할 것이다.

생각해 볼 문제

1. 2050년의 미술교육은? 본문에 제시된 미래 교육의 모습을 토대로 학교 안에서 미술교육의 역할이 어떻게 변화하게 될지 이야기해 봅시다.
2. 융복합교육은 [   ]이다. 미술교육은 [   ]이다. 빈칸에 연상되는 단어를 각각 5개씩 적어 봅시다. 10개의 단어 중 유사한 의미를 담은 단어를 분류해 보고 이를 토대로 융복합교육과 미술교육의 교차점에 대하여 이야기해 봅시다.
3. 본문에 제시된 상상력, 통합적 인지, 관계적 사고, 공감능력의 네 가지 요소에 관하여 다른 교과교사 혹은 전공자와 이야기를 나누어 보고 교과 간의 공통점과 차이점을 발견해 봅시다.

참고문헌

김경동 외(2009). 인문학콘서트 1. 서울: 이숲.

김광웅(2009). 창조! 리더십: 미래 사회 리더의 조건. 서울: 생각의 나무.

김광웅 외(2009). 우리는 미래에 무엇을 공부할 것인가. 서울: 생각의 나무.

김선아(2011). 통합적 인지와 창의적 사고의 도구: 21세기 창의성 교육을 위한 미술교육의 역할. 미술교육논총, 25(3), 84-101.

김선아(2012). 21세기 융복합교육을 위한 미술교육의 역할과 특성 탐색. 조형교육, 43, 81-99.

김영천, 주재홍(2011). 포스트모던 패러다임과 교육학/교육과정 연구. 서울: 아카데미프레스.

김정선 외(2009). 교과와 미술 통합 수업에서의 예술적 특성. 조형교육, 35, 20-45.

김정희(2005). 미술교과의 사회적 기능을 강조한 주제 중심 통합 교육. 경인교육대학교교육논총, 254(2), 21-42

김혜경(2010). 통합교과를 통한 다문화 미술교육 방안. 미술교육논총, 24(2), 449-468.

박라미(2005). 자율적 미술활동을 통한 통합적 의미의 교육적 시사. 학습자중심교과교육연구, 10, 101-119.

박선형(2010). 지식융합: 지식경영적 접근과 이해. 교육학연구, 48(1), 84-101.

박순경(2010). 2009 개정 교육과정 총론과 교과교육과정 개정 연계. 제1차 교과교육과정 포럼 자료집, 26-48. 국가기술자문위원회.

박희진(2013). 배움의 공동체연수원학교 학습교재 (pp. 22-54). 경기: 장곡중학교.

성은현(2010) 융합형 영재교육프로그램 개발 · 보급, 교육-과학과 예술의 만남 초등편-. 서울: 한국과학창의재단.

손동현(2008). 융복합교육의 수요와 철학교육. 철학연구, 83, 231-261.

손동현(2009). 융복합교육의 기초와 학부대학의 역할. 교양교육연구, 3(1), 21-32.

안혜리(2006). 초등교사양성기관에서 통합 교육을 위한 미술교과교육과정 개발의 필요성 및 모형 고찰. 미술교육연구논총, 12, 177-196.

양윤정(2007). 초 · 중학교 미술과 교육과정 해설 연구개발. 한국교육과정평가원, 연구보고CRC 2007-20.

오은경(2010). 통섭 또는 이종 네트워크: 학제 간 연구를 위한 소통구조 분석, 서강인문논총, 29, 265-301.

이인식(2008). 지식의 대융합. 서울: 고즈윈.

정정호(2009). 사무엘 존슨과 18세기 계몽주의 공적 지식인의 초상: 21세기 융복합 시대의 새로운 통섭적 지식인을 향하여. 18세기영문학, 89-116.

홍성욱(2012). 융합이란 무엇인가. 서울: 사이언스북스.

Addision, N. (2012). The potential space of art: Creativity, affect and transgression. 미술과 교육, 13(1), 1-20.

Dewey, J. (1980). *Art as experience*. NY: Perigee Books.

Edwards, B. (2010). 오른쪽 두뇌로 그림그리기(강은엽 역). 서울: 나무숲. (원저는 2001년 출간)

Efland, A. (2006). 인지중심 미술교육론 탐구: 교육과정 개발의 새 접근(강현석 외 공역). 서울: 교육과학사. (원저는 2002년 출간)

Eisner, E. (2007). 예술교육론: 미술교과의 재발견(강현석 외 공역). 서울: 아카데미프레스. (원저는 2002년 출간)

Goleman, D. (2003). 감성지능 EQ 상(황태호 역). 서울: 비전코리아. (원저는 1995년 출간)

Greene, M. (1995). *Releasing the imagination*. CA: Jossey-Bass.

Greene, M. (2011). 블루기카 변주곡(문승호 역). 서울: 다빈치. (원저는 2001년 출간)

Lagoutte, D., et al. (2011). 조형예술 교육론: 내용, 목표, 궁극 목적(김현수 역). 서울: 나남. (원저는 1999년 출간)

Langer, E. J. (2008). 예술가가 되려면(이모영 역). 서울: 학지사. (원저는 2005년 출간)

Morin, E. (2001). 미래교육에 반드시 필요한 7가지 원칙(고영림 역). 서울: 당대. (원저는 1999년 출간)

Perkins, D. H. (1994). *The intelligent eye*. CA: Getty Publications.

Pink, D. (2006). 새로운 미래가 온다(김명철 역). 서울: 한국경제신문. (원저는 2005년 출간)

Pink, D. (2011). 드라이브(김주환 역). 서울: 청림출판. (원저는 2009년 출간)

Solso, R. L. (2000). 시각심리학(신현정 역). 서울: 시그마프레스. (원저는 1996년
    출간)

Tolstoy, L. N. (2007). 예술이란 무엇인가(동완 역). 서울: 신원문화사. (원저는
    1897년 출간)

Vygotsky, L. (1999). 아동의 상상력과 창조(팽영일 역). 서울: 창지사. (원저는
    1930년 출간)

Young, R. (2003). 하버마스의 비판이론과 담론교실(이정화, 이지헌 공역). 서울:
    우리교육. (원저는 1991년 출간)

제3부
융복합교육의 실행기반 조성

제11장

우리가 꿈꾸는 학교를 향하여
-융복합교육을 통한 학교 교육개혁과 실행연구-

1. 서 론

　최근 들어 학교교육 혁신을 위한 접근방법으로 실행연구에 대한 관심이 높아지고 있다. 실행연구는 '실행(action)'과 '연구(research)'를 동시에 추구하는 연구방법으로 행위 당사자가 행위의 개선을 위해 자신의 행위에 대하여 협력적 또는 자성적으로 탐구하는 연구방법이다(Kemmis & McTaggart, 2000; Earl Slater, 2002). 실행연구는 구체적인 실생활 문제를 해결하여 삶의 질을 개선하는 것을 주된 목적으로 하며 이론의 산출 또는 검증보다는 실행이 변화하는 과정과 실행이 이루어지고 있는 현장에 대한 이해에 초점을 둔다(Carr & Kemmis, 1986). 이러한 측면에서 실행연구는 집단이나 조직, 사회의 변화를 구성원의 실행과 그에 대한 반성적 성찰을 통해 촉진하는 연구방법이라고 할 수 있다(Dickens & Watkins, 1999). 이와 같은 실행연구의 특징은 실행연구가 학교교육의 문제를 기존의 교육

연구에서 표방해 온 실행과 탐구, 실제와 이론 사이의 이분법적 관점을 탈피하여 양자 사이의 변증법적 관계에서 접근한다는 것을 의미한다.

1장에서 논의하였던 바와 같이, 융복합교육은 다양한 학습내용 요소를 학생에게 의미 있는 사회적 맥락과 유기적으로 연결 지어 학생의 개별성과 능동성을 바탕으로 한 학습경험을 촉진하는 교육적 실천이다. 이와 같이 학생의 다양성을 존중하고 학생의 능동적 탐구를 통한 학습을 강조하는 융복합교육은 표준화된 교육과정에 기초하여 학습되어야 할 교과내용과 성취 기준을 명확히 제시하고 있는 기존의 학교교육과 질적으로 차별화된다. 융복합교육은 교사와 학생 모두가 자신의 관점과 다른 관점을 가진 타자와 소통하고 협력하면서 능동적이고 민주적인 학습 활동을 통해 모든 구성원 개개인이 자신에게 의미 있는 방식으로 함께 성장할 수 있도록 지원하는 교육으로의 개혁을 지향한다. 이러한 관점에서 볼 때, 학교현장에서 융복합교육과 관련하여 교사가 직면하는 어려움과 시행착오는 단순히 수업기법 차원의 문제가 아니라 융복합교육이 지향하는 교육과 기존의 학교교육 시스템 사이의 괴리에서 기인하는 것으로 볼 수 있다.

따라서 융복합교육의 성공적 실천은 단순히 교육이론을 전달하거나 기술적 수준의 교사 전문성을 개발하는 것으로 충분하지 않다. 즉, 교사가 융복합 수업을 실천하고 반성하면서 융복합 수업에 적합한 수업 역량을 개발하고 나아가 융복합교육을 통해 혁신하고자 하는 현 학교 시스템에 대해 비판적 성찰을 통한 신념체계를 새롭게 재조직하여야 한다. 그리고 학교 시스템은 학교교육 혁신을 위한 교사의 시도를 뒷받침할 수 있도록 재구조화되어야 한다. 이러한 관점에서 이 장에서는 실행연구가 융복합교육의 성공적 실행을 위해 요구되는 교사의 전문성 개발과 학교체제의 재구조화에 기여할 수 있는 바에 대해 논의하고, 실행연구가 가지고 있는 연구방법으로서의 특징과 실행방법을 제시하고자 한다.

2. 융복합교육과 실행연구

융복합교육과 같은 새로운 교육적 접근과 패러다임을 도입하여 교육개혁을 시도할 때 이를 수행할 수 있는 교사 전문성과 교사의 교수(teaching)의 실제에 대한 관심은 핵심적 요소가 된다. Darling-Hammond(1994)는 과거 교육개혁이 실패한 주된 원인을 교사에 대한 이해와 관심 부족에서 찾고 있다. 유솔아(2005)는 교육개혁은 표면적이거나 일시적인 변화가 아닌 내부적인 변화를 통해 지속적인 영향력을 끼칠 수 있는 것이어야 하고, 교사가 그 중심에 있다는 점을 강조한다. 따라서 교사의 전문성은 학교교육 개혁의 성패를 좌우하는 핵심적인 요소가 될 수 있다.

융복합교육의 수행과 관련된 교사의 전문성에 관한 논의는 매우 다양한 접근과 관점을 보이고 있다. 특히 실행연구를 교사 전문성 개발 방안으로 보는 입장에서는 교사의 전문성이란 무엇이며, 어떤 과정을 통해 발달해 가는지, 교육 개선을 위하여 어떤 교사 전문성이 요구되는지에 대하여 기존의 관점과 차별화된 관점과 접근방법을 취한다. 즉, 실행연구의 관점에서 교사의 전문성은 학교공동체 또는 수업 실천에 맥락화된 지식으로서 교사가 가지고 있는 수업에 대한 지식과 그 활용은 교사 자신이 수업을 실행하고 있는 구체적인 교실 상황과 밀접하게 연결되어 있으며, 학생들과의 상호작용을 통해 지속적으로 재구조화되어 간다고 생각된다.

이러한 관점에서 교사의 전문성에 관한 논의는 연구자로서의 교사(teacher as researcher; Stenhouse, 1975; Elliott, 1988), 반성적 실천가(reflective practitioner)로서의 교사(Schön, 1983; Adler, 1991)에 주목하며, 이들 교사들에 의해 얻어진 실천적 지식(practical knowledge; Elbaz, 1981)이 교육 개선에서 차지하는 중요성에 주목한다. Schön(1983)은 반성적 실천가를 "실행의 과정에서 사고를 통해 전문적인 실행의 상황에 관련된 불확실성, 독특성, 갈등에 반응할 수 있는 사람"으로 정의하고 있다. 교사를 반성적 실천가로 보는 관점에서는, 교수행위에는 교사가 다양한 전략을 시도하고, 자신의 실행에 대한 자료를 수집하고 분석하며, 이에 근거한 의사 결정을 통해 수업을 만들어 나가는 과정이 필수적이라고 본다. 이러한 측면에서 교사의 전문성 개발은 본질적으로 탐구 지향의 과정이라고 할 수 있으며(Abell, 2007), 이는 연구자로서의 교사라는 관점을 부각한다(이선경 외, 2013 재인용).

위의 논의에 비추어 보면, '실행'과 '연구'를 동시에 추구하는 연구방법으로서 실행연구는 반성적 실천가로서의 교사가 교육을 개선하기 위해 필요한 전문성을 함양하는 데 유용한 접근방법이 될 수 있다. 융복합 수업은 학생들의 개별적 강점과 창의적 발상을 촉진하고, 학생들의 참여와 탐구 과정을 통해 등장한 다양한 관점들이 민주적 협의를 통해 새로운 지식이 생산되는 역동적 전개과정을 거치며, 전체적으로 교실상황 및 학생 개개인의 삶에 맥락화된 과정으로 전개된다. 따라서 보편적 수준의 이론이 융복합 수업에 기여할 수 있는 바는 매우 제한적이며 교실공동체에서 수업을 실천하는 교사의 내부자적 통찰에 의해 보완되어야만 한다. 뿐만 아니라 교사는 학교현장에서 융복합교육이라는 혁신적인 교육을 실천하면서 기존의 교육체계 속에서 개발되어 온 자신의 교사 전문성이 가지고 있는 제한점과 동시에 학교 시스템이 제도적 차원에서 가지고 있는 한계점에 직면한다. 이러한 한계 인식과 문제의식이 체계적인 성찰의 대상이 되지 못하는 경우, 융복합교육을 실천하는 과정에서 경험하는 좌절과 실패는 교사 개인의 역량 문제로 폄하되거나 또는 융복합교육은 현실적으로 실행이 불가능한 극히 이상적인 이론적 탁상공론에 불과한 것으로 왜곡되는 결과를 초래할 가능성이 높다.

그러나 현대 사회는 개인의 존엄성과 평등, 자유와 인권을 옹호하고 주도적인 행위 주체로서의 권한을 강화해 가고 있으며, 이러한 맥락에서 융복합교육은 단순히 이론적 상상의 산물이 아니라 현대 사회의 기본 문화 원리를 반영하는 새로운 교육 모델이라고 할 수 있다(차윤경, 2008; 함승환 외, 2013). 인류 사회가 다 함께 향해 가고 있는 미래를 실현하기 위해 우리의 현실을 성찰하고 해체하며 재구성하는 것은 개인의 노력으로 단기간에 성취할 수 있는 목표가 아니다. 즉, 사회의 구성인자로서 개개인이 사회의 역사와 문화적 관습 속에서 형성되어 온 자신의 가치관과 신념체계, 행동방식을 성찰하고 해체하며 재구성해야 하고, 개인의 성찰 활동이 공동체적 수준의 협력적 성찰과 실행으로 확장되어 사회적 현실을 재구성하게 될 때 실현 가능한 목표다. 이러한 맥락에서 실행연구는 학교교육 개혁을 통해 우리 사회의 변화를 실현하기 위한 공동체적 성찰과 실행의 방편이며 과정이라고 할 수 있다.

3. 실행연구의 원리

앞서 논의한 바와 같이 실행연구는 개인이 삶의 맥락에서 경험하는 문제를 해결하기 위하여 현실에 대해 성찰하고, 보다 근원적인 차원에서의 문제해결 방안을 탐색하는 체계적 시도다. 학교에서 이루어지는 실행연구는 대체로 수업 및 교육과정 운영 개선을 포함하여 학교 개선을 위한 특성화 방안 탐색에 초점을 두고 있다. 특히 2009 개정 교육과정에서는 교육과정의 성취 기준 및 내용 배열에 대한 재구성 권한을 개별 학교에 위임함으로써 지역사회와 학생의 특성과 필요에 따라 특성화된 자체 교육과정 및 프로그램 개발에 대한 필요성과 관심이 높아지고 있다. 이에 일관되게 교육부에서는 교사 연구회, 연구학교사업, 혁신학교사업 등 학교현장에서 자율적이고 체계적으로 개선을 시도할 수 있도록 다양한 정책적 지원방안을 제시하고 있다. 이러한 맥락에서 실행연구는 정책적 차원에서 제시된 학교 개선 방안을 개별 학교 구성원의 내부자적 관점과 결부시켜 수립, 실행하여 보다 효과적으로 학교교육의 질적 개선에 기여할 수 있는 방안으로 인식되고 있다.

이처럼 실행연구가 학교 개선을 위해 유용한 접근법이 될 수 있다고 할 때, 교사와 학생, 그리고 그들을 둘러싼 학교공동체와 지역공동체 전체의 삶에 직간접적인 영향을 준다는 점은 학교에서 실행연구를 계획하고 실행할 때 중요하게 고려되어야 한다. 예를 들면, 학생들에게 다양한 교과를 연계하여 창의적 지식 설계 역량을 키우려는 목적으로 융복합 수업을 계획한다고 하자. 그 교육의 수혜자인 학생과 학부모는 그러한 수업에서 현행 교육과정에 제시된 교과내용을 효과적으로 배울 수 있을지, 그리고 융복합 수업에서 배운 학습내용이 앞으로 직면하게 될 입시에 어떤 도움이 되는지를 우려할 것이다.

교사 사이에도 자신이 담당하고 있는 교과에서 요구하는 기본적인 역량을 융복합 수업을 통해 어떻게 함양할 수 있을지, 또는 그것이 과연 가능한지에 대한 의견이 같지 않을 것이며, 융복합교육을 통해 어떤 경험과 성취를 하는지에도 큰 차이가 나타날 수 있다. 즉, 융복합교육에 대한 실행연구가 문제상황을 해결하고자 하는 개인의 시도에서 출발하여 무엇을 문제상황으로 생각하고 그 문제를 해결하기 위하여 특정의 구체적인 해결방법을 채택하였을 때, 다양한 필요와 관점을 가진 학교구성원에게 혼란, 갈등, 성취 등의 다양한 경험의 맥락을 제공할 것이다.

이러한 견지에서 실행연구는 공동체 구성원 개개인에 대한 고려를 바탕으로 이루어져야 하며, 이러한 노력은 궁극적으로 공동체 구성원이 함께 문제의식을 공유하고 성찰을 통해 현실에 대한 이해를 확장하며 문제를 해결해 가는 공동체 수준의 탐구과정으로 이어져야 한다. 융복합교육의 효과에 대하여 불안해하는 학생과 학부모, 동료 교사와 융복합교육이 지향하는 목표는 무엇이고 어떤 방식으로 실행되는 것이 좋을지, 융복합 수업을 통해 무슨 효과를 기대할 수 있을지에 대하여 개방적이고 민주적으로 소통하면서 학교공동체 내의 다양한 집단이 가지고 있는 필요와 특성을 만족시킬 수 있는 방안을 찾고자 노력할 때 융복합교육은 비로소 학교공동체에 정착할 수 있을 것이다. 이러한 개방적 협의과정은 학생의 미래 시민으로서의 역량은 무엇이고 그러한 역량 계발에 적합한 교육과정, 평가는 무엇인지, 이러한 관점에서 현재 우리나라 학교현장이 직면하고 있는 교육의 문제는 무엇인지 등 학교교육에서의 근원적 이슈와 한계에 대한 공동체적 성찰과 해결방안 탐색으로 이어짐으로써 학교교육 개선에 대하여 보다 확장된 인식과 변혁적 행동을 가능하게 하는 공동체적 기반을 마련할 수 있을 것이다.

이와 같이 실행연구는 교사 개인의 가치관을 포함하여 학교공동체가 공유하고 있는 문화와 규범을 바탕으로 공동체 구성원의 협력적 참여로 진행될 때 보다 효과적으로 학교공동체에서의 삶을 개선하는 데 기여할 수 있다(Kemmis, 2010; Somekh & Zeichner, 2009; Stringer, 2007). 따라서 실행연구는 민주적이고 평등한 과정으로 수행되어야 하며, 탐구과정을 통해 학교공동체 구성원의 삶을 왜곡하는 현실을 개선함으로써 그들이 가진 발전가능성과 잠재력을 최대한으로 실현할 수 있도록 세계를 구현하는 것을 지향한다(Stringer, 2007). 이에 Stringer(2007)는 실행연구를 효과적으로 달성하기 위한 핵심적인 실천원리로 '관계(Relationship)' '소통(Communication)' '참여(Participation)' '수용(Inclusion)'을 제시하였다. 각각의 실천원리를 구체적으로 살펴보면 다음과 같다.

1) 관 계

실행연구는 학교공동체가 직면하고 있는 문제상황을 극복하기 위한 방안을 탐색하는 과정을 통해 공동체적 삶의 현실을 개선하는 것을 목표로 한다. 이러한 맥락에서 실행연구는 학교공동체 구성원들의 협력적인 관계 속에서 이루어져야 한다. 무엇보다 진행과정이 권위적이거나 경쟁적인 관계에서 벗어나 학교교육 개선에 대하여 구성원 각각이 가지고 있는 비전을 경청하고 협의하면서 공유된 비전을 실현하기 위한 계획을 세우고 실행할 때 실행연구의 목표에 효과적으로 도달할 수 있다. 특히 융복합교육은 교과 간 연계를 바탕으로 하여 학생의 자율성과 능동성을 촉진하는 참학습을 지향한다는 점에서 학생과 교사, 그리고 교사 사이의 협력적 관계의 형성이 요구된다.

또한 기존의 학교가 표방해 온 표준화된 교육과정을 전달하는 교육에서 탈피하여 학생들의 다양성을 존중하는 새로운 교육적 실천을 지향한다는 점에서 개혁적 수업 실천을 옹호하는 학교공동체의 지원이 필요하다. 실제로 현장 교사들은 융복합교육이 교사 개인 수준에서 이루어지는 데 여러 가지 어려움이 있고, 융복합교육의 성공적 실행을 위해서는 시스템화가 필요하다는 점을 지적하였다(주미경, 송륜진, 문종은, 2013; 함승환 외, 2013). 이때 시스템화란 융복합교육의 실행에서 요구되는 교육과정 및 교육 프로그램, 행·재정 체계의 개선, 개인주의적인 교직문화 및 학교문화의 변화 등 다양한 기반의 확충을 의미한다. 이러한 측면에서 융복합교육 실천을 위한 실행연구에서는 다양한 학교 구성원 사이의 민주적이고 협력적인 관계 형성이 매우 중요하게 고려되어야 한다.

2) 소 통

앞서 제시한 협력적 관계의 중요성에 대한 논의는 성공적인 실행연구를 위하여 공동체 구성원 사이의 원활한 소통이 가지는 중요성을 시사한다. 융복합교육은 어떤 형태의 교육적 실천이며, 학교공동체가 직면한 문제상황의 개선에 융복합교육이 어떻게 기여할 수 있는지, 학교교육 개선을 위하여 어떤 교육목표와 방법으로 융복합교육 프로그램을 설계하고 실행할 것인지, 융복합교육 프로그램이 학교 개선에 기여하고 있다는 것을 어떤 방식으로 평가할 것인지에 대하여 학교 내 다양한 집단이 가지고 있는 의견을 경청하고 협의하면서 학교 개선방안을 계획하고 실행할 때 실행연구가 공동체의 문제를 해결하는 데 효과적으로 기여할 수 있다. 이러한 소통의 중요성은 실행연구가 단순히 학교공동체의 외적인 체제나 환경을 개선하는 것에 국한되지 않고, 학교공동체의 문제상황을 보다 심층적이고 구조적인 차원에서 파악하여 그 변화를 시도할 수 있는 역량을 강화해 가는 과정이라는 점에서 찾을 수 있다.

3) 참 여

실행연구는 공동체의 문제해결에 모든 구성원이 함께 참여하여 해결방법을 모색하고 실행할 것을 강조한다. 이와 같이 공동체 구성원의 참여를 중시하는 것은 실행연구가 공동체적 삶의 문제해결을 목표로 하며, 공동체 구성원이 공유하고 있는 삶의 맥락과 그 문제점에 대한 내부자적 관점이 문제해결에 중요한 자원이라고 보고 있기 때문이다(Somekh & Zeichner, 2009; Stringer, 2007). 현재 융복합교육은 학교교육 개선을 위한 정부의 주요한 교육정책에 해당하여 정책적 차원에서 제시되고 있는 융복합교육 원리와 방법이 있다. 그러나 정책적 차원의 원리와 방법은 학교현장의 특성과 필요에 따라 재조직되어 교육현장에 토착화될 때 그 효과를 발휘할 수 있다. 따라서 융복합교육에 대한 실행연구는 융복합교육이 정책적으로 주어지는 것이 아니라 학교공동체 구성원이 참여하여 내부자적 관점을 반영한 계획을 세우고 실행할 때 학교 개선에 도움이 된다. 다시 말해, 융복합교육을 위한 실행연구의 목표와 운영방법을 결정하고 실제로 운영하는 과정에서 다양한 교과의 교사, 교장·교감 등을 비롯한 학교 운영자, 학생, 학부모 등이 함께 참여하여 결정하고 평가할 수 있도록 해야 한다.

4) 수 용

실행연구는 공동체 전체의 삶에 직간접적인 영향을 주므로 모든 구성원의 의견을 의사 결정과 계획의 실천과정에 반영함으로써 학교 개선을 위한 노력이 궁극적으로 모든 구성원의 공감대에서 이루어지고 그 혜택이 돌아갈 수 있도록 해야 한다. 이러한 수용적 태도는 학교 개선을 위해 유용한 지식기반을 확충하고 공동체 내의 인적·물적 자원을 효율적으로 활용하도록 해 주며, 모든 구성원에게 실행연구의 혜택이 돌아가도록 만든다.

학교 개혁 운동으로서 융복합교육은 교사 개인의 헌신과 노력만으로는 실현 불가능하며, 학교공동체와 이론가 공동체 사이의 협력적 관계 속에서 진행되는 것이 가장 효과적이다. 이러한 견지에서 실행연구는 현장교사를 비롯한 다양한 교육전문가가 협력관계를 통해 학교교육에 대하여 다층적으로 탐구하면서 교육 문제를 해결하고,

동시에 교육 개선에 유용한 전문성을 계발해 갈 수 있는 기회를 제공한다. 따라서 다양한 관점을 수용하는 접근이 일시적으로는 혼란과 갈등을 초래할 수 있지만 이 과정을 통해 학교 개선에 대한 계획과 실행방법이 확장되고, 학교가 직면하고 있는 현실과 문제점을 근원적인 차원에서 이해할 수 있으며, 학교 개선을 위한 명확한 비전에 도달하는 데 기여할 수 있다.

4. 실행연구방법

앞서 논의한 바와 같이, 실행연구는 참여적 세계관에서 학교공동체가 가지고 있는 구조적 모순에 대한 극복전략을 탐색하고 공동체적 삶을 개선해 가는 과정이다. 따라서 실행연구는 공동체적 삶의 문제에 대한 의식에서 출발하여 문제해결을 위한 방법을 탐색하고 실행하며 현실에 대한 성찰을 통해 문제상황을 재진단하고 개선방안을 탐색하는 순환적 과정으로 진행된다. 실제적으로 실행연구를 수행하는 단계는 이론가에 따라 다양하게 제시되고 있다. 예를 들면, Stringer(2007)는 실행연구의 가장 기본적인 절차로 '보기(Look)→생각하기(Think)→실천하기(Act)'를 제시하였다. '보기' 단계에서는 자료를 수집하고 문제상황을 전반적으로 파악하는 활동이 이루어진다. '생각하기' 단계에서는 문제상황에서 실제로 어떤 일이 일어나고 있는지 탐색, 분석하며 그러한 일이 어떻게, 왜 생겨나는지 해석하고 설명한다. '실천하기' 단계에서는 실천계획을 세우고 도입하여 실행한 뒤 평가한다. Kemmis와 McTaggart(2000)가 제시한 실행연구 단계는 '계획하기(Plan)→실행하기(Act)→관찰하기(Observe)→성찰하기(Reflect)'로 이루어져 있다. 또 Mertler(2012)는 '계획 단계→실행 단계→개발 단계→성찰 단계'로 구분하였다. '계획 단계'는 주제 선정, 정보 수집, 문헌 검토, 연구계획 개발 등의 활동을 포함한다. '실행 단계'는 계획을 실제로 현장에 도입하여 실행하면서 자료를 수집하고 분석하는 활동을 포함한다. '개발 단계'는 연구 결과에 기초하여 현실의 문제상황 해결을 위한 행동계획을 개발하는 활동을 포함한다. 마지막으로 '성찰 단계'는 결과를 공유하고 과정에 대해 성찰하는 활동을 포함한다.

이처럼 실행연구 단계를 구분하는 방식은 이론가에 따라 다양하지만 실행연구의 각 단계가 나선적 관계를 띤 채 순환한다는 점은 공통적인 특징으로 제시되고 있다. 즉, 실천하기는 새로운 차원에서의 보기와 생각하기로 이어져 새로운 차원에서의 문제해결을 위한 실천을 가능하게 한다. 이와 같은 실행연구의 나선적 순환과정은 실천과 성찰, 실제와 이론이 변증법적으로 연결되며 보다 효과적인 해결방안을 찾아내고 궁극적으로 문제상황의 개선으로 이어지도록 해 준다(Kemmis & McTaggart, 2000; Mertler, 2012; Stringer, 2007). 동시에 각각의 단계 구분방식은 실행연구가 어느 수준의 참여를 지향해야 하는가에 대한 관점을 반영하고, 이에 따라 이러한 차이는 실행연구 단계 구분에 반영된다.

기본적으로 이론가별로 같은 활동을 다른 방식으로 제시하고 있다는 점에서 그 이유를 찾아볼 수 있을 것이다. 종합하면 문제 인식, 계획, 실행, 성찰 등의 단계는 탐구와 실행 사이의 변증법적 관계를 구성하는 주요한 요소이며, 학교에서의 실행연구가 소통에 기반을 두고 학교 개혁을 지향하는 공동체적 실행이라는 점에서 결과의 공유 및 소통을 중요한 단계로 생각할 수 있다. 이러한 관점에서 이 절에서는 Espinet, Mayer, Rauch, & Tschapka(2005)가 제시한 모델을 도입하여 실행연구 과정을 '문제 인식' '계획' '실행' '성찰' '결과 보고'라는 다섯 단계의 순환적 과정으로 모델화하고, 각 단계에 해당하는 연구 활동을 융복합교육 실천과 관련하여 살펴볼 것이다.

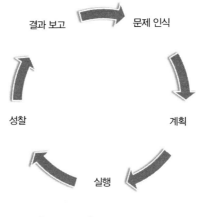

[그림 11–1] 실행연구 단계

1) 문제 인식

실행연구는 행위 당사자가 행위의 개선을 위해 자신의 행위에 대해 탐구하는 연구방법이다. 이러한 관점에서 교육현장에서의 실행연구는 교사에 의한, 교사를 위한, 교사의 연구 활동으로 이루어져야 한다. 따라서 학교현장에서의 실행연구는 교사의 규범적 틀에 비추어 개선이 요구되는 교육상황과 그 문제점에 대한 인식과 성찰에서 출발한다. 문제 인식은 다음 단계에서 이루어지는 계획 활동이 궁극적으로 지향하게 되는 방향과 목표를 설정한다는 점에서 그 중요성을 가지며, 다음과 같은 단계로 나누어 진행할 수 있다.

(1) 문제상황에 대해 성찰하기

융복합교육을 통해 수업을 개선하고자 하는 시도는 수업 현실에 대한 검토에서 시작한다. 교사의 수업 및 교육 실천상황에 대하여 다음과 같은 질문에 대한 심층적 성찰을 통해 그 출발점을 설정할 수 있다.

* 내가 교사로서 교육현상에 대해 궁금하고 탐구해 보고 싶었던 것은 무엇인가?
* 교사로서의 역량을 강화하기 위해 나에게 필요한 것은 무엇인가?
* 내가 수업을 실행하면서 경험한 어려움은 무엇인가?
* 내가 수업에서 경험한 어려움은 나의 개인적 상황에서 비롯되는가, 또는 학교 및 사회가 가지고 있는 교육에 대한 기대, 규범, 제도에서 비롯되는가?
* 나의 수업은 학생의 성장에 어떻게 기여하였는가? 나의 수업은 어떤 문제점과 제한점을 가지고 있었는가?
* 융복합교육은 어떤 형태의 교육적 실천인가? 융복합교육을 통해 나는 어떤 교육의 변화를 추구하려 하는가?
* 융복합교육은 내가 교사로서 가지고 있는 어려움의 해결 또는 교사로서 추구하고자 하는 수업에 어떻게 기여할 수 있는가?

위의 질문은 궁극적으로 교사로서 지향하는 교직관과 교육관을

되돌아보고 그에 근거하여 학교교육의 문제점을 진단하고 해결방
향을 성찰하도록 안내한다. 이처럼 문제 인식 단계는 교사가 교육을
실천하는 과정에서 가져온 경험한 문제와 의문, 자신의 교직관과 교
육관을 검토하는 활동에서 시작한다. 이와 같은 성찰 활동은 개인적
으로 이루어질 수도 있고 또는 함께 일할 동료 교사와의 면담과정을
통해 진행할 수도 있다.

(2) 실행목표 설정하기

1단계의 문제상황에 대한 성찰과정을 통해 교사 자신의 교육적 실
천에 대한 문제의식을 구체화하였다면 2단계에서는 구체화된 실행
목표를 설정한다. 이를 위해 성찰과정에서 등장하는 주요 핵심어가
무엇이고 각각의 핵심어가 갖는 중요성이 무엇인지 메모하여 그들
사이의 개념도를 만들어 보는 것도 성찰의 결과를 기록하는 유용한
방법이다. 실행목표 설정은 앞서의 성찰 활동 결과를 바탕으로 다음
과 같은 질문을 통해 진행할 수 있다.

- 문제상황에 대한 성찰 단계에서 작성해 본 개념도에서 핵심적
  인 것으로 나타난 개념적 요소는 무엇이었으며, 다른 개념적 요
  소와 어떤 연관성을 가지고 있는가?
- 위의 개념도를 살펴볼 때, 수업 개선을 위한 나의 실천이 궁극적
  으로 실현하고자 하는 목표점은 무엇인가?
- 내가 지향하는 목표점은 나의 교직관과 학교문화, 그리고 교육
  제도와 어떻게 연결되어 있는가? 또 그 개선에 어떻게 기여할
  수 있다고 생각하는가?

예를 들면, 다음에 제시된 2013년 융합인재교육 연구학교를 운영한 인천광역시 소재 J중학교 교사의 면담 자료를 살펴보자.

내가 생각하는 가장 중요한 목표는 '인생'이고 인생에서 제일 중요한 것은 인성이라고 생각한다. 인성이라고 하는 것은 자기 이해 능력, 자기 존중감, 타인 이해 능력, 어울려 살아가고 소통하는 것인데 이것은 한 사람이 행복해지기 위해 반드시 갖추어야 하는 것이다. 요즘 교육에서 창의력을 강조한다. 창의력이나 뭐, 정말 뛰어난 사람들이, 정말 뛰어난 창의력이 발휘되는 것이 돈이 많이 될 것 같고, 부가가치를 만들기도 할 것 같고 하지만 창의력이 아무리 발휘되고 돈을 많이 벌고 사회적 성공을 해도 인성이 안 되면 불행하다.

특히 내가 중학교 교사니까 수업이 아주 전문적인 교육과정으로 심화되는 것이 아니라서 인성이 가장 중요하다고 생각을 한다. 그래서 어떻게 아이들의 인성 역량을 키울 수 있는 그런 수업을 만들 수 있을까, 그 수업을 하고 나면 결과적으로 행복해질 수 있을까, 그것이 나의 관심사다. 그러기 위해서는 아이들이 <u>스스로</u> 생각하고, <u>스스로</u> 움직이고, 또 <u>스스로</u> 만족하고, 살아 움직이고 만족하는 것을 가급적이면 한 명도 빠짐없이 경험할 수 있도록 어떻게 도와줄 수 있을까, 그것이 나의 가장 큰 관심사다.

하지만 고등학교에서 입시위주의 공부를 하다보니까 공부를 좀 잘하는 아이들은 관심이 있어서 공부를 하고 못하는 애들은 소외되고……. 그러니까 수업 자체가 지식 전달 위주가 되고 공교육의 붕괴가 일어나고 있다. 중학교는 고등학교와 대학교에 상관없이 중학교 의무교육이 가지고 있는 고유의 역할이 있다. 예를 들면, 자아나 진로에 대한 고민이라든가 민주시민 양성이라든가 이런 기본적인 것인데, 그런 것을 다 담을 수 있는 수업이 필요하다.

아이들에게 '너희는 언제 가장 행복하냐'고 물었을 때, 굉장히 놀라운 결과인데, 불 끄고 자기 직전에 혼자 누워 있을 때라고 말했다. 학교에서 가까워질수록 싫어하고 학교에서 멀어질수록 좋아한다. 도대체 학교가 아이들을 불행하게 만드는 곳인가. 그래서 이제 아이들이 행복한 학교, 자기들이 학교에 왔을 때 관심이 적어도 하루에 한 시간 정도라도 또는 십 분이라도, 자기들의 관심과 호기심을 건드려 주고, 또 그 아이가 잘 활동을 할 수 있고, 그래서 이제 학교가 더 이상 지옥이거나 어떤 불행의 원천이 아니라 행복할 수 있는 곳, 그런 곳이 되어야 한다고 생각한다.

　사람은 인정받기를 원하므로, 누구한테나 인정받기를 원하는 이런 부분을 교육적인 면에 활용한다면 아이들이 자신감을 가지고 학업에 몰입할 수 있을 것이다. 뛰어내리는 아이도 없을 것이고, 자기가 얼마나 잘난 존재인지를 알 것이다. 학교 수업을 통해 '네가 얼마나 잘났고, 네가 얼마나 가능성이 무한한지, 네가 참 이런 것은 잘하잖아.'라고 알게 해 줘야 한다. 이것은 중학교에서 해야 될 일이다.

　이 면담 자료를 살펴보면 인생, 인성, 자기 이해 능력, 자기 존중감, 타인 이해 능력, 어울려 살아가기, 소통, 행복, 창의성, 부가가치, 사회적 성공, 자율성, 만족감, 입시, 소외, 지식 전달 위주, 공교육의 붕괴, 교육의 역할, 자아, 진로, 민주시민 양성, 행복한 학교, 지옥, 불행, 인정, 자신감, 몰입 등의 핵심어가 등장하고 있다. 이러한 문제의식을 바탕으로 J중학교의 경우 학교교육이 사회에 대한 공익을 실현하는 한 방편으로 공교육 정상화를 학교 혁신의 주요 이슈로 생각하고, 이를 위하여 교육과정 운영을 통해 창의성과 인성을 함양하여 모든 학생이 학교와 사회의 일원으로서 능동적으로 참여하고 학습의 결과로 효능감을 느낄 수 있도록 하는 교육으로의 변화가 중요하다는 인식을 연구학교 계획에 반영하였다. J중학교가 추진한 연구학교 프로젝트는 '융합인재교육 교수 · 학습 자료 개발 및 적용' '융합인재교육을 통한 창의 · 인성 교육' '융합인재교육을 통한 자기주도적 진로 탐색'을 운영목표로 설정하였고, 융복합교육을 학교 개선의 접근법으로 채택하였다.

(3) 협력자 구하기

교육 개선은 교사 개인의 노력으로 달성하기 어려운 과제다. 따라서 효과적인 개선을 위하여 문제의식을 공유하고 조력할 수 있는 협력자가 필요하며, 협력자와의 소통이 효과적으로 이루어질 수 있도록 네트워크를 형성해야 한다. 특히 학교현장에서의 실행연구는 공동체적 실행연구로 이루어진다. 따라서 그 운영에서 협력적 관계의 형성과 소통, 그리고 구성원의 참여가 이루어져야 한다. 교사의 협력자는 같은 학교의 동료 교사와 행정 책임자를 포함하여 지역사회 및 국제사회 범위의 다양한 전문가로 확대될 수 있다. 전국교사모임, 시 · 도교육청, 학회, 대학 등의 관리자를 통해 융복합교육을 위해 함께 협력할 수 있는 동료를 찾아볼 수 있다. 이와 같은 협력적 네트워크는 교육현상에 대한 문제의식을 공유하고 보다 실제적인 접근방안을 탐색할 수 있는 기회가 되며, 동시에 실행연구에 도움이 되는 다양한 인적 · 물적 자원을 확보할 수 있는 기회가 된다.

J중학교의 경우 융복합교육을 위해 교내에 교과 간, 교과 내 수업 팀을 구성하고 수업 자료의 개발 · 실행과 관련하여 상호 협의하며 주기적으로 교내 워크숍을 진행하여 학교 차원에서 수업 개발을 위한 협력이 이루어질 수 있도록 하였다. 이러한 과정은 연구학교 과제 실행에 교사의 소통과 참여를 촉진하고 연구학교의 목적과 접근법에 대한 이해를 공유하여 교사들의 수업 개선 노력이 구체적인 구심

점을 갖도록 하는 데 도움이 된다. 특히 J중학교는 사범대학 소속 융복합교육모델 개발연구팀과 협력적 관계를 형성하였다. 이 협력적 관계에서 사범대학 연구팀은 J중학교의 교내 워크숍에 수업 컨설팅과 교사 연수를 제공하면서 연구학교 프로젝트를 지원하였다. J중학교는 융복합교육의 현장 운영 사례와 그 운영에 관련된 성과와 요구사항에 대한 정보를 제공하여 사범대학 연구팀이 우리나라 학교현장에 적합한 융복합교육 이론과 모델을 개발하는 데 활용가능한 현장 자료를 제공하는 역할을 하였다. 이와 같이 실행연구에서 협력의 테두리는 교내 구성원의 범위를 넘어 지역사회의 다양한 집단으로 확장될 수 있고, 이들 사이의 협력관계는 우리나라 교육의 문제의식을 명확히 하며 실현가능한 해결방안을 탐색하고 실행하는 데 유용한 기반을 제공할 것이다.

2) 계 획

문제 인식 단계에서 실행연구의 과제와 목표, 그리고 협력자를 탐색하였다면 그에 기초하여 2단계에서는 학교, 수업 등의 현 상황을 다양한 측면에서 분석하여 개선이 필요한 영역을 파악하고 구체적인 실행계획을 세운다. 학교에서 이루어지는 실행연구의 경우 주요한 주제는 수업 자료, 교육 프로그램, 학급 관리, 수업방법, 평가방법, 교사 협력시스템, 교사-학부모 협력시스템 등의 개발과 효과 평가를 들 수 있다(Mertler, 2012). 이러한 주제와 관련된 계획을 설정하는 데 다음과 같은 활동이 유용하다.

(1) 학교 실태 분석

학교와 자신의 수업이 가지고 있는 강점(Strength)과 약점(Weak-ness), 그리고 활용가능한 기회(Opportunity)와 직면하고 있는 위기 (Threaten)를 체계적으로 점검하는 것은 효과적인 실행계획을 세우는 데 유용한 정보를 제공한다. '강점'과 '약점'은 내부 요인에 대한 분석으로서 학교장의 경영관, 교원의 연령대별 구성비, 교육경력, 전문성 수준, 재학생의 가정환경, 학업성취도, 학습스타일, 학생자치활동 수준, 학부모의 학교교육 참여 수준, 교육과정 운영 실태 등 다양한 측면에서 학교의 실태를 파악하는 데 초점을 둔다. 내부적 상황의 분석을 통해 학교 또는 학급의 교육적 필요를 명확하게 드러내어 학교 개선을 위한 접근방법을 구체화하는 데 유용한 정보를 얻을 수

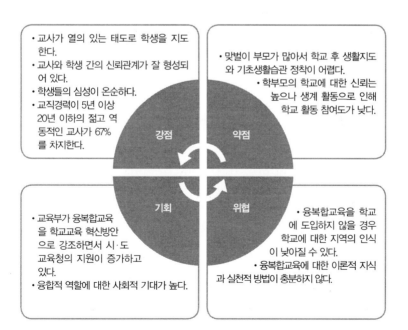

[그림 11-2] 학교 실태 분석 예시

있다.

반면, '기회'와 '위협'은 외부 요인에 대한 분석으로서 학교교육에 대한 교육부나 시·도교육청의 정책, 사회경제적 상황, 교육과정 개정 등과 관련된 상황을 파악하는 데 초점을 둔다. 외부적 상황의 분석을 통해 학교교육 혁신이 사회적 맥락과 연결성을 유지하고 사회가 요구하는 역량 계발을 위한 방안을 구체화하는 데 유용한 정보를 얻을 수 있다.

(2) 실행연구 주제 선정과 정보 수집

학교 실태 분석을 거쳐 실행연구의 주제를 정하고 나면 구체적인 실행계획을 세우기 위하여 다양한 정보 수집이 필요하다. 우선 교내의 동료 교사, 교장, 교감, 학생 등과 대화를 통해 학교에서 개선이 필요한 영역은 무엇인지, 그리고 학교가 원하는 개선을 성취하기 위하여 어떤 혁신사업을 진행할 것인지, 실행연구를 통해 어떤 효과를 기대하는지, 어떤 방식으로 참여할 수 있는지, 실행연구에 참여하기 위하여 어떤 지원이 필요한지 확인한다.

이와 같은 협의내용을 바탕으로 연구 과제를 정한 뒤 유사한 연구 과제를 시도한 바 있는 사례를 찾아보고, 가능하다면 학교를 직접 방문하여 그들의 계획, 운영경험 등에 대해 자료를 모은다. 또한 연구 주제와 관련된 다양한 문헌 자료를 검토하여 관련 이론과 다양한 실행 사례에 대한 정보(예를 들면, 사례 학교의 실행계획, 실행 효과, 장애, 극복방법, 지원체계 등)를 폭넓게 수집할 수 있다. 그리고 시·도교육청이나 교육부, 그 밖의 기관에서 연구 주제와 관련된 학교 개선을 위해 제공하는 지원비에 대한 정보를 모아 볼 수 있다. 이러한 정보는 실행연구의 실현가능성을 확인하고 타당하며 현실적인 계획을 세우는 데 중요하다.

(3) 실행계획

학교 실태 분석 결과와 다양한 정보를 바탕으로 앞서 설정한 목표에 도달하기 위한 실행계획을 구체화한다. 실행계획을 세울 때 성찰과정을 통해 진단한 문제상황과 실태 분석을 통해 파악한 활용가능한 환경 및 인적 자원은 실행의 범위와 방법을 결정하는 데 중요한 사항이다. J중학교의 경우 학교 실태 파악 분석 결과에 기초하여 교내 수업연구팀, 대학연계 공동연구팀, 교내 학생동아리 조직, 교내 연수 및 워크숍을 융합인재교육 프로그램 운영에 활용가능한 자원으로 파악하고 이들을 연계하는 실행계획을 다음과 같이 구상하였다.

[그림 11-3] 교과 간 연계 수업지도안 개발 흐름도
출처: J중학교 2013년도 융합인재교육 연구학교 운영 중간보고서.

구체적으로 J중학교에서는 교내에 재직 중인 여러 교과 담임 사이의 협력이 가능한 상황을 활용하여 교과 간 연계 수업지도안 개발 및 적용을 연구 과제의 하나로 설정하였다. 교과 간 융합 수업에 참여하는 교과의 교사는 수업의 통합성 유지를 위해 협력을 통해 공동학습지를 제작하였다. 동료 교사와 대학연구팀이 참석하는 교내 워크숍을 통하여 지도안을 함께 검토하고 보완한 후 수업에 적용하였다.

정규 수업 이외에도 융합과 관련된 다양한 동아리 활동 및 학교행사를 포함하였다. 예를 들면, 과학 글쓰기나 상상화 그림대회와 같이 교내 창의력 경진대회에서 주어진 융복합 주제를 중심으로 학생들이 자신의 생각을 다양하고 자유롭게 표현하도록 하였다. 삼중 구조물, 에어로켓, 진동탐사선 만들기 등의 창의적 체험 활동 프로그램을 운영하여 학생들이 과학의 원리를 직접 체험하고 설명하면서 생활 속의 과학 원리에 대한 관심과 흥미를 높이도록 하였다.

교과 간 연계 수업의 주제 선정은 연구학교 목표로 설정한 학생들

[그림 11-4] J중학교의 융복합교육 실행계획

출처: J중학교 2013년도 융합인재교육 연구학교 운영 중간보고회 발표 자료.

의 창의성과 인성 함양을 중심으로 융복합 수업을 위한 교사 협력
이 가능한 주제가 무엇인지, 급격히 문화적·인종적으로 다원화되
어 가는 한국사회의 변화상황에서 학교교육이 함양해야 할 학생들
의 인성은 무엇이며 그러한 수업은 어떤 교과 주제를 중심으로 이루
어질 수 있는지, 그리고 교과 간 연계는 어떻게 실행할 수 있는지 탐
색하는 과정을 통해 이루어졌다. 이에 관한 교사 간 협의과정을 통해
'다문화 사회의 이해'를 수업의 주제로 선정하였다. 교과 간 연계 수
업 주제 선정과정은 융복합교육에 참여하는 교사가 생각하는 학교
교육의 문제점과 그 극복방안에 대한 관점, 그리고 개별 학교가 지향
하는 교육목표를 협의하며 함께 융복합교육을 실행하고자 하는 다
른 교과 담임교사와 수업 개선에 대한 공감대를 형성하는 과정을 잘
보여 준다.

이와 같이 수업 주제의 선정과정에서 '다문화 사회의 이해'가 각

표 11-1 J중학교 융복합교육 차시별 계획

차시	수업내용	교과	비고
1	자연환경과 인종별 신체적 특징	과학	
2	기후에 따른 건축물의 특징	미술	
3	인종과 문화에 대한 생각을 건축물, 만화, 포스터, 시나리오 등으로 표현하기		1, 2차시 수업의 감성적 체험 활동
4	아시아 여러 나라의 문화	사회	
5	아시아 여러 나라의 환율, 물가를 고려한 여행경비 계산하기	수학	
6	아시아 여러 나라를 소개하는 홍보물 제작하기		4, 5차시 수업의 감성적 체험 활동

출처: J중학교 2013년도 융합인재교육 연구학교 운영 중간보고회 발표 자료.

교과의 교육에 기여하는 바가 있고 동시에 각 교과가 이 주제에 기여할 수 있는 바가 있다는 점에 동의하는 과정이 전제될 때 공동 수업지도안 개발과 실행을 위한 협력이 가능해진다. 수차례의 협의 끝에 4개 교과의 교사는 각 교과의 특성을 좀 더 효과적으로 반영할 수 있도록 '다문화 사회의 이해'라는 대주제를 2개의 소주제로 다시 나누어 교과 사이의 연계가 보다 자연스럽게 이루어지도록 한다는 결론을 이끌어 내었다. 이러한 세부 수업 주제의 출현은 J중학교의 융복합 수업에 참여하는 교사 사이에서 다문화교육의 중요성에 대한 공감대가 이미 형성되었다고 하더라도, 그 주제를 가지고 가능한 수업을 계획하는 과정에서 여건에 따라 또 다른 조정이 필요할 수 있다는 것을 보여 주는 부분이다. J중학교의 경우 교과 간 협력가능성을 고려한 결과 과학교과와 미술교과는 첫 번째 소주제인 '자연환경과 인종, 건축물의 특성'에 관한 수업을 중심으로 협력하고 수학교과와 사회교과는 두 번째 소주제인 '아시아 여러 나라의 이해'에 관한 수업을 담당하기로 하였다. 각 소주제에 대한 교과별 검토와 교과 간 협의과정을 통해 차시별로 다음과 같은 수업내용을 설정하고 차시별 연결이 가능한 공동 수업지도안 개발이 이루어졌다.

마지막으로 〈표 11-2〉에서 보듯이, 구체적인 연구 과제를 어떤 시기에 어떤 방법으로 진행할 것인지에 대한 계획이 종합적으로 정리되어야 학교 혁신을 위한 다양한 영역의 과제가 하나의 통합된 전체 프로그램으로서 효과적으로 실행될 수 있다.

표 11-2 융복합교육 실행계획 예시

일시	주제	내용	담당자	대상
9~11월	2차 STEAM 수업 주제 선정	• 교과별 융합 요소 추출 • 주제 선정 및 교과 연계 수업 조직	연구학교 참여교사	적용 학년·반
	2차 STEAM 수업 적용	• 융합인재교육 수업지도안 • 수업 적용을 위한 3개 팀별 워크숍		
9월	2차 STEAM 연계 창의적 체험 활동	• 지역사회 자원 연계 창의적 체험 활동 - 기업과 연계한 첨단제품 활용형 - 대학동아리 연계	동아리 담당교사	해당 학생
10월	STEAM 축제	• STEAM 성과물 전시 및 발표회 • 학교축제와 연계한 인재융합 체험 활동	동아리 및 담당교사	전교생
11~12월	결과 분석 및 중간 보고회	• 융합인재교육 사후 검사 • 사전·사후 검사 결과 분석 • 중간 보고회	참여교사 연구부장 담당자	해당 학생
2014년 1~2월	교육과정 편성	• 2013년 결과 분석을 통한 수정·보완 • 적용 대상 학년·반 선정 • 융합인재교육을 위한 참여교사 배치	교무부장 연구부장	
3월	STEAM 기초 조사	• STEAM 인식 및 기초 조사 • 2, 3학년 2013년 자료와 비교 분석	담당자	해당 학생
4~10월	STEAM 수업 적용	• 수정·보완한 STEAM 수업 모형 적용 • 교과 간, 교과 내, 창의적 체험 활동 수업 적용	참여교사	해당 학생
10~11월	결과 분석 및 공개 보고회	• 2013년과 비교 분석 • 공개 보고회 및 결과 보고서 제출	연구부장 참여교사	

출처: J중학교 2013년도 융합인재교육 연구학교 계획서.

(4) 자료 수집 계획

〈표 11-2〉를 살펴보면 실행연구 과정을 통해 교사와 학생, 학부모에 대한 다양한 자료의 수집 계획을 찾아볼 수 있다. 실행연구의 진행 단계를 문제 인식, 계획, 실행, 성찰, 결과 보고로 나누어 접근할 때, 실행연구가 학교공동체의 문제해결에 어느 정도 효과적으로 기여하였는지 성찰하는 과정에서 성찰의 근거로 활용할 수 있는 자료 수집에 관한 계획 역시 실행계획 단계에서 이루어져야 한다. 이렇게 수집한 자료는 성찰과정에서 유용한 자료로 활용할 수 있으며 실행연구 결과를 보고할 때 보고내용의 신뢰도를 높이고 연구 결과가 학교 구성원에게 가지는 의미를 좀 더 생생하게 전달할 수 있다.

자료 수집 계획은 연구 주제와 관련하여 그 과정에 대한 경험과 효과에 대한 의견을 누구를 대상으로 어떤 유형의 자료로 수집할 것인지를 중심으로 고려한다. 예를 들면, 학생들의 자율적이고 능동적인 탐구 활동을 바탕으로 한 교과 간 연계 수업을 운영한 경우, 그 수업에서 학생이 무엇을 성취하였고, 어떤 장애를 경험하였는지, 교사는 융복합 수업에 요구되는 전문성을 어느 정도 갖추고 있었는지, 수업 실천을 통해 전문성은 어떻게 성장해 갔는지, 프로그램에 대한 학부모의 평가 의견을 알아보기 위하여 자료를 수집할 수 있을 것이다. 이러한 목적으로 수집할 수 있는 자료에는 수업 관찰, 학생들의 학습 경험과 프로그램 평가 의견을 묻는 면담이나 설문지 또는 학습 활동지나 포트폴리오 등의 문서가 있다.

(5) 실행계획 상호 검증하기

'상호 검증(Triangulation)'이란 다양한 관점에서 이루어진 관찰과 상황 해석을 비교하고 대조하는 것을 말한다. 실행계획에 대한 상호 검증은 앞서 세워진 계획이 보다 타당한 계획으로 보완될 수 있도록 하기 위해 동료 교사, 학교 행정가, 학생, 학부모, 지역주민, 학교 외부의 전문가 등 다양한 집단의 실행계획에 대한 의견을 검토하고 종합하는 과정을 통해 이루어질 수 있다. 이와 같은 상호 검증은 실행연구 계획이 실현가능하고 연구 목적에 비추어 타당하게 설계되었는지 점검하는 과정이라는 점에서 중요한 절차다. 그뿐만 아니라 상호검증과정은 다양한 집단의 관점에서 연구 계획을 검토함으로써 실행연구가 학교공동체를 구성하는 여러 집단의 의견을 반영하고 있는지를 재확인하는 과정이라는 점에서도 그 중요성을 찾을 수 있다.

3) 실 행

'실행' 단계는 '문제 인식'과 '계획' 단계를 거쳐 설정한 실행계획을 수업상황 등에 실제로 적용하는 단계다. 이 과정에서 교사는 실행자이며 동시에 연구자로서 이중의 역할을 수행하게 된다. 문제상황에 대한 탐구와 분석에 기초하여 개발된 프로그램을 실행하는 과정에서 계획이 보다 발전적으로 실행되기 위해서는 프로그램에 참여하는 다양한 집단의 경험 및 의견 공유와 기록, 프로그램 운영과정에 대한 성찰이 체계적으로 이루어져야 한다. 이러한 관점에서 이 항에서는 연구자로서 교사가 자신의 실천에 대해 성찰할 때 활용할 수 있는 자료를 실행과정 중에 수집하는 방법을 소개할 것이다.

(1) 면담하기

면담의 목적은 실행연구에 참여하는 이들의 경험과 관점을 이해하는 데 유용한 정보를 제공하는 것이다. 실행연구의 관점에서 면담은 프로그램에 관여하는 학생, 동료 교사, 학교행정 관리자, 지역공동체 구성원 등을 포함하는 다양한 집단이 각각의 경험과 관점을 공유할 수 있도록 해 주며, 프로그램과 더불어 개선하고자 하는 문제상황에 대해 숙고하는 기회를 제공한다는 점에서 그 중요성을 찾을 수 있다. 이와 같은 공유와 숙고의 경험은 실행연구가 교사 개인의 시도에서 멈추지 않고 문제상황에 함께 주목함으로써 문제의식을 공유하고 함께 해결방안을 탐색할 수 있게 하며 문제해결을 위해 집결된 노력을 가능하게 한다.

면담은 실행연구의 주제와 관련된 이슈를 중심으로 개별적으로 이루어질 수도 있고 소집단을 대상으로 이루어질 수도 있다. 개별 면담에서는 참여자 개개인의 의견을 심층적으로 경청할 기회를 얻을 수 있고, 집단 면담의 경우는 참여자 개개인이 자신의 의견을 표현하고 서로 논평하는 과정을 통해 각자의 생각과 경험을 좀 더 풍부하게 표현할 수 있는 기회가 주어진다. 이처럼 개별 면담과 집단 면담은 각각의 장점과 단점을 가지고 있으므로 면담의 목적과 피면담자의 특성, 면담에 활용가능한 시간 등을 고려하여 면담방법을 결정하는 것이 좋다. 면담을 진행할 때 유의할 점은 다음과 같다.

- 면담은 실행연구의 목적을 달성하기 위한 연구방법이다. 따라서 면담 질문은 연구 목적과 연관성을 가져야 한다.
- 질문은 명확히 해야 한다. 피면담자의 답변을 통해 원하는 것이

무엇인지 분명히 전달하고 너무 많은 내용을 한꺼번에 요구하는 질문이나 우회적인 질문은 피한다.

- 면담은 면담자가 실행연구에 참여하는 다양한 구성원과 대화를 통해 자신의 실행에 대해 어떤 관점이 제기되는지 배우는 과정이므로 면담과정에서는 피면담자의 의견이 존중되어야 한다. 따라서 면담자는 피면담자에게 관심을 집중하고 피면담자가 자신의 의견을 충분히 표현할 수 있는 기회를 준다.

- 면담에서는 가급적 피면담자(예를 들면, 동료 교사, 학부모, 학생 등)에게 익숙한 언어를 사용한다. 교사를 대상으로 하는 면담과 학생을 대상으로 하는 면담에서 사용하는 언어와 질문의 형식은 동일하지 않다. 면담자와 피면담자 사이의 언어 차이에 따른 소통의 단절을 피하고 양방향적 의사소통이 이루어지도록 한다.

- 연구자의 관점에 유리한 방식으로 대화를 유도하거나 피면담자의 응답을 평가하거나 판단하지 않는다. 가급적 피면담자의 응답에 공감하고 이해한다는 것을 표현한다.

- '예' '아니요'로 대답할 수 있는 폐쇄형 질문을 피하고 개방형 질문을 제시한다. 개방형 질문은 육하원칙(누가, 언제, 어디서, 무엇을, 어떻게, 왜)에 따른 질문이다. 예를 들면, '융복합교육에서 과학지식을 많이 배웠습니까?'는 폐쇄형 질문이고 '융복합교육에서 무엇을 배웠습니까?'는 개방형 질문이다. 예에서 볼 수 있듯이 폐쇄형 질문으로는 피면담자의 고유한 경험과 관점에 대한 이야기를 이끌어 낼 수 없다. 반면 개방형 질문은 답변의 여지를 줌으로써 피면담자가 자신만의 언어로 자기 자신의 경험과 관점을 표현할 수 있도록 해 준다.

(2) 현장 노트 만들기

실행연구 과정에서 교사는 많은 것을 관찰하고 경험하며 느낀다. 이때 경험한 것과 경험에 대한 해석과 설명, 결정, 느낌 등을 기록하는 것은 실행과정을 관리하고 평가하는 데 도움이 된다. 실행경험을 기록하는 활동은 나중에 그 순간을 기억할 수 있게 하며 암묵적인 생각과 감정을 구체화시키면서 성찰을 가능하게 한다. 또한 기록을 반복적으로 읽는 과정을 통해 실행과정을 보다 명료하게 이해하게 되어 다음 단계의 실행을 개선하는 데 도움이 된다. 실행과정에 대한 기록은 기존의 문제점이 개선되어 가는 과정에 대하여 중요한 증거자료가 되며 결과 보고에 제시하는 실행연구 결과에 대한 평가의 타당성을 보장할 수 있다.

현장 노트는 실행과정에 대한 생생한 기록이 될 수 있도록 사진, 활용 자료, 학생들의 활동지나 과제물, 포트폴리오 등 다양한 자료를 포함하여 작성하는 것이 좋다. 실행과정에서 연구자가 가졌던 느낌, 생각, 의견 등을 기록한 현장 노트는 실행과정에서 보다 개선된 실행을 가능하게 한다. 다음은 현장 노트의 예시다.

〈1차시 수업〉

시간: 2013년 3월 30일 오전 8시~오후 12시
장소: 하늘고등학교 수학교과 교실
참가자: 하늘고등학교 2학년 재학생 14명
교사: 김샛별

오늘 수업은 앞으로 5주간 이루어질 토요 방과 후 수업의 첫 수업으

로 학생들이 시간-위치 관계에서 시간에 대한 위치의 변화율로서 속도를 이해하는 것을 학습목표로 하였다. 나는 학생들에게 다음과 같은 세 가지 시간-위치 그래프를 제시한 다음 각각의 그래프에 대하여 움직임의 특징을 예상하고 설명해 보도록 하였다.

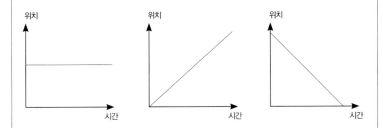

　나의 안내에 이어 학생들의 소집단 토론이 시작되었다. 소집단 토론에서 대부분의 학생들은 시간-위치 그래프가 나타내는 움직임의 특징을 속도 개념을 적용하여 설명하였다. 그러나 모든 학생이 주어진 그래프의 움직임을 등속운동과 연결 지어 생각하지는 않았다. 예를 들면, 3조의 학생들은 주어진 움직임을 속도를 통해 설명하였으나 속도가 일정하지 않고 시간에 대해 위치가 변화함과 동시에 움직임의 속도도 함께 변화한다고 예측하였다.

　교사 메모: 활동지에 제시한 그래프는 등속운동을 나타내는 그래프로 과학교육과정에 따르면 학생들이 중학교 3학년 때 이미 학습한 내용이다. 그러나 학생들은 과학시간에 배운 내용과 오늘 수학시간에 다룬 시간-위치 그리고 속도 사이의 관계를 통합적으로 생각하지 못하였다. 또한 소집단 토론에서 학생들은 위치와 속도를 구분하지 못하는 것처럼 보였다. 앞으로 수업이 진행되면서 학생들의 토론에서 변화율, 기울기 등의 개념이 어떤 방식으로 등장하는지 관찰해 보면 이에 대한 답을 얻고 학생들이 위치와 속도의 차이를 이해하며 그에 기초하여 변화율로서의 속도 개념도 이해할 수 있도록 지도하는 데 도움이 될 것이다.

현장 노트를 작성할 때는 다음과 같은 사항에 유의한다.

• 현장 노트는 관찰이 이루어질 때마다 매번 기록한다. 기억에는
한계가 있으므로 관찰을 마친 뒤 가능한 한 빨리 작성하는 것이
좋다. 관찰하면서 중요한 상황에 대하여 간단한 메모를 남겨 두
면 현장 노트를 작성할 때 참고할 수 있는 좋은 자료가 된다.

• 현장 노트에는 관찰을 한 날짜, 시간, 장소를 함께 기록하고, 시
간의 순서에 따라, 그리고 서로 다른 종류의 자료는 서로 분리해
서 기록하는 것이 좋다. 그리고 연구 참여자들이 일상적으로 사
용하는 언어로 기록한다.

• 사건을 가능한 한 구체적인 정보와 함께 상세히 기록한다. 예를
들면, 앞의 현장 노트 예시에서 학생의 수, 수업 기간, 과제 수 등
을 구체적으로 기록하였고 학생에게 제공했던 과제, 수업 진행
과정의 사진 등을 포함하면 상황에 대한 기억과 해석에 유용한
자료가 된다.

• 실제로 관찰한 바에 대한 사실적 기록을 하며 기록한 상황에 대
한 추측과 해석은 사실에 대한 기록과 구분하여 기록한다. 한 상
황에 대한 연구자의 해석은 변화할 수 있기 때문에 구분하지 않
고 기록을 해 두면 나중에 다시 현장 노트를 검토할 때 그 상황
에 대한 기억을 정확히 떠올릴 수 없다. 앞의 현장 노트 사례를
살펴보면, 수업상황에 대한 묘사와는 별도로 '교사 메모'를 구
분하여 상황에 대한 교사의 생각을 정리하였다.

• 현장 노트의 기록 양식은 특정하게 정해져 있지 않으며 연구의
성격이나 관찰 대상의 특성, 연구자의 편의에 따라 다양한 형식

으로 작성할 수 있다. 앞의 현장 노트에서 '교사 메모'를 살펴보면, 수업상황에 대한 교사의 해석과 더불어 앞으로의 수업상황에서 관찰하고자 하는 항목이 포함되어 있다. 이 두 가지 정보는 해석과 계획으로 구분될 수 있으므로 연구자의 필요에 따라 연구자 메모 역시 해석 관련 메모와 연구 계획 관련 메모를 구분하여 기록하는 방법도 생각할 수 있다.

(3) 실행 관련 자료 구축하기

실행 단계에서는 실행과정에서 사용한 수업 자료, 학생들의 성과물, 수업 녹화 자료, 수업 활동 사진 등과 같은 다양한 자료가 산출된다. 이러한 자료를 데이터베이스로 구축해 두는 것은 성찰과 결과 보고를 위하여 매우 중요한 자원이 된다. 상세한 자료 구축은 성찰을 위한 풍부한 자료와 실행연구 결과와 연구과정에서 학교 구성원들이 가졌던 경험을 보다 생생하게 소개할 수 있는 자료를 제공한다. 실행 관련 데이터베이스를 웹사이트에 구축하면 유사한 주제에 대해 실행연구를 구상하고 실행하는 다른 학교와의 연결과 소통을 촉진하여 교육공동체가 협력적인 관계에서 학교교육의 문제를 공유하고 체계적으로 해결하는 데 기여할 수 있다.

4) 성 찰

실행에 이어 분석과 성찰 활동은 한 발짝 물러나 실행상황을 객관적 관점에서 들여다보면서 실행과정과 결과를 전반적으로 평가하며 이미 실행한 연구 프로젝트를 수정 · 보완할 수 있도록 한다. 그뿐만 아니라 성찰과정을 통해 교사는 자신의 관점과 변화를 좀 더 명확히 의식하게 되면서 교육적 실천 개선에 대한 의식과 방향을 점검하고 재설정할 수 있다. 분석 및 성찰 활동은 실행연구가 어떤 문제상황을 해결하기 위하여 시작되었는지에 따라 결정된다. 다음은 융복합교육에 관한 실행연구에서 활용할 수 있는 성찰 질문이다. 각 질문은 융복합교육에 관한 실행연구가 학습 개선에 초점을 두고 있는지 혹은 교사 전문성에 초점을 두고 있는지에 따라 선택할 수 있다.

- 융복합교육을 통해 학생들은 무엇을 배웠으며 어떤 변화를 경험하였는가?
- 융복합교육에서 사용한 교수 · 학습 방법은 무엇이며 어떤 효과가 있었나?
- 융복합교육에서 적용되었던 교수 · 학습 방법 또는 평가방법 가운데 개선이 필요한 것은 무엇인가?
- 융복합교육을 실천하는 과정에서 나는 교사로서 무엇을 배웠는가?
- 융복합교육이 이루어지는 과정에서 나는 교사로서 어떤 역할을 하였는가?
- 융복합교육을 통해 내가 교사로서 실현하고자 했던 변화는 무엇이었으며 실행연구를 통해 어느 정도 성취하였는가?

실행과정에서 수집한 다양한 자료를 활용하여 성찰 활동을 진행하며, 이때 사용할 수 있는 자료는 관찰 자료, 면담 자료, 문서 자료로 분류할 수 있다. 이 자료 중에서 성찰 주제에 비추어 수업 활동을 가장 잘 대표할 수 있는 자료를 뽑아 유사하다고 판단되는 사례끼리 모아본 뒤 각 범주별 특성을 간단한 글로 서술해 보거나 적당한 핵심어를 만들어 보고, 만들어진 핵심어를 종합하여 실행연구 과정에서 학교공동체 구성원들의 경험과 실행연구의 성과를 정리할 수 있다.

성찰 활동은 교사 개인에 의해 이루어질 수도 있지만 동료 교사와 협력적으로 진행되면 보다 다양한 관점에서 자료를 해석하고, 실행과정에 대한 피드백을 받을 수 있다. 예를 들면, 비슷한 관심사를 가진 교사공동체에 속해 있다면 분석 및 성찰 주제를 설정하고 각 교사별로 수집한 실행 자료를 분류한 뒤 각자의 실행 자료와 그에 대한 해석을 공유하면서 자신의 실행연구가 가지고 있는 강점과 약점을 의식할 수 있고 다양한 실행 접근법을 경험할 수 있다.

실행방법을 되돌아보는 것과 더불어 그 이면에 존재하는 교사의 가치관을 구체화하는 것도 분석과 성찰 활동에서 중요하게 다루어져야 하는 측면이다. 교사의 교육적 실행은 교육이 지향하는 바가 무엇이고 그러한 교육을 통해 구현하고자 하는 인간상이 어떤 것인가에 대한 가치관을 전제로 이루어진다. 따라서 실행 자료를 검토하고 그 자료 속에 나타나는 교사의 가치관은 무엇인지 성찰하는 것은 교사가 의도한 수업 개선의 방향과 진행을 점검하는 데 중요한 과제다. 또한 앞서 문제 인식 단계에서 다루어졌던 문제상황에 대한 성찰 질문을 실행과정에 적용하여 문제 인식 단계에서 제시되었던 가치관과 실행과정에서 실제로 작용한 가치관이 일치하는지, 만일 둘 사이에 일치하지 않는 부분이 있다면 그 이유는 무엇인지를 성찰하는 것은 교사의 문제 인식과 그 개선을 위한 실행계획을 점검하는 데 중요한 정보를 제공하며, 나아가 실행의 주체로서 교사의 관점을 확장할 수 있는 기회가 된다. 다음에서는 각각의 자료 유형에 대한 성찰 활동의 예를 살펴보며 성찰 활동에 유용한 지침을 제시하였다.

(1) 관찰 자료 기반 성찰

관찰 자료는 수업 활동 사진이나 동영상, 수업 전사록 등과 같이 수업 활동을 관찰하며 수집한 자료를 가리킨다. 학생 또는 교사의 활동을 관찰하며 수집한 수업에 대한 분석과 성찰은 실행연구에서 목표로 했던 변화가 실제로 교실 또는 학교 맥락에서 실현되었는지를 평가하는 활동이다. 관찰 자료 기반 성찰은 수업 관찰 자료를 분류하면서 참여자의 행동 특징을 찾아보는 방식으로 진행된다. 이를 위해 교사가 가장 인상적이라고 생각하는 수업 사진 등과 같은 관찰 자료를 4~5개 정도 선별해 보고, 그 자료 속에서 공통적으로 찾을 수 있

는 행동의 특징을 생각해 보는 활동을 할 수 있다.

　앞의 자료는 한 교사가 자신의 수업을 성찰하기 위하여 실행연구 수업에서 수집한 사진을 나열해 놓은 것이다. 이 교사는 계산 공식을 위주로 하는 미적분 학습에서 탈피하여 공의 움직임을 분석하며 변화율에 대한 개념적 이해를 함양하기 위한 융복합 수업을 설계하고 실행하였다. 교사는 학생들이 수업에 능동적으로 참여하면서 다양하고 창의적인 아이디어를 제안하고, 다른 학생들의 아이디어를 경청하고 논평하는 경험을 하면서 보다 확장된 아이디어로 발전시키며, 민주적이고 창의적인 지식 생산 역량을 키우는 것을 융복합 수업의 목표로 설정하였다.

　수업은 바닥에 떨어진 공이 튕기는 상황에서 공의 위치와 속도를 그래프로 표현하고 토론하는 과정으로 진행되었다. 교사는 이 과제를 학생들에게 제시하고 과제의 의도를 설명한 뒤 소집단 단위로 그래프를 탐구하도록 하였다. 소집단 토론이 진행되는 동안 교사는 학생들 사이를 돌아다니며 토론이 원활히 진행되도록 하였고, 토론에서 함께 생각할 이슈가 등장하는 경우에는 전체 학생에게 그 이슈를 소개하기도 하였다. 소집단 활동에 이어 진행된 전체 학급 토론에서는 학생들이 자신의 소집단에서 구한 그래프를 칠판에 그렸다. 교사는 모든 소집단의 대표학생이 그래프를 그리는 것을 지켜보며 그 의미를 설명할 수 있도록 도움을 주기도 하였다. 필요한 경우는 학생의 발표에서 잘 드러나지 않은 그래프의 수학적 의미를 추가적으로 설명하였다. 다음은 앞의 사진 자료에 대한 교사의 성찰 활동의 예시다.

교사의 역할 가운데 교사 자신이 융복합교육을 통해 성취하고자 한 교육목표에 비추어 긍정적이었던 부분은 무엇인가? 왜 그렇게 생각하는가?

• 나는 학생들이 스스로 문제에 대한 아이디어를 찾아볼 수 있는 기회를 주고 그 아이디어를 바탕으로 수업을 하려고 하였다. 이러한 방법은 학생들이 자신의 아이디어가 소중하다는 것을 인식하고 보다 능동적이고 자율적으로 수업에 참여할 수 있도록 한다.

• 나는 모든 학생에게 자신의 아이디어를 학급에 소개할 수 있는 기회를 주려고 노력하였다. 이러한 방법은 모든 학생이 나름 독특한 방법으로 생각하며 그 안에는 나름대로 배울 만한 점이 있다는 것을 깨닫도록 해 준다. 또한 동료 학생의 아이디어에 오류가 있는 경우에는 서로 협력적으로 오류를 해결하고 보다 나은 아이디어를 얻을 수 있도록 하였다.

• 나는 수업에 참여하는 학생들의 다양한 아이디어를 포괄할 수 있는 결론으로 종합하여 제시하려고 노력하였다. 이러한 방법을 통해 각자의 아이디어가 표면적으로는 다르게 보이지만 잘 살펴보면 공통의 원리와 개념을 공유하며, 따라서 협의를 통해 모든 사람의 의견을 포괄할 수 있는 종합적인 아이디어를 만드는 것이 가능하다는 것을 배울 수 있다.

교사의 역할 가운데 교사 자신이 융복합교육을 통해 성취하고자 한 교육목표를 좀 더 효과적으로 달성하기 위해 개선이 필요한 부분은 무엇인가?

• 내가 학생들의 발표내용을 정리해 주기보다는 학생들에게 발표와 더불어 정리과정까지 참여할 수 있는 기회를 주었더라면 학생들의 능동성을 함양하는 데 좀 더 도움이 되었을 것이다.

• 학생들의 아이디어를 종합하여 하나의 결론을 만드는 과정에서는 자칫하면 소수 의견이 무시될 염려가 있다. 따라서 의견의 종합과 더불어 개별 아이디어의 독특성을 학생들이 인식할 수 있도록 함으로써 협력적이고 민주적인 협의과정에서 다양성을 인식하는 것의 중요성을 느낄 수 있도록 해야 할 것이다.

예시한 성찰 질문은 앞서 소개한 실행연구 목표의 관점에서 제기되었다. 이와 같이 성찰 활동은 실행연구의 목표에 접목되는 주제를 중심으로 진행해야 한다. 이러한 관점에서 1장에서 설명한 융복합교육 ABCD 모델은 융복합교육이 만족해야 할 가장 핵심적인 요소를 제시하고 있으므로 성찰 활동에 적용할 수 있다. 다음은 융복합교육 ABCD 모델을 활용한 성찰 활동기록지의 예다.

표 11-3 ABCD 모델을 활용한 성찰 활동 사례 1

영역	성찰내용				
자율성	학생과 교사를 포함하여 모든 구성원이 자율적이고 능동적으로 참여하였다.	구성원의 능동적 참여가 이루어졌으나 보다 다양한 구성원의 참여를 유도할 필요가 있다.	구성원의 참여가 이루어졌으나 능동성과 자율성이 드러나지 않았다.	구성원의 참여가 원활히 이루어지지 않았고 참여자의 능동성도 부족하였다.	구성원의 참여가 이루어지지 않았다.
	○	●	○	○	○
	학생들은 융복합교육과 관련하여 교사가 일방적으로 알려 주는 지식의 전달방법이 아니라 학생 스스로 주제를 선택하고 학습방법도 자율적으로 결정할 수 있으며 자발적으로 참여하는 교육이라고 진술하였다. 또한 학습자의 강점을 발휘하게 함으로써 자신감을 상승시키고 그 결과 자발적이고 적극적인 참여가 가능한 수업으로 학생들은 융복합 수업을 인식하였다.					

연계성	교과 간 연계와 학생-교사 사이의 대화적 관계 형성을 통해 협력적 학습공동체를 형성하였다.	교과 간 연계와 학생-교사 사이의 대화적 관계가 형성되었으나 협력적 학습공동체의 활성화를 위한 방안 탐색이 필요하다.	교과 간 연계나 학생-교사 사이의 대화적 관계가 형식적 수준에서 등장하였다.	교과 간 연계나 학생-교사 사이의 대화적 관계가 부분적으로 미약하게 나타났다.	교과 간 연계나 학생-교사 사이의 대화적 관계가 형성되지 않았다.
	○	●	○	○	○
	학생들은 융복합교육이 과목을 연계하여 교과별 단점을 보완할 수 있고 다른 학생들과 함께 프로젝트를 진행하는 학습공동체의 구성원으로서 협력, 소통, 유대감을 바탕으로 한 학습이라고 생각하였다.				
맥락성	학생에게 의미 있는 실세계 맥락을 바탕으로 한 능동적 탐구를 통해 참학습의 기회를 효과적으로 제공하였다.	학생에게 의미 있는 실세계 맥락을 바탕으로 한 능동적 탐구가 이루어졌으나 실세계 맥락과 학습 사이의 연계성이 강화될 필요가 있다.	실세계 맥락의 활용이 내용이나 방법 측면에서 형식적인 수준에서 이루어졌다.	실세계 맥락이 학생들의 삶과 학습목표에 비추어 적합하게 선택·적용될 필요가 있다.	실세계 맥락과의 관련성을 찾아보기 어렵다.
	●	○	○	○	○
	수학적 현상뿐만 아니라 변화와 관련된 사회현상 등의 맥락 속에서 변화율을 설명하려고 시도하였다. 그러나 물가, 인구 등 보다 다양한 실세계 맥락을 도입하려는 노력이 필요하다.				
다양성	학생의 배경과 수준, 흥미, 필요 등에서 나타나는 다양성과 개별성을 존중하여 모두에게 의미 있는 학습경험을 제공하였다.	학생의 다양성과 개별성을 고려하였으나 좀 더 효과적으로 반영하기 위한 개선방안이 필요하다.	학생들의 다양성과 개별성에 대한 고려가 형식적 수준에서 이루어졌다.	학생들의 다양성과 개별성이 수업에 미흡하게 반영되었다.	학생들의 다양성과 개별성에 대한 고려가 이루어지지 않았다.
	○	●	○	○	○

	변화율의 다양한 의미와 수학적 특성을 설명하였다. 선행 학습의 영향으로 개념도가 교과서적 지식을 중심으로 만들어진 학생들도 몇몇 찾아볼 수 있었다. 이 학생들이 만든 개념도의 특징은 주로 그래프, 공식 등으로 이루어져 있다. 이는 융복합 수업이 선행 학습을 하고 온 학생들의 개념을 다양한 관점에서 파악하는데 크게 기여하지 못하였다는 것으로 볼 수 있다.
총평	실세계 맥락에 기반한 과제를 바탕으로 하여 소집단중심의 능동적 탐구와 발표, 토론을 통해 변화율 개념을 학습한 경험은 학생들이 변화율 개념을 다양한 관점에서 파악하고 스스로 개념화하고 추상화할 수 있는 학습환경을 제공하는 데 효과적이었던 것으로 보인다. 단지 선행 학습을 한 학생들이 교과서적 지식에서 벗어나 자유롭게 창의적으로 수학을 만드는 과정에 참여할 수 있도록 수학적 호기심을 자극할 수 있는 융복합적 과제를 고민해 보아야 할 것 같다.

이 성찰 활동 기록지는 관찰한 상황에 융복합교육에 대한 이론적 개념을 적용하는 방식으로 상황을 분석한 구체적인 지침을 제공한 다는 점에서 성찰 활동을 안내할 수 있다는 유용성이 있다. 그러나 특정 이론에 의해 결정된 준거를 중심으로 수업상황을 분석하도록 한다는 점에서 본다면, 열린 시각으로 융복합 수업 실행을 성찰할 수 있도록 하는 측면에서는 앞서 제시한 개방적 서술방식이 효과적 이다.

(2) 면담 자료 기반 성찰

면담이란 언어적 상호작용을 통해 면담자가 피면담자(정보 제공 자)에게서 연구목적에 부합하는 여러 가지 정보와 지식을 수집하는 방법을 말한다. 실행연구 과정에서 교사나 학생, 학부모를 대상으로 진행하였던 면담 자료를 바탕으로 성찰을 해 보는 것은 실행연구 과 정과 결과에 대한 다양한 집단의 관점을 그들 자신의 언어로 확인 할 수 있다는 장점을 가지고 있다. 예를 들면, 교사를 대상으로 한 융복합교육의 면담에서는 융복합 수업을 개발하고 실행하는 과정에서 요구되는 교사 협업과 관련한 협업 진행과정, 협업의 효과, 협업의 어려움, 협업을 통해 교사가 새롭게 깨달은 점, 효과적인 협업방법, 협업을 위한 지원 등에 관한 질문을 제기할 수 있다. 이와 같이 교사 협업에 대한 질문으로 세분하여 제기할 경우 융복합교육에서 교사가 경험한 협업을 보다 다양한 측면에서 심층적으로 이해할 수 있는 것이다.

다음 예시에서 보면 융복합교육에서 교과 간 연계에 대한 질문은 교과 간 연계방법에 관한 단일 질문으로 구성되어 있지만 교사 협업에 대한 면담 질문처럼 교과 간 연계를 실행하는 과정에서 등장할 수 있는 이슈를 중심으로 질문을 좀 더 세분화할 수 있다. 이와 같이 면담 질문을 세분화하여 중심 이슈와 연관된 다양한 하위 이슈에 대해 질문을 고안할 때 수업 관찰이나 문헌 분석 결과를 검토하면서 중심 이슈와 관련성 있는 이슈를 찾아낼 수 있다는 실행연구 과정 전반에 대한 이해가 질적으로 우수한 실행연구를 진행하는 데 매우 핵심적이다.

I. 교사 협업

1-1. 이번 학기 융복합교육에서 교사 사이의 협업은 어떤 과정을 통해 진행되었습니까?

1-2. 동료 교사와의 협업은 어떤 부분에서 효과적이었습니까?

1-3. 동료 교사와의 협업과정에서 경험한 어려움이 있다면 무엇이며, 어떻게 해결하였습니까?

1-4. 동료 교사와의 협업을 통해 학습한 것이 있다면 무엇인지 소개

해 주십시오.

1-5. 보다 효과적인 협업을 위해 어떤 방식으로 협업을 진행하는 것이 좋다고 생각하십니까?

1-6. 융복합교육 실천과정에서 학교와 교육청은 어떤 지원을 하였고, 그 지원은 프로그램의 실행에 어떤 기여를 하였습니까?

II. 교과 간 연계

2-1. 융복합교육을 각 교과 영역—과학, 수학, 미술—에서 수행한 후 이들을 전체적으로 연계하는 과정을 학생들에게 제공하였습니까? 그랬다면 어떤 방법을 적용하였는지 소개해 주십시오.

마찬가지로 학부모, 학생에게도 융복합교육에서 기대하는 성과나 융복합교육에 대한 인식, 진행과정상에서의 경험, 성취, 학습 효과, 어려움, 필요한 지원 등에 대한 의견을 묻는 면담을 실행하고 그 면담 결과를 반영하여 기존의 융복합교육 실행계획을 수정·보완할 수 있다.

면담은 기본적으로 면담자와 피면담자 사이의 대화방식으로 진행되지만 면담자는 피면담자에게서 자신의 실행에 관한 견해를 듣고 개선하고자 하는 특수한 목적을 가졌다는 점에서 일상적인 대화와는 구별된다. 따라서 면담자는 이러한 면담의 목적에 합당한 질문을 제기하고 피면담자의 생각을 충분히 이해할 수 있도록 대화를 이끌어 나가야 한다. 면담을 진행할 때 유의해야 하는 사항은 앞서 제시한 바 있다.

면담을 통해 수집된 자료를 기반으로 한 교사의 성찰 활동은 면담 질문에 대한 답변을 핵심어로 정리하는 활동을 통해 이루어질 수 있다. 예를 들면, 융복합 수업에 참여한 학생들이 융복합 수업에 대해 어떤 인식을 가지고 있는지 알아보기 위하여 면담에서 다음과 같은 질문을 할 수 있다.

---

1. STEAM 영재반에 참여하게 된 동기는 무엇인가요?

2. STEAM 영재반은 무엇을 하는 수업이라고 소개되었나요?

3. 학교에서 STEAM 영재반과 같은 수업/활동을 하는 게 필요하다고 생각하나요? 얼마나 필요하다고 느끼나요?
    □ ① 매우 불필요   □ ② 불필요   □ ③ 보통
    □ ④ 필요   □ ⑤ 매우 필요

   - 그렇게 생각한 이유는?

   - STEAM 영재반 수업/활동이 다른 수업이나 활동과 어떻게 차이가 있었나요?

4. 이 수업을 통해 실제로 무엇을 배웠습니까? 여러분이 이 수업을 통해 배운 것 가운데 가장 기억에 남는 것은 무엇이고 그 이유는 무엇입니까?

면담 자료에 기초한 성찰 활동은 일반적으로 다음의 단계로 진행된다.

1단계 : 핵심어 만들기

학생들과의 면담 녹취록을 읽으며 각 학생이 주장하는 융복합교육의 효과를 표현하는 핵심어를 만들어 본다. 이때 핵심어는 면담에 대한 피면담자의 답변에서 중심적인 아이디어를 반영하는 표현으로, 가능하면 피면담자가 사용하는 언어를 반영하여 만드는 것이 좋다.

예를 들면, "일단 다른 데서는 저희가 차지하는 비중이 없는데, 여기 오면 아까 말씀드렸던 것처럼 무조건 전부 다 자기 장점대로 할 수가 있잖아요."라는 학생의 답변은 '강점을 살리는 교육'을 핵심어로 할 수 있다. "한 가지 내용에 집중해서 일 년이라는 긴 시간 동안 집중적으로 배우는 것이기 때문에 좀 더 효과적으로 배울 수 있지 않나, 하는 생각이 들어요. 일반 과학시간에는 여러 단원으로 짧게 분배되어 있어서 그것을 집중적으로 배우지 못하고 그냥 이 정도로 어중간히 배우고 넘어가는 그런 형식으로 되어 있거든요."라는 답변은 '집중과 몰입에 기초한 교육'을 핵심어로, "식물원이나 그런 데 견학 가서 식물 관찰하고 사진을 직접 찍으면서 만들어 보는 게 좋은 거 같아요."라는 답변은 '체험과 몰입에 기초한 교육'이라는 핵심어로 정리할 수 있다.

2단계 : 핵심어 범주 만들기

피면담자의 답변 가운데 면담에서 탐구하고자 하는 주제와 연관성이 있는 중심 아이디어를 함축하는 핵심어로 정리한 뒤 유사한 의미의 핵심어를 하나의 범주로 묶어 가면 면담에서 수집한 피면담자들의 경험과 관점을 큰 그림 속에서 파악할 수 있다. 다음 사진은 학생들을 대상으로 한 면담 자료를 바탕으로 하여 자신이 설계한 융복

합 수업에 참여하였던 학생들이 융·복합교육을 어떤 교육적 경험으로 인식하는지 알아보기 위한 교사 성찰 활동 사례를 보여 준다. 일단 교사는 녹취록을 검토하면서 핵심어를 포스트잇에 하나씩 메모하였고, 이 핵심어 가운데 유사한 것끼리 모아 범주화한 뒤 범주별로 제목을 만들었다.

예를 들면, '주제 선택과 학습방법에서 자율성을 강조한 수업' '스스로 직접 하는 수업' 등의 핵심어를 '자율성이 인정되는 수업'이라는 명칭의 범주로 묶을 수 있다. 또 '직접 체험' '즐기면서 놀면서' '직접 탐구하기' 등의 핵심어를 묶어 '맥락성을 고려한 수업'으로, 그리고 '좀 더 창의적인 수업' '무에서 유를 창출하는 수업' 등의 핵심어는 '능동성을 강조하는 수업'으로 범주화할 수 있다.

3단계: 핵심어 범주의 의미 종합하기

마지막으로 2단계에서 범주화한 핵심어를 개별적으로 검토하고, 이들이 하나의 범주로서 의미하는 바를 종합하여 면담을 통해 탐구하고자 하였던 질문과 연결 지어 정리한다. 2단계에서 개별적인 핵심어를 범주중심으로 정리하고 각 범주를 구성하는 핵심어를 포괄하는 아이디어를 찾아가는 과정을 통해 교사는 학생들에게 자신이 실행한 융복합 수업이 자율적이고 흥미로우며, 자유로운 수업, 서로 협력하는 수업, 체험에 기반을 둔 수업, 창의성을 발휘할 수 있는 학습환경을 제공하였다는 것을 발견할 수 있다.

이와 같은 세 단계로 진행되는 성찰 활동은 면담 자료뿐만 아니라 관찰 자료와 문서 자료를 기반으로 하는 성찰 활동에도 적용할 수 있으며, 마찬가지로 관찰 자료에 기반을 둔 성찰 활동에서 소개한 융복합교육의 ABCD 모델을 활용한 성찰 활동 기록지를 다음과 같이 면담 자료에 대해서도 적용할 수 있다.

표 11-4 ABCD 모델을 활용한 성찰 활동 사례 2

영역	성찰내용				
자율성	학생과 교사를 포함하여 모든 구성원이 자율적이고 능동적으로 참여하였다.	구성원의 능동적 참여가 이루어졌으나 보다 다양한 구성원의 참여를 유도할 필요가 있다.	구성원의 참여가 이루어졌으나 능동성과 자율성이 드러나지 않았다.	구성원의 참여가 원활히 이루어지지 않았고 참여자의 능동성도 부족하였다.	구성원의 참여가 이루어지지 않았다.
	○	●	○	○	○

학생들은 학교 수업에서 교사가 지식을 일관성 있게 정리하여 설명하는 방식으로 배워 왔다. 이 수업에서 학생들은 익숙한 교사중심의 설명식 수업에서 벗어나 스스로 그들이 만들고 싶은 아트북의 주제를 정하고 관련 자료를 검색하여 내용을 조직하는 경험을 해 볼 수 있었다. 이러한 수업의 변화가 처음에는 학생들에게 혼란을 주었지만 시간이 흐르며 스스로 직접 하는 수업, 자율성이 인정되는 수업을 인식하고 능동적으로 참여하며 자신의 강점을 개발해 나갔다.

연계성	교과 간 연계와 학생-교사 사이의 대화적 관계 형성을 통해 협력적 학습공동체를 형성하였다.	교과 간 연계와 학생-교사 사이의 대화적 관계가 형성되었으나 협력적 학습공동체의 활성화를 위한 방안 탐색이 필요하다.	교과 간 연계나 학생-교사 사이의 대화적 관계가 형식적 수준에서 등장하였다.	교과 간 연계나 학생-교사 사이의 대화적 관계가 부분적으로 미약하게 나타났다	교과 간 연계나 학생-교사 사이의 대화적 관계가 형성되지 않았다.
	○	●	○	○	○

아트북을 만드는 과정은 혼자서 하기에는 다소 거대하고 다양한 지식을 필요로 하는 작업이다. 따라서 학생들은 소집단 구성원과 업무를 분담하여 체계적인 협업을 통해 책을 완성해 갔다. 일반적인 수업에서 교사는 학생의 흥미나 필요 없이 이미 교육과정에 따라 정해진 지식을 전달하는 역할을 하였다면, 이 수업에서는 학생들이 필요로 하고 궁금해하는 지식을 함께 찾고 의논하는 역할을 하였다.

맥락성	학생에게 의미있는 실세계 맥락을 바탕으로 한 능동적 탐구를 통해 참학습의 기회를 효과적으로 제공하였다.	학생에게 의미있는 실세계 맥락을 바탕으로 한 능동적 탐구가 이루어졌으나 실세계 맥락과 학습 사이의 연계성이 강화될 필요가 있다.	실세계 맥락의 활용이 내용이나 방법 측면에서 형식적인 수준에서 이루어졌다.	실세계 맥락이 학생들의 삶과 학습목표에 비추어 적합하게 선택·적용될 필요가 있다.	실세계 맥락과의 관련성을 찾아보기 어렵다.
	●	○	○	○	○

	약용식물은 학생들의 실생활과 관련이 있는 주제다. 그러나 수업에서 식물원이나 학교 정원을 직접 탐색하고 발견한 약용식물의 사진을 찍는 활동은 학생들이 즐기는 과정을 통해 약용식물에 대한 지식을 배울 수 있도록 하였고, 이러한 과정에 따라 약용식물이 학생들에게 좀 더 익숙하고 친근한 대상으로 다가올 수 있었다.				
다 양 성	학생의 배경과 수준, 흥미, 필요 등에서 나타나는 다양성과 개별성을 존중하여 모두에게 의미 있는 학습경험을 제공하였다.	학생의 다양성과 개별성을 고려하였으나 좀 더 효과적으로 반영하기 위한 개선방안이 필요하다.	학생들의 다양성과 개별성에 대한 고려가 형식적 수준에서 이루어졌다.	학생들의 다양성과 개별성이 수업에 미흡하게 반영되었다.	학생들의 다양성과 개별성에 대한 고려가 이루어지지 않았다.
	○	●	○	○	○
	스스로 책의 주제를 정하고 그에 적합한 자료를 검색하여 책의 내용으로 조직하는 과정에서 학생들은 자신이 학습자로서 가지고 있는 특성을 자연스럽게 표현할 수 있었다. 그 결과 그들의 학습 결과물은 항상 다양하였으며 각각의 결과물은 그것을 작성한 학생의 특성을 잘 드러내 주었다.				
총 평	약용식물 아트북 만들기라는 실세계 맥락에 기반을 둔 과제를 바탕으로 하여 소집단중심의 능동적 탐구와 체험 활동을 수업에 도입함으로써 학생들이 다양한 관점에서 주제 관련 지식을 자신의 삶의 맥락에 유용하게 조직화할 수 있는 학습환경을 제공하였다. 그뿐만 아니라 개인적으로 성취하기에는 다소 규모가 큰 프로젝트를 수행함으로써 학생들이 서로 협력하는 능력을 키워 나가도록 하는 데 효과적이었던 것으로 보인다. 단지 학생들이 협력과정에서 자신의 강점중심으로 역할을 분담하는 경향을 보인 것은 앞으로 개선해야 할 부분이다. 즉, 협력과정을 통해 취약한 부분에 대하여 식견을 넓히고 강화해 갈 수 있는 학습경험을 제공해야 할 것이다.				

앞서 관찰 자료 기반 성찰 활동에 관한 논의에서 언급한 바와 같이 영역과 척도 기준이 정해진 성찰 활동지를 활용하는 경우 상황에 대한 개방적 성찰에 제한이 따를 수 있다. 이러한 문제점을 해소하기

위하여 〈표 11-4〉의 성찰 활동지에서는 영역별로 척도 표시와 함께 교사의 성찰내용을 개방적으로 서술할 수 있는 칸을 제공하고 있다. 특히 이 부분을 서술할 때는 교사가 관찰이나 면담으로부터 찾아낸 핵심어를 바탕으로 기록함으로써 좀 더 연구 참여자에게 의미 충실한 성찰 결과를 제시할 수 있다.

(3) 문서 자료 기반 성찰

실행연구 과정에서 수집한 교육과정 관련 문서나 교사의 지도안, 학생들의 학습 결과물(예를 들면, 활동지, 과제물, 포트폴리오 등)과 같은 다양한 문서 자료는 교사의 성찰에 유용한 자료가 될 수 있다. 문서 자료를 활용한 교사 성찰 역시 앞서 살펴보았던 관찰 자료 기반 성찰이나 면담 자료 기반 성찰과 같은 방식을 따라 할 수 있다.

예를 들면, 다음에 제시한 사진은 변화율 개념을 물체의 움직임, 사

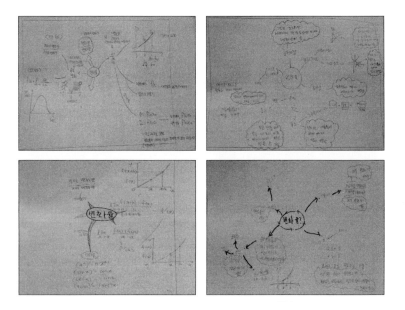

회 현상, 수학사 등과 연계한 융복합 수업에서 학생들이 작성한 개념도를 보여 준다. 이 개념도를 바탕으로 교사는 융복합 수업을 통해 학생들이 학습한 변화율 개념의 특징을 분석하고 자신의 수업 실행에 대해 성찰할 수 있다. 다음은 성찰 질문에 따른 성찰 결과의 예시다.

　　융복합교육을 통해 학생들은 교과개념 학습 측면에서 어떤 성과를 거두었는가? 학생들의 학습 결과물에 나타난 성과는 융복합교육의 목표와 원리에 어느 정도 부합하는가?

- 대부분의 학생은 교과서에서 제시하는 변화율의 수학적 개념과 독립적으로 각자가 나름대로 생각하는 변화율 개념을 조직화하고자 시도하였다.
- 변화율 개념을 설명하는 과정에서 그래프와 수식, 일상 언어 등 다양한 방식으로 표현하려고 하였다.
- 학생들은 수학적 현상뿐만 아니라 변화와 관련된 사회현상 등과 연결 지으려고 시도하였다. 그러나 물가, 인구 등 보다 다양한 실세계 맥락과 연결 지어 보려는 노력이 필요하다.
- 변화율과 도함수를 연결 지어 생각하였고 각각이 가지고 있는 다양한 수학적 특징을 표현하였다.
- 선행 학습의 영향으로 교과서적 지식을 중심으로 개념도를 만든 학생도 몇몇 찾아볼 수 있었다. 이 학생들이 만든 개념도의 특징은 주로 그래프, 공식 등으로 이루어져 있다. 이는 융복합 수업이 선행 학습을 하고 온 학생들의 개념을 심화하거나 확장하는 데 크게 기여하지 못하였다는 것으로 볼 수 있다.

앞에 제시한 성찰 활동에서도 융복합교육의 ABCD 모델에 기반을 둔 성찰 활동 기록지를 적용할 수 있다.

표 11-5 ABCD 모델을 활용한 성찰 활동 사례 3

영역	성찰내용				
자율성	학생과 교사를 포함하여 모든 구성원이 자율적이고 능동적으로 참여하였다.	구성원의 능동적 참여가 이루어졌으나 보다 다양한 구성원의 참여를 유도할 필요가 있다.	구성원의 참여가 이루어졌으나 능동성과 자율성이 드러나지 않았다.	구성원의 참여가 원활히 이루어지지 않았고 참여자의 능동성도 부족하였다.	구성원의 참여가 이루어지지 않았다.
	○	●	○	○	○
	대부분의 학생들은 교과서에서 제시하는 변화율의 수학적 개념과 독립적으로 각자가 나름대로 생각하는 변화율 개념을 자신의 방식으로 조직화하고자 시도하였다. 하지만 여전히 교과서적인 지식에 얽매이는 학생들도 있었다. 특히 선행 학습을 한 학생의 경우는 교과서적 표현을 모범적이라고 수용하는 경향을 보였다.					
연계성	교과 간 연계와 학생-교사 사이의 대화적 관계 형성을 통해 협력적 학습공동체를 형성하였다.	교과 간 연계와 학생-교사 사이의 대화적 관계가 형성되었으나 협력적 학습공동체의 활성화를 위한 방안 탐색이 필요하다.	교과 간 연계나 학생-교사 사이의 대화적 관계가 형식적 수준에서 등장하였다.	교과 간 연계나 학생-교사 사이의 대화적 관계가 부분적으로 미약하게 나타났다	교과 간 연계나 학생-교사 사이의 대화적 관계가 형성되지 않았다.
	○	●	○	○	○
	대수적 표현과 기하적 표현을 연결하여 변화율 개념을 설명하려 하였고 움직임과 관련지어 변화율을 설명하고자 시도하였다. 움직임과 같은 물리교과 개념 외에도 다양한 교과개념과의 연계를 시도할 수 있는 과제를 제공하면 학생들이 수학과 다양한 교과 사이의 연계성을 인식하는 데 도움이 될 것이다.					

맥락성	학생에게 의미 있는 실세계 맥락을 바탕으로 한 능동적 탐구를 통해 참학습의 기회를 효과적으로 제공하였다.	학생에게 의미 있는 실세계 맥락을 바탕으로 한 능동적 탐구가 이루어졌으나 실세계 맥락과 학습 사이의 연계성이 강화될 필요가 있다.	실세계 맥락의 활용이 내용이나 방법 측면에서 형식적인 수준에서 이루어졌다.	실세계 맥락이 학생들의 삶과 학습목표에 비추어 적합하게 선택·적용될 필요가 있다.	실세계 맥락과의 관련성을 찾아보기 어렵다.
	○	●	○	○	○

수학적 현상뿐만 아니라 변화와 관련된 사회현상 등의 맥락 속에서 변화율을 설명하려고 시도하였다. 그러나 물가, 인구 등 보다 다양한 실세계 맥락을 도입하려는 노력이 필요하다.

다양성	학생의 배경과 수준, 흥미, 필요 등에서 나타나는 다양성과 개별성을 존중하여 모두에게 의미 있는 학습경험을 제공하였다.	학생의 다양성과 개별성을 고려하였으나 좀 더 효과적으로 반영하기 위한 개선방안이 필요하다.	학생들의 다양성과 개별성에 대한 고려가 형식적 수준에서 이루어졌다.	학생들의 다양성과 개별성이 수업에 미흡하게 반영되었다.	학생들의 다양성과 개별성에 대한 고려가 이루어지지 않았다.
	○	●	○	○	○

변화율의 다양한 의미와 수학적 특성을 설명하였다. 선행 학습의 영향으로 개념도가 교과서적 지식을 중심으로 만들어진 학생들도 몇몇 찾아볼 수 있었다. 이 학생들이 만든 개념도의 특징은 주로 그래프, 공식 등으로 이루어져 있다. 이는 융복합 수업이 선행 학습을 하고 온 학생들의 개념을 다양한 관점에서 파악하는데 크게 기여하지 못하였다는 것으로 볼 수 있다.

총평 실세계 맥락에 기반을 둔 과제를 바탕으로 하여 소집단중심의 능동적 탐구와 발표, 토론을 통해 변화율 개념을 학습한 경험은 학생들이 변화율 개념을 다양한 관점에서 파악하고 스스로 개념화하고 추상화할 수 있는 학습환경을 제공하는 데 효과적이었던 것으로 보인다. 단지 선행 학습을 한 학생들이 교과서적 지식에서 벗어나 자유롭게 창의적으로 수학을 만드는 과정에 참여할 수 있도록 수학적 호기심을 자극할 수 있는 융복합적 과제를 고민해 보아야 할 것 같다.

5) 결과 보고

결과 보고는 실행연구에서 교사가 경험한 바와 실행 결과를 공유하는 활동으로서, 대체로 실행연구를 통해 누가, 언제, 어디서, 왜, 무엇을, 어떻게 실행하였는지에 대한 정보를 중심으로 구성된다. 이 과정에서 실행연구에 참여한 이들의 사적 정보를 활용하게 되므로 결과 보고를 포함하여 실행연구 전반에서 생명윤리규정을 준수해야한다. 특히 결과 보고의 경우 실행연구에서 면담이나 관찰했던 개인에 관한 자료 활용의 동의가 사전에 이루어져야 한다. 예를 들면, 학생의 학습 결과물이나 사진을 결과 보고에서 소개하는 경우, 자료의사용 여부와 용도에 대해 해당 학생에게 알리고 동의를 구해야 한다.이를 위해 실행연구를 시작하는 단계에서 연구 설명 및 동의서를 배부하고 서명을 받는다.

연구 설명 및 참여 동의서는 다음의 예시 자료에서 볼 수 있는 바와 같이 실행연구의 목적, 진행방법, 자료 수집방법, 참여자에게 기대하는 역할 등에 대한 개략적인 설명을 포함하여 작성한다. 또한 실행연구 참여와 관련하여 개인의 권한, 예를 들면, 녹음 및 녹취, 사진촬영을 거부할 수 있고 현재 동의하였어도 진행과정의 어느 시점에서건 동의를 철회할 수 있다는 점을 명확히 전달해야 한다.

연구 설명 및 참여 동의서

본 연구는 수학교과 중심의 융복합교육을 통해 학생들이 이미 알고 있는 수학개념을 어떻게 활용하고, 이를 바탕으로 어떻게 새로운 수학 개념을 학습하게 되는지를 이해하며, 학교에서 활용할 수 있는 수업 자료를 개발하는 것을 목적으로 합니다.

귀하가 참여하는 수업은 2014년 4월 1일부터 2014년 4월 30일까지 매주 토요일에 100분을 한 블록(block)으로 하여 두 블록씩 진행됩니다. 첫 수업이 시작되기 전에 귀하의 학문적 배경에 관한 내용의 설문지를 작성하게 될 것입니다. 그리고 매주 수업 후 수업에 대한 평가를 설문지로 작성하고 그 결과를 다음 수업에 반영할 예정입니다. 또한 연구수업 진행기간 중이나 종료 후에 인터뷰를 하여 귀하의 의견을 자료 개발에 참고하고자 합니다.

수업시간 동안 말하거나 활동하는 것을 녹화하고 녹음할 수 있습니다. 따라서 연구수업을 진행함에 있어 귀하께서는 비디오 녹화나 녹음 및 사진 촬영에 부담을 가지실 수 있습니다. 그러나 녹화 · 녹음 자료는 본 연구자가 연구를 위해서만 사용할 것이며, 귀하의 사생활을 보호하기 위해 가명을 사용할 것임을 알려드립니다.

본 수업의 결과는 혁신학교사업 결과 보고서의 자료로 활용되며 학술대회 혹은 학술지 등에서 발표될 수 있으나, 녹화 · 녹음 자료와 전사 자료는 안전하게 보관될 것이며 연구자는 모든 자료를 1년간 보관 후 폐기 처분할 것입니다.

본 동의서에 서약하셨더라도 더 이상 참여하길 원하시지 않는 경우 어떤 불이익도 받지 않고 참여를 중단하실 수 있습니다. 그러나 본 연구에 참여하실 경우, 귀하의 학업적인 면에서 수학개념을 좀 더 명확하게 알게 되는 기회가 되고 본 수업에서의 활동 자료를 본인의 포트폴리오로 활용할 수 있으며 수학수업에서 적용가능한 자료 개발에 큰 영향을 줄 것입니다.

본 연구수업에 대하여 문의사항이 있으면 연락주시기 바랍니다.

2014년 3월 14일

연구자: 김샛별(하늘고등학교 수학교사)

연락처: 010-1234-5678, littlestar@daum.net

------------------------------------⟨절취선⟩-------

학생연구동의서

연구에 참여하기를 원하신다면, 아래 서명란에 서명해 주십시오. 이 문서에 서명하시면 귀하께서 위에 언급된 정보를 숙지하고 본 연구에 자발적으로 참여하기로 동의한 것으로 간주됩니다.

나는 이 연구의 목적, 절차, 연구 참여자가 받을 수 있는 불편함 그리고 혜택에 대해서 확인하였습니다. 나는 이 연구에 자발적으로 참여하기를 동의합니다.

연구제목: 변화율 개념 지도를 위한 융복합 수업
수업기간: 2014년 4월 1일~2014년 4월 30일(매주 토요일 08:00-12:00)

학생 이름 _____

연락처 _____

서명 _____ 날짜_____

------------------------------------⟨절취선⟩-------

학부모연구동의서

귀하의 자녀가 본 연구에 참여하기를 원하신다면, 아래 서명란에 서

명해 주십시오.

이 문서에 서명하시면 귀하께서 위에 언급된 정보를 숙지하고 본 연구에 귀하의 자녀가 자발적으로 참여하도록 동의하신 것으로 간주됩니다.

연구제목: 변화율 개념 지도를 위한 융복합 수업
수업기간: 2014년 4월 1일~2014년 4월 30일(매주 토요일 08:00-12:00)

보호자 성명 _____ (관계:_____)
연락처 _____
서명 _____ 날짜_____

실행연구의 결과 보고는 구성방법, 맥락, 목적, 보고내용 등에 따라 다양한 방법으로 이루어질 수 있다.

(1) 결과 보고의 구성

결과 보고의 내용을 제시하는 방법은 크게 실행연구 경험을 시간적 순서에 따라 제시하는 방법과 주제별로 제시하는 방법으로 구분할 수 있다.

(2) 결과 보고의 맥락

실행연구 결과 보고는 교사모임에서의 발표, 교내외 학술제 발표, 학부모 대상 결과 보고회, 전시, 연구비 결과 보고 등 다양한 맥락에서 이루어지고 있다. 따라서 결과 보고에 참여하는 청중에게 실행연

구에 대하여 무엇을 전달하고 싶은지 결정해야 한다. 단순히 육하원칙에 따라 정보를 나열하는 것이 아니라 내가 교사로서 나의 교육적 실천에 대하여 청중과 소통하기를 원하는 것이 무엇이고, 교육 개선을 위해 청중과 협력할 수 있도록 알려야 할 것이 무엇인지 신중히 결정해야 한다.

(3) 결과 보고의 목적

결과 보고는 '실행 결과에 대한 보고'부터 '실행경험에 대한 소통'까지 다양한 기능을 할 수 있다. 실행 결과에 대한 보고로서 기능하기 위하여 고려해야 할 중요한 사항은, 연구 결과는 다양한 유형의 자료에 의해 충분히 뒷받침되어야 한다는 점이다. 이는 보고되는 실행 결과의 신뢰성과 타당성을 보장하기 위해 중요한 요건이다.

결과 보고가 소통의 기능을 효과적으로 수행한다면 실행연구를 통해 교사가 지향하고 있는 학교공동체를 실현하는 데 소중한 협력자를 구할 수 있는 기회가 될 것이다. 이러한 소통의 기능을 효과적으로 수행하는 결과 보고가 되기 위해서는 실행연구에 참여한 다양한 집단이 가졌던 경험과 내부자적 관점을 생생하게 소개하는 것이 중요하다. 실행과정에서 수집한 동영상이나 사진, 학생들이 작성한 학습 결과물 등은 이러한 목적에 활용가능한 소중한 자료가 된다. 이러한 자료는 주변 맥락에 대한 소개와 교육적 의미에 대한 간략한 설명을 함께 제시하면 실행연구가 이루어진 과정과 성과에 대한 공감대를 이끌어 내는 데 효과적이다.

(4) 결과 보고의 내용

실행 결과의 보고에서 실행경험의 공유 등 다양한 목적을 가지고 결과 보고가 이루어질 수 있다면 그 목적에 따라 결과 보고의 내용이 실행 결과와 더불어 운영 정보, 성공담, 곤란, 좌절 등과 관련한 실행과정의 다양한 내용을 포함할 수 있다.

5. 교육 개혁을 위한 공동체적 실행을 향하여

21세기 사회는 개방화, 국제화, 다원화라는 역학구조 속에서 지식이 폭발적으로 증가하고, 그 결과 교육의 창조적인 부가가치가 국가경쟁력의 주요한 부분을 차지하며, 개인의 복지와 사회적 자아실현에 교육의 역할이 확대되고 있다. 따라서 교육의 수월성 제고와 교육기회의 평등을 보장하는 교육 정책 및 실천은 국가가 수행해야 할 주요한 책무에 해당한다. 이러한 관점에서 볼 때 우리사회의 교육 제도와 학교교육은 경직화된 산업화 시대의 산물로서 현대 사회가 요구하는 역량을 갖춘 인재 양성과 국가경쟁력 증진에 기여하는 역할에 심각한 한계를 가지고 있다는 문제의식이 높아져 가고 있는 상황이다.

우리나라는 세계적으로 유례를 찾아볼 수 없는 비약적인 경제성장과 민주화를 성취하였으며, 이러한 성장의 동력은 교육이라고 평가받고 있다. 실제로 우리나라 학생들은 국제비교 학업성취도평가인 TIMSS나 PISA 등에서 세계 최상위 수준을 보인다. 그러나 이러한 높은 학업성취도 이면에 존재하는 극심한 입시경쟁의 교육풍토는 학교가 모든 개인의 성장을 촉진하는 학습공동체로 기능하는 데 심각한 장애요인으로 작용하고 있다. 게다가 IMD(International Institute for Management Development) 지표 분석 결과에 따르면 우리나라의 교육경쟁력은 국가경쟁력과 비교하여 현저히 낮은 수준이며, 우리나라 교육경쟁력이 '중등학교 취학률' '고등교육 이수율' '학생 학업성취도' 등의 양적 지표 영역에서는 상위를 차지하는 반면 '교육체제의 적합성'과 같은 질적 지표 영역에서는 저조한 것으로 나타났다. 이는 교육경쟁력이 국가경쟁력을 상회하는 유럽 선진국의 지표 분포 패턴에 대비되는 것으로 한국 경제 및 산업 분야의 경쟁력 제고에 중요한 장애로 작용할 가능성이 높다는 예측이 제기되고 있다(박종효, 2010; 이차영, 이광현, 2006).

이러한 상황에서 융복합교육은 현재 우리의 학교가 직면하고 있는 문제점과 한계점을 해소하고 학교교육을 개혁하기 위한 새로운 교육모델로 제기되고 있다. 융복합교육은 교과 내·외적 주제나 개념을 중심으로 하여 관련성이 있는 다양한 학습내용 요소를 학생에게 의미 있는 사회적 맥락 속에서 유기적으로 연결 지어 학생의 개별성을 고려하여 학생 스스로 능동적 탐구 활동을 통해 자율적 존재로서 자신의 정체성을 반영하는 지식을 생산하고 공유할 수 있는 진정성 있는 학습경험을 제공하는 교육 실천을 지향한다. 이러한 교육적 실천을 통해 융복합교육은 궁극적으로 학습의 장에 참여하는 교사와 학생이 모두 지식의 수동적 소비자가 아니라 능동적 생산자로서 자율성을 가지고, 이질적 타자에 대한 유연하고 개방적인 태도를 바탕으로 창의적 지식 생산 활동에 몰입하며, 자신이 살아가는 세계의 혁신을 도모할 수 있는 역량을 계발한다(이선경 외, 2013; 함승환 외, 2013).

이러한 관점에서 볼 때 융복합교육은 표준화된 교육과정의 재생산을 지향하는 기존의 학교교육과 차별화된 인식론적 기반 위에서 성립하는 교육 실천이다. 학교현장에서 융복합교육을 실천하는 교사들이 직면하는 혼란과 좌절은 융복합교육과 기존의 학교가 각각 채택하고 있는 상이한 인식론적 규범 사이의 충돌에서 비롯되는 것으로 볼 수 있다. 따라서 융복합교육의 성공적 실천은 교사 전문성과 학교교육의 제도적 기반의 변화를 요구한다. 특히 사회적 제도로서 학교교육은 앞서 1장에서 논의한 바와 같이, 사회적 정당성을 갖춘 객관화된 실체이면서 동시에 사회의 변화에 따라 지속적으로 변화하고 진화하는 양면성을 가지고 있다. 이는 학교교육의 변화는 가능하나 그 변화는 개인의 헌신과 노력으로는 불충분하며 지속적이고 체계적인 공동체적 성찰을 통한 해체와 재구성을 통해 가능하다는 것을 의미한다. 따라서 학교의 변화를 꿈꾸는 이들이 함께 소통하고 협력하며 공동체적 기반에서 혁신을 시도하는 것은, 실행연구가 학교혁신을 위한 노력이 일회적 시도로 종결되는 것이 아니다. 오히려 계획, 실행, 반성을 거쳐 재실행하는 발전적 선순환구조를 가지고 있다는 점에서 학교교육의 변화를 위한 체계적이며 지속적인 성찰과 실행을 가능하게 한다.

또한 현장 교사가 실천가와 이론가의 역할을 동시에 수행하며 자신의 교육 실천을 비판적으로 성찰하는 과정에서 내부자적인 관점에서의 개혁을 구상하고 실행하는 것이 가능하다. 이러한 시도는 궁극적으로 동료 교사, 인근학교의 교사집단, 교육이론가 등 다양한 교육전문가 집단을 포함하는 광범위한 공동체에서의 협력적 관계로 확대되어 가면서 학교 개혁에 대한 관점과 방법을 공유하고 점검하며 변화를 위한 현장기반을 마련하는 데 기여할 것이다.

생각해 볼 문제

1. 본인이 교사로서 융복합교육을 통해 실현하고자 하는 학교교육 또는 수업에서의 혁신은 무엇입니까?
2. '문제상황 성찰'과 '실행목표 설정'을 주제로 한 면담 질문을 만들어서 융복합교육에 관심이 있는 동료 교사를 면담해 보고 자신의 생각과 비교해 봅시다.
3. 학교 또는 학급 실태 분석을 해 보고 융복합교육의 실행계획을 세워 봅시다.
4. 융복합교육 실행과정에서 수집한 자료에 융복합교육의 ABCD 모델을 적용하여 반성해 봅시다.

참고문헌

교육과학기술부(2010). 창의인재와 선진과학기술로 여는 미래 대한민국(2011년 업무 보고). 서울: 교육과학기술부.

박종효(2010). 교육이 국가경쟁력에 미치는 영향 분석: IMD 지표를 중심으로. 한국교육개발원 연구 보고서.

유솔아(2005). 반성을 통한 교사 전문성 신장을 위한 교사 교육: PDS. 한국교원교육연구, 22(3), 97-121.

이선경, 구하라, 김선아, 김시정, 문종은, 박영석, 신혜원, 안성호, 유병규, 이삼형, 이승희, 이은연, 주미경, 차윤경, 함승환, 황세영(2013). 융복합교육 프로그램 구성을 위한 기초 연구: 현장 사례 분석을 통한 구성틀 적용 가능성 탐색. 학습자중심교과교육연구, 13(3), 483-513.

이차영, 이광현(2006). 교육분야 국가경쟁력의 실태와 과제: IMD 지표분석을 중심으로. 한국교육, 36(1), 173-197.

주미경, 송륜진, 문종은(2013). 수학교과에서의 융복합교육 실행 방안 탐색. 학습자중심교과교육연구, 13(4), 437-467.

차윤경(2008). 세계화 시대의 대안적 교육모델로서의 다문화 교육. 다문화교육연구, 1(1), 1-23.

차윤경, 박주호, 함승환(2012). 미래지향적 글로컬 교육 모델의 정책적 구현 가능성과 현실적 제약. 21세기 국가 교육 경쟁력 제고를 위한 글로컬 교육 모델 포럼 자료집, 95-102.

함승환, 구하라, 김선아, 김시정, 문종은, 박영석, 박주호, 안성호, 유병규, 이삼형, 이선경, 주미경, 차윤경, 황세영(2013). 융복합교육 개념화: 융(복)합적 교육 관련 담론과 현장 교사 포커스 그룹 면담을 중심으로. 교육과정평가연구, 16(1), 107-136.

Abell, S. (2007). Action Research: Inquiring Into Science Teaching and Learning. *Science and Children, 45*(1), 64.

Adler, S. (1991). The Reflective Practitioner and the Curriculum of Teacher Education. *Journal of Education for Teaching, 17*(2), 139.

Carr, W., & Kemmis, S. (1986). *Becoming critical.* Lewes: The Falmer Press.

Darling-Hammond, L. (1994). *Professional Development Schools: Schools for Developing a Profession.* New York: Teachers College Press.

Dickens, L., & Watkins, K. (1999). Action research: Rethinking Lewin. *Management Learning, 30*(2), 127-140.

Earl Slater, A. (2002). The superiority of action research. *British Journal of Clinical Governance, 7*(2), 32-135.

Elbaz, F. (1981). The teacher's "Practical Knowledge": Report of a case study. *Curriculum Inquiry, 11*(1), 43-71.

Elliott, J. (1988, April). *Teachers as Researchers: Implications for Supervision and Teacher Education* (pp. 5-9). Paper presented at the Annual Meeting of the American Educational Research Association. New Orleans, LA.

Espinet, M., Mayer, M., Rauch, F., & Tschapka, J. (2005). *Tools for ESD-*

Schools: Reflective Methods for School Partnerships on Education for Sustainable Development. Vienna, Austria: Austrian Federal Ministry for Education, The Arts and Culture Department.

Kemmis, S. (2010). What is to be done? The place of action research. *Educational Action Research, 18*(4), 417-427.

Kemmis, S., & McTaggart, R. (2000). A participatory action research. In N. Denzin & Y. Lincoln (Eds.), *Handbook of qualitative research* (pp. 567-605). Thousand Oaks, CA: Sage Publications.

Mertler, C. A. (2012). *Action research: Improving schools and empowering educators.* Thousand Oaks, CA: Sage Publications.

Schön, D. A. (1983). *The Reflective Practitioner: how professionals think in action.* New York: Basic Books.

Somekh, B., & Zeichner, K. (2009). Action research for educational reform: Remodeling action research theories and practices in local contexts. *Educational Action Research, 17*(1), 5-21.

Stenhouse, L. (1975). *An introduction to curriculum research and development.* London: Heinemann.

Stringer, E. T. (2007). *Action research* (3rd ed.). Thousand Oaks, CA: Sage Publications.

제12장

융복합교육의 환경과 여건

-융복합교육을 위한 협력적 학교공동체 구축-

1장에서 논의된 대로, 융복합교육은 학생의 진정성 있는 학습경험을 촉진하기 위한 종합적인 사회체계로서의 학교에 관심을 둔다. 보다 구체적으로 융복합교육은 교과 내·외적 주제나 개념을 중심으로 다양한 학습내용 요소를 학생에게 의미 있는 사회적 맥락 속에서 유기적으로 연결 지어 학생의 개별성과 다양성에 대한 존중을 바탕으로 학습자의 능동성과 자율성을 지지하는 일련의 교육 활동 및 이를 위한 포괄적 지원체계로 볼 수 있다. 이러한 맥락에서, 교수·학습 활동 및 이를 둘러싼 다양한 층위의 환경적 맥락 측면에서 어떻게 하면 모든 학생이 진정성 있는 학습경험으로부터 소외되지 않고 지적·정의적 성장을 교육적으로 보다 건강하고 풍부한 방식으로 이루어 낼 수 있을지에 대한 진지한 고민이 바로 융복합교육의 출발점일 것이다. 이 장에서는 융복합교육의 효과적 실현을 위한 하나의 중요한 전제조건으로서 협력적 학교공동체 구축에 대해 살펴보고자 한다.

1. 융복합교육과 협력적 학교공동체

융복합교육의 실천은 그 내재적 속성상 협력적인 작업일 수밖에 없다. 융복합교육은 교과내용상의 다양한 주제나 개념 사이의 다양한 연결고리를 찾아 여러 사회적 맥락 층위에 걸쳐 보다 진정성 있는 학습경험을 학습자로 하여금 능동적으로 추구하도록 촉진하는 것을 지향한다. 이를 위해서는 여러 교사가 다양한 방식으로 서로 협력하면서 자신의 교수 활동에 대해 지속적으로 반성하고, 이를 바탕으로 개별 교사 수준을 넘어서 학교 수준의 교육 역량을 자생적으로 키워 나가기 위한 지속적인 노력이 요구된다.

교사의 교수 활동은 언뜻 보기에 매우 단조롭고 쉬운 활동으로 오해되기도 하지만 사실은 높은 수준의 불확실성을 띠는 복잡한 활동이다. 이는 '교수 효과성에 대한 만성적 불확실성'(Labaree, 2000) 혹은 '교수 불확실성'(Cha & Ham, 2012) 등의 방식으로 개념화되는데, 본질적으로 어떠한 교수 활동이 궁극적으로 어떠한 교육 효과로 이어질 것인지에 대한 뚜렷한 확신이 어려운 경우가 빈번함을 의미한다. 학생의 학습 참여를 이끌어 내기 위한 활동으로서의 교사의 교수 활동은 언제나 생생한 교실상황의 역동에 의존하기 때문에 다양한 복잡성과 불확실성을 동반하게 되어 이론적 설명으로는 불충분한 부분이 많다(Floden & Buchmann, 1993). 여러 교육정책이 주로 제한된 범위의 추상적 형태의 개혁 아이디어에 관심을 두는 반면, 교사들은 학교현장에서 매우 다양하고 복잡한 구체적인 문제들과 끊임없이 직면하게 되는 것도 이 때문이다(Kennedy, 2005).

더욱이 전통적 교수 활동과 차별성을 갖는 새로운 형태의 교육실천으로서의 융복합교육적 교수 활동은 교사에게 더욱 높은 수준의 교수 불확실성에 직면하도록 한다. 예컨대 융복합교육의 중요한 요소인 학습자의 자율성을 지지하기 위해 어떤 교사가 새로운 교수방식을 시도할 때, 이는 교수 활동이 예측가능한 단순하고 반복적인 작업으로 쉽게 축소되는 것을 어렵게 만든다(Ham & Kim, 2013). 이러한 불확실성에 노출될 때 교사들은 전통적 교수방식으로 돌아감으로써 불확실성을 회피하는 선택을 할 수도 있지만, 동료 교사들과의 협력적 상호작용을 통해 자신이 직면한 불확실성을 효과적으로 관리하는 선택을 할 수도 있다(Ham, 2011).

이러한 선택의 갈림길에서 중요하게 작용하는 것은 교수 활동상의 이 같은 불확실성이 전문적 실천으로서의 교수 활동을 유도하는 생산적인 힘이 될 수 있다는 인식이다(Floden & Buchmann, 1993; Munthe 2007). 실제로 미국에서 수행된 여러 연구에 따르면 교수 활동이 높은 불확실성을 띠는 전문적 실천으로 이해되는 학교에서 보다 유기적인 교사 간 협력관계가 발견될 가능성이 높으며(Bidwell, 2001; Rowan, Raudenbush, & Cheong, 1993), 국내에서도 이와 마찬가지의 결과가 보고되고 있다(Cha & Ham, 2012).

학교현장에서 융복합교육을 효과적으로 실현하기 위한 교사의 교수 활동을 전문적인 "반성적 실천"(Schön, 1983)으로 볼 때, 여기에는 '행위과정 중의 반성'과 '행위에 대한 반성'이 동시에 수반되어야 한다(Hargreaves & Fullan, 2012). 먼저 '행위과정 중의 반성'은 교사가 어떤 상황의 중심에서 그 상황에 대한 정확한 이해를 바탕으로 효과적으로 행동하면서, 필요한 경우 신속하고 적절한 행동 변화를 통해 상황에 효과적으로 대처하는 역량을 뜻한다. 이와 함께, '행위에 대한 반성'은 이미 지나간 일이나 수행이 완료된 일에 대해 비판적 관점에서 평가하는 것을 의미한다. 이 두 가지는 '전문적 실천'으로서의 교수 활동을 보다 풍부하게 하며, 이는 특히 교사 간 신뢰를 바탕으로 하는 다양한 형태의 협력적 상호작용을 활발하게 하는 학교공동체가 구축되어 있을 때 더욱 촉진된다(Sergiovanni, 1994; Tschannen-Moran & Hoy, 1998).

학교가 협력적인 문화를 특징으로 하는 전문적 학습공동체로 발전할 때 다양한 형태의 긍정적 효과를 낳는다는 점은 여러 연구에서 보고되고 있다. 특히 이러한 학교환경이 교사의 교수실천의 질을 개선하고 학습자의 학습에 대한 책무성을 확보하는 데 긍정적으로 기여한다는 광범위한 연구 결과는 주목할 만하다(구하라, 함승환, 차윤경, 양예슬, 2014; Blase & Blase, 2006; Lee & Smith, 1996; Yasumoto, Uekawa, & Bidwell, 2001). 이러한 맥락에서, 여러 유능한 학교장들은 교사들이 동료 교사와 빈번하게 협력적으로 어울릴 수 있도록 다양한 기회를 마련해 주고, 이를 스스로의 교수실천에 대한 반성과 개선의 기회로 삶도록 장려한다(Blase, Blase, & Phillips, 2010).

하지만 협력적 상호작용이 활발한 학교환경 혹은 이러한 특성을 지니는 '전문적 협력의 문화'(Hargreaves, 2013)는 단기간에 쉽게 만들어지지 않는다. 학교장을 포함한 학교행정가들은 종종 교사 간 협력적 동료관계 형성을 촉진하기 위해 다양한 방식으로 노력하기도 하지만, 이러한 노력은 많은 경우 교사들에게는 관료적인 외적 강제로 해석되어 인위적 형태의 표피적 협력을 낳을 뿐 전문적 자율성을 바탕으로 하는 협력적 문화의 본질과는 멀어지곤 한다. 이러한 측면에서 학교행정가들은 교사들이 전문가로서 자율적이고 협력적으로 창의성을 발휘할 수 있도록 도움을 주는 지속가능한 행정적 지원에 대해 고민해야 한다. 특히 교사의 전문적 자율성은 교사 개인의 교실 수업 자율성으로 축소될 수 없다는 인식을 바탕으로, 학습자의 학습 경험에 대해 집단적 책임을 가지는 것이 협력적 학교공동체의 핵심적 목적임을 항상 기억해야 한다(Hargreaves, 2013). 협력적 학교공동체의 형성과정에서 학교행정가들은 가능한 한 다양한 지원을 아끼지 않아야 하지만, 이것이 자칫 외부적으로 부여된 인위적인 형태의 형식적 협력을 유도하는 것에 그치지 않도록 주의를 기울여야 한다.

2. 협력적 학교공동체의 필요성: 융복합교육 실천 교사의 관점

융복합교육을 위해 어떤 교수 · 학습 환경이 필요한지 우리나라 교사들의 관점을 탐색하기 위해 융복합교육 관련 실천경험이 있는 6명의 현직 교사들로부터 두 차례에 걸친 포커스 그룹 인터뷰로 총 115개의 유의미한 발언 자료를 수집한 후 근거이론 관점에서 분석하였다(차윤경, 박주호, 함승환, 2012). 교사들은 융복합교육을 위해서는 다음과 같은 환경이 필요하다고 인식하고 있다. 교사 간 협력을 용이하게 하는 환경의 필요성('교사 협력'), 구체적인 교수 · 학습 자료나 수업 모델의 필요성('교수 · 학습 자료'), 교사의 역량 신장을 위한 준비기간의 필요성('교사의 준비도'), 교과 간 협력적 기획 및 조정이 용이한 환경의 필요성('교과 간 협력'), 종합적으로 체계화된 지원

체제 구축의 필요성('시스템'), 학교 외부로부터의 정책적 지원의 필요성('정책적 지원'), 상급학교 진학 준비 위주의 교육환경 탈피('탈입시위주'), 탄력적인 수업시수 조정이 가능한 환경의 필요성('수업시수'), 교내 행정적 지원의 필요성('학교행정 지원'), 타 학교 혹은 관련 기관과의 협력관계 구축의 필요성('기관 협력') 등이다.

이 가운데 가장 많은 비중을 차지한 것은 '교사 협력'과 관련된 것이었으며(32회, 27.8%), 이는 교사 간의 협력적인 상호작용을 용이하게 하는 환경이 마련되는 것이 융복합교육을 실현하는 데 가장 절실히 요구되는 환경적 요인으로 인식되고 있음을 보여 준다. 포커스 그룹 인터뷰에 참여한 6명의 교사 모두가 이에 해당하는 언급을 하여 높은 동의 수준을 보였다. 또한 '교과 간 협력'을 바탕으로 한 기획 및 조정이 용이한 환경의 필요성에 대한 발언 역시 높은 비중을 차지했으며(5명, 12회, 10.4%), 또한 '기관 협력' 관계 구축의 필요성에 대한 언급도 있었다(1명, 2회, 1.7%). 이러한 '교사 협력' '교과 간 협력' '기관 협력'은 그 내용상 복수의 주체들 사이의 협력을 강조하고 있다는 공통분모를 가지고 있다. 이 세 가지를 합치면 총 46회의 발언 빈도를 보이며, 이는 분석된 전체 자료의 40%에 해당하는 높은 비율이다. 이러한 결과는 학교현장에서 교사들이 융복합교육적 교수 활동을 실천하는 데 다양한 형태의 협력을 매우 중요한 조건으로 인식하고 있을 가능성을 시사한다. 이는 협력적 학교공동체의 구축이 융복합교육의 효과적 실행에 필요한 매우 중요한 선결 조건임을 재차 보여 주는 것으로 해석할 수 있다.

3. 융복합교육을 위한 협력적 학교공동체 친화적 정책수단

교육정책은 다양한 정책수단으로 구체화된다. 대표적인 정책수단의 유형으로는 강요(mandates), 유인(inducements), 역량구축(capacity-building), 시스템 변화(system-changing), 설득(persuasion) 등이 있다(McDonnell, 2004; McDonnell & Elmore, 1987; Schneider & Ingram, 1990). 여기서는 각 정책수단에 대한 개괄적 소개를 바탕으로, 융복합교육을 위한 협력적 학교공동체 구축을 위해서는 어떤 정책수단의 활용이 가능할지에 대한 예비적 논의를 전개하고자 한다.

첫째, 강요는 강제적 규정을 통해 개인이나 기관이 특정한 방식으로 행동하거나 규정에 동조하도록 하는 방식의 정책수단이다. 이는 개인이나 기관의 특정 행동은 명시적이고 일관된 반복적인 지시 없이는 발생하기 힘들다는 가정에 기반을 두고 있다. 정책수단으로서의 강요의 목적은 개인이나 기관들 사이의 행동의 편차를 줄이고 통일된 행동이 나타나도록 하는 것이다. 강요는 보통 최소한의 구체적 기준을 제공하고 그 기준은 모두가 반드시 따라야 하는 지침이 되는 정보를 포함한다. 새로운 교육 모델로서의 융복합교육의 성공적인 안착을 위한 강요 형태의 정책수단의 예를 들어 보면, 모든 교사들에게 이에 대한 일정 시간의 최소한의 교사 연수 기회를 가지도록 강제하는 방식이다. 융복합교육을 위한 협력적 학교공동체 구축을 위해서는 모든 교사가 융복합교육 모델에 대하여 최소한의 지식을 공유하는 것이 필요하다는 점에서 이러한 전략을 고려해 볼 수 있다. 하지만 이러한 강요 형태의 정책적 접근은 정책을 추진하는 입장과 정책을 실천하는 입장 사이에 적대적 관계를 만들어 낼 가능성을 안고 있다. 정책의 수립 측면에서 강요는 추가적인 재정적 비용이 필요하지 않다는 점에서 쉽게 선호되는 수단이지만, 반면 기대행동이나 결과의 통일성을 강조한다는 점에서 높은 수준의 합의된 정치적 지원을 전제조건으로 한다.

둘째, 유인은 특정 재화나 서비스의 생산에 대한 보상으로 재정적 지원을 제공하는 방식의 정책수단이다. 이는 가치를 생산해 내기 위한 능력에는 개인이나 기관들 사이에 편차가 존재하며 재정적 지원의 제공은 각자가 가지고 있는 능력을 즉각적으로 발현하도록 돕는다는 가정에 기반을 두고 있다. 어떠한 주어진 정책적 문제상황이 최소한의 기대 기준에 동조하도록 하는 것 이상의 상황으로 간주되는 경우 강요보다는 유인이 더욱 적합한 정책수단이다. 융복합교육 모델과 관련하여, 교사 협력이나 교과 간 연계 및 기관 협력 등 다양한 형태의 협력에 기반을 둔 교육 프로그램 개발 및 이행을 재정적으로 유인하는 방안을 생각해 볼 수 있다. 또한 각 대학들이 새로운 교육 모델과의 연계성이 높은 방식으로 학생들을 선발하도록 유인함으로써 새로운 교육 모델이 입시제도와 유리되지 않도록 하는 것도 중요하게 고려되어야 할 부분이다. 하지만 정책수단으로서의 유인은 제공된 재정적 지원이 정책의 의도대로 사용되고 있는지 감시와 평가를 하는 데 추가비용이 발생한다. 정책의 수립 측면에서 볼 때 유인은 기대행동이나 결과의 편차나 다양성을 가정한다는 점에서 일반적으로 다른 정책수단에 비해 비교적 낮은 수준의 합의된 정치적 지원만으로도 가능하다.

셋째, 역량 구축은 미래의 인적·물적 자원의 획득을 위한 장기적 투자의 목적으로 개인이나 기관에 자본을 제공하는 방식의 정책수단이다. 이는 미래에 나타날 인적·물적 이익을 위해서는 현재의 투자가 필요하다는 가정 아래, 미래에 있을 다양한 정책이 보다 성공적일 수 있도록 하는 토대를 제공할 것이라는 관점에 기반을 두고 있다. 교사들에게 융복합교육과 관련한 다양한 형태의 전문적 학습공동체를 구축·유지하도록 지원함으로써 장기적으로는 융복합교육 모델에 대한 지속적인 탐구와 개발이 교직문화의 일부로 자연스럽게 정착될 수 있도록 하는 방안을 고려할 수 있다. 또한 교사의 역량 신장을 위하여 교사들에게 전문성 계발 기회를 다양하게 확대하는 것도 중요하다. 역량 구축 접근은 정책의 실천을 위해 필요한 지식이나 기술과 같은 역량을 개인 또는 기관이 충분히 갖추도록 하는 것의 중요성에 주목한다는 점에서 매우 근본적인 접근이지만, 자본투자의 대상이 되는 개인이나 기관의 입장에서만 그 정책이 가시적으로 나타날 뿐 효과가 장기간에 걸쳐 정확히 관찰되거나 측정되기 어렵다는 점 때문에 정책의 수립 측면에서 볼 때 높은 수준의 합의된 정치적 지원을 얻어내기 위한 충분한 기반을 마련하기 힘든 경우가 많다.

넷째, 시스템 변화는 공식적 권위를 누가 혹은 어떤 기관이 가질 것인지에 대해 변화를 주는 방식의 정책수단이다. 이는 어떤 정책적 문제와 관련된 기존의 기관들이 현재 가지고 있는 모습으로는 정책적으로 기대되는 결과를 효과적으로 생산해 내지 못할 것이라는 가정에 기반을 두고 있으며, 따라서 기관들 사이에 공식적 권위를 새롭게 재분배함으로써 기대 결과물의 성격이나 생산 효율성에 유의미한 변화를 가져올 수 있다고 기대한다. 융복합교육 모델의 보다 효과적인 실현을 위해서는 시스템 변화 차원에서 교육과정의 기획 및 운영 권한의 많은 부분을 지속적으로 개별 학교로 이양하는 방안을 고려할 수 있다. 이는 학교 내 · 외부로부터의 행 · 재정적 지원의 적합성을 높이고 교과 간 협력 및 탄력적인 수업시수 조정을 용이하게 하는 분권적 교육환경 마련을 위한 노력의 일환으로 이해될 수 있다. 하지만 일반적으로 새롭게 변화된 시스템 역시 결과적으로는 새로운 강요와 유인 및 새로운 형태의 역량 구축이 필요해지는 경우가 발생하곤 한다.

마지막으로, 설득은 사람들이 어떤 정책과 관련된 스스로의 행동에 대한 결정을 내릴 때 자기 신념체계의 영향을 받는다는 가정에 기반을 두고 있다. 이러한 면에서 통제나 인센티브기반 정책수단만으로는 충분하지 않다는 것이다. 정책수단으로서의 설득은 사람들로 하여금 정책적 관점에서 기대되는 행동이나 그로 인한 기대 결과가 스스로의 신념체계와 어떻게 일치하는지에 대해 인식할 수 있도록 돕는 것이 그 핵심이다. 이러한 접근은 주로 정의, 공정성, 자유, 질서, 안전, 번영 등과 같은 다양한 추상적인 공적 가치에 호소함으로써 사람들에게 특정 정책이 선호하는 기대행동에 대한 인식을 새롭게 하게끔 유도한다. 융복합교육 모델을 위한 정책 역시 이것이 지향하는 바가 교육의 형평성과 수월성 등의 가치를 효과적으로 구현하기 위한 노력과 어떻게 맞닿아 있는지에 대한 다각도의 꾸준한 의사소통을 바탕으로 이루어질 필요가 있다. 특히 1장에서도 논의된 우리 교육의 다양한 문제점에 대해 새로운 교육 모델이 어떻게 접근하는지에 대한 학부모 및 교사들의 이해와 공감을 이끌어 내는 것이 중요하다.

4. 맺음말: 융복합적 학교공동체를 기대하며

융복합교육과 같은 새로운 교육 모델의 성공적인 구현을 위해서는 여러 형태의 정책수단의 적절한 활용과 더불어 교사를 포함한 다양한 교육 이해당사자들이 새로운 모델에 대해 실제로 어떻게 인식하고 반응하는지에 대한 지속적인 연구가 필요하다. 특히 교사들의 관점을 중요하게 고려해야 하는데, '일선관료'(Lipsky, 1980)로서의 교사는 정책을 이해하고 해석하며 실천에 옮기는 가장 중요한 '정책 중개자'(Schwille et al., 1983)로서의 역할을 한다. 교사는 정책에 대해 주체적으로 의미를 부여하며 자신이 속한 학교환경이나 교실환경에 보다 적합하고 더욱 실현가능한 방식으로 정책을 능동적으로 재해석하여 적용하기도 한다(Spillane, Reiser, & Reimer, 2002). 공식적 구조와 실제 행위 사이의 느슨한 결합이 곳곳에서 발견되는 '이완결합조직'(Weick, 1976)으로서의 학교조직의 특성은 역설적이게도 교사가 자율성을 발휘하여 정책을 능동적으로 재해석할 수 있는 환경적 토대를 제공한다(Shulman, 1983).

융복합교육을 위한 협력적 학교공동체를 형성하는 것은 궁극적으로 '융복합적 학교공동체'를 형성하는 것으로 발전되어야 한다. 학습조직으로서의 학교는 지속적으로 변화하는 환경 속에서 이에 "재빨리 대응할 수 있도록 하는 (유연하고 융복합적인) 구조와 과정을 개발할 수 있어야 한다. 학교는 계속 개선을 하기 위해 ……진정한 공동체로 운영되어야 (하며, 모든 구성원은) ······ '체제사고(systems thinking)'(를 바탕으로) 부분과 전체가 어떻게 상호 연관되어 있고, 한 영역에서의 행동이 다른 영역에서 어떠한 결과를 초래하는지 (통합적으로) 이해하는 것"(Hargreaves, 2011: 221-222)이 중요하다. 협력적 학교공동체가 융복합교육을 효과적으로 실현하는 데 기본적인 환경적 전제조건이라면, 융복합적 학교공동체를 형성하는 것은 학교공동체에서 이루어지는 다양한 형태의 협력적 상호작용이 융복합적인 인식론에 기초하도록 하는 것을 의미한다.

융복합적 학교공동체를 구축하는 과정에서 다양한 형태의 현실적 제약들이 존재한다는 점도 간과해서는 안 된다. 지금까지 있어 왔던 수많은 교육개혁은 새로운 양상의 또 다른 교육 문제를 만들어 내는 원인이기도 했다는 역설은 교육이라는 사회적 프로젝트가 얼마나 복잡성과 예측의 난이성을 내포하는지 환기시켜 준다. 이러한 측면에서 융복합적 학교공동체의 구축은 교사들의 근무환경이자 학생들의 학습의 장이기도 한 학교환경과 이를 둘러싼 광범위한 교육생태계에 대한 다각도의 연구의 축적을 선결조건으로 한다. 교실 및 학교 상황을 구성하는 다양한 사회체제적 맥락변인들에 대한 정확한 이해가 선행될 때, 새로운 교육 모델로서의 융복합교육과 관련한 현실적 제약들과 그로 인한 의도하지 않은 결과들을 효과적으로 예측하고 이에 대처할 수 있을 것이다.

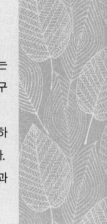

생각해 볼 문제

1. 융복합교육을 위한 협력적 학교공동체의 모델이 될 만한 국내외 사례에는 어떤 학교가 있으며, 그들이 가지는 공통적 특징은 무엇인지 조사·탐구해 봅시다.
2. 특정 학교가 얼마나 융복합교육 친화적 학교환경을 지니고 있는지 진단하기 위해서는 구체적으로 어떤 측면을 관찰·분석해야 할지 생각해 봅시다.
3. 융복합교육 친화적인 국내외 정책 사례를 찾아 그들이 가지는 공통점과 차이점을 분석해 봅시다.

참고문헌

구하라, 함승환, 차윤경, 양예슬(2014). 교사협력 학교풍토와 학습자 자율성 촉진 교수: 아시아 태평양 세 국가를 중심으로. 학습자중심교과교육연구, 14(3), 355-374.

차윤경, 박주호, 함승환(2012). 미래지향적 글로컬 교육 모델의 정책적 구현 가능성과 현실적 제약. 21세기 국가 교육 경쟁력 제고를 위한 글로컬 교육 모델 포럼 자료집 (pp. 95-102). 서울: 한국다문화교육학회.

Bidwell, C. E. (2001). Analyzing schools as organizations: Long-term permanence and short-term change. *Sociology of Education, 74*(extra issue), 100-114.

Blase, J., & Blase, J. (2006). *Teachers bringing out the best in teachers: A guide to peer consultation for administrators and teachers.* Thousand Oaks, CA: Corwin.

Blase, J., Blase, J., & Phillips, D. Y. (2010). *Handbook of school improvement: How high-performing principals create high-performing schools.* Thousand Oaks, CA: Corwin.

Cha, Y.-K., & Ham, S.-H. (2012). Constructivist teaching and intra-school collaboration among teachers in South Korea: An uncertainty management perspective. *Asia Pacific Education Review, 13*(4), 635-647.

Floden, R. E., & Buchmann, M. (1993). Between routines and anarchy: Preparing teachers for uncertainty. *Oxford Review of Education, 19*(3), 373-382.

Ham, S.-H. (2011). Examining teacher collegiality in context: An uncertainty management perspective. 교육행정학연구[Korean Journal of Educational Administration], 29(2), 135-157.

Ham, S.-H., & Kim, R. Y. (2013). The influence of principals' instructional leadership on teachers' use of autonomy-supportive instruction: An analysis of three Asia-Pacific countries. *Asia-Pacific Education Researcher.* published online ahead of print.

Hargreaves, A. (2011). 지식사회와 학교교육: 불안정한 시대의 교육(곽덕주, 양성관, 이지현, 이현숙, 장경윤, 조덕주, 황종배 공역). 서울: 학지사. (원저는 2003년 출간)

Hargreaves, A. (2013). Push, pull, and nudge: The future of teaching and educational change. In X. Zhu & K. Zeichner (Eds.), *Preparing teachers for the 21st century* (pp. 217-236). New York, NY: Springer.

Hargreaves, A., & Fullan, M. (2012). *Professional capital: Transforming teaching in every school.* London, UK: Routledge.

Kennedy, M. M. (2005). *Inside teaching: How classroom life undermines reform.* Cambridge, MA: Harvard University Press.

Labaree, D. F. (2000). On the nature of teaching and teacher education: Difficult practices that look easy. *Journal of Teacher Education, 51*(3), 228-233.

Lee, V. E., & Smith, J. B. (1996). Collective responsibility for learning and its effects on gains in achievement for early secondary school students. *American Journal of Education, 104*(2), 103-147.

Lipsky, M. (1980). *Street-Level bureaucracy: Dilemmas of the individual in public services.* New York, NY: Russell Sage Foundation.

McDonnell, L. M. (2004). *Politics, persuasion, and educational testing.* Cambridge, MA: Harvard University Press.

McDonnell, L. M., & Elmore, R. F. (1987). Getting the job done: Alternative policy instruments. *Educational Evaluation and Policy Analysis, 9*(2), 133-152.

Munthe, E. (2007). Recognizing uncertainty and risk in the development of teachers' learning communities. In M. Zellermayer & E. Munthe (Eds.), *Teachers learning in communities* (pp. 15-26). Rotterdam, Netherlands: Sense.

Rowan, B., Raudenbush, S. W., & Cheong, Y. F. (1993). Teaching as a nonroutine task: Implications for the management of schools. *Educational Administration Quarterly, 29*(4), 479-500.

Schön, D. A. (1983). *The reflective practitioner, how professionals think in action.* New York, NY: Basic Books.

Schneider, A., & Ingram, H. (1990). Behavioral assumptions of policy tools. *Journal of Politics, 52*(2), 510-529.

Schwille, J., Porter, A., Belli, G., Floden, R., Freeman, D., Knappen, L., Kuhs, T., & Schmidt, W. (1983). Teachers as policy brokers in the content of elementary school mathematics. In L. S. Shulman & G. Sykes (Eds.), *Handbook of teaching and policy* (pp. 370-391). New York, NY: Longman.

Sergiovanni, T. J. (1994). Organizations or communities? Changing the metaphor changes the theory. *Educational Administration Quarterly, 30*(2), 214-226.

Shulman, L. S. (1983). Autonomy and obligation: The remote control of teaching. In L. S. Shulman & G. Sykes (Eds.), *Handbook of teaching and policy* (pp. 484-504). Boston: Allyn and Bacon.

Spillane, J. P., Reiser, B. J., & Reimer, T. (2002). Policy implementation and cognition: Reframing and refocusing implementation research. *Review of Educational Research, 72*(3), 387-431.

Tschannen-Moran, M., & Hoy, W. K. (1998). Trust in schools: A conceptual and empirical analysis. *Journal of Educational Administration, 36*(4), 334-352.

Weick, K. E. (1976). Education organizations as loosely coupled systems. *Administrative Science Quarterly, 21*(1), 11-19.

Yasumoto, J. Y., Uekawa, K., & Bidwell, C. E. (2001). The collegial focus and high school students' achievement. *Sociology of Education, 74*(3), 181-209.

찾아보기

인 명

내 용

저자 소개

차윤경(Cha Yunkyung)
서울대학교 대학원 석사, 교육학 전공
미국 Stanford University 석사, 사회학 전공
미국 Stanford University 박사, 교육사회학 전공
현 한양대학교 교육학과 및 다문화교육학과 교수
  한국다문화교육학회 회장

김선아(Kim Sunah)
미국 State University of New York at Buffalo 석사, 회화 전공
미국 Syracuse University 박사, 미술교육 전공
현 한양대학교 응용미술교육과 및 다문화교육학과 부교수
  한국조형교육학회 부회장

김시정(Kim Sijeong)
한양대학교 대학원 석사, 국어교육 전공
현 한양대학교 대학원 박사 수료, 국어교육 전공

문종은(Moon Jongeun)
이화여자대학교 대학원 석사, 수학 전공
이화여자대학교 대학원 박사, 수학교육 전공
현 한양대학교 한국교육문제연구소 연구원

송륜진(Song Ryunjin)
이화여자대학교 대학원 석사, 수학교육 전공
이화여자대학교 대학원 박사, 수학교육 전공
현 한양대학교 한국교육문제연구소 연구원

박영석(Park Youngserk)
서울대학교 대학원 석사, 사회과교육 전공
서울대학교 대학원 박사, 사회과교육 전공
현 경인교육대학교 사회과교육과 부교수

박주호(Park Jooho)
미국 University of Georgia 석사, 인적자원개발 전공
미국 University of Georgia 박사, 산업교육 전공
현 한양대학교 교육학과 교수
　　 한양대학교 교육복지정책중점연구소 소장

안성호(Ahn Sungho G.)
서울대학교 대학원 석사, 영어학 전공
미국 University of Connecticut 석사, 언어학 전공
미국 University of Connecticut 박사, 언어학 전공
현 한양대학교 영어교육과 및 다문화교육학과 교수
　　 한국다문화교육학회 부회장

이삼형(Lee Samhyung)
서울대학교 대학원 석사, 국어교육 전공
서울대학교 대학원 박사, 국어교육 전공
현 한양대학교 국어교육과 및 다문화교육학과 교수
　　 한국어문학술단체연합회 공동의장
　　 한국어교육학회 회장

이선경(Lee Sunkyung)
서울대학교 대학원 석사, 과학교육 전공
서울대학교 대학원 박사, 과학교육 전공
현 청주교육대학교 과학교육과 교수
　　 (사)한국환경교육학회 부회장
　　 한국생물교육학회 편집위원장

이은연(Lee Eunyoun)
경북대학교 대학원 석사, 영어영문학 전공
한양대학교 대학원 박사, 영어교육 전공
현 동양미래대학교 강사

주미경(Ju Mikyung)
서울대학교 대학원 석사, 수학교육 전공
미국 University of California-Davis 박사, 수학교육 전공
현 한양대학교 수학교육과 및 다문화교육학과 부교수

함승환(Ham Seunghwan)
한양대학교 대학원 석사, 교육학 전공
미국 Michigan State University 박사, 교육정책 전공
현 한양대학교 교육학과 및 다문화교육학과 조교수

황세영(Hwang Seyoung)
서울대학교 대학원 석사, 환경교육 전공
영국 University of Bath 박사, 과학교육 전공
현 서울대학교 사범대학 교육종합연구원 선임연구원

융복합교육의 이론과 실제
Theory and practice of yungbokhap education

2014년 6월 20일 1판 1쇄 발행
2019년 6월 20일 1판 2쇄 발행

지은이 • 차윤경 · 김선아 · 김시정 · 문종은 · 송륜진 · 박영석 · 박주호
　　　　안성호 · 이삼형 · 이선경 · 이은연 · 주미경 · 함승환 · 황세영
펴낸이 • 김진환
펴낸곳 • (주) **학지사**
　　　　04031 서울특별시 마포구 양화로 15길 20 마인드월드빌딩
대표전화 • 02)330-5114　　　팩스 • 02)324-2345
등록번호 • 제313-2006-000265호

홈페이지 • http://www.hakjisa.co.kr
페이스북 • https://www.facebook.com/hakjisa

ISBN 978-89-997-0400-0 93370

정가 16,000원

이 도서의 국립중앙도서관 출판시도서목록(CIP)은 서지정보유통지
원시스템 홈페이지(http://seoji.nl.go.kr)와 국가자료공동목록시스템
(http://www.nl.go.kr/kolisnet)에서 이용하실 수 있습니다.
(CIP 제어번호: CIP2014008810)

출판 · 교육 · 미디어기업 **학지사**

간호보건의학출판 **학지사메디컬** www.hakjisamd.co.kr
심리검사연구소 **인싸이트** www.inpsyt.co.kr
학술논문서비스 **뉴논문** www.newnonmun.com
원격교육연수원 **카운피아** www.counpia.com